तुलसीकाव्य में लोकतान्त्रिक चेतना

तुलसीकाव्य में लोकतान्त्रिक चेतना

डॉ. समीक्षा पाण्डेय

वाणी प्रकाशन

वाणी प्रकाशन

4695, 21-ए, दरियागंज, नयी दिल्ली 110 002

फ़ोन : +91 11 23273167 फ़ैक्स : +91 11 23275710

शाखाएँ

अशोक राजपथ, पटना 800 004, बिहार

कॉफ़ी हाउस कैम्पस, महात्मा गांधी मार्ग, इलाहाबाद 211 001, उत्तर प्रदेश

महात्मा गांधी अन्तरराष्ट्रीय हिन्दी विश्वविद्यालय, वर्धा 442 001, महाराष्ट्र

सुल्तानिया रोड, मोतिया पार्क, भोपाल 462 001, मध्य प्रदेश

www.vaniprakashan.com
marketing@vaniprakashan.in
sales@vaniprakashan.in

TULSIKAVYA MEIN LOKTANTRIK CHETNA
by Dr. Samiksha Panday

ISBN : 978-93-88684-14-9
Criticism

प्रथम संस्करण 2020

मूल्य : ₹ 750

सिटी प्रेस, दिल्ली-110 095 में मुद्रित

वाणी प्रकाशन का लोगो मक़बूल फ़िदा हुसेन की कूची से

दो शब्द

साहित्य राजनीति की मशाल लेकर आगे-आगे और राजनीति उसके पीछे चलने वाली धुरी के समान है। साहित्य और राजनीति के लोकतन्त्र में शासन का खुला होना अनिवार्य है। यदि सरकार के कार्यकलाप के बारे में ठीक-ठीक सूचना नहीं होगी और उनके परिणामों का ज्ञान नहीं होगा तो शासन के लोक सेवकों का उत्तरदायित्व निश्चित नहीं किया जा सकेगा। वह भी उस दौर में जहाँ परिवार जाति और क्षेत्रीयताका बोलबाला था। भारतीय संस्कृति में शासक चुने भी जाते थे और परिवार के बड़े व्यक्ति को शासन का दायित्व दिया भी जाता था और चुना व्यक्ति इन सबसे परे होकर लोकतन्त्र के माध्यम से मानवतावाद की बुनियाद रखता था।

मध्यकाल और आधुनिक काल में लोकतन्त्रात्मक स्वरूप में गुणात्मक अन्तर यह है कि मध्यकाल में जनता के बीच लोकतन्त्र था और शासन उसके स्वरूप पर प्रहार करता था तो जनता की चित्तवृत्ति को केन्द्र में रखकर कवि प्रतिरोधात्मक लोकतन्त्र की स्थापना करता था जिसके कारण उसका साहित्य साधारणीकृत होता था और उस रचनाकार की सांस्कृतिक पहचान बनती थी। इसकी अपेक्षा आधुनिक काल में ब्रिटिश सत्ता के बाद कांग्रेस के लोकतन्त्रात्मक स्वरूप में गुणात्मक परिवर्तन दिखायी पड़ता है। कांग्रेस ने स्वतन्त्रता के बाद जिस नारंगियत लोकतन्त्र की स्थापना की थी उसमें मध्यवर्ग की पूरी उपेक्षा थी, पूँजीपतियों को कालाधन बनाने की छूट थी और धर्म निरपेक्षता और हरिजन उत्थान के नाम पर तुष्टिकरण की धारणा को पुष्ट करते हुए नेहरू वंशवाद की कुर्सी को कालजयी रूप देना था। यही कारण है कि ऐसे वातावरण में मध्यवर्ग उपेक्षित था,

उसका साहित्य उपेक्षित था। क्षेत्रीयता और जातीयता के मोह में जकड़ा समाज, मध्यवर्ग को ही नहीं मध्यवर्ग के दो बड़े रचनाकार सूर और तुलसी को भी उपेक्षा की दृष्टि से देखने लगा था और ब्राह्मण धर्म को ब्राह्मण जाति के कर्मकाण्ड से जोड़कर उनकी उपेक्षा करने लगा था अर्थात् सामाजिक विघटन की प्रक्रिया मतों के ध्रुवीकरण की ओर बढ़कर नयी-नयी शब्दावली को अर्थ की छायाओं से उपमित करने लगी थी। विमर्शों के दौर में स्त्री और दलित अस्मिता को आधार मानकर सूर और तुलसी की उपेक्षा की जाने लगी थी। इससे सबका साथ और सबका विश्वास प्राप्त करने में धर्म निरपेक्षता, अल्पसंख्यक अधिकार और गंगा-जमुनी तहजीब के सहारे तुष्टीकरण की रोटी सेंकी जाने लगी थी और यह लोकतन्त्र के विरुद्ध घातक हथियार थे।

समय और समय की माँग को देखते हुए डॉ. समीक्षा पाण्डेय ने सूर तुलसी के माध्यम से लोक तन्त्रात्मक दृष्टि का जो विवेचन अपनी रचनाओं में किया है इसके लिए वे बधाई की पात्र हैं।

प्रो. कृपाशंकर पाण्डेय
हिन्दी विभाग
इ.वि.वि. इलाहाबाद

अनुक्रम

प्रथम अध्याय

तुलसी की रचना यात्रा : लोकतान्त्रिक चेतना की दृष्टि से

'कलि कुटिल जीव निस्तार हित वाल्मीकि तुलसी भये' जिस समय भारत भूमि पर विदेशी शासकों का शासन सूर्य पूर्ण विकास पर था। भारतीय आचार–विचार परम्पराएँ, पदाक्रांत की जा रही थी। धार्मिक उन्माद, मजहबी जिहाद के नाम पर असंख्य प्राणियों का रक्तपात फल–फूल रहा था। हमारी सांस्कृतिक धरोहरों का विध्वंस कर उनके स्थान पर शाही रंगमहल मस्जिदें बनवायी जा रही थी। दंभ द्वेष का दावानल ज्वालामुखी की लपटों के समान प्रज्जवलित हो रहा था। जहाँ देवी देवताओं का सहज ही अपमान हो रहा था। इस स्थिति में पारिवारिक रिश्तों की बिसात ही क्या थी, ऐसे असंतोषजनक वातावरण में भक्त कवियों ने अपनी अमर वाणी के द्वारा उस विषाक्त वातावरण में संजीवनी का संचार प्रेम एक्य और भक्ति की त्रिवेणी के द्वारा किया और उन भारतीय परम्पराओं को पुनर्जीवित करने में अपना योग दिया जो कलिकाल के प्रभाव से विस्मृत हो गयी थी। इन भक्त कवियों में गोस्वामी तुलसीदास का नाम सर्वोपरि है। मंत्रदृष्टा गोस्वामी तुलसीदास का व्यक्तित्व भारतीय जनजीवन तथा विश्व चेतना के सांस्कृतिक इतिहास में ज्योतिशिखर के रूप में प्रतिष्ठित है। भारतीय महापुरुषों के जीवन–चरित्र के सम्बन्ध में प्रायः बड़ी गड़बड़ियाँ देखने को मिलती हैं। उनके लौकिक जीवन की सूचना देने वाली निश्चित घटनाओं का उल्लेख बहुत कम मिलता है। अपने बारे में बोलना भक्त कवियों को बिल्कुल ही नहीं पसन्द। निःसन्देह उसे वे शालीनता मर्यादा और सिद्धान्त के विपरीत समझते थे। भारत में आदिकाल से यही परम्परा चलती चली आ रही है; अतः जीवन चरित्र के सम्बन्ध में अनेक प्रकार के

मतभेद आदिकाल से ही कई कवियों के विषय में देखने को मिलते रहे है चाहे वो कालिदास हो या भवभूति, इनके सम्बन्ध में तरह–तरह की मनगढ़न्त कथायें प्रचलित हो जाती हैं जिनका जीवन की यथार्थ घटनाओं से कोई सरोकार नहीं होता है।

अन्य भारतीय प्राचीन कवियों की भाँति तुलसीदास का पूर्ण जीवन चरित्र अज्ञात है। यद्यपि इस क्षेत्र में कार्य तो बहुत हुए हैं, परन्तु सभी आलोचकों के तर्क अकाट्य हो, ऐसा प्रतीत नही होता। बीसवीं सदी के आरम्भिक कुछ वर्षो में तुलसीदास के जीवन चरित्र से सम्बन्ध रखने वाली प्रचुर सामग्री प्रकाश में आयी हैं– जिसमें उनके जन्म, माता–पिता, गुरु, परिवार आदि के सम्बन्ध में विभिन्न मत और जनश्रुतियों में विविधता देखने को मिलती है। ये ग्रन्थ प्रामाणिक हैं अथवा नहीं इसके विषय में विद्वानों में तीव्र मतभेद है, परन्तु ये बर्हिसाक्ष्य पूर्णतः असंदिग्ध नहीं हैं और उनकी रचनाओं में आत्मकथात्मक उक्तियों के रूप में जो अन्तःसाक्ष्य मिलते हैं वह तुलसी के जीवन चरित्र को पूर्ण रूप से परिभाषित करने के लिए अपर्याप्त हैं। तुलसी हमेशा से ही अध्ययन का विषय रहे है। हमारे आधुनिक भारतीय समाज को जिसने सबसे अधिक प्रभावित किया है तो वह तुलसीदास ही थे, यह आश्चर्य का विषय है कि तुलसीदास का समय अकबर का भी समय है जब अबुल फज़ल अकबरनामा लिख रहे थे, किन्तु कहीं भी अबुल फज़ल ने तुलसी का नामोल्लेख तक नहीं किया है। अबुल फज़ल ने उनके नाम को न तो विद्वानों की पंक्ति में ही रखा है न कवि सूची में।

उत्तर भारत में राम भक्ति के प्रचारक के रूप में रामानन्द के बाद दूसरा नाम तुलसीदास का ही आता है। यह सच है कि वाल्मीकि के बाद तुलसीदास ही राम साहित्य के सम्राट हैं। राम के चरित्र का आधार लेकर मानव जीवन की जितनी व्यापक और विस्तृत समीक्षा तुलसीदास ने की है वह अनुपमेय है। हिन्दी साहित्य में शायद ही किसी ने धर्म, दर्शन, जीवन को मर्यादा के दृष्टिकोण से परिभाषित करने का प्रयास किया है। अपने आदर्शो में जीकर समाज को उसी आदर्श के अनुकूल चलाने की जैसी योग्यता, आदर्श की भित्ति पर अपने भक्ति के स्वरूप की इतनी विषद विवेचना कि अव्यवस्था के बीच तुलसी का साहित्य पथ–प्रदर्शक का काम करता है।

तुलसी मनीषी हैं, वे दृष्टा सन्त और मुनि भी हैं। आधुनिक भारतीय समाज ने तुलसी के काव्य से जो सत्तत्व पाया है वह उसे निरन्तर

आस्वादन के ऊँचे धरातल पर उठाता रहा है। वाल्मीकि, व्यास और उपनिषदों, सृष्टा उस संस्कृति के निर्माता कहे जा सकते हैं जिसे भारतीय संस्कृति कहा जाता है, पर उस संस्कृति को प्राणवत्ता और दृढ़ता देने का काम कालिदास और तुलसीदास जैसे रससिद्ध कवियों द्वारा ही हुआ है जिन्हें सच्चे अर्थो में भारतीय कवि कहा जा सकता है। कलि के रूप में उन्होंने अपने युग की विकृतियों और विडम्बनाओं का जो चित्रण किया है तथा रामराज्य की जो रूपरेखा समाज के सामने लायी है, वह सराहनीय है। मुगलों के स्वर्णयुग, उनके विलास, उनके ऐश्वर्य की भूमिकाओं के बीच में तुलसी उस युग के अधिकांश मनुष्यों की अपेक्षा कहीं अधिक पूर्णता के साथ तथा चेतना के अनेक आयामों को एक साथ जीते दिखायी देते हैं।

तुलसी ने राम और भरत के चरित्र द्वारा अंतर्राष्ट्रीय स्तर पर उन विभिन्न पात्रों की सृष्टि की है, जो अपने प्रभाव में हैमलेट और गेट के फाउस्ट से कहीं आगे निकल जाते हैं। यूरोपीय चरित्र का दिग्दर्शन यदि ये करते हैं तो राम और भरत हमारे मानवीय मानव जिनमें त्याग, तप, भक्ति, औदार्त्य वीरता प्रेम और मर्यादा की सर्वोत्कृष्टता विद्यमान है। तुलसी के भारतीय अध्येताओं ने यह मुक्त कंठ से स्वीकार किया है कि तुलसी जीवनवृत्त सम्बन्धी सामग्री की शोध पूर्ण समीक्षा, तत्सम्बन्धी तथ्यों, रहस्यों का उद्घाटन, तिथियों का क्रम निर्धारण, कवि के साहित्यिक पक्षों का सौन्दर्योन्मिलन तथा तत्सम्बन्धी शास्त्रीय विवेचन का श्रेय पाश्चात्य विद्वानों को जाता है। भले ही इनका प्रयास पूर्ण रूप से सफल न हुआ हो तब भी लेखकों ने मौलिक आधार तो हमारे सामने उपस्थित कर ही दिया है। तुलसी सम्बन्धी समीक्षा में पहला नाम विल्सन (एच0एच0 विल्सन) का आता है, इसके अनन्तर गार्सा द तॉसी, एफ0एस0 ग्राउज, डॉ0 जी0ए0 ग्रियर्सन, एडविन ग्रीब्ज, डॉ0 विंशेट, ऐवरेण्ड एफ0ए0के0 आदि विद्वानों ने तुलसी सम्बन्धी अध्ययन को अपने विचार पूर्णलेख से आगे बढ़ाया था।

भारतीय कवियों की परम्परा आत्मचरित वर्णन के प्रति उदासीन रही है। उसी परम्परा में तुलसीदास का आर्विभाव हुआ, तुलसी भक्त कवि थे, संत थे, महात्मा थे। भगवत भक्ति भगवत चरितगान में, उनकी गुण कथा में लीन कवि आत्मकथा की ओर उन्मुख नहीं हो सकता था। आत्मश्लाघा, भक्ति भावना के सर्वथा विपरीत तत्व है। भक्ति में लीन भक्त के लिए अपने भगवान को छोड़कर और कुछ नहीं दिखता, दिखता है तो सिर्फ

उस भगवान को देखने की चाह। तुलसी के यहाँ आत्मनिवेदन ही है और यह आत्मनिवेदन आत्मविश्वास से भरा हुआ है, इसी आत्मनिवेदन में कवि अपनी बीती भी भगवान से कह जाता है। इस कहने और सुनने में जो भी निकला वह कवि का सच ही निकला। तुलसी के जीवन चरित्र को समझने के लिए आत्मकथात्मक निर्देशों की दृष्टि से पाँच रचनाएँ महत्व की हैं। कवितावली, विनयपत्रिका, दोहावली, रामचरितमानस और गीतावली। तुलसी की जीवन रेखाओं को जानने के लिए इनके अध्ययन के साथ ही नाभादास के भक्तमाल महात्मा प्रियादास की भक्ति रसबोधिनी टीका, गोसाई, गोकुलनाथ कृत दो सौ बावन वैष्णवन की वार्ता, भविष्यपुराण, बाबा वेणीमाधव दास का मूलगोसाईं चरित, उनके शिष्य महात्मा रघुवरदास का तुलसी चरित्र, तुलसी साहब हाथरस वाले का घटरामायण, राणा प्रताप सिंह का भक्त कल्पद्रम महाराज विश्वनाथ सिंह का भक्तमाल, महाराज रघुराज सिंह का रामरसिकावली, रानी कंबलकुबरि जी का गोसाईं तुलसीदास का जीवनचरित्र तुलसीदास की तथाकथित पत्नी रत्नावली का दोहा रत्नावली पं0 रामचन्द्र, पं0 ईसुरनाथ का रत्नावली लघु दोहा संग्रह एवं तुलसी के अध्ययन में काफी सहायता मिलती है। वैसे अभी इन ग्रन्थों की प्रमाणिकता में सन्देह है, कारण जैसा तुलसी का चरित्र इनकी रचनाओं में देखने को मिलता है वैसे इन पुस्तकों में नहीं दिखायी देता। कहीं–कहीं इतिहास के साथ छेड़–छाड़ भी मात्र प्रसिद्धि पाने के लिए कर दी गयी है। आचार्य हजारी प्रसाद द्विवेदी ने तुलसी सम्बन्धी फैली फर्जी विपुल सामग्री पर चिन्ता व्यक्त करते हुए लिखा था– "यह खेद की बात है कि इतने बड़े महापुरुष की जन्मतिथि और जन्मस्थान के विषय में कुछ निश्चित पता नहीं चलता। इधर इस प्रकार की प्रवृत्ति बढ़ने लगी है कि तुलसीदास के साथ अपने गाँव या कुल या प्रदेश का कोई न कोई सम्बन्ध स्थापित कर लिया जाय। इसका परिणाम यह हुआ है कि तुलसीदास के शिष्यों से लेकर उनके सगे–संबंधियों के ग्रन्थ तक उपलब्ध होने लगे। नये–नये दावे और नयी गढ़ी हुई अनुश्रुतियाँ इतिहास लेखन के मार्ग को निरन्तर कंटकाकीर्ण करती जा रही हैं। तुलसीदास के साहित्य के उन शक्तिशाली तत्वों की आलोचना गौण हो जाती है, जो इतने दिनों तक लोकचित्त को प्रभावित, उन्नति और महिमान्वित करते रहे हैं और केवल उनकी भौतिक कार्यों के कपोल–कल्पित सम्बंधो पर विचार मुख्य हो उठता है। झूठी पुस्तकों, अर्थहीन दावों और बेबुनियाद स्थापनाओं को महत्व देने

का परिणाम यह हुआ कि नित्य नवीन दावों की बाढ़ आती जा रही है। इतिहास की पुस्तकों में ऐसी पुस्तकों की उपेक्षा ही वांछनीय है।[1]

तुलसी की जीवनरेखा सम्बन्धी अध्ययन के प्रामाणिक बनाने के लिए प्राप्त सामग्रियों का विभाजन जरूरी है। सुविधा की दृष्टि से इन आधार सामग्रियों का वर्गीकरण या विभाजन इस प्रकार किया जा सकता है (1) वाह्य सामग्री जिसके अन्तर्गत सामान्य साहित्य, स्थानीय सामग्री तथा जनुश्रुतियाँ आती हैं (2) अंतःसाक्ष्य जिसमें तुलसी साहित्य में मिलने वाले तथ्य आ जाते हैं।

जन्मतिथि : विद्वानों का जन्म इतिहास के हाथ में नहीं होता है वे जन्म लेते हैं और अपना एक इतिहास बनाकर जाते हैं, तुलसी महापुरुषों, महात्माओं की श्रेणी में आते हैं। नरेश मेहता के शब्दों में "तुलसी से तात्पर्य कोई एक कवि या कविता अथवा एक देश या काल नहीं, वरन् कवि मात्र, कविता समग्र या सम्पूर्ण देश और काल की तेजस्वी सृजनात्मक संज्ञा से है। कुछ सृजनात्मक स्वत्व ऐसे हो जाते हैं जो सब कुछ के पर्याय बन जाते हैं। ऐसे संयोग किसी मानवीय गणित के नहीं वरन् प्रकृति की इच्छा के परिणाम होते हैं।"[2] तुलसी ऐसे ही परिणाम के प्रतीक हैं। तुलसीदास ने अपनी रचनाओं के जन्मकाल के सम्बन्ध में कहीं भी संकेत नहीं किया है, इसलिए अन्य विद्वानों की तरह हमें भी तुलसी के जन्मतिथि के सन्दर्भ में एक अनुमान ही करना पड़ता है। तुलसी के यहाँ कुछ तिथियों का उल्लेख हुआ है जैसे–

संवत सोरह सौ इकतीसा करउँ कथा हरिपद धरि सीसा
नौमी भौमवार मधुमासा अवधपुरी यह चरित प्रकासा[3]
बीसी विश्वनाथ की बिसाद बड़ो बारानसी
बूझिये न ऐसी गति शंकर सहर की[4]

एक तरफ 1631 जो कवि स्पष्ट कह रहा है, **इसमें** रूद्रबीसी का उल्लेख जिसे गणना के आधार पर सं0 1665 से सं0 1685 तक पड़ता है, जिससे यह स्पष्ट होता है कि संवत 1631 से 1685 तक तुलसी विद्यमान है। वाह्य साक्ष्यों की बात करें तो बाबा वेणीमाधव के आधार पर तुलसी का जन्म सं0 1583 के आधार पर शिवसिंह सेंगर मानते है।[5]

हिन्दी नवरत्न के लेखक मिश्र बन्धु गोस्वामी तुलसीदास का जन्म सं0 1589 में मानते है।[6] आचार्य श्यामसुन्दर दास भी तुलसीदास का जन्म संवत 1554 मानते हैं और तर्क देते है कि 1554 को गोसाई जी का जन्म

संवत मानने से उनकी 126 वर्ष की लम्बी आयु हो जाती है जिस पर बहुत से लोगो को विश्वास करने की प्रवृत्ति न होगी।[7] परन्तु आजकल भी समाचार पत्रों में डेढ़ सौ वर्ष की अवस्था वालों के समाचार छपते ही रहते हैं तब एक संयमी योगी महापुरुष की 126 वर्ष की आयु पर क्यों अविश्वास किया जाय?[8]

श्री रामायण रसिक पंडित रामगुलाम शर्मा ने उनका जन्मसंवत 1589 दिया है।[9] डॉ0 गियर्सन ने भी पंडित रामगुलाम शर्मा का समर्थन किया है।[10]

मूल गोसाई चरित तथा मानसमंयक में तुलसीदास जी का जन्म संवत 1554 माना गया है।

पद्रह सौ चौवन विषै कालिंदी के तीर
सावन शुक्ला सप्तिमी तुलसी धरेउ सरीर[11]

तुलसीदास के मर्मज्ञ डॉ0 माता प्रसाद ने भी तुलसी का जन्म 1589 तिथि मानी है।[12] डॉ0 नगेन्द्र ने भी तुलसी की जन्मतिथि 1589 ही मानी है।[13] उपयुक्त विद्वानों के मत के अनुसार तुलसी का जन्म संवत 1589 ई0 के आस–पास ही मानना उपयुक्त दिखायी देता है।

जन्मस्थान : तुलसी के जन्म स्थान का विषय भी विवादास्पद ही रहा है, विद्वानों ने तुलसी की जन्मतिथि की तरह अनेक जन्मस्थानों की परिकल्पना की है। तुलसी के जन्म स्थानों को लेकर जिनका नाम चर्चा मे आता है वे हैं (1) अवधपुरी (2) काशी (3) मेरठ जिले के गढ़मुक्तेश्वर के निकट हस्तिनापुर, (4) हाजीपुर (5) राजापुर (6) सोरो, (7) तारी (8) रामपुर।

तुलसी के जन्म स्थान को लेकर सर्वाधिक चर्चा में रहने वाला स्थान राजापुर ही हैं शिवसिंह सेंगर ने राजापुर को ही तुलसी का जन्म स्थान माना है।[14] तुलसी चरित, मूल गोसाई चरित और घट रामायण का परिशिष्ट अयोध्या काण्ड का तापस–प्रकरण, अयोध्या काण्ड की हस्तलिखित प्राचीन प्रति शासकीय विवरण मन्दिर और प्रतियाँ माफी की दो सनदें, शर्त वाजिवुल अर्ज तथा जनश्रुतियों में राजापुर के सन्दर्भ में निश्चित ही प्रामाणिक मत है।

मूल गोसाई चरित की प्रामाणिकता पर ही सन्देह है। श्रीधर पाठक, शुकदेव बिहारी, मिश्र, मायाशंकर याज्ञिक, माता प्रसाद गुप्त आदि विद्वान ने उसकी तिथियों को गणना के आधार पर अशुद्ध बताया है।

माता प्रसाद जी लिखते हैं एक तो यह कि चरित लेखक कवि के जीवन में ऐसी अलौकिक और अस्वाभाविक घटनाओं को भी स्थान देता है जिन पर विश्वास करना केवल श्रद्धालुओं का ही काम है; दूसरे यह कि यह कवि के जीवन में घटित प्रत्येक घटना का वर्णन तिथियों और सम्बन्धित व्यक्तियों के नामों के साथ करता है।[15] ...चरित लेखक के अनुसार तुलसीदास का जन्म सन् 1554 में यमुना तट पर रजियापुर (राजापुर) में हुआ था। किन्तु राजापुर नाम केवल सन् 1813 से मिलने लगता है। सं0 1699 से मिलने वाली वहाँ की पोथियों और इलाही सन् 3 से मिलने वाले वहाँ के परवानों और सनदों में सं0 1813 के पूर्व तक उक्त स्थान का नाम विक्रमपुर मिला है, राजापुर नहीं।[16]

इतना ही नहीं शिवनन्दन सहाय, रामस्वरूप मिश्र, श्याम बिहारी मिश्रा, शुकदेव बिहारी मिश्रा, रामनरेश त्रिपाठी, श्याम सुन्दर दास आदि विद्वान तुलसीचरित को अप्रमाणिक समझते हैं। राजापुर का पक्ष लेने वाली पुस्तकों के सन्दर्भ में सबसे अधिक उल्लेखनीय बात यह है कि यह तीनों ही ग्रन्थ परस्पर एक–दूसरे के मतों को काटते चलते हैं, तीनो में किसी भी तरह का सामंजस्य देखने को नहीं मिलता। किन्तु विद्वानों का एक पूरा पक्ष राजापुर को ही तुलसी का जन्म स्थान बताते हैं। मिश्र बन्धुओं ने लिखा है कि गोस्वामी जी का जन्म राजापुर तहसील, परगना मऊ, जिला बाँदा में 1589 में हुआ था। गोस्वामी जी का जन्मकाल प्रसिद्ध रामायण रसिक रामगुलाम द्विवेदी के कथन पर निर्धारित किया गया है और उसे बड़े–बड़े लेखकों ने ठीक माना है।[17] ...यहाँ तुलसीदास की कुटी वर्तमान में भी विद्यमान है। वह गोस्वामी जी के शिष्य गणपति जी के उत्तराधिकारी ब्रजलाल चौधरी के आधिपत्य में है, और वहाँ अंग्रेजों ने महात्मा जी के स्मारक स्वरूप संगमरमर की एक तख्ती लगा दी है।

इनके अतिरिक्त रामचन्द्र शुक्ल, श्यामसुन्दर दास, पं0 विजयानन्द त्रिपाठी, पं0 रामबहोरी शुक्ल, उत्तरप्रदेश सरकार राजापुर को तुलसी की जन्मभूमि मानते हैं। रामचन्द्र शुक्ल ने लिखा है कि भक्त लोग अपने को जन्मजन्मान्तर से अपने आराध्य इष्टदेव का सेवक मानते हैं। इसी भावना के अनुसार तुलसी और सूर दोनों ने कथा प्रसंग के भीतर अपने को गुप्त या प्रकट रूप में राम और कृष्ण के समीप तक पहुँचाया है। जिस स्थल पर ऐसा हुआ है वहीं कवि के निवास स्थान का पूरा संकेत भी है। रामचरितमानस के अयोध्याकाण्ड में वह स्थल देखिए जहाँ प्रयाग

से चित्रकूट जाते हुए राम–जमुना पार करते हैं और भरद्वाज के द्वारा साथ लगाये हुए शिष्यों को विदा करते हैं। राम–सीता तट पर लोगों से बातचीत कर रहे हैं कि–

तेहि अवसर एक तापस आवा, तेजपुंज लघु बयस सुहावा
कवि अलषित गीत बेष विरागी, मन क्रम बचन राम अनुरागी
सजल नयन तन पुलक निज इष्ट देउ पहिचानि
परेउ दण्ड जिमि धरनितल दसा न जाई बखानि।

आचार्य शुक्ल आगे कहते हैं कि यह तापस एकाएक आता है, कब जाता है, कौन है इसका कहीं कोई उल्लेख नही है। बात यह है कि इस ढंग से कवि ने अपने को ही तापस रूप में राम के पास पहुँचाया है और ठीक उसी प्रदेश में जहाँ के वे निवासी थे, अर्थात राजापुर के पास।[18] बाबू श्याम सुन्दर दास भी तुलसी का जन्म स्थान राजापुर ही मानते है।[19]

राजापुर के अतिरिक्त सोरो को भी कुछ विद्वान तुलसी की जन्मभूमि मानते है। पं0 रामनेरश त्रिपाठी सोरो को ही तुलसी का जन्मस्थान मानते हैं।[20] वह लिखते हैं कि "सोरो जाकर मुझे निश्चय हो गया कि तुलसीदास का जन्म स्थान सोरों ही है। वहीं उन्होंने पहले पहल बाल्यावस्था में गुरुमुख मे रामकथा सुनी थी, तुलसीदास ने सुकरखेत का उल्लेख किया जहाँ उन्होंने अपनी बाल्यावस्था में गुरुमुख से कथा सुनी थी–

मैं पुनि निज गुरु सन सुनी कथा सो सूकरखेत
समुझी नहिं तसि बालपन तब अति रहेऊ अचेत[21]

डॉ0 रामदत्त भारद्वाज[22], डॉ0 राजाराम रस्तोगी[23] आदि विद्वान सोरो सामग्री को प्रमाणिक मानते हैं तथा सोरो या सुकरखेत को तुलसी का जन्म स्थान। आचार्य रामचन्द्र शुक्ल तुलसी का जन्म स्थान गोण्डा के पास स्थित सूकरक्षेत्र को मानते हैं।[24] चन्द्रबली भी तुलसी का जन्म स्थान अयोध्या ही मानते हैं उनके अनुसार वस्तुतः अवधपुरी तुलसी की जन्मभूमि और अवध ही उनका जन्मदेश है।[25] पण्डित रजनीकांत शास्त्री गोसाई जी की जन्मभूमि काशी मानते हैं।[26] विल्सन के आधार पर गियर्सन ने भी हाजीपुर को तुलसी का जन्म स्थान बताया है[27] तथा शिवनन्दन गार्सा द तॉसी ने भी उनका समर्थन किया है।[28] बापू शिवनन्दन सहाय ने तारी को तुलसी की जन्म भूमि माना है।[29] डॉ0 भारद्वाज ने कवितावली (1/147) एवं विनयपत्रिका (1351) की उक्तियों के आधार पर गंगातटवर्ती, सोरों

से लगभग दो मील दूर रामपुर नामक स्थान को तुलसी का जन्म स्थान बताया है।[30] वास्तव में उपर्युक्त तथ्यों के आधार पर राजापुर को ही तुलसी का जन्म स्थान मानना सही प्रतीत होता है।

जाति : वैसे भक्तों की कोई जाति नहीं होती, किन्तु व्यावहारिकताएँ तो निभानी ही पड़ती है। भक्ति होने से ही देह, मन एवं आत्मा सब शुद्ध हो जाते हैं। गौर निताई हरिनाम गाने लगे और चाण्डाल तक सभी को गोद में लेने लगे। भक्ति न रहने पर ब्राह्मण, ब्राह्मण नहीं है। भक्ति रहने पर चाण्डाल, चाण्डाल नहीं है। अस्पृश्य जाति भक्ति होने पर शुद्ध पवित्र हो जाती है। तुलसी के राम स्वयं कहते हैं–

कह रघुपति सुनु भामिनी बाता, मानऊँ एक भगति कर नाता
जाँति पाँति कुल धर्म बढ़ाई, धनबल परिजन गुन चतुराई
भगति हीन नर सोहई कैसा, बिनु जल बारिद देखिअ जैसा[31]
धूत कहो अवधूत कहो, राजपूत कहो जुलहा कहो कोऊ
मँागि के खैवो मसीत के सोइबो, लैवे को एक न दैबे को दोऊ[32]

यह तुलसी की आत्मकथा है। तुलसी के यहाँ जाति गौण है। फिर भी ऐसे विद्वान की जाति को लेकर लोगों ने व्यर्थ का विवाद खड़ा कर दिया है, जो सर्वथा जाति को हाशिये पर रखकर मानवतावाद की बात करते हैं। फिर भी यदि जाति की बात करें तो बर्हिसाक्ष्य एवं अर्न्तसाक्ष्य तुलसी को ब्राह्मण ही सिद्ध करते हैं। किन्तु ब्राह्मण भी कौन से यह प्रश्न जाति के समर्थकों के लिए प्रतिष्ठा का प्रतीक बन कर उभरा है। इसलिए तुलसी को विद्वानों ने अपने–अपने खेमों में बाटने की कोशिश की है।

जार्ज गियर्सन ने तुलसी को सरवरिया ब्राह्मण माना हैं।[33] शिवसिंह सरोज भी सरवरिया ब्राह्मण मानते है।[34] मिश्र बंधुओं ने इन्हें कान्यकुब्ज ब्राह्मण के अंतर्गत माना है। वे लिखते हैं कि इनको सरयूपारीण मानने में दो आपत्तियाँ हैं– एक यह है कि पूरा बाँदा जिला और राजापुर के इर्द–गिर्द का स्थान कान्यकुब्ज द्विवेदी की बस्ती है न कि सरवरिया ब्राह्ममणों की। सो यदि गोस्वामी जी द्विवेदी थे, तो इनका कान्यकुब्ज होना विशेष माननीय है। विनय पत्रिका में तुलसी स्वयं लिखते है[35]–

दियो सुकुल जनम सरीर सुन्दर हेतु जो फल चारि को
जो पाइ पंडित परम पद यावत पुरारि मुरारि को।[36]

रामनरेश त्रिपाठी ने इस पद को आधार बनाते हुए लिखा है कि वे शुक्ल ब्राह्मण थे, पर यह अर्थ न भी लिया जाय, तो सुकुल शब्द को उत्तम

कुल अर्थ करने से भी ब्राह्मणवंशी ही समझा जायेगा।[37] आचार्य रामचन्द्र शुक्ल भी तुलसी को सरवरिया ब्राह्मण ही मानते थे।[38]

निष्कर्ष एवं तथ्यों के आलोक में व्यक्तित्व की पहचान करना असम्भव सा लगता है किन्तु अधिकांश विद्वानों के मतों को देखते हुए तुलसी सरयूपारीण ब्राह्मण थे इस तथ्य में मेरी गहरी आस्था है।

नाम और वंश परम्परा : तुलसी किसी नाम और पहचान के मोहताज़ कभी नही रहे। परित्यक्त पुत्र ने अपनी परम्परा को खुद बनाया है और इतना बनाया है कि तुलसी जन–जन के कण्ठहार बन गये हैं। तुलसी का रामचरितमानस लोगों की आस्था का प्रतीक बन गया है और कोई ऐसा वैसा प्रतीक नहीं बल्कि सात आठ सौ वर्षों से भारतीय संस्कृति के महत्व को उसके आत्म गौरव को स्वयंमेव व्यक्त करता चलता है।

गोस्वामी तुलसीदास का नाम प्रायः उनकी समस्त रचनाओं में या तो तुलसी, तुलसीदास या राम बोला देखने को मिलता हैं। किवदंती भी है कि तुलसी ने जन्म लेते ही राम नाम बोला था, यह तुलसी का पहला शब्द भी था और पहला नाम भी। तुलसी लिखते है–

रामबोला नामु है, हौं गुलामु रामसाहि को[39]
राम को गुलाम नाम रामबोला राख्यो राम
काम यहै, नाम द्वै हौं कबहूँ कहत हौं[40]

तुलसी से तुलसीदास होने का उल्लेख दो स्थानों में प्राप्त होता है।

केहि गिनती महँ गिनती जस बन घास
राम जपत भए तुलसी, तुलसीदास–[41]
नाम तुलसी पै भोंडो भाँग ते, कहायो दासु
कियो अंगीकार ऐसे बड़े दगाबाज को[42]
नाम राम को कल्पतरू कलि कल्यान निवास
जो सुमिरत भयो भाँग ते तुलसीदास[43]

इस आधार पर तुलसी का प्रारम्भिक नाम राम बोला ही मिलता है तथा कालांतर में ज्ञान अर्जित करने के बाद रामबोला की तुलसी से तुलसीदास बनने की सतत् यात्रा चलती है।

गोस्वामी तुलसीदास का वंश भी तुलसी के समान ही अँधेरे में है। कुछ सामग्रियाँ मिलती है कुछ अन्तः साक्ष्य भी मिलते हैं किन्तु प्रामाणिकता पर सन्देह है कि वास्तव में तुलसी किस वंश के थे या उनके माता–पिता कौन थे? महात्मा रघुवरदास के अनुसार– तुलसीदास मुरारी मिश्र के पुत्र थे।

बाबा वेणीमाधव दास जी के अनुसार तुलसी हुलसी के पुत्र थे। भविष्य पुराण के अनुसार अनूप शर्मा के पुत्र और मानस टीकाकार गुरुसहाय लाल ने अम्बादत्त का पुत्र माना है।[44] भक्ति सिन्धु तथा वृहद् रामायण् महात्मय के अनुसार इन के पिता का नाम आत्माराम, माता का नाम हुलसी एवं इनका बाल्यकाल का नाम रामबोला था।[45] गियर्सन साहब ने 1883 के इण्डियन एन्टीक्वैरी (Indian Antiquary) पत्र के पृष्ठ 53 टिप्पणी में तीन दोहे दिये हैं। उनमें इनके माता–पिता, पुत्र, पत्नी, श्वसुर सबके नाम वर्णित हुए हैं। परन्तु वे किसी ग्रन्थ के या किसके रचे दोहे है यह बात आपने नहीं लिखी है कविकृत ग्रन्थों में अवश्य नहीं देखे जाते। हम उन दोहों को नीचे उद्धृत कर देते हैं–

"दूबे आत्माराम है, पिता नाम जग जान
माता हुलसी कहत सब तुलसी के सुन कान
प्रहलाद उधारन नाम है गुरुका, सुनिये साध
प्रगट नाम नहीं कहत जो, कहत होय अपराध
दीन बन्धु पाठक कहत ससुर नाम सब कोई
रत्नावलि तिय नाम है सुत तारक गत होई।।"[46]

वैसे ये पद सही हैं अथवा नहीं, ये किस ग्रन्थ के हैं? रचयिता कौन हैं? इसकी प्रामाणिकता संदेह के घेरे में है। गोस्वामी तुलसीदास की माता का नाम अनुश्रुतियों में हुलसी मिलता है, किन्तु इस तथ्य को निश्चित मानने के लिए कोई प्रमाण स्पष्ट रूप से हमारे सामने नही दिखता। गोस्वामी जी ने स्पष्टता से कहीं भी अपने पिता का उल्लेख नही किया हैं। मानस में एक स्थल विशेष पर एक पक्ति आती है जिसको आधार मानकर तुलसी की माता का नाम हुलसी माना जाता है।

रामहि प्रिय पावन तुलसी सी
तुलसीदास हित हिये हुलसी सी।[47]

परम्परा से प्रसिद्ध अकबर के प्रिय और तुलसीदास के परम स्नेही अब्दुर्रहीम खानखाना का एक दोहा तुलसी की माता हुलसी के सन्दर्भ में कहा जाता है, जो अत्यंत प्रसिद्ध है–

सुरतिय नरतिय नागतिय सब चाहति अस होय
गोद लिए हुलसी फिरे तुलसी सो सुत होय।[48]

इस प्रकार हमें परम्परा से प्राप्त इन्ही प्रमाणों के आधार पर तुलसी के माता–पिता का नाम आत्माराम तथा हुलसी मानने के लिए विवश होना पड़ रहा है।

गुरु : गोस्वामी तुलसीदास के गुरु कौन थे यह प्रश्न भी अत्यंत विवादास्पद है। हिन्दी साहित्य इतिहास के अन्वेषकों, आलोचकों तथा टीकाकारों के अनुसार तुलसीदास के गुरु का नाम निम्नवत् हैं–

1. शेष सनातन
2. मानस नरहरिदास
3. भविष्यपुराण– राघवानन्द
4. डॉ0 ग्रिर्यसन– नरहरिदास
5. डॉ0 श्याम सुन्दरदास तथा पीताम्बर दत्त बड़वाल– शेष सनातन

शेष सनातन को तुलसी का गुरु मानने वालों में शुक्ल जी तथा श्यामसुन्दर दास तथा पीताम्बर दत्त बड़थ्वाल का नाम विशेष उल्लेखनीय है। शुक्ल जी ने तुलसीदास के दो गुरुओं की चर्चा की है एक नरहर्यानन्द जिनसे तुलसी ने राम कथा सुनी; दूसरे शेष सनातन जिनसे तुलसीदास जी ने वेद–वेदांग–दर्शन, इतिहास, पुराण आदि का अध्ययन प्राप्त किया था।[49] श्यामसुंदर दास भी तुलसीदास के प्रारम्भिक गुरु नरहर्यानन्द जी को मानते हैं वे लिखते हैं– रघुवरदास के मत को छोड़कर तुलसीदास जी की गुरु परम्परा के विषय में हमें तीन मत मिलते हैं। एक के अनुसार वे रामानन्द की दूसरी पीढ़ी में, दूसरी के मतानुसार आठवीं में और तीसरी के अनुसार चौथी पीढ़ी में हुए थे। ऐतिहासिक दृष्टि से इनकी जाँच करने में तीसरा अर्थात् वेणी माधवदास का, मत ही ठीक जान पड़ता है।... अतएव नर रूप हरि में गुरु के नाम का जो संकेत है उसे अनन्तानन्द के शिष्य नरहर्यानन्द ही समझना चाहिए।[50] कालान्तर में तुलसी की तीक्ष्ण बुद्धि को देखकर काशी के विद्वान पंडित शेष सनातन ने नरहर्यानन्द जी से तुलसी को माँग लिया था।

इसके ठीक विपरीत माता प्रसाद गुप्त नरहरिदास को तुलसी का गुरु नहीं मानते। उनके अनुसार "सुरसुरानन्द रामानन्द के शिष्य थे, परन्तु माधवानन्द तथा उपर्युक्त सूची के सन्दर्भ में वे यह नहीं लिखते कि वे सुरसुरानन्द की शिष्य परम्परा में हुए थे अथवा नहीं और जब हम यह देखते हैं कि नाभादास सुरसुरानन्द की परम्परा में ऐसे अप्रसिद्ध संतो तक का उल्लेख करना नहीं भूलते जैसे केशव लटेरा का, तो यह आश्चर्यजनक ज्ञात होता है कि भक्तमाल के सुमेर तुलसीदास के विषय में लिखते हुए यह उल्लेख करना भूल जाते। अतएव गियर्सन की सूचियों पर विश्वास करना कठिन हो जाता है।[51] यदि उक्त धारणाओं को परे रख भी दें, तो तुलसी स्वयं कहते हैं कि–

(1) बन्दौं गुरु पद कंज कृपा सिन्धु नर रूप हरि[52]

(2) मैं पुनि निज गुरु सन सुनी कथा सो सूकरखेत[53]

यह नर रूप हरि जिसने रामबोला को तुलसीदास बनाया नरहर्यानन्द जी ही थे यह कहने में किसी भी प्रकार का संकोच नहीं करना चाहिए; जब कवि स्वयं अपनी ही रचना में कह रहा है कि राम कथा की आधार भूमि से मेरे गुरु ने ही सर्वप्रथम परिचित कराया था।

तुलसी की संक्षिप्त जीवनी : तुलसी की रचनाओं में उनके जीवन, उनकी साधना, उनका व्यक्तित्व सब कुछ समाहित है। कवि केवल मंत्रदृष्टा नहीं है वह समाजवेत्ता, संस्कृति उद्धारक महात्मा, ज्ञानी और जो सबसे महत्वपूर्ण है वह है मानवता, तुलसी विश्वमानव की परिकल्पना को साकार करते है। कुँवरपाल सिंह ने तुलसी के व्यक्तित्व को व्याख्यायित करते हुए लिखा है कि– "तुलसी में कहीं दूसरे धर्म के लिए विद्वेष नहीं है, तुलसी इसलिए महान नहीं है कि उन्होंने साधारण राम के अवतार को अपने महाकाव्य का विषय बनाया है। तुलसी की महानता इस बात में है कि उन्होंने साधारण जन के सुख–दुःख को अपने काव्य का विषय बनाया, जिन लोगों को पांच शताब्दी बाद और स्वतंत्रता के पचास साल पश्चात् भी बराबरी का स्थान देने को तैयार नहीं है, वे मनुष्य नहीं है, केवल मतदाता है, सत्ता तक पहुँचने की सीढ़ियाँ मात्र हैं, उन्हें तुलसी के रामसखा और बन्धु कहते हैं। यह है तुलसी की विश्वमानवता। यह है तुलसी के राम, जो हैं तो ब्रह्म, किन्तु जनता के बीच लोकनायक बनकर उभरे हैं। ऐसा है तुलसी का व्यक्तित्व।

तुलसी पर सामग्री मिलती है किन्तु इतनी विशद् नहीं कि उसके बारे में पूर्णतः सत्य को परिभाषित किया जा सके कि तुलसी वस्तुतः किस जाति के थे या कौन उनके माता–पिता, गुरु थे, जो कुछ अन्तःसाक्ष्य एवं बर्हिसाक्ष्य है उससे तुलसी की एक संक्षिप्त जीवनी का ढाँचा तैयार हो सकता है। बर्हिसाक्ष्य एवं अनुश्रुतियों के अनुसार तुलसी के पिता का नाम आत्माराम तथा माता का नाम हुलसी था। सामान्यतः लोक में यह किवदंती प्रचलित है कि तुलसी का जन्म सामान्यतः अभूक्तमूल नक्षत्र में हुआ था। ऐसे बच्चे का मुख देखना भारतीय समाज की मान्यताओं के अनुसार सही नहीं था। शायद इसी भय से तुलसी का परित्याग उनके पिता ने जन्म लेने के उपरान्त ही कर दिया था, तुलसी खुद कहते हैं–

जायो कुलमंगन, बधावनो न बजायो सुनि
भयो परिताप पाप जननी जनन को[54]
मातु पिता जग जाइ तज्यो, विधिहू न लिख्यो कछु भाल भलाई[55]
जननि जनक तज्यों जनमिं करम बिनु बिधिहु सृज्यों अवडेरे[56]
तनु जन्यों कुटिल कीट ज्यों, तज्यो मात पिता हूँ[57]

वह व्यक्ति जो आधुनिक राम काव्य का निर्माता है, राम के चरित्र को घर–घर तक पहुँचाने का कार्य जिस व्यक्ति के द्वारा ही सम्भव हुआ है। उस व्यक्ति का प्रारम्भिक जीवन कितनी विवशता में बीता। एक निरीह बालक को असहाय अवस्था में एक–एक दाने के लिए भिक्षावृत्ति का कार्य करना पड़ा। उच्चवर्ण के बालक ने दरवाजे–दरवाजे जाकर अपने भौतिक शरीर की रक्षा के लिए आत्मसम्मान को परे रख कर भिक्षावृत्ति को अपनाया था, तुलसी प्रसिद्धि के बाद भी अपनी आरम्भिक अवस्था को नहीं भूले थे। जमीन से जुड़े व्यक्ति की यह पहचान होती है, एक उच्चवर्ण में जन्में बालक को क्या–क्या नहीं करना पड़ा, कवि का मनस स्वयं कह उठता है तुलसी से तुलसीदास बनने तक की यात्रा में कितने कष्ट बालक तुलसी को झेलने पड़े थे।

जाति के, सुजाति के, कुजाति के पेटागिबस
खाए टूक सबके विदित बात दुनी सो[58]
द्वार द्वार दीनता कही बाढ़े रद परिपाहूँ[59]
बारे ते ललात बिल्लात द्वार–द्वार दीन
जानत हो चारि फल चारि ही चनक को।[60]

यह भी तुलसी की आत्मव्यथा है किन्तु इस निराशा के वातावरण में एकमात्र सहारा कोई था तो वो राम थे। तुलसी इसी रामनाम के भरोसे आगे बढ़ते हैं। कवि अपनी विपन्न अवस्था को याद करता रहता है, रामनाम का स्मरण ही कवि का शस्त्र है। इस कलि की कुचाल से लड़ने का एकमात्र प्रहार है। कवि बरबस कह उठता है–

राम को गुलाम नाम रामबोला राख्यो राम
काम यहै नाम है हौ कबहुँ कहत हौं[61]

यह राम नाम का ही परिणाम था जिसने विरोधी से लड़ने की ताकत तुलसी को दी थी। यह नाम तुलसी को ऐसे ही नहीं मिला। तुलसी को राम नाम की महिमा का प्रभाव साधु सन्यासियों के सत्संग से प्राप्त हुआ। पार्वती के मर जाने के पश्चात् वे सर्वथा अनाथ हो गये थे और उसी

अवस्था में भटकते हुए उस समय के प्रसिद्ध महात्मा नरहरि दास के पास पहुँच गये थे और जहाँ पर उन्होंने पहले–पहल रामकथा सुनी।

"मैं पुनि निज गुरु सन सुनी कथा सो सूकर खेत" पर कवि बालपन में उस कथा को समझ नहीं पाता, किन्तु वह कथा तुलसी की अन्तस चेतना में स्थापित अवश्य हो जाती है कवि कहता भी है "समुझि नहीं तस बालपन तब अति रहेउँ अचेत", इसके पश्चात् भी तुलसी के गुरु बारम्बार तुलसी को राम की कथा सुनाते रहते है। वे बीज बोते हैं तुलसी के अन्दर राम नाम की भक्ति का, "तदपि नहीं गुरु बारहि बारा" और यह कहना इस हद तक बढ़ जाता है कि राम तुलसी के मन मन्दिर में बस जाते हैं, तुलसी राम की निगाहों से इस सम्पूर्ण संसार को देखने लगते हैं। तुलसी अपनी आँखों से नहीं देखते, अपने कानों से नहीं सुनते, सुनते हैं तो सिर्फ राम के कानों से, देखते है तो सिर्फ राम की आँखों से। राम की भक्ति में लीन होकर तुलसी सीता–राम में सम्पूर्ण विश्व के व्यवहारों, क्रियाओं का अवलोकन करने लगे और यह सारा विश्व उन्हें राम की छवि से व्याप्त दिखायी देने लगा, इसलिए तुलसी बरबस कह उठते है–

सियाराम मय जब जग जानी, करहुँ प्रणाम जोरि जुग बानी[62]

तुलसी के अद्भुत व्यक्तित्व, उनकी ग्रहणशीलता तथा राम के प्रति उनकी भक्ति से प्रभावित होकर नरहरिदास ने उन्हें शेष सनातन के पास विद्या अर्जन के लिए काशी ले गये जहाँ तुलसी अपनी यौवनावस्था तक शास्त्र शास्त्रांगो का अध्ययन और अध्यापन करते रहे।

तुलसी–चरित और मूलगोसाई–चरित दोनों में तुलसीदास के विवाह का उल्लेख हुआ। तुलसी स्वयं इस तथ्य का उद्घाटन कवितावली में एक स्थान पर करते हैं–

बालेपन सूधेमन राम सन्मुख गयो
राम नाम लेत माँगि खात टूक टाक हौं
परयो लोग रीति में पुनीति प्रीति राम राम
मोह बस बैठो तोरि तरक तराक हो[63]

यह मोह, यह आसक्ति इस कदर बढ़ गयी थी कि वे अपनी पत्नी के बिना एक क्षण भी नहीं रह सकते थे। किवदंती है कि एक बार रत्नावली के बिना बताये मायके चले जाने पर तुलसी घनघोर वर्षा तूफानों को पार करते हुए उनके मायके तक पहुँच गये थे। तब उनकी पत्नी ने उन्हें जो वचन कहे उससे उनका मोहभंग हुआ था–

हाड़ मास की देह मम तापर जितनी प्रीति
आधी प्रीति अवसि मिटहिं भव भीति[64]

प्रियादास ने भी उक्त घटना को छन्दबद्ध किया है–

निसा सो सनेह बिन पूछे पिता गेह गई
भूली सुधि देह भजे वाही ठौर आए है
बधू अति लाज भई, रिस सो निकस गई
प्रीति राम नइ तन हाड़ चाम छाए है।[65]

स्त्री वियोग में यमुना पार जाने की कथा तुलसी की स्वयं अपनी ही कथा है–विषयासक्ति में फँसकर उनका बाहर निकल जाना, इस पद के द्वारा भी व्यंजित होता है–

जमुना ज्यों ज्यों लागी बाढ़न
त्यों त्यों सुकृत सुभट कलि भूपहिं निंदरि लगे बाहु काढ़न
ज्यों ज्यों जल मलीन त्यों त्यों जमगन मुख मलीन लहैं आढ़न
तुलसीदास जगदध जवास ज्यों अनघमेघ लागे डाढ़न[66]

इस वर्णन के द्वारा उनकी मनोव्यथा का भी दिग्दर्शन होता है, उनकी यमुना पार ससुराल होना और रात में यमुना को तैर जाना तथा वैराग्य होने के भाव इसमें भरे हैं। विनय पत्रिका में भी तुलसी ने अपनी इस दुर्बलता का परिचय दिया है–

लरिकाई बीती अचेत चित चंचलता चौगुने चाय
जोवन जुर जुवती–कुपथ्य करिभयो त्रिदोष, भरे, मदन बाय[67]

तुलसी जब इस सांसारिक मोह माया के बस से निकल जाते हैं तो बरबस कह उठते हैं– **"बागुर विषम तोराय मनहु भाग मृग भाग बस"** यह तुलसी की स्वयं स्वीकारोक्ति है।

अनुश्रुतियाँ लोक मान्यताएँ तथा बर्हिसाक्ष्य इस घटना को प्रामाणिक मानते हैं। इस घटना ने तुलसी की आँखों पर पड़ा पर्दा खोल दिया था। गोस्वामी जी की इस जीवन घटना का समर्थन भविष्यपुराण में आए नारी शिक्षा समादाय से होता है। प्रियादास ने तुलसी के ब्याज के बहाने लिखा है– "हम तो चाख्या प्रेम रस, पत्नी के उपदेश"।

पत्नी द्वारा दिये गये ज्ञान प्रबोध के पश्चात् तुलसी घर–बार छोड़कर वहाँ पहुँचते हैं जहाँ उनके स्वामी का जन्म हुआ अर्थात् अयोध्या। अयोध्या के पश्चात् तुलसी चारों धाम की यात्रा पर निकलते हैं और सम्पूर्ण भारतवर्ष की अवस्था दुरावस्था को अपनी आँखों से देखते हैं। देश की सामाजिक,

राजनैतिक स्थिति धर्म, धर्म की विकृत अवस्था, भारतीय समाज में व्याप्त कुरीतियों कुप्रथाओं को भी अपनी आँखों से देखते हैं जिससे उनकी अपनी व्यथा बढ़ती है। इसलिए तुलसी अपने काव्य के माध्यम से उस जड़ता को तोड़ने की कोशिश करते हैं। तुलसी की रचनाओं में जहाँ उस सामाजिक जीवन के दृश्य आये हैं वहाँ तुलसी अपने समाज की पीड़ा को भुला नहीं पाये। एक भक्त के साथ–साथ तुलसी मानववादी भी हैं तथा मानववाद का हनन तुलसी को कतिपय परिस्थितियों में भी मान्य नहीं। इसलिए तुलसी अपनी रचनाओं में अपने युग के समाज उसकी पीड़ा को दिखाते चलते हैं।

इस सम्पूर्ण भ्रमण में तुलसी को राम की प्रतीति हर क्षण होती है। तुलसी उन सभी स्थानों पर जाना चाहते हैं जहाँ तुलसी के राम गये थे। देशाटन के पश्चात् तुलसी चित्रकूट में पहुँचते हैं और वहाँ पहुँच कर राम की कथा को जनता की भाषा में गाते हैं। अनुश्रुति के अनुसार यहीं पर तुलसी को हनुमान जी ने एक कोढ़ी के रूप में दर्शन दिये थे और इन्हीं हनुमान जी की कृपा से तुलसीदास को भगवान राम को देखने का सुख प्राप्त हुआ था। आज भी चित्रकूट में यह दोहा विशेष रूप से प्रचलित है–

चित्रकूट के घाट पर भई सन्तन की भीर
तुलसीदास चन्दन घिसे तिलक देत रघुवीर।

राम के स्वत्व को पा लेने के पश्चात् चातक पक्षी की भाँति तुलसी उन स्थानों की यात्रा पर जाने से अपने को रोक नहीं पाते हैं, जहाँ से उनके राम का प्रत्यक्ष या अप्रत्यक्ष सम्बन्ध था। तुलसी मोह और विरक्ति के द्वंद में एक बार पुनः देशाटन के लिए निकल पड़ते हैं। इस बार की यात्रा में तुलसी काशी, जनकपुर, नैमिषारण्य, अयोध्या, मलिहाबाद, बिठूर वृन्दावन इत्यादि स्थानों का भ्रमण करते हैं। यहीं पर तुलसी ने धर्म की गति को समझा और जाना, धर्म की स्थिति उसके पतन की कहानी भी तुलसी को इन्हीं स्थानों पर ज्ञात हुई जहाँ धर्म श्रद्धा का विषय न रहकर अर्थोपाजना का विषय बनकर रह गया था और इस अर्थ में वह विभिन्न कुरीतियों से भी युक्त हो गया था।

अपनी जीवित अवस्था में ही तुलसी काल पुरुष बन कर उभर गये थे। राम नाम तथा भाषा में राम का चरित कहने वाला यह सेवक मैं से हम तक की अवस्था में ऐसे नहीं पहुँचता, वह धीरे–धीरे अपने कदम बढ़ाता चलता है, राम को गुनता है। देश की विषम परिस्थितियों में तुलसी का वीरत्व भी उभर कर आता है। वह, साधु या सन्यासी नहीं थे कि संसार से परे रहकर

अपना सुधार करने की कोशिश करते इसलिए वह उस काव्य की रचना करते हैं जिसका मूल ही सूरसरि के समान सबका हित करने वाला हो, यही दृष्टि तुलसी को भक्तिकाल के दूसरे कवियों से उन्हें अलग कर देती है।

तुलसी जीवन भर तो घूमते रहे पर वे मुख्य जगह जहाँ तुलसी निरन्तर रहते थे, वे स्थान हैं– चित्रकूट, अयोध्या और काशी। तुलसी को इन तीनों स्थानों से विशेष लगाव रहा। लगाव का एक कारण यह भी था कि यह तीनों ही स्थान राम भक्ति, के प्रमुख स्थान रहे हैं। तुलसी की पीड़ा को इन्हीं आश्रय स्थलों ने अगर शांत किया था तो उत्पन्न भी किया था। तुलसी का उत्तरार्द्ध काशी में ही व्यतीत हुआ। काशी तुलसी को प्रिय है। शैव और वैष्णव के समन्वय की यह अद्‌भुत धरती जहाँ तुलसी की आत्म परीक्षा भी लेती रहती है वहीं, तुलसी को जीवन की विभीषिकाओं से परिचित भी कराती हैं। काशी में तुलसी कई स्थानों पर रहे। हनुमान फाटक, गोपाल मन्दिर, प्रहलाद घाट और संकट मोचन उनके प्रधान निवास स्थान कहे जाते थे। जीवन के अंतिम दिनों में उन्होंने अस्सीघाट पर रहना शुरू कर दिया था। आजकल यह घाट तुलसी घाट के नाम से प्रसिद्ध है।

ऐसा कहा जाता है कि जहाँ तुलसी जाते थे उनके भक्त भी वहीं पहुँच जाते थे अतः तुलसी इस निर्जन स्थान में आये होंगे क्योंकि यह घाट दक्षिण दिशा में लगभग गंगा का अंतिम घाट भी है। इसी घाट पर गोस्वामी जी द्वारा स्थापित संकट मोचन की मूर्ति आज भी है। उसी मन्दिर में वह गुफा भी है जिसमें कभी तुलसी ने निवास किया था। इस स्थान पर तुलसी की एक खड़ाऊ और काष्ठ का एक टुकड़ा रखा हुआ है। सम्भवतः यह उस नाव का टुकड़ा है, जिससे तुलसी गंगा को पार किया करते थे।

हनुमान फाटक का स्थान इन्होंने वहाँ के उपद्रवी मुल्लाओं के कारण छोड़ दिया था। गोपाल मन्दिर में उन्होंने विनय पत्रिका के कुछ अंशों को लिखा था। अपने मित्र गंगाराम की सहायता से नगवा पर संकटमोचन हनुमान जी की मूर्ति उन्होंने ही स्थापित की थी। जीवन की इस विशाल यात्रा में तुलसी कई व्यक्तियों से मिले। कई अनुश्रुतियाँ तुलसी के साथ जुड़ती चली गईं। उनकी विद्वता और राम भक्ति के कारण तुलसी से कई लोग प्रभावित रहे। उनमें से एक गंगाराम ज्योतिष का नाम प्रमुख है। ऐसी मान्यता है कि गंगाराम ज्योतिषी तुलसी के बाल्यावस्था के मित्र थे और उन्हीं के लिए उन्होंने रामाज्ञा प्रश्न की रचना की थी। उनके परिवार के वंशजों के पास यह पांडुलिपि कई वर्षों तक रही। उनका एक चित्र

आज भी उन लोगों के पास है जिसे किसी जहाँगीर कालीन चित्रकार ने बनाया था। उनके एक भक्त टोडर का उल्लेख भी अनुश्रुतियों में मिलता है जिनकी श्रद्धा तुलसी में थी।

लोगों की मान्यता थी कि इस परिवार का बँटवारा स्वयं तुलसी ने कराया था। इस बँटवारे के पंचनामें के कुछ अंशों को तुलसी ने स्वयं लिखा था। यह पंचनामा संवत् 1669 में लिखा गया था और उसकी प्रति काशी राज्य के संग्रहालय में अभी तक सुरक्षित है। तुलसी ने कभी किसी लौकिक व्यक्ति के विषय में नहीं लिखा था, किन्तु टोडर उनके इतने अभिन्न मित्र थे कि उनकी मृत्यु पर उनसे बिना लिखे रहा न गया--

चार गाँव को ठाकुरा मन को महा महीप
तुलसी या कलिकाल में अथये टोडर दीप
तुलसी राम सनेह को सिर पर भारी भार
टोडर कांधा न दियो सब कहि रहे उतार[68]

अकबर के प्रमुख सेनाध्यक्ष रहीम भी तुलसी के अभिन्न मित्रों में से एक थे। रहीम ने कवि के प्रति अपनी श्रद्धा प्रकट करते हुए एक दोहा लिखा था। मान्यता है कि इसका पूर्वार्द्ध तुलसी ने और उत्तरार्द्ध रहीम ने लिखा था–

सुरतिय नरतिय नागतिय सब चाहत अस होय
गोद लिए हुलसी फिरे तुलसी सो सुत होय।

तुलसी के प्रशंसकों में अकबर और मानसिंह का नाम भी विशेष उल्लेखनीय है। श्रुति के अनुसार ये दोनों भी तुलसी से मिलने कभी–कभी आते थे। किवदंति है कि राजापुर में गोस्वामी जी के शिष्य गणपति के वंशजों के पास जो भूमि है और जो घाट की उतराई इत्यादि का एकाधिकार है वह सब अकबर बादशाह की कृपा का फल था।

शंकराचार्य के अनुयायी मधूसूदन सरस्वती से भी उनकी अभिन्नता थी और वह गोस्वामी जी पर श्रद्धा रखते थे। अनुश्रुति है कि मधुसूदन और तुलसी के आपसी विचार मेल नहीं खाते थे– मधुसूदन ने तुलसीदास के विषय में लिखा है–

आनन्दकानने ह्यस्मिन्‌जंगमस्तुलसी तरूः।
कविता मंजरी यस्य राम भ्रमर भूषिता।।[69]

काशीराज ईश्वरी प्रसाद नारायण सिंह ने इस श्लोक का हिन्दी रूपान्तरण प्रस्तुत किया है–

तुलसी जंगम तरू लसै आनन्द कानन खेत
कविता जाकी मंजरी राम भ्रमर रस लेत।[70]

काशीरूपी आनन्दवन में तुलसीदास एक चलता फिरता तरू है, उस तुलसी रूपी तरू की मंजरी उसकी कविता है। उस कविता रूपी मंजरी पर रामरूपी भ्रमर सर्वदा गूँजता फिरता है।

केशवदास भी तुलसी से मिलने गये थे और तुलसी से उनका मिलन नहीं हो पाया था, कारण तुलसी ध्यानमग्न थे, केशव ने इसे अपनी अवहेलना समझा और रामचंद्रिका की रचना एक ही दिन में की थी। भक्तमाल के लेखक नाभादास का भी परिचय तुलसीदास से था। अपने भक्तमाल में नाभादास ने उनका परिचय देते हुए लिखा था–

त्रेता काव्य निबन्ध करी सत कोटि रामायन
इक अच्छर उछरै ब्रह्म इत्यादि परायन
अब भक्तनि सुख दैन बहुरि लीला विस्तारी
रामचरन रस मत्त रहत अह निसि ब्रतधारी।
संसार अपार के पार को सुगम रस नौका लयो
कलि कुटिल जीव निस्तार हित वाल्मीकि तुलसी भयौ[71]

मान्यता है कि मीरा भी तुलसी से परिचित थीं। जब मीरा के ससुरालीजन उनको अत्यधिक पीड़ित करने लगे थे, उनके भक्तिमार्ग में बाधाएँ उपस्थित करने लगे थे तब मीरा ने उनसे सहायता माँगी थी–

श्री तुलसी सब सुख निधान दुःख हरन गुसाई
बारहि बार प्रनाम करूँ अब हरो शोक समुदाई
घर के स्वजन हमारे जेते सबन उपाधि बढ़ाई
साधु संग अरू भजन करन मोहि देत कलेस महाई
बालपने ते मीरा कीन्ही गिरधरलाल मिताई
सो तौं अब छूटत नहिं क्योंहूँ लगी लगन बरियाई
मेरे मात पिता के सम हो हरिभक्तन सुखदाई
हमकू कहा उचित करिबो है सो लिखियो समुझाई[72]

तुलसी लिखते हैं–

जाके प्रिय न राम वैदेही
तजिए ताहि कोटि बैरी सम यद्यपि परम सनेही
तज्यो पिता प्रहलाद विभीषनु बन्धु भरत महितारी
बलि गुरु तज्यो, कन्त ब्रज बनिता, भये सब मंगलकारी

नातो नेह राम सो मनियत शुद्ध सुसेव्य जहाँ लौ
अंजन कहाँ आँख की फूटै, बहुतक कहौ कहाँ लौ
तुलसी सो सब भाँति परम हित पूज्य प्रान ते प्यारो
जासों होय स्नेह राम पद एतो मतो हमारो।[73]

विद्वानों का मत है कि यह पद प्रक्षिप्त है, तुलसी की महत्ता को बताने के लिए यह पद जोड़ा गया है, तथापि यह लोक में प्रचलित है।

तुलसी जीवित अवस्था में ही किवदन्ती बन गये थे। कितनी ही घटनायें तुलसी के साथ जोड़ी जाने लगी थीं। कहते हैं कि उनके रामचरितमानस की रक्षा स्वयं राम किया करते थे, उन्होंने एक विधवा ब्राह्मणी को सौभाग्यवती का वरदान देकर उसके मृत पति को जिन्दा कर दिया था। एक वैश्या को वैराग्य की दिशा में मोड़ दिया। एक ब्रह्म हत्यारे को पाप दोष से मुक्त किया। लड़की को लड़के में बदल दिया। दरिद्र ब्राह्मण की दरिद्रता दूर कर दी थी। तुलसी के इन चमत्कारिक वर्णनों को सुनकर दिल्ली के बादशाह ने उन्हें दिल्ली में चमत्कार दिखाने के लिए बुलाया। तुलसी का आत्मस्वाभिमानी मन इस बात के लिए कत्तई तैयार नहीं हुआ अतः बादशाह ने उन्हें जेल में डाल दिये। तुलसी ने हनुमान जी से प्रार्थना की तब हनुमान जी ने अपनी सेना (वानर) को उनके उद्धार के लिए भेज दिया। वानरों ने पूरे किले में उत्पाद मचा कर रख दिया अन्त में बादशाह ने तुलसी से क्षमा प्रार्थना की। तब हनुमान जी से प्रार्थना कर तुलसी ने वानरों के उत्पात को शांत करवा दिया। इतना ही नहीं वृंदावन के गोपाल मन्दिर में स्थित गोपाल कृष्ण जी की मूर्ति को उनके प्रेम के समक्ष रामरूप में परिवर्तित होना पड़ा। ऐसी कितनी ही किवदंतियाँ तुलसी के साथ जुड़ गयी थी।

तुलसी की भक्ति उनका राम के प्रति प्रेम उनकी समाज सुधार भावना तथा धर्म के सात्विक स्वरूप एवं लोकमानस को जाग्रत करने के लिए तुलसी जाने जाते हैं। यह एक भक्त की महत्ता है। तुलसी अपनी इस बढ़ती ख्याति से चिंतित भी थे और राम के प्रति श्रद्धावनत्। अतः वे बार–बार राम को अपनी उपलब्धि का मात्र एक ही कारण मानते हैं–

छार तें सँवारि कै पहार हूँ तें भारी कियो
गारो भयो पंच में पुनीत पच्छ पाइके[74]
हौ तो सदा खर को असवार, तिहारोई नाम गयंदे चढ़ायो[75]
घर–घर माँगे टूक पुनि भूपति पूजे पाय

जे तुलसी तब राम बिन ते अब राम सहाय।[76]
माँगी मधुकरी खात है सोवत गोड़ पसारि
पाय प्रतिष्ठा बढ़ि परी ताते बाढ़ी रारि।[77]

तुलसी अपनी इस ख्याति से उब भी गये थे। यह ख्याति तुलसी की राम भक्ति में बाधक भी बन रही थी। तुलसी ने लिखा है– "लोकमान्यता अनलसम, कर तप काननदाह।"

एक तरफ तुलसी जहाँ लोक में प्रतिष्ठित हो रहे थे, वहीं दूसरी तरफ एक वर्ग था जो तुलसी की बढ़ती ख्याति से चिंतित था, परम्परावादी पक्ष तुलसी की बढ़ती ख्याति को सहन नहीं कर सका था तथा तरह–तरह के आक्षेप तुलसी पर नित्य लगाया भी करता था– कहीं उनकी जाति को लेकर, कहीं उनके वंश को, वह बराबर अपना निशाना बनाये हुए थे। यह तुलसी के संयम की ही परीक्षा थी, एक व्यक्ति जो बराबर समाज के लोककल्याण के लिए लगा हुआ है वह इन सब विवादों को दरकिनार करते हुए राम की भक्ति के माध्यम से लोक चेतना में आशा का अंकुर निरन्तर फूट रहा था, फिर उसे तो कत्तई परवाह नहीं कि लोग उसके बारे में क्या कहते चलते हैं–

धूत कहौ, अवधूत कहौ, रजपूत कहौ, जोलहा कहौ कोऊ
काहू की बेटी से बेटा न ब्याहव, काहू की जाति बिगारौं न कोउ[78]
मेरी जाति पाँति न चहौं काहू की जाति पाँति
मेरे कोहु काम को न हौं कोहू के काम कौ[79]
साधु के असाधु कै भलौ कै पोच सोच कहा
का काहू के द्वार परौं, जो हो सो हौ राम को[80]

तुलसी को यह विश्वास था कि उनके राम निरन्तर उनके साथ है इसलिए तुलसी व्यर्थ के प्रपंच से नहीं डरते हैं–

जौ पै कृपा रघुपति कृपाल की बैर और के कहा सरै
तुलसीदास रघुवीर बाहूबल सदा अभय काहु न डरै।[81]

तुलसीदास की मृत्यु : तुलसी की मृत्यु भी उनके जन्म की तरह विवादास्पद रही है। कवि जिसने अभाव में अपने जीवन की शुरूआत की, विपिन्नता से संपन्नता और एकदम से वैराग्य यह कवि के जीवन का विशिष्ट पहलू रहा है। तुलसी जीवनपर्यंत पीड़ा को भोगते रहे। बाल्यवस्था में मातृ–पितृ स्नेह से वंचित रहे, यौवनावस्था में वैराग्य की ओर अग्रसर हो गये, समाज के कटु लांछनों को सहा, वृद्धावस्था में

विषम रोग से पीड़ित हुए। तुलसी के शरीर में गिलटियाँ हुई थीं जिससे उन्हें असहनीय दर्द होता था, इस रोग के निवारण के लिए उन्होने सब से प्रार्थना की थी–

चेरा राम राम को सुजस सुनि तेरो हर, पाई तर आइ रहौ सुरसरि तीर हो[82]

रोग भयो भूत सो कुसूत भयो तुलसी को भूतनाथ पाहि पद पंकज गहतु हौ[83]

साहसी शरीर के दुलारे रघुबीर जी के बॉह पीर महावीर बेगि ही निवारिये[84]

घेरि लियो रोगनि कुजोगनि कुलोगिनी ज्यों बासर जलद घनघटा धुकि धई हैं[85]–

तुलसी की मृत्यु संवत 1680 के आसपास मानी जाती है। तुलसी को अपनी मृत्यु का आभास हो गया था जिसका उल्लेख उन्होंने किया–

कुमकुम रंग सुअंग जितो मुखचन्द जो चन्दन होड़ परी है
बोतल बोल समृद्ध चवै अवलोकृत सोच विषाद हरी है
गौरि के गंग विहंगिनि वेष कि मंजुल मूरति मोद भरी है
पेखि पेषु सप्रेम पयान समै सब सोच विमोचन क्षेमकरी है।[86]

तुलसी की मृत्यु के सम्बन्ध में दो दोहे विशेष रूप से प्रसिद्ध हैं जिनको आधार मानकर तुलसी को 1680 संवत् तक जीवित माना जाता है–

संवत सोलह सौ असी असी गंग के तीर
श्रावण शुक्ला सप्तमी तुलसी तजै शरीर[87]

मूल गोसाईं चरित्र में भी यही दोहा कुछ विभिन्न प्रकार से दिया गया है–

संवत सोलह सै असी असी गंग के तीर
सावन स्यामा तीज शनि तुलसी तजे सरीर[88]

शिवसिंह सेंगर ने इसी संवत् 1680 को तुलसी की मृत्यु संवत मानी है।[89] आचार्य रामचन्द्र शुक्ल बाबा वेणीमाधव द्वारा बतायी गयी तिथि को शुद्ध मानते हैं और प्रमाण में कहते हैं कि टोडर के वंशज अब तक इसी तिथि को गोस्वामी जी के नाम से सीधा दिया करते है।[90] जार्ज ग्रियर्सन भी 1680 संवत को तुलसी की मृत्यु तिथि मानते है।[91] माता प्रसाद गुप्त भी 1680 को ही तुलसी के अवसान का समय मानते है।[92]

गोसाईं जी की मृत्यु के विषय में तमाम तरह के मत सामने आते हैं। उनकी रचनाओं से पता चलता है कि तुलसी के अंतसमय में काशी में प्लेग बीमारी फैली हुई थी। तुलसी इसके भुक्तभोगी थे। उन्होंने इस घटना की भीषणता को स्वयं अपनी आँखों से देखा था।

शंकर सहर सर नरनारि वारिचर, विकल सकल महामारी माँजा मई है

उछरत उतरात, हहरात, माई जात, भभरि भगात जल थल मीचुमई है।[93]

इतना ही नहीं इस समय मीन की शनिश्चरी भी पड़ा था– तुलसी ने इस घटना का भी उल्लेख किया है "एक तो कराल कालिकाल सूल मूल तानें, कोढ़ में की खाज सनीचरी है मीन की।" श्याम सुन्दर दास जी ने लिखा है कि गोसाईं जी के जीवनकाल में दो बार मीन का शनैश्चर पड़ा था। एक संवत 1640 से 1642 तक और दूसरे सन् 1669 से 1671 तक। वेणीमाधव दास ने जिस स्थान पर इसका उल्लेख किया है, उसके समयानुक्रम से यदि देखा जाय तो यह संवत् 1642 की ठहरेगी। परन्तु ऐसा मानने से इतिहास से भी विरोध पड़ेगा और गोसाई जी के कथन से भी। यह इतिहास की सिद्ध बात है कि भारत में प्लेग बीमारी पहले पहल जहाँगीर के समय में हुई थी। जहाँगीर संवत् 1662 में गद्दी पर बैठा था।"[94]

इस आधार पर एक बात साफ–साफ निकलती है कि तुलसी की मृत्यु संवत् 1680 के आसपास ही हुयी होगी तथा मृत्यु के पूर्व उन्होंने विषम पीड़ा भी झेली होगी। कवितावली, बाहुक एवं विनय पत्रिका में तुलसी की इसी पीड़ा का उल्लेख यत्र–तत्र हुआ है।

रचनाभूमि : तुलसी के काव्य में उस वस्तु की प्रधानता है जिसे लोजॉइनस ने उदात्त तत्व कहा है। यह उदात्त तत्व तुलसी की कथा, चरित्र चित्रण तथा जीवन दृष्टि तीनों में मिलता है और ये तीनों ही तुलसी की रस साधना के अनिवार्य अंग हैं। इसी उदात्त भाव का चित्रण तुलसी अपने हर काव्य में करते दिखायी देते हैं। कवि समाज तथा घटना विशेष का कविता की उत्पत्ति में महत्वपूर्ण योगदान होता है। तेन ने भी जाति वातावरण तथा क्षण विशेष को कविता की उत्पत्ति में सहायक माना है। तुलसी भी अपने समय से प्रभावित हैं वे अपने समय के पहले ऐसे मानतावादी कवि है जो मानव का एकमात्र कल्याण ही करना चाहते हैं चाहे वह उनका शत्रु हो अथवा मित्र। इसीलिए किसी भी प्रकार का

खण्डन–मण्डन नहीं बल्कि सर्वत्र समन्वय की भावना स्थापित करते हैं जो तुलसी कविता की प्रमुख विशेषता है। तुलसी ने बचपन से दुःख झेले, अपनी सम्पन्न अवस्था में भी उस दुःख को नहीं भूले। सच्चा संत वही होता है जो हर जगह समरस होता है। तुलसी हर जगह सम हैं। मैं पढ़ती हूँ तो मेरे हो जाते है, दूसरा पढ़ता है तो वो उनके हो जाते हैं, पर कहीं भी भेदभाव नहीं। तुलसी के जीवन से जुड़ी समस्याओं की तरह तुलसी का लेखन भी एक समस्या ही है। तुलसी ने कब अपनी पहली रचना की या कौन सी रचना की, यह भी विद्वानों में विवाद का विषय रहा है। कोई उनकी प्रथम रचना रामाज्ञा को बताता है, तो कोई रामलला नहछू को। इन सब में जो प्रमुख बात है वह यह कि तुलसी राम कथा को ही जीवन की धुरी मानते हैं और उस राम कथा को अपने युग के साथ जोड़ते हुए उसे कई भागों में हमारे सामने लेकर आते हैं।

समाज में प्रचलित हर शैली का प्रयोग उन्होंने अपने काव्य में किया है। अपने युग के अनुरूप भावों का इतना सुन्दर व सौम्य चित्रण शायद ही किसी ने किया हो जैसा तुलसीदास करते हैं यह देखने में बहुधा नहीं आता। न केवल हिन्दी में बल्कि हिन्दीतर भाषाओं में भी काव्य के उज्जवल व निष्पक्ष स्वरूप का दिग्दर्शन वैसा नहीं होता जैसा तुलसी के काव्य में देखने को मिलता है। ऐसा लगता है कि एक–एक शब्द बस वहीं के लिए ही अपनी सृष्टि करता है। तुलसी रामकथा से और रामकथा तुलसी के जीवन से पहचानी जाती है न तुलसी एक क्षण के लिए राम को छोड़ते है, न रामकथा को और राम की यह कथा कई प्रकार की काव्य सारणियों के माध्यम से तुलसी में प्रवाहित हुई है।

तुलसी के पहले राम अभिजात्य प्रतीक के रूप में जाने जाते थे। तुलसी ने राम को (पुराण पुरुष) से अपने सम्बन्ध को लोक के धरातल पर जोड़ते हुए लोकाभिराम राम के रूप को समाज के सामने लाया है। एक लाईन में कहूँ तो सबके राजाराम की कल्पना को वास्तव में अपने काव्य के माध्यम से चरितार्थ किया है। हर छन्द में राम का गुणगान, महाकाव्य के रूप में श्रीरामचरितमानस जैसे मानसरोवर की रचना कथा, काव्य के रूप में कवितावली की रचना और अर्जीनवीस की भाँति विनयपत्रिका की रचना और इन सब में एक तत्व जो महत्वपूर्ण है वह है राम के प्रति उत्कृष्ट अनुराग। कहीं अभिजात्य वर्ग के पात्र हैं तो कहीं ग्रामीण वर्ग के। पर वे सब केवल राम की महिमा का ही गुणगान करते दिखायी पड़ते हैं कवि

की काव्यप्रतिभा कितनी उत्कृष्ट है कि बात अगर विविध छन्दो में नहीं बन पाई तो छोटे से दिखने वाले दोहो में भी अपनी बात तुलसी कह जाते हैं।

लोक संस्कार और नगर संस्कार दोनों का ही उत्कृष्ट निरूपण अगर किसी के यहाँ है तो वह तुलसी में ही है– जिसका सीधा प्रमाण तुलसी का रामलला नहछू, गीतावली है तो दूसरी ओर राम चरित मानस जैसे संस्कृतनिष्ठ काव्य की रचना भी। लोक और शास्त्र दोनो को साथ लेकर चलने का जो साहस तुलसी ने दिखाया वह विरल है। तुलसी रामकथा के माध्यम से संस्कार की स्थापना करते है जो समकालीन युग की प्रमुख आवश्यकता थी। उसे अपने काव्य के माध्यम से पुर्नजीवित करते हुए पुनः उसी रास्ते पर लाते हैं जिस रास्ते से वे संस्कार विलुप्त हो चुके थे। समाज में फैले पाखण्ड का भी खण्डन तुलसी अपनी कविता के माध्यम से करते हैं। जिस युग में हिन्दू, मुस्लिम, शैव व वैष्णव, ऊँच–नीच के आधार पर अपनी श्रेष्ठता स्थापित करने की होड़ में लगे हुए थे; तुलसी ने इन सभी को एक साथ लाने का जो भरसक प्रयास किया वह तुलसी की अद्भुत मेधा का ही परिणाम था। शैव एवं वैष्णव का समन्वय, लोक एवं वेद का समन्वय, यह समन्वय भाषा के सन्दर्भ में भी देखने को मिलता है। इसीलिए तुलसी किसी को नहीं छोड़ते सबको अपने साथ लिए चलते हैं। ऐसा लगता है जैसे सब में वे एक को ही देखते हैं। तुलसी पहले ही कह चुके हैं "सियाराम मैं सब जग जानी, करहु प्रणाम जोरि जुग पानी; तथा इसी राम कथा को बखानते हुए तुलसी सम्पूर्ण मध्यकाल की राजनीति, लोकनीति, अर्थनीति, समाज धर्म और दर्शन के, जैसा कि प्रो0 वीरेन्द्र मोहन कहते हैं सर्जक व्याख्यात हो जाते हैं। इस कड़ी में उनसे कुछ भी नहीं छूटा सब कुछ राम कथा के माध्यम से तुलसी ने कह दिया।

तुलसी संत थे, घूमना उनका स्वभाव था, हर चीज को जानना और समझना कोई भी वस्तु ऐसी नहीं जिसे हम अकल्पनीय कह सके, मिथक भले ही हो पर उसकी वास्तविकता में किसी भी प्रकार का संदेह तुलसी के काव्य में देखने को नहीं मिलता। तुलसी ने अपने जीवन का अधिकांश समय अयोध्या, काशी, चित्रकूट इन तीनों जगहों में बिताया है और इन तीनों जगहों में प्रचलित संस्कारों का सुन्दर चित्रण उनके काव्य में देखने को मिलता है। संदेह करें तो कैसे करें, की रचना कहाँ पर की, परन्तु उनकी रचनाओं में जो सर्वाधिक प्रिय स्थान आते हैं वह यही तीन है। तुलसी का इन तीनों स्थानों से रागात्मक सम्बन्ध रहा है इसलिए तुलसी इन तीनों

स्थानों पर आते हैं जाते है। जब बालक थे तब भी। जब गृहस्थ हुए तब भी और जब सन्यास लिया तब भी तथा यह तीनों ही स्थान राम भक्ति के प्रमुख केन्द्र पूर्वोत्तर भारत के हमेशा से रहे है। तुलसी की रचनाभूमि को आधार प्रदान करने के कारण यह तीनों स्थान ही महत्वपूर्ण है।

तुलसी के काव्य में मानव जीवन के विकास का सुन्दर परिपाक देखने को मिलता है। कहीं तुलसी में यौवनचित्त आवेग है तो उस समय के वातावरण से विक्षुब्ध कवितावली की रचना की है, एक तरफ दुःखों से मुक्ति के लिए राम की शरण में; जहाँ वृद्धावस्था में हर भाव क्षीण हो जाता है, भक्ति को छोड़कर। तुलसी का कविरूप उनके धार्मिक सामाजिक दृष्टिकोण को प्रकट करने का साधन मात्र है वह उनका प्रमुख ध्येय नहीं; भक्ति ही उनका ध्येय है, राम से बड़ा है राम का नाम और उसी राम के साथ रागात्मक सम्बन्ध जोड़ते हुए कहीं वह अपने राम की कथा कहते चलते है और कहीं खुद की।

तुलसी की रचनाएँ : तुलसी महाकवि हैं उन्हें काव्य में विशेषज्ञता हासिल है। काव्य का कोई भी रूप हो, महाकाव्य, खण्ड काव्य, मुक्तक काव्य, गीति काव्य, लोक काव्य इन सभी रूपों में तुलसीदास विश्व के अद्वितीय कवि हैं। हिन्दी में साहित्य सृजन के मामले में उनकी तुलना में शायद ही कोई खड़ा हो सकता है। एक तरफ तुलसी का साहित्य रखा हो और दूसरी तरफ विश्व के महान साहित्यकारों का, तो भी तुलसी का साहित्य अनुपमेय है। केवल रामचरितमानस ही तुलसी की सफलता का एकमात्र आधार ग्रन्थ हो, ऐसा नहीं है, कवितावली, विनयपत्रिका, दोहावली, गीतावली इत्यादि रचनाएँ भी अपने आकार (लघु) में अन्य ग्रन्थों के सामने बिना किसी लाग लपेट के खड़ी हो सकती है। वाक्य रसात्मक काव्य की कसौटी पर तुलसी की रचनाएँ पूर्ण हैं। सूर और जायसी श्रृंगार के महाकवि है; चन्दबरदाई और भूषण वीररस के कवि थे किन्तु तुलसीदास सारे रसों के महानतम कवि हैं। श्रृंगार से शांत तक, वीर से हास्य तक, करूण से अद्‌भुत तक, तुलसी सिद्ध कवि हैं।

तुलसी की रचनाओं को लेकर साहित्य समाज में भ्रम की स्थिति है। खोज रिपोर्टों तथा प्राप्त पुस्तकों के आधार पर तुलसी की अनगिनत रचनायें सामने आती हैं। वास्तव में तुलसीदास ने किसी ग्रन्थ में अपनी रचनाओं के सम्बन्ध में चर्चा नहीं की है, किन्तु तुलसी की प्रत्येक रचना अथवा छन्द में उनके नाम की छाप अवश्य मिलती है।

बाबा वेणीमाधव ने मूल गोसाईं चरित में तुलसी के निम्नलिखित ग्रन्थों का उल्लेख किया है– राम गीतावली, कृष्ण गीतावली (1628), रामचरितमानस (1631), विनयपत्रिका, रामलला नहछू, पार्वती मंगल, जानकी मंगल (1639), दोहावली (1640), सतसई (1642), बरवै (1669), कवितावली का कोई निर्देश माधवदास ने नहीं किया। माधवदास लिखते हैं कि आपने कुछ कवित्त भी लिखे थे। शिवसिंह सेंगर ने अपने पुस्तकालय में उपलब्ध ग्रन्थों के नाम इस प्रकार लिखे हैः– चौपाई रामायण कवितावली, गीतावली, छन्दावली, बरवै रामायण, दोहावली, कुंडलियाँ। इसके अतिरिक्त सतसई, रामशलाका, संकटमोचन, हनुमंतबाहुक, कृष्ण गीतावली, जानकी मंगल, पार्वती मंगल, कड़का छन्द, रोला छन्द, झूलना छन्द, विनयपत्रिका, महाविचित्र मुक्ति, रूप, प्रज्ञानन्द सागर इत्यादि ग्रन्थों के रचयिता तुलसी को मानते है।[95]

सर जार्ज ग्रियर्सन ने इंडियन एंटिकरी सन् (1893) नोट्स आन तुलसीदास में गोस्वामी जी के निम्नलिखित ग्रन्थों का उल्लेख किया है।

(1) मानस (2) गीतावली (3) कवितावली (4) दोहावली (5) छप्पय (6) रामसतसई (7) जानकी मंगल (8) वैराग्य संदीपनी (9) रामलला नहछू (10) बरवै रामायण (11) रामाज्ञा प्रश्न (12) संकटमोचन (13) विनयपत्रिका (14) बाहुक (15) रामशलाका (16) कुंडलिया रामायण (17) करखा रामायण (18) रोला रामायण (19) झूलना रामायण (20) श्रीकृष्ण गीतावली (21) सगुनावली[96]

मिश्रबन्धुओं ने अपने नवरत्न में तुलसीदास की ग्रन्थ संख्या 25 निर्धारित की है। इन्होंने ग्रियर्सन की सूची को ज्यों का त्यों लेकर उसमें चार ग्रन्थ, छन्दावली रामायण, पदावली रामायण, हनुमान चालीसा और कलिधर्माधर्म ग्रन्थ और जोड़ दिये हैं। किन्तु इतने ग्रन्थो में उन्होने केवल 12 पर प्रमाणिकता की छाप लगाई है। (1) रामचरितमानस (2) गीतावली (3) कवितावली (4) जानकी मंगल (5) कृष्ण गीतावली (6) हनुमान चालीसा (7) रामसतसई (8) कलिधर्माधर्म निरूपण (9) हनुमान बाहुक (10) रामशलाका (11) विनयपत्रिका (12) दोहावली।[97]

नागरी प्रचारिणी सभा की खोज रिपोर्टों के अनुसार तुलसीकृत ग्रन्थों की सूची निम्नववत् है–

(1) आरती (2) अंकावली (3) उपदेश दोहा (4) कवित्त रामायण (5) कृष्ण चरित (6) गीताभाष्य (7) गीतावली रामायण (8) छन्दावली

रामायण (9) छप्पन रामायण (10) जानकी मंगल (11) तुलसी सतसई (12) तुलसीदास जी की बानी (13) दोहावली (14) ध्रुव प्रश्नावली (15) पदावली रामायण (16) बरवा रामायण (17) बाहु सर्वांग (18) बाहुक (19) भगवद्गीता भाष्य (20) मंगल रामायण (21) रघुवर शलाका (22) रस कल्लोल (23) रसभूषण (24) रामचरितमानस (25) राममुक्तावली (26) राम शलाका (27) रामाज्ञा (28) विनयपत्रिका (29) वैराग्य संदीपनी (30) बृहस्पति काण्ड (31) श्रीपार्वतीमंगल (32) श्रीकृष्ण गीतावली (33) श्रीराम नहछू (34) सगुनावली (35) सूरज पुराण (36) ज्ञान के प्रकरण (37) ज्ञानदीपिका।

किन्तु इतने ग्रन्थो की सूची देने के बाद भी नागरी प्रचारिणी सभा ने प्रामाणिक ग्रन्थों की संख्या 12 ही मानी है और उसी के आधार पर संवत् 1980 में इन बारह ग्रन्थों को दो खण्डों में प्रकाशित किया है। प्रथम खण्ड में केवल रामचरितमानस है और दूसरे खण्ड में 11 ग्रन्थ हैं–

(1) रामलला नहछू (2) वैराग्य संदीपनी (3) दोहावली (4) कवितावली (5) बरवै रामायण (6) पार्वती मंगल (7) जानकी मंगल (8) रामाज्ञा प्रश्न (9) गीतावली (10) श्री कृष्ण गीतावली (11) विनयपत्रिका।[98]

पंडित राम गुलाम द्विवेदी ने तुलसी की रचनाओं के सन्दर्भ में एक छन्द दिया है जिसमें तुलसी की समस्त रचनाओं का उल्लेख मिलता है–

रामलला नहछू त्यों विराग संदापिनी हूँ,
बरवै बनाई बिरमाई मीत साई की।
पारवती जानकी के मंगल ललित गाय
रम्य राम आज्ञा रची कामधेनु नाई की
दोहा औ कवित्त गीतबन्ध कृष्ण राम कथा
रामायण बिनै माँहि बात सब ठाई की
जग में सोहानी जगदीश हू के मनमानी
संत सुखदानी बानी तुलसी गोसाई की।।[99]

रामाज्ञा प्रश्न : रामज्ञा प्रश्न की रचना तिथि वेणीमाधव ने संवत् 1669 दी है।[100] ग्रन्थ में सात सर्ग हैं और प्रत्येक सर्ग में सात सप्तक। छन्द संख्या 343 है। इस ग्रन्थ में रामकथा वर्णित है। इसका दूसरा नाम दोहावली रामायण भी है। रामाज्ञा की रामकथा पर वाल्मीकि रामायण का प्रभाव दिखायी देता है। इसकी भाषा ब्रज और अवधी मिश्रित है। इसकी रचना का उद्देश्य शुभ और अशुभ शगुनों का वर्णन करने के लिए तुलसी

ने अपने मित्र गंगाराम के सहायतार्थ की थी। यदि इसके कथातत्व की बात करें, तो इसमें कई घटनायें रामचरितमानस के क्रम में देखने को नहीं मिलती– जैसे इसमें परशुराम का आगमन बारात की वापसी के समय मार्ग में होता है, जबकि रामचरितमानस में धनुर्भंग के तुरन्त बाद ही।

रामलला नहछू : रामलला नहछू की रचनातिथि वेणी माधव दास के गोसाईं चरित के आधार पर संवत् 1640 के पूर्व तुलसीदास की मिथिला यात्रा के समय ठहरती है।[101] इस आधार पर इस ग्रन्थ का रचनाकाल संवत् 1639 माना जाना चाहिए। नहछू विवाह और मुंडन के अवसर पर किया जाने वाला विधान है। कवि की प्रथम रचना होने का श्रेय इसे ही दिया जाना चाहिए। यह लोक प्रसिद्ध सोहर छन्द में लिखा गया है। विद्व ानों में संदेह है कि यह कब का वर्णन है परन्तु मेरे मतानुसार यह विवाह के अवसर पर गाये जाने वाला नहछू का ही वर्णन है। इसकी भाषा ठेठ अवधी है कवि ने इसे पूर्णतया श्रृंगार की अवस्था में लिखा होगा। तुलसी के लालित्य रूप की झाँकी इसमें देखने को मिलती है। यह नवयुवक तुलसी की रचना है जिसमें यौवन के उद्दाम वेग से उत्पन्न ऊर्जा का उत्कृष्ट रूप देखने को मिलता है। यह लोक संवेदना को छूती कविता है। कवियों ने इसे अनेक आयामों पर रखकर अपनी सृजनशीलता को परखा है। यहाँ दशरथ राजा होने के साथ जनसामान्य के बीच आ खड़े होते है, हँसते हैं, बतियाते हैं, नारिया उनसे नेग लेने के लिए तरह–तरह की बातें बनाती दिखती है। यह कवि की सहजता का प्रतीक है। कई विद्वानों ने इसे तुलसी की प्रमाणिक रचना नहीं माना है जबकि तुलसी लोकतंत्र की पहली शर्त को यही पूरा करते दिख जाते है।

वैराग्य संदीपनी : वेणीमाधव के गोसाईं चरित के आधार पर वैराग्य संदीपनी का रचना काल सम्वत् 1640 के पूर्व का ठहरता है।[102] इस ग्रन्थ में 64 दोहे और दो सोरठे हैं। मंगलाचरण, वस्तु संकेत, संत स्वभाव, संत महिमा, शांति का वर्णन है। कवि कल्पना का चमत्कार विद्यमान है। यह ग्रन्थ ज्ञान भक्ति–वैराग्य और शांत रस का खजाना है। सम्भवतः यह कवि की तीसरी रचना होगी। कारण तुलसी इसमे संत स्वभाव की गम्भीरता और वैराग्य की गरिमा से मुक्त भाषा का प्रयोग करते हैं। हिन्दी के प्रायः सभी समीक्षकों बाबू शिवनन्दन सहाय, मिश्रबन्धु, बाबू श्यामसुन्दर दास, आचार्य रामचन्द्र शुक्ल, पं0 रामनरेश त्रिपाठी, आचार्य विश्वनाथ प्रसाद मिश्र ने इसे तुलसी की प्रामाणिक रचना माना है जबकि डॉ0 माता प्रसाद गुप्त

ने इसे प्रमाणिक रचना स्वीकार नहीं किया है। अपने मूल विषय में यह रचना अत्यन्त प्रौढ़ एवं गम्भीर है। तुलसी की अन्य रचनाओं की अपेक्षा इसमें तुलसी का पांडित्य कम दिखता है। सम्भवतः यह उनके सन्यास जीवन की पहली रचना रही होगी।

बरवै रामायण : तुलसी की पहली प्रबंधात्मक रचना मानी जा सकती हैं बाबा वेणीमाधव दास ने इसका रचना काल संवत् 1619 दिया है।[103] बरवै रामायण में कवि के समय–समय पर लिखे गये पदों का संकलन है। इस ग्रन्थ में कुल 69 छन्द है और उन्हीं में अव्यवस्थित रूप से कथा का विस्तार चलता है। इस ग्रन्थ के छन्दों में प्रथम बार रस और अलंकार निरूपण का प्रयास किया गया है। इस रचना पर रीति का प्रभाव है। बालकाण्ड और उत्तर काण्ड में विशेष रूप से कवि की प्रतिभा के उत्कृष्ट रूप के दर्शन होते हैं। बरवै रामायण की कथा शैली अद्भुत है।

पार्वती मंगल : पार्वती मंगल का रचना काल संवत् 1640 के आस–पास है[104] परन्तु यह परिष्कृत संवत् 1669 में हुआ। ग्रन्थ के प्रारम्भ में कवि ने इसकी रचना तिथि इस प्रकार दी है–

जय संवत फागुन सुदि पाँचै गुरु दिन
आरि वनि बिरचेउ मंगल सुनि सुख छिनु[105]

इस ग्रन्थ में शिव और पार्वती के विवाह का वर्णन है। ग्रन्थ में तारतम्यता है जिससे यह प्रबन्धनात्मक रचना दिखायी पड़ती है। ग्रन्थ का प्रारम्भ मंगलाचरण और अन्त में स्वस्ति वचन है। इसकी भाषा पूर्वी अवधी है एवं भाषा का विधान मानस की भाषा के जैसा है। यह कालिदास के कुमार सम्भव के आधार पर लिखी गयी है।

जानकी मंगल : वेणीमाधव दास के अनुसार जानकी मंगल की रचना तुलसीदास ने मिथिला यात्रा के समय अर्थात् संवत् 1643 के आस–पास की है।[106] इस ग्रन्थ में कवि ने अरूण और हरिगीतिका छन्दों का प्रयोग किया है। ग्रन्थ का प्रारम्भ नियमित रूप से मंगलाचरण के साथ होकर अंत मंगल कामना के साथ होता है। इस ग्रन्थ में राम और सीता का विवाह वर्णित है इसके साथ ही और तीन भाइयों का भी विवाह इस ग्रन्थ में दिखाया गया है।

दोहावली : दोहावली का रचनाकाल वेणीमाधव दास ने संवत् 1640 दिया है[107]–

मिथिला ते कासी गये चालिस संवत लाग
दोहावली संग्रह किये सहित विमल अनुराग[108]

दोहावली में कवि ने देश की राजनीति लोकनीति पर करारा प्रहार किया है। दोहे जैसे छोटे छन्द में कवि की व्यंग्य कुशलता देखने को मिलती है। नीति, भक्ति, राम महिमा, तात्कालिक परिस्थितियाँ, नाम महात्मय इत्यादि उक्तियाँ ग्रन्थ में वर्णित हैं। सम्भवतः इस ग्रन्थ का संकलन उनके शिष्यों द्वारा समय–समय पर किया गया होगा क्योंकि एक दोहे में तुलसी की बाहु पीड़ा का भी उल्लेख है इसका पूर्ण संकलन लगभग संवत् 1680 के आस पास होना चाहिए।

कृष्ण गीतावली : वेणीमाधव दास ने गीतावली का रचनाकाल संवत् 1628 माना है।[109] रामगीतावली के साथ ही यह तिथि मानी है–

जब सोरह सै बसु बीस चढ़यौ पद जोरि
सबै शुचि ग्रन्थ गढ़यौ, तेहि राम गीतावली
नाम धरयौ अरू कृष्ण गीतावलि राँचि सरयो[110]

यह फुटकर पदों में लिखी गई है, प्रारम्भ मंगलाचरण से होता है और अन्त मंगलकामना से। सूरसागर के आधार पर तुलसी ने कृष्ण गीतावली की रचना की हैं ग्रन्थ में कोई काण्ड या स्कंध नहीं है। श्रीकृष्ण की कथा वर्णित है। सौन्दर्य वर्णन गोपिका प्रेम, मथुरा गमन, गोपी विरह, भ्रमरगीत और द्रौपदी चीर हरण सभी को कवि ने संक्षेप में लिया है। कवि के हृदय की मधुरता कृष्ण गीतावली में ही निखरकर सामने आयी है। इस रचना में उत्कृष्ट साहित्य का उदाहरण पेश किया है। भाषा सहज सरल एवं मधुर है। विष्णु का व्यापक वर्णन कवि ने किया है।

बाहुक : बाहुक का रचनाकाल वेणीमाधव दास कृत गोसाई चरित के आधार पर संवत् 1669 ठहरता है।[111] यह तुलसी के परवर्ती काल की रचना है। यह रचना तुलसी की प्रौढ़ता (काव्य) को प्रकट करती है। इस ग्रन्थ का आरम्भ हनुमान वंदना से शुरू होता है। छन्दों की विविधता भी देखने को मिलती है मुख्य रूप से छप्पय, झूलना मत्तगयंद और धनाछरी छन्दों में की है। ग्रन्थ में कवि की बाहु पीड़ा और उसके शमन की हनुमान जी से प्रार्थना की गयी है। यह प्रार्थना अत्यन्त मार्मिक और हृदयद्रावक है। भाव सधे तथा भाषा मजी हुई है। इसमें पाण्डित्य और प्रतिभा का अमर सामंजस्य है। रचना की भाषा परिमार्जित ब्रजभाषा है।

सतसई : सतसई का रचना काल संवत् 1642 है।[112] सतसई में लेखक ने लिखा है–

अहि रसनायन धेनु इस गनपति द्विज गुरुवार
माधव सितसिय जनम तिथि सतसैया अवतार[113]

यह ग्रन्थ सात सर्गो में विभाजित है। प्रथम सर्ग में भक्ति द्वितीय में उपासना, तृतीय में रामभजन, चतुर्थ में आत्मबोध, पंचम में कर्म मीमांसा, षष्ठ सर्ग में ज्ञान मीमांसा सप्तम में राजनीति यह है इसका वर्ण्य विषय। सतसई के तृतीय सर्ग में दृष्टिकूटों की विशेषता है। पं0 रामगुलाम द्विवेदी और पं0 सुधाकर द्विवेदी सतसई को तुलसीकृत नहीं मानते। ग्रियर्सन इसे आंशिक तुलसीकृत और आंशिक बाद की रचना मानते हैं।

गीतावली : वेणीमाधव दास ने गीतावली की रचना 1628 में दिया है। इस ग्रन्थ की रचना संवत 1616 से संवत 1628 के बीच हुई।[114] मूल गोसाईं चरित के अनुसार गीतावली तुलसीदास की प्रथम रचना है। रचना शैली और भाषा के आधार पर यह मानस के बाद की रचना ठहरती है। कुछ विद्वान इसका रचनाकाल संवत् 1643 मानते हैं।

गीतावली का उत्तरकाण्ड वाल्मीकि रामायण से मेल खाता है। कौसल्या के चरित्र में तुलसी की कला देखते ही बनती है। ग्रन्थ का प्रारम्भ रामजन्मोत्सव से हो जाता है। कोई मंगलाचरण नहीं है, न ही रामावतार का कारण इसमें दिया जाता है। अनेक स्थानों पर कथा क्रम में सामजंस्य देखने को नही मिलता। डॉ0 रामकुमार वर्मा ने हिन्दी साहित्य का आलोचनात्मक इतिहास में लिखा है कि सूरसागर तुलसीदास के समक्ष आ चुका था।

गीतावली– कनक रतनमय पालनो रच्यो मनहु भार सुत हार
सूरसागर– अति परम सुन्दर पालनो गाढ़ ल्यावरे बढ़ैया
गीतावली– पालने रघुपति झुलावैं
सूरसागर– यशोदा हरि पालने झुलावै।

डॉ0 रामकुमार वर्मा ने लिखा है– "तुलसी ने अपने आराध्य के सौन्दर्य चित्रण में उनकी विरूदावली गाने के उत्साह में, बाल वर्णन की बहुत कुछ स्वाभाविकता अपने हाथ से चली जाने दी हैं। तुलसीदास ने अधिकतर अपने आराध्य के अंग वस्त्र और आभूषणादि का वर्णन ही अनेक बार किया है। एक ही प्रकार की उत्प्रेक्षा और उपमाएँ घटित हैं।"[115]

गीतावली में गीति काव्य रचना होने के कारण कोमल भावनाओं को ही विशेष रूप से चित्रित किया गया है। मानस में जो कोमल स्थल, कथा प्रसार की अधिकता के कारण छोड़ दिये गये थे तुलसी ने गीतावली में उन सभी का चित्रण पूर्ण मनोयोग से किया है। राम का बालवर्णन 44 पदों में है। गीतावली का बालकाण्ड राम का सौन्दर्य प्रकरण मात्र हैं। बालकाण्ड में जनकपुर का वर्णन बहुत ही कलात्मक है और काफी विस्तार के साथ किया गया है। कौशल्या के ममतामयी ह्रदय की छवि अत्यंत आकर्षक है। राम के वियोग में गोस्वामी तुलसीदास के घोड़ों की वही स्थिति हैं जैसी कृष्ण के वियोग में उनकी गायों की है। किष्किंधाकाण्ड में केवल दो ही पद है। सुन्दर काण्ड में वियोग श्रृंगार, वीर, रौद्र और शांत रस की कलात्मक अभिव्यंजना तुलसी ने की है। लंकाकाण्ड में वीर रस की अपेक्षा करूण रस की झाँकी देखने को मिलती है। उत्तरकाण्ड में वाल्मीकि रामायण और कृष्ण काव्य दोनो का प्रभाव देखने को मिलता है। राम का राज्याभिषेक, न्याय, सीता वनवास तथा लवकुश का जन्म सब इसमें आते हैं। नखसिख वर्णन और राम के विलाप पर कृष्ण काव्य की स्पष्ट छाप दिखायी देती है।

कवितावली : बाबा वेणीमाधव दास ने मूल गोसाई चरित में ही इस की रचना का उल्लेख किया है। इसकी रचना गीतावली के पश्चात और मानस के पूर्व है। उदाहरण मीन की शनीचरी का उल्लेख 1669 से 1671 के बीच माना गया है[116] अतः कवितावली का रचनाकाल 1669 के आस–पास ही माना जाना चाहिए। कवितावली में राम के वीररूप के चित्रण में परूषा वृत्ति की प्रधानता है। कवितावली का प्रारम्भ सात दुर्मिल सवैयों में बालदर्शन से होता है फिर सीता स्वयंवर का वर्णन है। आत्मसमर्पण की प्रवृत्ति भी यहाँ ध्वनित होती है। कैकेयी वरदान का संकेत मात्र भी नहीं है। इसमें भक्तिभावना के साथ केवट, मुनि और ग्राम बंधुओं के चित्र भक्ति भाव से चित्रित किये गये हैं। दो सवैयों में सीता की सुकुमारता का भी कलात्मक वर्णन कवि ने किया है।

सुन्दरकाण्ड में भयानक और रौद्र रस का वर्णन कवि ने आकर्षक रूप से किया है आँखों देखी घटना जैसा। इस ग्रन्थ के उत्तरकाण्ड में तुलसी के जीवन पर भी प्रकाश पड़ता है। आत्मग्लानि के वशीभूत होकर कवि अनेक स्थानों पर अपने जीवन के सांकेतिक अर्थो को बताता चलता है।

विनयपत्रिका : विनयपत्रिका का रचनाकाल वेणीमाधव दास कृत गोसाई चरित में संवत 1639 के लगभग मिलता है[117]–

विदित राम विनयावली मुनि तब निर्मित कीन्ह
सुनि तेहि साखीमुत प्रभू मुनिहि अभय कर दीन्ह
मिथिलापुर हेतु पयान किये सुकृती जग को सुख शांति दिये।[118]

विनयपत्रिका की पद संख्या 279 है। बाबू श्यामसुन्दर दास को विनय पत्रिका की जो प्रति प्राप्त हुई वह तुलसी की मृत्यु से 14 वर्ष पूर्व संवत् 1666 की है। उसके सम्बन्ध में श्यामसुन्दर दास जी ने लिखा है कि इसमें केवल 175 पद हैं जब कि और प्रतियों में 280 पद मिलते हैं। यह कहना कठिन है कि शेष 104 पदो में से जितने पद तुलसीदास जी के स्वयं बनाये हुए हैं वे सब संवत् 1666 और संवत 1680 के बीच बने होंगे।

विनयपत्रिका एक नीति काव्य है जिसमें कवि के अंतर्जगत का प्रस्फुटन हुआ है। कवि के विचारों की एकरूपता और उसका व्यक्तित्व इसमें प्रस्फुटित हुआ है। ग्रन्थ राग रागनियों में लिखा गया है। जयंतश्री, केदारा, सोरठा, असावरी, रागों ने हर्ष और करूणा की भावना को व्यक्त किया है। मारू और कान्हरा में वीर भावना तथा ललित, गौरी बिलावल, सूहो और बसन्त में शृंगार और रामकली में शान्त भावना के दिग्दर्शन होते हैं। इसी प्रकार विभास, कल्याण, मलार और होड़ी में वर्णनात्मक भावनाओं को दिखाया है तुलसी कृत विनयपत्रिका के गीति काव्य पर न तो विद्यापति की शैली का प्रभाव है और न कबीर का ही। हिन्दी में तुलसी इस क्षेत्र में अद्वितीय कवि है।

रामचरितमानस : तुलसी की प्रतिभा का परचम फैलाने वाला अद्‌भुत ग्रन्थ श्रीरामचरितमानस तुलसी की पहचान का, उनके विश्वव्यापी प्रसार का अद्‌भुत ग्रन्थ है जिसके बल पर तुलसी लोकनायक की पदवी पा जाते हैं। रामचरितमानस की रचना तिथि अन्तर्साक्ष्य के आधार पर संवत् 1631 है। कवि ने बालकाण्ड के प्रारम्भ में ही लिखा है– **"संवत् सोरह सै इकतीसा करौ कथा हरि पद धर सीसा"** वेणी माधवदास ने इसकी रचना के विषय में लिखा है–

रामजन्म तिथिवार सब, जस त्रेता महं भास
तस इकतीसा मँह जुरे, जोग लग्न ग्रह रास[119]
यहि विधि या आरम्भ राम चरित मानस विमल
सुनक मिटत मंद दभ कामादिक संसय सकल।[120]

रामचरितमानस अपने आप में पूर्ण रचना है, रचना पूर्णतः दोषमुक्त है। कवि के आत्मिक, राजनीतिक, धार्मिक सभी विचारों का उत्कृष्ट परिचय रामचरितमानस के माध्यम से सम्भव होता है। मानस की कथा का आधार कवि ने अध्यात्म रामायण, वाल्मीकि रामायण, हनुमन्नाटक, प्रसन्नराघव तथा श्रीमद्भागवत को बनाया है। कथा के दृष्टिकोण के लिए, कथा के विस्तार के लिए, लक्ष्मण परशुराम संवाद के लिए, पुष्पवाटिका के वर्णन के लिए इन सभी कथाओं से कवि ने अपनी रामकथा को जनमानस के अनुकूल रचा है। जीवन के सभी पक्षों का सर्वांग चित्रण तुलसी ने अकेले अपने मानस में कर दिया है। राम के जीवन का मर्यादा पूर्ण विकास और लोक शिक्षा का आदर्श कवि की रचना का मूल मंत्र है। वाल्मीकि के रामायण के राम एक महान पुरुष हैं : अध्यात्म रामायण का राम पूर्णतः ईश्वर है' परन्तु तुलसी के राम इन दोनों का मिला जुला रूप है।

बात यदि तुलसी के काव्य की करें तो तुलसी इस क्षेत्र में भी अद्भुत है। रामचरितमानस मुख्यतः दोहा चौपाई छन्द में लिखा गया है, परन्तु बीच–बीच में अनुष्टुप, रथोद्धता, सुग्धरा, सोरठा, तोमर हरिगीतिका चवपैया, त्रिभंगी, मत्रिका, मालिनी तोटक, वंशस्थ, भुजंगप्रयात, नग स्वरूपिणी, वसंततिलका, इन्द्रवज्रा शार्दूल विक्रीड़ित इत्यादि वर्णिक छन्दों का भी प्रयोग किया है।

निष्कर्ष : कवि या लेखक अपने समय या समाज का दृष्टा होता हैं। वह तथ्यों के आलोक में अपनी कविता को जाँचता परखता है। सूर और तुलसी ऐसे ही कवि हैं। कितने आश्चर्य की बात हैं जिन कवियों ने हमें जाति पाँति धर्म से दूर रहकर मानव बनने की सीख दी। आज हम उसी पर चर्चा कर रहे हैं कि यह किस युग के थे या इनकी जाति क्या थी? एक शोधार्थी होने के तहत यह विषय की मजबूरी थी कि रचनाओं के अन्तर्गत उनकी जाँच पड़ताल की जाये। वस्तुतः आत्मकथा के विस्तार में जाना, कवि की कविता के साथ अन्याय करना है, बशर्ते कविता के मूलभूत तत्वों को समझना। इसलिए तुलसी या सूर कहाँ पैदा हुए, या किस जाति के थे आदि प्रश्नों से दूर होकर, कविता को विशुद्ध कविता की दृष्टि से देखना ही ज्यादा प्रासंगिक होना चाहिए।

सन्दर्भ ग्रन्थ–सूची

1. हजारी प्रसाद द्विवेदी, हिन्दी साहित्य उद्भव और विकास, पृ. 125

2. संपा0– विश्वनाथ प्रसाद त्रिपाठी, तुलसीदास, पृ. 1
3. रामचरितमानस, 1/34/2–3, पृ. 38
4. युगेश्वर, तुलसीदास के ग्यारह ग्रन्थ–प्रथम भाग, 7/170, पृ. 156
5. शिवसिंह सेंगर, शिवसिंह सरोज, पृ. 709
6. मिश्रबन्धु, हिन्दी नवरत्न, पृ. 58
7. श्याम सुन्दर दास, गोस्वामी तुलसीदास, पृ. 26
8. वही, पृ. 26
9. वही, पृ. 24
10. वही, पृ. 25
11. वही, पृ. 25
12. माता प्रसाद गुप्त, तुलसीदास, पृ. 143
13. नगेन्द्र, हिन्दी साहित्य का इतिहास, पृ. 176
14. शिवसिंह सेंगर, शिवसिंह सरोज, पृ. 709
15. माता प्रसाद गुप्त, तुलसीदास, पृ. 44
16. माता प्रसाद गुप्त, तुलसीदास, पृ. 46–47
17. मिश्रबन्धु, हिन्दी नवरत्न, पृ. 58
18. वही, पृ. 58
19. रामचन्द्र शुक्ल, हिन्दी साहित्य का इतिहास, पृ. 98
20. श्याम सुन्दर दास, तुलसीदास, पृ. 22
21. रामनरेश त्रिपाठी, तुलसी और उनका काव्य, पृ. 70
22. वही
23. राजाराम रस्तोगी, तुलसीदास जीवनी और विचारधारा, पृ. 82
24. वही
25. रामचन्द्र शुक्ल, हिन्दी साहित्य का इतिहास, पृ. 75
26. चन्द्रबली पाण्डेय, तुलसीदास, पृ. 19
27. संपा0–डॉ0 राममूर्ति त्रिपाठी, तुलसी, पृ. 13
28. डॉ0 किशोरी लाल गुप्त, हिन्दी साहित्य का प्रथम इतिहास, पृ. 138
29. वही
30. शिवनन्दन सहाय, गोस्वामी तुलसीदास, पृ. 2
31. रामकुमार वर्मा, हिन्दी साहित्य का आलोचनात्मक इतिहास, पृ. 360
32. रामचरितमानस 3/35, पृ. 6–11
33. योगेश्वर, तुलसीदास के ग्यारह ग्रन्थ–प्रथम भाग, 7/106, पृ. 130
34. डॉ0 किशोरी लाल गुप्त, हिन्दी साहित्य का प्रथम इतिहास, पृ. 138
35. शिवसिंह सेंगर, शिवसिंह सरोज, पृ. 709
36. मिश्रबन्धु, हिन्दी नवरत्न, पृ. 65
37. विनयपत्रिका, पद–135, पृ. 167
38. रामनरेश त्रिपाठी, तुलसीदास और उनका काव्य, पृ. 15

39. रामचन्द्र शुक्ल, हिन्दी साहित्य का इतिहास, पृ. 76
40. चन्द्रबली पाण्डेय, तुलसीदास, पृ. 27
41. वही
42. संपा0–उदयभान सिंह, तुलसीदास, पृ. 10
43. हरिकृष्ण अवस्थी, तुलसीदास : परिवेश, प्रेरणा प्रतिफलन, पृ. 34
44. संपा0–उदयभान सिंह, तुलसीदास, पृ. 10
45. राजाराम रस्तोगी, तुलसीदास जीवनी और विचारधारा, पृ. 114
46. शिवनन्दन सहाय, गोस्वामी तुलसीदास, पृ. 10
47. वही, पृ. 11
48. रामचरितमानस 1/3/6, पृ. 35
49. डॉ0 राजाराम रस्तोगी, तुलसीदास जीवनी और विचारधारा, पृ. 114
50. रामचन्द्र शुक्ल, हिन्दी साहित्य का इतिहास, पृ. 74
51. श्याम सुन्दर दास, तुलसीदास, पृ. 13–14
52. माताप्रसाद गुप्त, तुलसीदास, पृ. 141
53. डॉ0 राजाराम रस्तोगी, तुलसीदास जीवनी और विचारधारा, पृ. 120
54. वही
55. वही, पृ. 119
56. वही
57. शिवनन्दन सहाय, गोस्वामी तुलसीदास, पृ. 10
58. रामनरेश त्रिपाठी, तुलसीदास और उनका काव्य, पृ. 16
59. शिवनन्दन सहाय, गोस्वामी तुलसीदास, पृ. 13
60. वही, पृ. 15
61. हरिकृष्ण अवस्थी तुलसीदास परिवेश प्रेरणा प्रतिफलन, पृ. 37
62. वही, पृ. 34
63. रामचरितमानस 1/8, पृ. 12
64. रामनरेश त्रिपाठी, तुलसीदास और उनका काव्य, पृ. 2
65. श्याम सुन्दर दास, तुलसीदास, पृ. 40
66. वही, पृ. 11
67. विनय पत्रिका, पृ. 32
68. वही, पृ. 111
69. रामनरेश त्रिपाठी, तुलसीदास और उनका काव्य, पृ. 87
70. वही, पृ. 88
71. वही, पृ. 88
72. श्री सीताराम शरण भगवान प्रसाद, भक्तमाल, पृ. 756
73. श्याम सुन्दर दास, तुलसीदास, पृ. 90
74. वही, पृ. 91
75. रामकुमार वर्मा, हिन्दी साहित्य का आलोचनात्मक इतिहास, पृ. 341

76. वही
77. वही, पृ. 342
78. संपा0—राममूर्ति त्रिपाठी, तुलसीदास, पृ. 24
79. रामकुमार वर्मा, हिन्दी साहित्य का आलोचनात्मक इतिहास, पृ. 339
80. वही, पृ. 338
81. हरिकृष्ण अवस्थी तुलसीदास परिवेश प्रेरणा प्रतिफलन, पृ. 52
82. विनयपत्रिका, गीताप्रेस, पद—137, पृ. 178
83. योगेश्वर, तुलसीदास के ग्यारह ग्रन्थ—प्रथम भाग, 7/102, पृ. 123
84. वही, 7/167, पृ. 154
85. योगेश्वर, तुलसीदास के ग्यारह ग्रन्थ—द्वितीय भाग, पद—20, पृ. 350
86. वही, पृ. 350
87. योगेश्वर, तुलसीदास के ग्यारह ग्रन्थ—प्रथम भाग, 7/180, पृ. 161
88. उदयभान सिंह, तुलसी काव्य मीमांसा, पृ. 55
89. श्यामसुन्दर दास, तुलसीदास, पृ. 184
90. शिवसिंह सेंगर, शिवसिंह सरोज, पृ. 709
91. रामचन्द्र शुक्ल, तुलसीदास, पृ. 75
92. किशोरी लाल गुप्त, हिन्दी साहित्य का प्रथम इतिहास, पृ. 138
93. माताप्रसाद गुप्त, तुलसीदास, पृ. 194
94. कवितावली, उत्तरकाण्ड, पद—176, पृ. 162
95. श्यामसुन्दर दास, तुलसीदास, पृ. 181
96. शिवसिंह सेंगर, शिवसिंह सरोज, पृ. 709
97. रामकुमार वर्मा, हिन्दी साहित्य का आलोचनात्मक इतिहास, पृ. 363
98. मिश्रबन्धु, हिन्दी नवरत्न, पृ. 61
99. संपा0—दीनदयाल गुप्ता, हिन्दी साहित्य का वृहद इतिहास, पंचम भाग, पृ. 289
100. रामकुमार वर्मा, हिन्दी साहित्य का आलोचनात्मक इतिहास, पृ. 365
101. वही, पृ. 380
102. वही, पृ. 372
103. वही, पृ. 374
104. वही, पृ. 375
105. वही, पृ. 377
106. वही, पृ. 377
107. वही, पृ. 378
108. वही, पृ. 383
109. वही, पृ. 383
110. वही, पृ. 384
111. वही, पृ. 384
112. वही, पृ. 383

113. वही, पृ. 386
114. वही, पृ. 386
115. वही, पृ. 389
116. वही, पृ. 407
117. वही, पृ. 408
118. वही, पृ. 417
119. वही, पृ. 417
120. वही, पृ. 423

द्वितीय अध्याय

तुलसीकाव्य में लोकतान्त्रिक चेतना

तुलसी की लोकतंत्रात्मक अवधारणा एवं मूल्य

लोकतंत्र केवल सरकार या शासन व्यवस्था का स्वरूप ही नहीं है बल्कि वह राज्य का एक प्रकार और समाज की एक व्यवस्था भी है। तुलसीदास लोकतान्त्रिक कवि हैं और लोकतान्त्रिक व्यवस्था का पालन करने वाले भी। लोकतंत्र को सुचारू रूप से चलाने के लिए, लोक– कल्याणकारी राज्य के लिए आदर्श तो निर्मित करने ही पड़ेंगे। मध्यकालीन युग में यह आदर्श पूर्णतयाः तो नहीं किन्तु अंशतः से कई गुना ज्यादा विलुप्त हो चुके थे। तुलसी ने अपनी रचनाओं के माध्यम से उसी समाज को सामने लाने का प्रयास किया है जिसमें कोई भी दुःखी, पीड़ित या किसी प्रकार की असमानता का शिकार नहीं था। भक्तिकाव्य की अपनी प्रतिबद्धताएँ हैं और इस कविता का अपना सांस्कृतिक प्रयोजन भी है। तुलसी ने राम भक्ति के माध्यम से अपनी इसी लोकतान्त्रिक चेतना को अभिव्यक्त करने का प्रयास किया है। रमेश कुंतल मेघ के शब्दों में महाकवि कालिदास के बाद वे ही दूसरे एकल समाज सांस्कृतिक महाकवि हैं जिन्होंने क्रमशः इम्पीरियल ऐश्वर्यशाली सामंतवाद का तथा लोकमोहन रामराज्य की यूटोपिया एवं कलिकाल के विरूद्ध विचाराधारा वाले सामंतवाद का सर्वांगीणता एवं सापेक्ष लोकपक्षीय सम्रगता में निरूपण प्रदर्शन किया है।[1]

तुलसी सही अर्थ में जनवादी और समाजवादी रचनाकार थे। उन्होंने विचार क्षेत्र और शिल्प क्षेत्र दोनों में ही अपनी जनवादी परम्पराएँ स्थापित की। वे र.जनीतिज्ञ नहीं थे, परन्तु राजनीति को किस तरह चलाया जाये, इसका उन्हें भरपूर ज्ञान था। मध्यकाल के विषम वातावरण में जहाँ युग वैयक्तिक और सामाजिक दोनों ही दृष्टि से प्रलय के मुहाने पर खड़ा था

वहीं जनता दिग्भ्रमित थी, सांस्कृतिक अवधान की दशा अपनी चरम सीमा पर थी। परम्परा और परिवर्तन की शक्तियों ने समाज को ह्रास के मुहाने पर ले जाकर खड़ा कर दिया था। अन्तःसंकट एवं बाह्यसंकट अर्थात सामाजिक मूल्यों का ह्रास, पाखण्ड का बोलबाला एवं विदेशी का आक्रमण सब मिलकर सामाजिक तंत्र को क्षीण कर रहे थे। सत्ता के साथ–साथ मूल्यों का ह्रास भारतीयता की पृष्ठभूमि को कमजोर कर रहा था। ऐसे में लोकतान्त्रिक मूल्य कहाँ बचते? तुलसी शेरशाह, अकबर एवं जहाँगीर के समकालीन हैं। भारत के कुछ हिस्सों की बात छोड़ दें तो पूरे भारत वर्ष पर अफगानों वा मुगलों का शासन स्थापित हो चुका था। यवनों का यह आधिपत्य महमूद गजनवी से आरम्भ होकर बलबन, अलाउद्दीन, फिरोज तुलगक तैमूर लंग, सिकन्दर लोदी व बाबर के शासनकाल से होकर अकबर तक आया था। विजित और विजेता के दंभ ने लोकतान्त्रिक मूल्यों की व्यवस्था को चरमरा कर रख दिया था। इतिहास साक्षी है कि इस पूरे दौर में सांस्कृतिक, सामाजिक पलायन की लम्बी श्रृंखला विद्यमान रही है।

तुलसी के समाज का यथार्थ उनकी रचनाओं के विभिन्न काण्डों विशेषकर उत्तरकाण्ड सुन्दरकाण्ड एवं लंकाकाण्ड में पूर्णतया देखने को मिलता है। राम और रावण के बहाने से लोकतान्त्रिक व्यवस्था तथा राजतांत्रिक व्यवस्था के उस रूप को सामने लाने की जद्दोज़हद में कवि कितनी सच्चाई से अपनी मान्यताओं को समाने रखता है जिसमें एक तरफ प्रतिबद्धता भी है तो दूसरी तरफ नकार का जयघोष, नकार का यह जयघोष कवि की अपनी मनोवृत्ति से निकला है। सामंतों, शासकों के अत्याचार को देखते हुए, जनता को पीड़ित देखते हुए, भुखमरी अकाल, बीमारी से लाखों की संख्या में लोगों को मरते हुए देखा था। धर्म को विनाश के गर्त में जाते हुए देखा, जहाँ सिर्फ मैं की प्रतिध्वनि गूँजती थी, जिस वातावरण में चारों तरफ हाहाकार ही मचा हुआ था, सामाजिक मान्यताएँ व्यवस्थाएँ ताक पर रखी हुई थी यह उस समाज का यथार्थ चित्रण हैं।

> **किसबी, किसान, कुल, बनिक भिखारी भांट, चाकर, चपल नट, चोर, चार चेटकी**
> **पेट को पढ़त गुन गढ़त, चढ़त गिरि, अटत गहन–वन अहन अखेटकी**
> **ऊँच नीचे करम धरम अधरम करि, पेट ही को पचत बेंचत बेटा बेटकी**

तुलसी बुझाई एक राम घनस्याम हींते, आगि बड़वागि तें बड़ी हैं आग पेट की।[2]

गोड़ गंवार नृपाल महि, यवन महा–महिपाल, साम न दाम न भेद कलि, केवल दण्ड कराल[3]

यह संस्कृति भारतीय संस्कृति नहीं है। अपनी राह से विचलित जनमानस का यह अंध भटकाव है। तुलसी इस भटकाव से जनता को मुक्ति देना चाहते थे। अतः वो लोकतंत्रात्मक राज्य को राम के तत्वों के आधार पर खड़ा करते हैं, अपने राम के रामराज्य की अवधारणा तथा मुस्लिमों के निरंकुश शासन के सामने वे राम की राजनीति लोकनीति पर चर्चा करते हुए गंभीर उपदेशक के रूप में निखरकर आते हैं–

दैहिक दैविक भौतिक तापा, राम राज नहिं काहुहि व्यापा।
सब नर करहिं परस्पर प्रीति, चलहिं स्वधर्म निरत श्रुति नीति[4]।।

मध्यकाल के विवरण इतिहास से भरे पड़े हैं। मुसलमानों का आतंक धर्म को बचाने की पीड़ा के बीच से जहाँ अपने अस्तित्व की लड़ाई जनता के लिए थी, वहाँ विश्राम की कोई छाँह नहीं; राजा और लोक कल्याणकारी राज्य की सम्भावना का तो दूर–दूर तक पता नहीं। हिन्दुओं को जहाँ सरे आम मारा जा रहा था मन्दिर और देव प्रतिमाएँ तोड़ी जा रही थीं। नवकुमारिकाओं का सरेआम अपमान किया जा रहा था। लोग अपनी जान को बचाने के लिए इधर से उधर भटक रहे थे। तमाम तरह के वितण्डावाद जनमानस में फैले हुए थे। ऐसे घनघोर अराजक स्थिति में तत्कालीन वातावरण से त्रस्त होकर तुलसी रामराज्य की अवधारणा को लेकर हमारे सामने आते हैं।

राम राज बैठे त्रैलोका, हरषित भए गये सब सोका।
बयरू न कर काहू सन कोई राम प्रताप विषमता खोई[5]।।

यही रामराज्य है जहाँ सभी प्रकार से सब सुखी हैं। सभी प्रकार के पाप, क्लेश, कुलक्षणता, कपट कुपथ कुचाल सब मिट चुके हैं; जहाँ दरिद्रता, भयानक दोष, दंभ, पाप, अकाल सब स्वप्न में भी दिखायी नहीं पड़ते हों, वचन मन और वेश से सभी एक जैसे हों; यह तुलसी की सोच हैं जिसे वे ह्दय में धारण करते हैं, मन में गुनते हैं और समाज के सामने राम के चरित्र के माध्यम से व्यक्त करते हैं।

लोकतंत्र वह राजनैतिक चिन्तन हैं जिसका सम्बन्ध राज्य, राज्य के आकार राज्य के स्वभाव तथा राज्य के लक्ष्य से हैं। लोकतंत्र का मुख्य

कार्य समाज में मानव का नैतिक पर्यवेक्षण करने के साथ ही राज्य के अस्तित्व, स्थिरिता, तथा दिन–प्रतिदिन का विवरण प्रस्तुत करने के साथ ही राज्य उसके कार्यक्षेत्र, राजाज्ञा का पालन एवं उल्लघंन से होने वाले दुष्परिणामों से संबंधित हैं। एक शासन उतना ही लोकतान्त्रिक कहा जा सकता है जितना वह लोकतान्त्रिक मूल्यों अथवा आधार सिद्धान्तों के अनुकूल सिद्ध हो। कोरी तथा अब्राहम ने लिखा है कि निम्नलिखित आधारभूत तत्व लोकतंत्र के गहरे अर्थ का बोध कराती है[6]–

(1) व्यक्तिगत व्यक्तित्व का सम्मान
(2) व्यक्तिगत स्वतंत्रता
(3) विवेक में विश्वास
(4) समानता
(5) न्याय आदि

तुलसी की लोकतंत्रात्मक अवधारणा को इन तत्वों के साथ परखते हुए जब हम देखते हैं तो लोकतंत्र के सुन्दर पृष्ठभूमि का स्वरूप हमारे सामने आकर खड़ा होता हैं। रामराज्य में प्रत्येक व्यक्ति का सम्मान है चाहे वह मनुष्य हो, पशु हो, राक्षस हो, वानर हो, पक्षी हो, आदिवासी जनजाति। राम वर्ग के सभी पात्र इस तथ्य का समर्थन करते दिख जाते हैं। रामराज्य में ब्राह्मण भी उतना ही श्रद्धा का पात्र है जितना शूद्र। धर्म के आधार पर राज्य का संचालन करते हुए राम ने सभी को श्रद्धा का प्रतिभागी बनाया। माल्यवंत का चरित्र एक सामंत का है, लेकिन सामंत होने के बावजूद वह कर्त्तव्य परायण है, सत्य को कहने वाला वह राज सेवक तो हैं, किन्तु इसके पहले वह मनुष्य हैं और मनुष्य होने के नाते मानवता में विश्वास करना उसकी पहली शर्त है, माल्यवान का व्यंग्य उस शासक के मुँह पर करारा तमाचा है। यह विवेकशील व्यक्तित्व की पहचान है।

धोबी एक व्यक्ति ही है लेकिन उसकी मान्यता को मानते हुए अपनी अर्द्धांगिनी का त्याग लोकनायक राजा राम की अन्यतम विशेषता है। हनुमान, विभीषण, सुग्रीव, अंगद जैसे बड़े सेनापति ठीक वैसे ही शबरी भोले–भाले भील, केवट, निषाद भी राम की दृष्टि में उतने ही महत्वपूर्ण हैं जितने उनके सगे सम्बन्धी, कहीं–कहीं तो राम अपने सगे सम्बन्धियों से भी ज्यादा महत्व उन्हें देते हैं। शबरी जैसा निश्छल प्रेम और उनके द्वारा खिलाये गये जूठे बेर को राम निरन्तर याद करते हैं। अतः लोकतंत्र की पहली शर्त व्यक्तित्व का सम्मान, राम काव्य में हर तरफ देखने को

मिलता है। इसलिए तुलसी साधु समाज के साथ खल समाज को भी उतनी ही श्रद्धा की दृष्टि से देखते हैं। सुग्रीव और विभीषण चाहे जैसे भी हों, राम की दृष्टि में उनके लिए हमेशा प्रेम की भावना रहती है। एक अच्छा राजा वही होता है, जो समाज में समरसता की स्थापना कर सके, राम ऐसे ही राजा हैं।

तुलसी लोकतंत्र को जनता का प्राण मानते हैं। तुलसी का मानस लोकतंत्र का सच्चा उदाहरण हैं। तुलसी के यहाँ व्यक्तिगत स्वतंत्रता है, राम के आस–पास रहने वाले सभी व्यक्तियों का अपना अस्तित्व है, राम कहीं भी उसमें हस्तक्षेप नहीं करते। उनके सभी पात्र (सत्व) उनसे भक्ति एवं प्रेम के माध्यम से ही जुड़े हुए हैं।

तुलसी के राम नीर क्षीर विवेकी हैं। वह किसी दैवीय शक्ति के आधार पर अपने साम्राज्य की स्थापना नहीं करते। आत्मनिर्भरता के साथ–साथ तुलसी के राम जनशक्ति के महत्व को भी जानते थे। रावण जैसे शक्तिशाली शत्रु को ऐसे ही पराजित नहीं किया जा सकता, इस तथ्य से वह भली–भाँति परिचित थे। इसलिए उन सभी मानवीय, अतिमानवीय शक्तियों को जिन्हें समाज हेय दृष्टि से देखता है, राम उन्हें अपनी सेना में शामिल करते हैं। उचित अनुचित का विवेक तुलसी ने अपनी रचनाओं में बखूबी दिखाया है। समुद्र प्रसंग एक घटना नहीं है, वह राम की दूरदर्शिता को प्रकट करती है। समुद्र से रास्ता माँगना राम की विनयशीलता का प्रतीक है। विभीषण वैसे तो शत्रु का भाई है, किन्तु राम ने उसे अपनी सेना में स्थान दिया, बालि का भाई सुग्रीव जो बालि के डर से छिपा बैठा हुआ था, राम ने उससे मैत्री स्थापित कर अपनी बुद्धिमत्ता का उत्कृष्ट परिचय ही दिया। राम जानते थे कि बिना किसी की सहायता के सीता का पता नहीं लगाया जा सकता, दूसरे शत्रु की कमजोरी को जानने के लिए उसके किसी विश्वस्त् का उनके गुट में होना आवश्यक है। अतः जो महत्वपूर्ण बात आर्य शक्ति को पुर्नजीवित करने के लिए, उसके विश्व व्यापी प्रसार के लिए अनिवार्य थी उससे इन दोनों ही दलों से मैत्री अवश्यम्भावी थी, अतः राम दोनों को अपने मित्र मंडली में शामिल करने की पहल करते हैं–

तब हनुमंत उभय दिसि की सब कथा सुनाइ
पावक साखी देइ करि जोरि प्रीति दृढ़ाइ[7]
जे न मित्र दुख होहिं दुखारी, तिन्हहि विलोकत पातक भारी
निज दुख गिरि सम रज करि जाना, मित्रक दुख रज मेरू समाना[8]

जद्यपि सखा तव इच्छा नाहीं, मोर दरसु अमोध जग माहीं
अस कहि राम तिलक तेहिं सारा, सुमन बृष्टि नभ भई आपारा।[9]

यह है राम की विनयशीलता केवल सात्विक पक्ष के पात्र ही नहीं बल्कि तामसिक पक्ष में जीवन यापन करने वाले रावण पुत्र प्रशंस्त माल्यवत, विभीषण, मंदोदरी, आदि पात्र भी विवेक में विश्वास रखने वाले हैं, वह कोरी दुनिया में नही जीते–अतः वे रावण जैसे अनीतिकारी शासक के सम्मुख बार–बार अपना मत रखने से बाज नहीं आते। ऐसे ढेरों उदाहरण तुलसी की रचनाओं में देखने को मिलते हैं।

समानता : समता मूलक समाज की स्थापना तुलसी का लक्ष्य है। मध्यकालीन वर्ण व्यवस्था जनित विकारों, सांस्कृतिक विसंगतियाँ एवं धार्मिक मतभेदों के कारण एकात्मकता का लोप जो हुआ था, तुलसी उस लोप, को समाज के व्यवहार को, अपनी अनुभूतियों से अनुभूत कर रहे थे। तुलसी का मानस इस बात को सहने के लिए कतई तैयार नहीं था, कि जिस समाज का धर्म, संस्कृति सदैव बुलंदी पर रही, जिसकी स्थापनाएँ आज भी महत्वपूर्ण हैं वह इस तरह से पतन के गर्त में कैसे गिर सकता है? धार्मिक वितण्डावाद के चक्कर में लोग मानवतावाद को कैसे भूलते जा रहे हैं? अतः तत्कालीन समाज में समता का भाव भरने के अभिप्राय से उन्होंने लोक व्यवहार सम्बन्धी विभिन्न प्रभावशाली आदर्शों की स्थापना की।

तत्कालीन सामाजिक अंधकार को दूर करने के लिए तुलसी ने उन जड़ों पर कुठाराघात किया जो लोकतान्त्रिक व्यवस्था को नष्ट कर रही थी। जाति–पाँति, ऊँच–नीच, धनी–निर्धन, तथा छूत–अछूत के भेदभाव के अँधियारे को पार कर उनके पात्र प्रकाश की किरणें बिखरते हैं। लोकतान्त्रिक व्यवस्था को स्थापित करने का तुलसी का सर्वोकृष्ट माध्यम बना राम चरित्र।

तुलसी वर्णव्यवस्था के पक्षधर थे, पर तुलसी उस व्यवस्था के भी पक्षधर थे जिससे वह जन–जीवन के नियमन व उसके विकास में सहायक हों, किन्तु मध्यकाल में यह वर्णव्यवस्था विकृत होकर कुव्यवस्था में परिणित हो गयी थी, जिसमें जाति–पाँति तथा छूआछूत के नियमों की कठोरता से सामाजिक व्यवस्था विकृत हो चुकी थी। तुलसी ने नीतिपूर्ण आदर्शों को लोक व्यावहारिक रूप में प्रस्तुत कर उस समाज में एक नयी पहल की।

जाति और योनि के भेद को ना मानने का भाव तुलसी ने अपनी राम कथा के अध्यात्म पक्ष से लेकर लोकाचार तक के सभी प्रसंगों में निरूपित किया है। तुलसी के राम समानता के पक्षधर हैं, इसलिए तुलसी के यहाँ सभी वर्गों को सम्मान दिया गया है। दशरथ जनतांत्रिक राजा राम के पिता है, रामलला नहछू में वे नाउन से लड़ते हैं, प्रजा और राजा का यह सम्बन्ध कितना सहज है, और यही सहज भावना केवट प्रसंग में, शबरी प्रसंग में, निषादराज प्रसंग में, वानर मानव के सन्दर्भ में बराबर देखने को मिलती है। तुलसी को वर्णाश्रम व्यवस्था के कठोर पक्षधर मानने वाले, पण्डितों का समर्थन करने वाले विद्वानों को यह ध्यान रखना चाहिए, तुलसी कितने प्रगतिशील है, तुलसी के वशिष्ठ गले मिलते हैं निषादराज से, जो नीची जाति का है। भले ही तुलसी के राम क्षत्रिय हो, किन्तु पूरे राम चरितमानस को उठा कर देखिये, या फिर पूरे तुलसी साहित्य को, तो तुलसी के राम के साथियों में उच्च वर्ग का कौन सा पात्र देखने को मिलता है, जिसे राम ने ज्यादा महत्व दिया हो, यह है, समानता की भावना, यह हैं लोकतंत्र का प्राण।

न्याय आधारित शासन व्यवस्था तुलसी का काव्य है मध्यकालीन अराजक वातावरण में भाई–भतीजावाद के बीच में दंभ और अनीति के कुचक्र में फँसी हुई राजतंत्रात्मक शाही व्यवस्था के सामने निर्धन और असहायों की दयनीय अवस्था को तुलसी ने सामने से देखा था। इसीलिए तुलसी ने राजनैतिक दृष्टि के आधार पर शासकों या अधिकारियों का आदर्श जिस ढंग से व्यक्त किया था, वह उनकी सूझ–बूझ का अनोखा किन्तु व्यावहारिक नीति पर आधारित है। तुलसी लोकतान्त्रिक चेतना से अभिभूत होकर बरबस ही ऐसे नहीं कह उठते कि–

जासु राज प्रिय प्रजा दुखारी, सो नृप अवसि नरक अधिकारी।[10]

यह तुलसी का भोगा हुआ यथार्थ था, तुलसी की राजनीतिक विचारधारा पौराणिक मान्यताओं पर केन्द्रित है। इसीलिए तुलसी न्याय के आधार पर, राजा की अवधारणा को विशुद्ध जनतांत्रिक मूल्यों पर स्थापित करने का प्रयास करते हैं। उनके राजा का कर्त्तव्य कैसा होना चाहिए–

मुखिया मुख सो चाहिए खान–पान कहुँ एक
पालई, पोषई सकल अंग तुलसी सहित विवेक[11]

मध्यकालीन सामान्य जनता की फटेहाली, गुलामी, सामंती शोषण, उत्पीड़न दीनहीन मलिन अभावग्रस्त जनता उसके ऊपर अत्याचार करते

ठाकुर, जमींदार, मनसबदार, राजा, महाराजा और सामंतों के समकालीन शोषण, सामंती समाज की विलासिता और आवाम के फटेहाली के बीच उत्पन्न हुए अन्तर्द्वन्द से पीड़ित होकर कवि का यह पद तत्कालीन समाज की दुरावस्था का साक्षात् प्रतिबिम्ब ही था–

खेती न किसान को, भिखारी कौ न भीख, बलि,
बनिक को बनिज न चाकर को चाकरी
जीविका–विहीन लोग सिद्यमान सोच–बस
कहैं एक एकन सों कहाँ जाई, का करी?[12]

तुलसी इस राजतांत्रिक व्यवस्था को जो पूर्णतः निरंकुश तंत्र में बदल चुकी थी वहाँ वह रामराज्य की बात करते हैं और यह वर्णन कोरा उपदेशात्मक नहीं है। प्राचीनकाल में ऐसे अनेकों उदाहरण भरे पड़े हैं, जो तुलसी की राजनैतिक विचारधारा को पुष्ट करते चलते हैं। खेती न किसानी को कहने वाले तुलसी यह मानते हैं कि राजा का पक्षपात पूर्ण होना, न्यायप्राप्ति की दृष्टि से सबसे बड़ा अवरूद्ध है, वस्तुतः तुलसी न तो राजनीति सिद्धान्त रचयिता थे और न ही व्यावहारिक राज्यविद्। उनकी बौद्धिक चेतना नीतिपरक थी और वे उस आदर्श पूर्ण जीवन के पक्षधर थे, जहाँ समता, न्याय, स्वतंत्रता सर्वजन के लिए सुलभ हो। इसलिए तुलसी अपनी रचनाओं में लोकतान्त्रिक चेतना को प्रमुख स्थान देते है और यह लोक–संवेदना अथवा लोक कल्याण तुलसी की प्रथम रचना से ही प्राप्त होने लगता है।

तुलसी न्याय केंद्रित रामराज्य की स्थापना अपने स्वामी के हाथों से कराते हैं। राम को जब युवराज पद दिया जाता है, तो राम इस पद से प्रसन्न नहीं होते बल्कि भरत के लिए उन्हें दुःख ही होता हैं। न्यायतांत्रिक व्यवस्था का एक अच्छा नमूना बालि के रूप में भी सामने आते हैं। राम की बालि से कोई दुश्मनी नहीं है, फिर राम उसका वध करते हैं, मित्रता के कारण; ऐसा नहीं है, राम उसका बध अनीति के कारण करते हैं, भाई के जीवित होते हुए भी भाई की पत्नी का बलात् अपहरण करना क्या समाज की जायज मांगों में कभी आ सकता है? यहीं पर आकर ही लोकतंत्र का हनन होता दिखायी पड़ता है– तुलसी के युग में यह हनन अपनी चरम सीमा पर था, कितनी रूपमतियाँ अपने अस्तित्व के लिए संघर्ष कर रही थी, तुलसी ने चरित्रनायक राम के बहाने से इस अनीति का विरोध करके समाज में आदर्श की स्थापना की। यह तुलसी की लोकतान्त्रिक चेतना का ही परिणाम था।

इसी न्याय का एक और उदाहरण सामाजिक सन्दर्भों की दृष्टि से देखने पर सामने आते हैं। मुसलमानों का आक्रमण हो रहा है, देश के विभिन्न हिस्सों में नरमुण्डों की श्रृंखला बनायी जा रही थी, रक्त की नदियाँ बह रही हैं, दूसरी तरफ राम वन में जा रहे हैं, वन के बीचों–बीच अस्थियों का विशाल समूह देखते हैं, एक तरफ मुस्लिम सत्ता का भयावह वातावरण है दूसरी तरफ आसुरी शक्तियों की विभीषिका, कैसा रूपक सामने आकर खड़ा हो जाता है, न्याय की रक्षा कौन करेगा? कब तक निरंकुश तंत्र जनतंत्र को कुचलेगा? तुलसी के राम इस स्थिति से घबराते नहीं हैं बल्कि वे प्रतिज्ञा करते हैं– असुरों के सम्पूर्ण विनाश की, यह है लोकतान्त्रिक चेतना सम्पन्न पुरुष की पहल।

तुलसी की कविता का समाज, उसके विविध रूप

भारतीय इतिहास के अवलोकन से यह स्पष्ट ज्ञात होता है कि शताब्दियों पूर्व भारत में सत्य अहिसा प्रेम का वातावरण व्याप्त था। राज्य व्यवस्था में सौम्यता एवं न्याय की भावना अपने चरमोत्कर्ष पर थी। शासकगण प्रजा वात्सल्य सुनीति और धर्म परायण थे। जनसमुदाय कृषि एवं न्याय कार्यों में लगा रहता था। भारतीय स्यता, संस्कृति, कला एवं आध्यात्मिक विचारधारों से पुष्ट थी। भाषाओं की अनेकता धर्म, शिक्षा एवं जीवन प्रणालियों की विभिन्नता का समनविष्ट रूप समाज है। यह भारतीय समाज एक झटके से नहीं बना, बल्कि इसके बनने में न जाने कितनी शताब्दियाँ बीत गयीं, कितने धर्म आये, कितनी जातियाँ और इन सबका मिला–जुला रूप भारतीय संस्कृति, जो अनायास सारी विशेषताओं को समेटे अपना एक पृथक अस्तित्व आज भी बनाये रखे हुए हैं।

यह भारतीय समाज विभिन्न संस्कृतियों का सम्मिलित रूप है, भारत की सामाजिक व्यवस्था का आधार जनतंत्र रहा है। एंगेल्स ने जन के सम्बन्ध में लिखा है कि जन प्राचीन हिन्दी (इन्दो) यूरोपीय शब्द है जिसका अर्थ मनुष्य या मनुष्य जाति होता हैं।[13] यही जन आगे चलकर विकास के दौर में, परिवार, कबीले, गण, पुरू में बदलते हुए अन्त में राष्ट्र की भावना से संचालित होकर एक तंत्र की शक्ति में परिणत हुई, जिसका प्रत्यक्ष स्वरूप हमें सामंतवाद में दिखायी पड़ता है। अर्थात् सम्पूर्ण समाज पर एकाधिपत्य की भावना से कार्य करते हुए चतुवर्गों को अपने अधिकार में लेने की चेष्टा जहाँ सम्पत्ति सबकी न होकर किसी एक की होती थी।

यह मध्यकाल के सामंती दौर का भयावह यथार्थ भी है– जहाँ वर्ग भेद, आर्थिक और सामाजिक असमानता इस कदर बढ़ गयी थी, कि सामान्य जनता को यह कहने के लिए विवश होना पड़ा था– 'कोई नृप होय हमहिं का हानी, चेरि छाँड़ि न होइब रानी।'

थोड़ा पीछे जाने पर भारतीय संस्कृति का चरमोत्कर्ष, गुप्त, वर्धन काल में देखने को मिलता है, जहाँ राजा और प्रजा का भेद पिता और पुत्र के भेद के समान था। समाज की आदर्श व्यवस्था के संचालन में राजा और प्रजा दोनों ही अपने दायित्वों का निर्वहन करती थी। किंतु शनैः–शनैः यह शक्ति सामन्यवाद के जोर से क्षीण पड़ती गयी, जिसका परिणाम केन्द्रीय शक्ति विघटन के रूप में देखने को मिलता है। रामधारी सिंह दिनकर ने संस्कृति के चार अध्याय में लिखा है– आदमी कमजोर पहले होता है, पराजय उसकी बाद में होती है। देश की एकता पहले टूटती है, दासता उस पर बाद में आती है।[14]

राजनैतिक चेतना का ह्रास ही, सामाजिक चेतना की नींव को कमजोर करने मे लगा था जिसका उदाहरण भारत के लगभग सभी हिस्सों में मुस्लिम शासन की बहुलता से ही पता चलता है। समाज कई हिस्से में बट गया थाः एक तबका उनका जो, राजे थे, शासक थे, अमले कारिन्दे या दरबारी थे। जिन्दगी के असली मजे इन्हीं को नसीब थे। उनमें शिक्षा भी थी, संस्कृति भी और धन ऐश्वर्य भी। सल्तनत से सरोकार इसी तबके का था। बाकी जनता इस तबके से दूर थी और मेहनत मजदूरी करके अपना पेट पालती थी और इन विलासियों को आराम के लिए पैसे भी देती थी। किन्तु जैसे ऊपर वाले तबके को इस नीचे वाले तबके के लिए कोई दर्द नहीं था, वैसे ही जनता के ह्रदय में राजाओं के लिए कोई सहानुभूति नहीं थी।[15]

राज्यतंत्र की अनीति ने प्रजा का मोह भंग कर दिया था और यह मोह भंग इस सीमा तक बढ़ता गया कि राज्य पर आधिपत्य किसका हो, या न हो, प्रजा के अधिकार क्षेत्र में यह दूर–दूर तक न आती थी। यह तो देश की राजनीतिक हालत थी, धर्म व्यवस्था का रूप, राजनीतिक व्यवस्था के समान ही था– रामचन्द्र शुक्ल ने अपने इतिहास में लिखा है–"जनता की दृष्टि को आत्म–कल्याण और लोक–कल्याण विधायक सच्चे कर्मों की ओर ले जाने के बदले उसे वे कर्मक्षेत्र से हटाने में लग गये थे। उसकी बाणी तो गुहा, रहस्य और सिद्धि लेकर उठी थी। अपनी रहस्यदर्शिता की

धाक जमाने के लिए वाह्य जगत की बातें छोड़ घर के भीतर कोठों की बातें बताया करते थे। भक्ति प्रेम आदि हृदय के प्रकृत भावों की अंतर्साधना में कोई स्थान न था, क्योंकि इनके द्वारा ईश्वर को प्राप्त करना तो सबके लिए सुलभ कहा जा सकता है। सामान्य अशिक्षित या अर्द्धशिक्षित जनता पर इनकी बानियो का प्रभाव इसके अतिरिक्त क्या हो सकता था? कि वह सच्चे शुभकर्मों के मार्ग से तथा भगवद्भक्ति की स्वाभाविक हृदय पद्धति से हटकर अनेक प्रकार के मंत्र, तंत्र और उपचारों में उलझे और उसका विश्वास अलौकिक सिद्धियों पर जमें।[16]

तुलसी इस अव्यवस्था के बीच की उपज है, राजनीतिक अस्थिरता, धार्मिक संकीर्णता और सामाजिक सम्बन्धों के ह्रास के बीच तुलसी सामने आकर समाज धर्म, राजनीति, लोकनीति को एक नयी दिशा देने का प्रयास करते हैं। चेतना का सुन्दर इतिहास अखिल मानव भावों का सत्य, विश्व के हृदय पटल पर दिव्य अक्षरों से अंकित हो नित्य, कामायनी की यह पंक्तियाँ तुलसी की भावनाओं का प्रस्फुटन ही है। तुलसी ऐसे चरित्र हैं वहाँ कविता और दर्शन का श्रेष्ठ समागम होता है। यही कारण है कि रामचरितमानस जहाँ उत्कृष्ट काव्य है वहीं एक बड़े समाज में धर्म ग्रन्थ की तरह आदृत है, और कहीं उसे दर्शन तथा अध्यात्म के क्षेत्र में मान्यता मिलती है। काव्य धर्म–दर्शन अध्यात्म भक्ति मानवीय साधना की ये श्रेष्ठ परिणतियाँ जहाँ एक दूसरे में विलीन होकर एक समग्रतर तथा महत्तर रूप धारण करती है तो वह कृति है रामचरितमानस।[17]

तुलसी ने अपनी रचनाओं में सामाजिक, धार्मिक तथा नैतिकता मर्यादाओं को शक्ति, शील एवं सौन्दर्य की पराकाष्ठा, रामचरित के रूप में दिखायी है। गोस्वामी तुलसीदास के रामचरितमानस में भारतीय समाज एवं संस्कृति की विशिष्ट छाप देखने को मिलती है। तुलसी ने कथा सूत्र का आधार वाल्मीकि रामायण को बनाकर समाज में एक आदर्श व्यक्तित्व तथा आदर्श कुटुम्ब की छाप लगाकर, अनेक प्रसंगों को भारतीय समाज के आलोक में पेशकर, दूसरी सामाजिक यथास्थिति को राम–रावण के माध्यम से हिन्दू एवं मुस्लिम संस्कृति एवं समाज का यथातथ्य निरूपित किया है।

भक्तिकाव्य रचनाशीलता का ऐसा कालजयी स्वर है, जो मध्यकालीन समय से टकराता हुआ जहाँ उसे अतिक्रमित करता है, वहीं दूसरी ओर एक उच्चतर मानवीय मूल्य संसार की सदाशयता से परिचालित होता है। "मध्यकालीन आराजक वातावरण में रचना कर्म कितना कठिन, कितना

चुनौती भरा होता है, इसे ईमानदार रचनाकार जानते हैं। यह मध्यकाल का सामंती समाज है, जहाँ कई प्रकार की भूल–भुलैया है जिसे सभी कवियों ने महसूस किया, किसी ने उसे कलिकाल के रूप में देखा, किसी ने विकृत व्यवस्था के रूप में। पर सब आन्तरिक स्तर पर विक्षुब्ध, असंतुष्ट हैं और उसे अपने–अपने ढंग से चुनौती देते है। कबीर का विद्रोह, जायसी का प्रेम भाव, सूर की रागात्मकता, तुलसी का लोक धर्म, मीरा की भावनामयता सब मिलकर असंतोष को व्यक्त करते हुए समानान्तर वैकल्पिक मूल्य संसार रचते हैं, जिसे उनका समाजदर्शन कहा जा सकता है, जिसमें उनका भक्तिदर्शन अंतर्भुक्त है। दोई कहैं तिनही को दोखज, माँगि के खैबो मसीत के सोइबे में असंतोष के साथ ललकार का भाव है जो कवियों को वैकल्पिक मूल्य जगत् रचने की प्रेरणा देता हैं।"[18] प्रेमशंकर जी के इन्हें शब्दों के साथ मध्यकालीन कवियों के रचना जगत को देखते हुए, आन्तरिक एवं वाह्य संघर्ष से उत्पन्न हुई मनोस्थितियों के आधार पर तुलसी की सामाजिक अवधारणा को समझने की पहल करनी पड़ेगी। थोड़ा पीछे चलकर देंखे तो हमें तुगलकों, लोदियों और मुगलों का साम्राज्य देखने को मिलता है, जहाँ धार्मिक स्वतंत्रता सामाजिक स्वतंत्रता, आर्थिक स्वतंत्रता न के बराबर थी, कितनी ही सामाजिक धार्मिक मर्यादा सत्ता के आगोश में दम तोड़ रही थी, पारिवारिक, सामाजिक विघटन इसी आगोश का प्रतिफलन था। जमीन के छोटे से टुकड़ों के लिए लोग अपने सगे–सम्बन्धियों का कत्ल करने से बाज नहीं आते, राजतंत्र में कितने ही राजकुमार ने अपने पिता, भाई को मारकर, उनसे विद्रोह कर सत्तानशीन बने थे। अफगानों और मुगलों को इस कार्य में महारत ही हासिल थी। जहाँगीर ने तो अपने ही बेटे की आँखे फोड़वा दी थी, यह मुगलों का इतिहास है। तुलसी को यह साम्राज्य व्यवस्था प्रिय न थी, तुलसी के मानस में राम के साम्राज्य का वह स्वरूप अंकित था, जो वाल्मीकि रामायण से चले आते हुए बौद्ध, दशरथजातक, दशरथकथानकम् से आगे बढ़कर उत्तररामचरित् के राम की, हरवंश पुराण के राम की, अध्यात्म रामायण के राम की सम्मिलित विशेषताओं को अपने राम की समाज व्यवस्था में शामिल कर लेते हैं, राम का यह प्रतीकत्व उनके नायकत्व को उभार देता है।

महाभारत के रामराज्य में समाज की सम्पन्नता का भी बोध होता है–

कालवर्षाश्च पर्जन्याः सस्यानि रसवन्ति च
नित्यं सुभिक्षमें वासीद्रामे राज्यं प्रशासति

नित्यपुष्प फलाश्चैव पादपा निरूपद्रवाः
सर्वा द्रोणदुधा गावो रामे राज्यं प्रशासति[19]

भक्ति चेतना एवं सामजिक चेतना भक्तिकाल की सबसे बड़ी उपलब्धियाँ हैं। आदर्शों एवं मूल्यों पर आधारित इस काव्य में पूर्ण मानव की परिकल्पना यथार्थ सत्य के विपरीत जाकर की गयी है। भारतीय संस्कृति एवं समाज के पोषण में, तमाम तरह के दुराग्रह को परे करते हुए तुलसी एक नवीन काव्यशास्त्रीय समाज की संरचना करते हैं। डॉ0 वी0एन0 फिलिप ने इन्हीं परिस्थितियों पर अध्ययन करते हुए भक्ति साहित्य के सन्दर्भ में सही लिखा है कि "भक्त कवियों ने अपनी रचनाओं द्वारा सांस्कृतिक एकता पर जोर दिया और समाज में दर्शित जाँति–पाँति, उच्च–नीच भेदभाव, मानवीय असमानता आदि को दूर करने का आह्वान दिया है। उन्होंने समाज में निन्दित एवं पीड़ित निम्न वर्ग के लोगों को भी भक्ति मार्ग तथा धर्मग्रन्थों से लाभ उठाने का रास्ता खोल दिया और उन्हें स्वतंत्रता प्रदान कर दी। इसलिए समाज में ब्राह्मणों के समान शूद्रों को भी भगवान की पूजा तथा भक्ति करने का अधिकार प्राप्त हुआ।[20]

तुलसी अपने समाज (काव्यशास्त्रीय) की रचना इन्हीं मूल्यों व आदर्शों पर करते हैं, उसका लक्ष्य सिर्फ भगवद्भक्ति ही नहीं बल्कि एक स्वस्थ भारतीय समाज की स्थापना करना भी रहा। तुलसी की कविता मात्र कल्पना नहीं, वह ऐसी कल्पना है, जो जीवित सत्य पर आधारित होकर अनुभूत सत्य के रूप में व्यक्त होती है। कवि की यह धारणा आह से उपजा होगा गान अनुभूत वेदना की संवेदनात्मक अभिव्यक्ति है।

काव्य का मानव जीवन से सीधा सम्बन्ध रहा है काव्य का उद्भव ही समाज और उसके परिवेश, घटनायें, सामाजिक अन्तःक्रियाओं के बीच होता है। काल्पनिक स्तर से वास्तविक जगत की यात्रा कविता है। अनुभूत सत्य एवं कार्य कारण परिणाम जनित तथ्यों को यह कविता ही अभिव्यक्ति करते चलती है चाहे वह शूद्रक की कविता हो, या फिर विशाखदत्त की या कालिदास की। इन सभी कवियों की कविताओं में अपने समाज का चित्रण अवश्य हुआ है। नेमिचन्द्र जैन ने "कवि गाता है" में कवि के इसी रूप पर कितना सटीक लिखा है–

"कवि दृष्टा है
जीवन के पीछे छिपे हुए अज्ञात तत्व का
मानवता के अमर चिरन्तन नियमों का
कवि स्रष्टा है।[21]

तुलसी की कविता में समाज के विविध रूपों का चित्रण हुआ है। यह कहीं कल्पनाजनित है कहीं, पौराणिक और कहीं मिथकीय तत्वों का सहारा लिए हुए। तुलसी के लिए कबीर की तरह समाज सुधारक का लेबल सीधे–सीधे नहीं लगा सकते किन्तु तुलसी का दृष्टिकोण सामाज से विमुख हो यह भी नहीं कह सकते। वास्तव में सामाजिकता वैयक्तिक्ता का विरोधी रहा हैं, और तुलसी कहीं भी अपने साहित्य में सिर्फ अपने हित बात करते हो, ऐसा देखने में भी नहीं आता। तुलसी जब समाज की बात करते हैं तो उस समाज में सामाजिक चेतना के साथ–साथ समाज का स्वरूप, उसके विकास की विभिन्न श्रेणी, आचार–विचार, न जाने कितने तत्व आ जाते हैं जिनके सहयोग से तुलसी अपने समाज को जहाँ रूपायित करते हैं वहीं समाज के सन्दर्भ में अपनी मान्यताओं की स्थापना भी।

तुलसी ने अपने समाज चित्रण में मुख्यतः दो ही रूपों पर अपनी दृष्टिकोण को लक्षित किया है, पहली वह जो यथावत् रूप में विद्यमान हैं दूसरी आदर्श रूप। इसी आदर्श रूप की स्थापना तुलसी लोक मंगल के लिए करते है–तुलसी की कविता का सत्व समाज परान्तः सुखाय भाव को लिए हुए है। अपने समाज चित्रण से तुलसी ने, राजनैतिक समस्याएँ धार्मिक अद्यःपतन की आलोचना, सामाजिक कुरीतियों एवं साहित्यिक मान्यताओं की आलोचना एक साथ की। गहराई में जाने से पहले तुलसी के समाज पर एक दृष्टि डालना अपेक्षित है, तुलसी मुख्यतः अपने समाज निरूपण के लिए सत, रज, तम तीनों गुणों का आश्रय लेते हैं। विभिन्न समुदायों का एक मोटा रेखांकन करते हैं– यह समाज है देवताओं का, मानवों का, असुरो का, वानरों का एवं पक्षियों का तथा वर्तमान युग के समाज (कलियुग) का। किन्तु इन समुदायों में जो केन्द्र में है वह है मानव। तुलसी मानव समाज की ही चर्चा सबसे ज्यादा करते हैं।

यह मानव समाज विभिन्न तबकों में बटाँ हुआ है, अर्थात् यहाँ अभिजात्य वर्ग अपने पूर्ण शानो–शौकत के साथ मौजूद है, जिसे हम नगरीय समाज भी कह सकते हैं वही, दूसरी तरफ आदिवासी, ग्रामीणों का समाज भी है जो वास्तविक है, यह वही समाज है, जिसमें जनता की आत्मा बसती है। इन्हीं के साथ समाज को निश्चित दिशा व गति देने का कार्य तुलसी ऋषि समाज के श्रीमुख से कराते हैं।

नगरीय समाज : तुलसी के नगरीय समाज की अवधारणा को जानने से पहले तुलसी के समाज पर एक दृष्टि डालना जरूरी है।

डॉ0 रामचन्द्र तिवारी ने अपनी पुस्तक तुलसीदास में लिखा है "कि तुलसी के सामने एक ऐसा समाज है जिसमें शासक स्वेच्छाचारी है। शासन हिंसा पर आधृत हैं। अनीति और अत्याचार ही शासन वर्ग के क्रिया–कलाप हैं। सारा संसार आचरण भ्रष्ट हो गया है। धर्म के निर्मूलन के लिए सभी प्रकार के प्रयत्न किये जाते है। जप, तप, भक्ति योग, वैराग्य, यज्ञ आदि धार्मिक कार्य समाप्त हो गये हैं। चोरों जुआरियों और लम्पटों की वृद्धि हो रही है। धर्म की अत्यधिक ग्लानि देखकर पृथ्वी व्याकुल हो जाती हैं। समाज का यह रूप उन्हें मान्य नही हैं।"[22]

तुलसी अपने समाज के स्वस्थ्य स्वरूप की परिकल्पना इसी अव्यवस्था, अनाचार को देखते हुए करते है। तुलसी के नगरीय समाज में मुख्य रूप से अयौध्या, जनकपुरी तथा राजा प्रतापभानु के समाज का चित्रण उनकी सामाजिक मान्यताओं को अभिव्यक्त करता चलता हैं। तुलसी का समाज, मानवतावादी समाज है, कर्म प्रधान समाज है। तमाम तरह के वैभव एवं ऐश्वर्य से युक्त समाज है। इस समाज में अभाव कहीं नही है।

तुलसी नगरों में भी रहे और ग्रामों में भी, कमोवेश हर जगह एक पराधीनता, दैन्यता का भाव उस वातावरण में व्याप्त था। तुलसी उस वातावरण से मुक्ति चाहते थे– जहाँ ऊँच–नीच का भाव विद्यमान न हो, जहाँ कोई आर्थिक रूप से पराश्रित न हो जहाँ स्त्रियों का सम्मान हो, बालकों में सदाचार की अतिशयता हो, एक स्वस्थ समाज की परिकल्पना ही तुलसी का ध्येय है और तुलसी इस स्वस्थ समाज के निर्माण में सफल भी रहे हैं, किन्तु इस सफलता के पीछे एक परिकल्पना है, यह परिकल्पना विकल्प की है। तुलसी सामंतवादी युग की देन है, तुलसी एक कल्पित संसार की सर्जना करते है। जहाँ रामराज्य उनका दिवास्वप्न है, यह यूटोपिया है, किंतु इस यूटोपिया में कवि की संवेदना गहरी पैठी है। नगर समाज के (मानव) तीन उदाहरण तुलसी रामचरितमानस में रखते है–

(1) प्रतापभानु का नगरीय समाज
(2) दशरथ का नगरीय समाज
(3) जनक का नगरीय समाज

यह तीन मुख्य नगर हैं, जिनकी समृद्धि, जिनका रहन–सहन मध्यकालीन शासकों, सामंतों की तरह है। बड़े–बड़े महल, उपवनों, तालाबों, नदियों से घिरा हुआ शहर आधुनिक राजधानियों को भी मात देता है। दशरथ, जनक, प्रतापभानु तीनों ही लोक में प्रसिद्ध राजा है। यह

परम्परानुमोदित समाज है, जिसमें ग्राहस्थर्य धर्म, आध्यात्मिक धर्म, तथा राजनीतिक धर्म तीनों ही अपने स्वस्थ स्वरूप में विराजमान है, जिसमें राजा और प्रजा की धर्म भावना, सुरक्षा सुख एवं शान्ति की प्रधानता है। प्रतापभानु आख्यान को तुलसी ने सिर्फ मानस में ही उठाया है, जहाँ प्रतापभानु जैसे राजा को तुलसी केन्द्र में लाकर खड़ा करते है। प्रतापभानु का नगरीय समाज सुख–सुविधाओं से सम्पन्न राज्य है, परिवार में, आदर्श, प्रेम, नीति तीनों ही भावना अपने उच्च शिखर पर हैं। यह ऐश्वर्यशाली समाज प्रतापभानु की एक छोटी सी भूल के कारण पापग्रस्त होकर अपनी सभ्यता एवं संस्कृति का नाष करता है।

दूसरा नगरीय समाज है, अयोध्या, यह भूमि सदैव से ही अपना ऐतिहासिक महत्व रखती है। अयोध्या का समाज भारत के किसी आधुनिक नगर जैसा ही है। इसका नगरीय ढाँचा, इसमें स्थित गगनचुम्बी भवनों, नगरों की प्राचीर, उसमें बने कंगूरे राजभवन, नगर के राजमार्ग एवं गलियों, बाजारों, चित्रशालाओं वाटिकाओं, वापी पुष्करों एवं सरयू तट पर निर्मित घाटों के दृश्यावलोकन से यह स्पष्ट होता है कि यह समाज विकसित समाज की श्रेणी में प्रथम स्थान पर स्थित है। पराधीनता के दौर में (रावण राज्य) यह अपना स्वतंत्र अस्तित्व बचा कर रखे हुए है। यहाँ सुख–समृद्धि निरन्तर वास करती है। दशरथ यहाँ के राजा हैं किन्तु उनके लिए प्रजाहित सर्वोपरि है। इसी का परिणाम है कि पुत्र जन्मोत्सव पर उनके साथ सारी प्रजा आनन्दमग्न है। सोने के थाल, मोती हार लुटाये जा रहे हैं, हर कोई अपनी सामर्थ्य भर लुटा रहा है। प्रजा के साथ राजा का यह अनुराग अविस्मरणीय है।

तीसरा नगरीय समाज है जनकपुर। जनक यहाँ के राजा हैं, किन्तु वह विदेह हैं अर्थात् राग देश से सर्वथा अलग रहने वाले जनक अपनी प्रजा के पालन–पोषण में किसी भी प्रकार की कसर छोड़ते नहीं। एक राजा का कर्तव्य होता है वह अपनी प्रजा की छोटी से छोटी आवश्यकता का ध्यान रखे, जनकपुर में अकाल की स्थिति आने पर जनक खेत में हल चलाते हैं।

वह राजा हैं, उनके पास खजाने या अन्न की कमी नहीं होगी, परन्तु प्रजा के पास तो अन्न की कमी है। मध्यकाल के शासक को इससे फर्क नही पड़ता कि देश में अकाल है, या महामारी फैली हुयी है, उसे मात्र 'कर' चाहिए। कितने ही परिवार इस कर की भेट चढ़ गये थे?

कितनों की बहू–बेटियाँ नीलाम हो गयी थीं? परन्तु राजा के हरमों में, उनकी रंगशालाओं में पैसा पानी की तरह बहाया जा रहा था। यह मध्य काल का कटु सत्य है साथ ही साथ वर्तमान की भी। तुलसी अपने नायक में, अपने राजा में विद्रुपतायें दिखाते नहीं उनका राजा आदर्श के साँचे से ढलकर निकलता है जनक ऐसे ही, राजा हैं। अयोध्या की तरह यह नगर भी अपनी रमणीयता, विशालता में भारत के आधुनिक नगर राज्यों जैसा ही है, जानकी मंगल, तथा रामचरितमानस में इसकी सुंदरता मन को मोहित करती है। यह समानता का नगर है तुलसी कहते हैं–

धनिक बनिक बर धनद समाना। बैठे सकल वस्तु लै नाना
चौहट सुंदर गलीं सुहाई। संतत रहहिं सुंगध सिंचाई
मंगलमय मन्दिर सब केरें। चित्रित जनु रतिनाथ चितेरे
पुर नर नारि सुभग सुचि संता। धरमसील ग्यानी गुनवंता
धवल धाम मुनि पुरत पट सुघटित नाना भाँति
सिय निवास सुंदर सदन सोभा किमि कहि जाति।[23]

यह तुलसी का नगरीय समाज है, जहाँ तुलसी, घूमते हैं, फिरते हैं किन्तु तुलसी को यह समाज इसीलिए प्रिय है कि वह उनके आराध्य से सम्बन्धित समाज है। तुलसी की वास्तविक आत्मा गाँव में बसती है, यही समाज तुलसी का वास्तविक समाज हैं, जिसके अन्दर की पीड़ा, क्षोभ, व्यथा को तुलसी ने खुद महसूस किया है, शब्द तुलसी के है, पर भाव उन ग्रामीणों के जो, सर्वथा साधन विहीन है, ऐश्वर्य विहीन है, किन्तु इसके पश्चात् भी अपने आप में गर्व की भावना, धर्म की भावना तथा प्रेम की भावना से परिपूर्ण हो इसी ग्रामीण समाज का हिस्सा हैं। तुलसी लोकमत और वेदमत का समन्वय करते हुए जीवन के सभी क्षेत्रों में व्याप्त उच्श्रृंखलता का निराकारण तथा मर्यादा की स्थापना अपने सात्विक पात्रों के माध्यम से करते हैं। तुलसी ने ग्रामीण समाज में हाशिये पर स्थित लोगों को वह स्थान दिलाने की हर संभव पहल की, जिसे उनके पूर्ववर्ती कवि समाज सुधारक नहीं कर पाये थे... ग्रामीण समाज के दो रूप सामने आते है एक राम का ग्रामीण समाज, दूसरा कृष्ण का ग्रामीण समाज।

तुलसी ने दोनों संस्कृतियों अवधी एवं ब्रजांचल को गहरे से आत्मसात किया। इसलिए इन दोनों ही समाजों की दशा उनकी अवस्था को तुलसी ने अपने काव्य में व्यक्त किया। तुलसी पहली चर्चा समाज के सबसे

निकृष्ट हिस्से केवट समुदाय से करते हैं, यह समाज विद्या से कोसों दूर है, भारतीय संस्कृत की आत्मा का एक हिस्सा। भक्तिकाल के कवियों की सबसे बड़ी विशेषता यही रही कि उन्होंने धर्म को एक हथियार के रूप में इस्तेमाल करते हुए निम्न समाज को भी अधिकार दिलाने का प्रयास किया।

केवट एक पात्र मात्र नहीं है वह अपने समाज का प्रतिनिधि पुरुष है वह अपने अधिकार के प्रति सचेत लोकतान्त्रिक चेतना से सम्पन्न व्यक्ति हैं। तुलसी ने राम के साथ सम्पूर्ण ग्रामीण समाज को मिलाकर रख दिया। तुलसी के राम जहाँ जाते है, वहाँ ग्रामीण जनता उनसे एक जुड़ाव महसूस करती है.... जैसे आधुनिक काल में गाँधी, भगत सिंह के साथ जनता का जुड़ाव दिखायी देता है– राम सीता लक्ष्मण धूप में चल रहे है हाथ में धनुष, भगवावस्त्र धारी और साथ में सुन्दर स्त्री, जिसको देखकर ही ग्रामीण मोहित हो जाते हैं... राम की इस अवस्था को देखकर वे राजा–रानी को कोसते हैं, जितना भी अपनी सामर्थ्य भर होता है, राम के लिए करते हैं। हर कोई उनसे मिलना चाहता है, हर कोई उनसे जुड़ना चाहता है, बतियाना चाहता है, और तुलसी के राम सभी से मिलते हैं, उनके कष्टों को देखते है... ऐसे कितने ही सहृदयी प्रसंगों की अवतारणा तुलसी ने अपने रामकाव्य में की है।

थके नारि नर प्रेम पिआसे। मनहुँ मृगी मृग देखि दिआसे
सीय समीप ग्रामतिय जाहीं। पूँछत अति सनेह सकुचाहीं[24]

जनता भूखी है किन्तु उनके स्वामी वनों में भटक रहे हैं। निषादराज भी, इस अवसर का लाभ उठाना चाहता हैं– **"लिए फल मूल भेट भरि थारा मिलन चलेउ हियँ हरषु अपारा"**, यह है तुलसी का ग्रामीण समाज उसका अपनापन, बंधुत्व की भावना का सच्चा, प्रदर्शन। तुलसी ने इन्हीं स्थलों पर बखूबी दिखाया है, अन्याय का विरोध करना, उसके विपक्ष में खड़ा हो जाना। तुलसी के पात्र ही कर सकते हैं–

राम लखन सिय रूप निहारी, कहहिं सप्रेम ग्राम नर नारी
ते पितु मातु कहहुँ सखि कैसे, जिन्ह पठए बन बालक ऐसे।[25]

आदिवासी समाज की हालत तो और भी विकट है। यह समाज छोटे–छोटे समुदायों में बँटा हुआ है। इसमें कोल, किरात, शबर आदि विभिन्न समुदाय के निवासी एक साथ रहते हैं। आदिवासी समुदाय की सहजता का अंदाजा चित्रकूट वर्णन में मिलता है–

कोल किरात भिल्ल बनबासी, मधु सुचि सुन्दर स्वादु सुधा सी
भरि–भरि परन पुटीं रचि रूरी, कंद मूल फल अंकुर जूरी
सबहिं देहिं करि विनय प्रनामा, कहि कहि स्वाद भेद गुन नामा
देहिं लोग बहु मोल न लेहीं, फेरत राम दोहाई देहीं।[26]

यह है तुलसी का समाज... पर कितना उदार है, मनोभाव कितने शुद्ध हैं। ठीक ऐसा ही समाज तुलसी ने कृष्ण गीतावली में दिखाया है। यही समाज, यही भाव और यही प्रेम उस समाज में भी बदस्तूर कायम रखा है। तुलसी के राम मर्यादावादी हैं, पर कृष्ण का स्वरूप लोक रंजन का है, तुलसी ने इस तथ्य को भी सामने रखा, इसीलिए तुलसी ने कृष्ण के बहाने से अपनी सारी अधूरी इच्छाएँ पूरी की। ब्रज का समाज मुख्यतः गो–पालन पर आधारित है। मध्यकाल का भयावह चित्रण यहाँ पर भी है तुलसी की गोपी कहती हैं–

दिन–प्रति भाजन कौन बेसाहै? घर निधि काहू के रे–[27]

पूरा मध्यकाल इस अर्थ की समस्या से जूझता रहा है। यह लोक की सशक्त अभिव्यक्ति है जहाँ पर जीवन–निर्वाह के लिए ऐड़ी–चोटी का जोड़ लगाना पड़ता हो, वहाँ सामंत कितनी आसानी से उनकी सम्पत्ति को नष्ट कर देते हैं। यह वास्तविकता है, भारत का किसान और निम्नवर्ग ही सबसे ज्यादा दुखित एवं पीड़ित रहा है। तुलसी का यह समाज ही गाँधी के रामराज्य और विनोवा भावे के सर्वोदय समाज की आधारशिला बनता है।

देव समाज : यह समाज पूर्णतः कर्म–विहीन समाज है। इस समाज के स्वामी इन्द्र हैं। तुलसी ने इन्द्र की चर्चा जहाँ भी की है, वहाँ उनके मन में इस समाज के लिए रोष स्पष्ट दिखायी पड़ता है। रावण के सामने इन्द्र का पराक्रम धरा रह गया। यह ऐसा समाज है जो कर्मों में आस्था न रखते हुए भोग–विलास में लीन परजीविता में जीने वाला है। रावण ने जब स्वर्ग लोक पर आक्रमण किया, तब सभी देवता को अपने–अपने स्थान से भागकर अपने प्राणों की रक्षा करते हैं। तुलसी इस समाज के लिए ईर्ष्यालु, कपटी, कुचाली एवं परजीवी जैसे विशेषणों का प्रयोग करते हैं। जिस समय राम को युवराज पद की प्राप्ति हो रही थी, उस समय देवता "विघन मनावहिं देव कुचाली" तब भी षडयंत्र करने से बाज नहीं आ रहे थे। उन्हें अयोध्या में व्याप्त उत्साह अच्छा नहीं लग रहा था, सरस्वती भी उनकी प्रवृत्ति को जानती थीं इसीलिए कहती हैं–

ऊँच निवास नीच करतूती, देखि न सकहिं पराई विभूति[29]

स्वयं देवताओं के राजा इन्द्र भी कुचाली हैं, जब भरत राम को मनाने जाते हैं–

गुरु सन कहेउ करि प्रभु सोई, रामहि भरतहि भेंट न होई[30]
कपट कुचालि सीवँ सुरराजू, पर अकाज प्रिय आपन काजू
काक समान पाकरिपु रीती, छली मलिन कतहुँ न प्रतीती[31]

वास्तव में यह समाज स्वार्थ साधन में रत समाज है। उन्होंने राम को वनवास दिलाने का आयोजन किया, भरत, राम से मिलने न पायें ऐसी भी बात इन क्षुद्र देवताओं के मन में आयी थी। इतना ही नहीं चित्रकूट में राम के समीप रहने वाले अवधवासियों के मन में भी उन्होंने उच्चाटन पैदा कर दिया था। तुलसी का देवताओं का यूँ हेय–दृष्टि से देखना वास्तव में बहुदेवोपासना की असारता दिखलाते हुए रामोपासना की प्रतिष्ठा करना ही तुलसी का प्रयोजन हो सकता है।

राक्षस या असुर समाज : तुलसी का यह समाज कलयुग की विशेषताओं से युक्त है। वैदिक साहित्य में राक्षस जाति का विस्तृत वर्णन मिलता है। ऋग्वेद में इसका प्राचीन नाम रक्ष आया है–

पिशंगभृष्टिमम्भ्रणं पिशाचिमिन्द्र सं मृण
सर्व रक्षो नि बर्हय।[32]

इसमें इन्द्र से प्रार्थना करते हुए कहा गया है, हे दुष्टों को विदीर्ण करने वाले इन्द्र आप उन भयंकर दुःख देने वाले दुष्टजनों को मारें तथा निकाल दें अथर्ववेद में भी राक्षसों का वर्णन हुआ है–

अरायान् ब्रूमो रक्षांसि सर्पान् पुण्यजनान् पितृन
मृत्युनेकशतं बूमस्ते नो मुचन्त्वंहसः[33]

वास्तव में राक्षस, दैत्य, दानव, असुर ये सब समानार्थी शब्द हैं, कश्यप की स्त्री दिति से उत्पन्न होने वाले दैत्य और दनु से उत्पन्न होने वाले दानव कहलाते हैं। यह समाज आरम्भ से ही रक्त–पात की नीति में विश्वास करता है। यह राक्षस समाज अत्यन्त शक्तिशाली एवं पराक्रमी है। शरीर बलिष्ठ भारी एवं भयानक है। विशाल बाहु से युक्त है, इतना ही नहीं उनके धक्कों से पर्वत भी हिल जाते हैं तथा उनकी वेगवान गति से शेषनाग काँपते हैं।

तुलसी जिन्हैं धाएँ धुकँ धरनी धर
धौर धकानि सो मेरू हले हैं।[34]

यह समाज पूर्णतया सुविधाभोगी तथा सुविधा सम्पन्न समाज हैं। जब व्यक्ति के पास हथियार के नाम पर भाले, पत्थर युक्ता बना ले, तथा लकड़ियाँ मिलती है– उस युग में इन राक्षसो के पास शक्ति, भिदापाल, तोमर, मुदगर, साँगी शूल, तलवार, कपाड़, वज्र, फरसे, पारिध, पत्थर आदि का प्रयोग करते हैं। यह समाज तामसिक आहार एवं प्रवृत्ति से युक्त है। कोधी, दुराचारी, मांस, मांस का सेवन करने वाले हैं नरभक्षी है, इसे व्यग्यार्थ में समझना चाहिए–

निसिचर रुचिर अहार मनुज–तनु
ताको जस खल मोहि सुनायो[35]

इस समाज में न नीति है, न प्रेम, न धर्म, स्वार्थ सिद्धि ही इस समाज का एकमात्र लक्ष्य है। वे तपस्या करते हैं, यज्ञ करते हैं, किन्तु इस तपस्या का इस यज्ञ में परान्तः सुख नहीं शामिल है बल्कि इसमें शामिल दूसरों का दुःख ही प्रधान लक्ष्य है। इस समाज का एकमात्र लक्ष्य सिर्फ विध्वंस है, मानवता, सदाचार, नैतिकता। यह इनके लिए त्याज्य हैं, धर्म और सात्विक यज्ञों के विरोधी हैं साफ तौर पर इसे आर्य अनार्य के संघर्ष की परिणति भी कहा जा सकता है।

होमकाले हु सम्प्राप्ते पर्व कालेषु चानघ
धर्षयन्ति सुदुर्धर्षा राक्षसाः पिशिताशनाः।[36]
जेहि विधि होइ धर्म निर्मूला, सो सब करहिं वेद प्रतिकूला
जेहिं जेहिं दस धेनु द्विज पावहिं, नगर गाऊँ पुर आगि लगावहिं[37]

यह समाज कूटनीतिज्ञ है। साम, दाम, दण्ड भेद पर आधारित इसकी नीति ध्वंसोन्मुख है। चाहे सभ्यता या संस्कृति कितनी ही प्राचीन क्यों न हो? स्वार्थ की भावना के वशीभूत होकर यह उस संस्कृति का विनाश करने के लिए अग्रसर रहते हैं–

करहिं उपद्रव असुर निकाया, नाना रूप धरहिं करि माया[38]

इस समाज में न तो पुरुष स्त्री का सम्मान करता है, न ही स्त्री, स्त्री की गरिमा, उसकी मर्यादा को संभालकर रखने का प्रयत्न करती है। रावण ऐसा ही लोलुप कामी पुरुष है और शूपर्णखा वैसे ही चरित्रहीन स्त्री। कितने ही उदाहरण इस समाज में देखने को मिलते हैं, खरदूषण भी सीता की चाहना करते हैं यह मध्यकाल का कड़वा यथार्थ है। जब हरमों में लाखों हजारो की संख्या में भारतीय वधुऐं बन्दी बनाकर डाल दी जाती थीं–

देहु तुरत निज नारि दुराई जीअत भवन जाहु द्वौ भाई[39]

कुल मिलाकर यह समाज मूल्यहीन समाज की श्रेणी में आता है। तुलसी ने मानस की रचना करते हुए इस आसुरी शक्ति को प्रमाणों और तर्कों के आधार पर विवेचित करते हुए वैचारिक संघर्ष को कविता के माध्यम से व्यंजित किया है। डॉ0 प्रेमशंकर जी लिखते हैं कि "मूल्यहीन संस्कृति का नाम राक्षस है और कवितावली में जिस कलिकाल का वर्णन है, उसे मध्यकालीन यथार्थ और आसुरी सभ्यता से जोड़कर देखने पर वृत्त पूरा होता है।"[40]

मानवेत्तर समाज– मानवेत्तर समाज की कल्पना के बिना रामकथा का आख्यान अधूरा है। इस मानवेत्तर समाज में पशु भी है, पक्षी भी, नाग भी एवं गंधर्व भी जो रामकथा, उसकी व्यापकता का एक हिस्सा है। तुलसी, तथा तुलसी के पूर्ववर्ती तथा परवर्ती कवि इस समाज की उपेक्षा करने का साहस नहीं उठा पाये। मानवेत्तर समाज में तुलसी ने वानर समाज की चर्चा करते हुए ओजयुक्त भाषा का प्रयोग किया है। यह समाज सुविधा सम्पन्न तथा शक्तिशाली है। तुलसी जिस वानर समाज की परिकल्पना मानवीय गुणों के संयोजन से करते हैं उससे यह तो स्पष्ट हो जाता है कि यह साधारण समाज बिल्कुल भी नही है। यह समाज पेड़ों पर कूदता नहीं बल्कि उनके पास रहने के लिए निवास स्थान, आचार–व्यवहार तथा नैतिक मूल्यों से युक्त है, साथ ही कुशल राजनीतिज्ञ भी। किष्किन्धा वानरों का ही राज्य है, जिसका राजा बाली है, जिससे रावण तक भी पराजित हो गया था। तुलसी ने वानरों को प्रछन्न रूप से देवताओं का अवतार बताया है।

निज लोकहिं विरंचि गे देवन्ह इहइ सिखाइ
वानर तनु धीर–धरि महि हरि पद सेवहु जाइ[41]

वास्तव में वानर जाति से तात्पर्य उस जाति से लिया जाना चाहिए जो वनों में निवास करती हैं। यह वह समाज है जो शक्तिशाली तो है किन्तु सुविधा सम्पन्न नहीं, ठीक आदिवासी समुदाय की तरह। वे दर्प और बल में सिंह के समान शक्तिशाली हैं। उनके पैरों मे वह शक्ति है जो पृथ्वी तक को विदीर्ण कर सकती है। उनके शरीर एवं रूप भयंकर हैं–

देखिन्ह जाई कपिन्ह के ठट्टा, अति विसाल तनु भालु सुभट्टा
धावहि गनहि न अवघट घाटा। पर्वत फोरि करहि गहिं बाटा।।[42]

यह समाज युद्ध कला में निपुण है। इनके हथियार किसी सांचे से

ढलकर नही आते बल्कि नख, दाढ़, पत्थर वृक्ष ही इनके हथियार हैं। भक्ति के क्षेत्र में यह समुदाय नवजागरण (रिनेशां) का प्रतिनिधित्व करता है। शासक अगर अत्याचारी हैं तो उसका वध करना, उचित है। इस प्रतिकार के लिए धन और शस्त्र की आवश्यकता जरूरी नही। वानर इसी भावना को प्रदर्शित करते हैं। वे दांतों से काटते हैं, लातो से रौंदते हैं और नाखूनों से छाती एवं पेट फाड़ डालते हैं। यह है वानर समाज, बालि अगर इसी समाज का हिस्सा है तो हनुमान, जाम्बवान, अंगद भी, जिन्होंने अपनी वीरता से अपने शत्रुओं तक को मुग्ध कर दिया था। यह समाज वास्तविक भारत का परिचय कराता है। इस समाज में भक्ति के निःश्छल स्वरूप का परिचय भी यहीं प्राप्त होता है।

पक्षी समाज : तुलसी को काव्य संसार में सभी वर्गों धर्मों जातियों का एक विशेष सम्मान है। विश्वव्यापी दृष्टिकोण एवं वसुंधैव कुटुम्बकम की भावना तुलसी काव्य में वर्णित संत समाज में व्याप्त है। तुलसी की लोकतान्त्रिकता का सीधा प्रमाण यदि देखना हो, तो पक्षी समाज को ही देख लीजिए। तुलसी घर से भगाये जाने वाले कौवों, गिधों को वो सम्मान देते हैं जो इससे पूर्व इन्हें प्राप्त ही नहीं हुआ था। कागभुशिण्डी जैसे ब्रह्मज्ञानी के द्वारा वे पक्षियों के राजा गरूण के गर्व नष्ट करवाते हैं, जटायु के रूप में धर्म एवं नीति की रक्षा के लिए, कन्याओं के सम्मान के लिए अपने प्राणों का उत्सर्ग कर देने वाले पात्र की अद्‌भुत अवतारणा करते हैं। यह तुलसी की महत्ता है कि रामचरितमानस में जिन्हें सर्वश्रेष्ठ भक्त एवं ज्ञानी कहा गया वे सब पक्षी योनि में ही उत्पन्न हुए हैं।

मध्यकालीन समाज : सृजन स्तर पर वस्तुपरक सन्दर्भ के रुप में कविता के सामाजिक उद्‌भव एवं आधार को स्थापित करते हुए वस्तुगत यथार्थ को खोजने का प्रयास करता हैं। कवि कविता को मात्र अलौकिक घटना या मिथकीय सन्दर्भ के रूप में ही नहीं देखता बल्कि उस कविता में सामाजिक घटना को अपने परिवेश के अनुरूप ढालकर देखता है। तुलसी ने अपनी कविता में मध्यकालीन समाज को सामने रखा है। तुलसी जब बात करते हैं "द्वारे ते ललाल बिल्लात द्वार द्वार दीन, चाहत ही चार फल चारि ही चनक को", में केवल तुलसी की ही दीनता नहीं लक्षित होती बल्कि भारतवर्ष के उन तमाम भूखे नंगे अनाथ बच्चों की तस्वीर उभरती है जिसमें आधा भारत भूखे पेट सोने को मजबूर दिखायी पड़ता है। तुलसी निरे सन्यासी नहीं हैं, उन्होंने भी समाज वैज्ञानिक की भाँति

सामाजिक परिवेश, के साथ सीधा साक्षात्कार किया है, अपनी अनुभूति एवं अनुभवों को, घटनाओं के प्रति संवेदनशीलता को मूर्तिमान रूप देने का सजीव प्रयास किया है–

सीतलता जब जांणियें, सीमता रहै समाइ
पष छाड़ै निरपष रहै, सबद न दूष्या जाइ[43]

कबीर भी समता की बात करते है, तुलसी भी समता की बात करते है पर वास्तव में समता कहाँ है? बाबर ने आक्रमण के वक्त भारतीय नरमूंडो की विशाल झड़ी लगा दी थी जहाँ उच्च पदों पर विजातीय संस्कृति का बोलबाला था।

तुलसी का समाज सर्वथा धर्म विहीन, भ्रष्टाचारयुक्त, समाज हैं। इस समाज में दो ही तरह के वर्ग देखने को मिलते हैं, उच्च वर्ग जिसका काम ही विलास में लिप्त रहना है दूसरा निम्न वर्ग जो सदियों से शोषित एवं पीड़ित रहा है। यही वह वर्ग है जो सभी वस्तुओं का उत्पादक होने के बावजूद दाने–दाने के लिए तरसता है, यही वह समाज है, जिसकी अस्मिता का कोई मूल्य समाज में नहीं, तुलसी इसे कलिकाल के नाम से सम्बोधित करते हैं। प्रो0 विजयेन्द्र स्नातक ने तुलसी के कलियुग वर्णन के सम्बन्ध में एक मर्मांतक बात कही है–जिसमें आधुनिक भाव बोध भी शामिल है ' "वास्तव में कलियुग वर्णन तुलसी की खिन्न मानसिक स्थिति का ही चित्र है, जिसमें क्षोभ–संकुल मनःस्थितियों को उजागर किया गया है। अपने युग की परिस्थितियों से दुःखी तुलसी ने इसका उत्तरदायित्व व्यवस्था पर न डालकर व्यक्ति पर डाला है। जबकि आधुनिक युग में इस प्रकार की परिस्थितियों के लिए सदैव व्यवस्था को उत्तरदायी ठहराया जाता है।"[44]

तुलसी समाज सुधार से पहले लोक सुधार की बात करते हैं तुलसी के सामने समाज का विकृत रूप है–

मिथ्यारम्भ दंभ रत जोई, ता कहूँ संत कहै सब कोई
सोइ सयान जो पर धन हारी, जो कर दंभ सो बड़ आचारी
जो कह झूँठ मसखरी जाना, कलिजुग सोई गुनवंत बखाना[45]

यह तुलसी का वास्तविक मध्यकालीन समाज है– जहाँ पाखण्ड है, अनीति है, दंभ है।

उत्तरकाण्ड के काव्य चरित्र के अंतर्गत कलियुग वर्णन तुलसी युगीन समाज का ही दिग्दर्शन है। यह समाज विभिन्न जातियों उपजातियों

में बटा हुआ है, जिसमें परस्पर प्रेम, बन्धुत्व की भावना का अभाव है। धार्मिक और नैतिक ह्रास के युग में एक ओर धर्महीनता, आचारहीनता, मर्यादाहीनता जैसी भावनाएँ चरम पर थीं, वहीं मुगलकालीन शासन के प्रभाव से हिन्दू समाज व्यवस्था ह्रासशील सामंत युगीन व्यवस्था, जिसमें वर्णाश्रम जैसी भारतीय व्यवस्था का विध्वंस, प्राचीन परम्पराओं का ह्रास हो रहा था।

रामराज्य : तुलसी के मध्यकालीन समय एवं समाज के सामने वाल्मीकि का रामायणकालीन रामराज्य भी मनस में स्थापित था। तुलसी की बिक्षुब्ध मनःस्थिति का परिणाम था, तुलसी का रामराज्य। यही रामराज्य तुलसी का काम्य था। यह समाज व्यवस्था का उत्तम रूप थी, न जाने तुलसी ने कितने ही समाजों की आत्मा को एकमेव कर अपने रामराज्य की स्थापना की। इस रामराज्य में न कोई बड़ा है, न छोटा, सब बराबर। तुलसी ने जिस समाज के वास्तविक स्वरूप को देखा था, उससे इतर यह समाज अपनी, राजनीति, धर्मनीति, प्रेमनीति के आदर्श के लिए विख्यात है। इसी समाज को देखते हुए हजारी प्रसाद द्विवेदी ने उन्हें लोकनायक की उपाधि से नवाजा था, "लोकनायक वही हो सकता है जो समन्वय कर सके। तुलसी समन्वयकारी थे, उनका सारा काव्य समन्वय की विराट चेष्टा है। लोक और शास्त्र का समन्वय, निर्गुण और सगुण का समन्वय, पांडित्य ओर अपांडित्य का समन्वय, रामचरितमानस शुरू से आखिर तक समन्वय काव्य है।"[46] जनसंघर्ष की गाथा की सुंदर एवं सफल अभिव्यक्ति तुलसी का रामराज्य है तुलसी मानस में इसी की प्रशंसा करते हुए लिखते हैं–

बरनाश्रम निज–निज धरम, निरत वेद पथ लोग
चलहिं सदा पावहिं सुख, जहि भय शोक न रोग[47]

विदेशी विद्वान, नौक्स ने तुलसी की इसी समाजशीलता पर लिखा है– भारत का किसान भी दूसरे देशों के नेताओं से अधिक सुसंस्कृत है। इस बात का श्रेय बिना किसी पक्षपात के तुलसी को दिया जा सकता है, क्योंकि आज के भारत का धर्म और संस्कृति तुलसी सम्मत धर्म और संस्कृति हैं।''[48] तुलसी का रामायण समाज का सर्वोत्तम उदाहरण है। यह वह समाज है जहाँ के राजा राम सकल त्रिभुवन के स्वामी के रूप में विराजमान है।

आचार्य शुक्ल ने तुलसी के रामराज्य के सन्दर्भ में कहा है– "राज्य", "सुराज्य" "रामराज्य"। राज्य की कैसी व्यापक भावना है? आदर्श राज्य

केवल बाहर–बाहर कर्मों का प्रतिबंधक और उत्तेजक नहीं है, हृदय को स्पर्श करने वाला है, उसमें लोकरक्षा, के अनुकूल भावों की प्रतिष्ठा करने वाला है। यह धर्म राज्य है– इसका प्रभाव जीवन के छोटे–बड़े सब व्यापारों तक पहुँचने वाला है। समस्त मानवीय प्रकृति का रंजन करने वाला है। इस राज्य की स्थापना केवल शरीर पर ही नहीं होती, हृदय पर भी होती है।[49]

तुलसी की कविता के विविध समाजों का लोकतंत्र : समाज एक प्राकृतिक आधार पर स्थित है। मानव प्रकृति के सभी आधारभूत तथ्य सामाजिक संगठन के किसी न किसी रूप को जन्म देते हैं। जब समाज और कविता को एकमेव होकर देखने की पहल की जाती है तो यह प्रश्न उभरने लगते हैं कि क्या वास्तव में कविता को किसी निश्चित सीमा से आबद्ध तो नहीं किया जा रहा है? डॉ0 विश्वम्भर दयाल गुप्ता ने इसी सन्दर्भ में लिखा है– सृजन स्तर पर वस्तुपरक सन्दर्भ कविता के सामाजिक उद्‌भव एवं आधार को स्थापित करते हुए उसके वस्तुगत यथार्थ को खोजने का प्रयास करता है। कविता को दैवी उत्पत्ति या अलौकिक घटना न मानकर उसे एक सामाजिक घटना के रूप में लक्षित करता है। इस परिप्रेक्ष्य में कविता सामाजिक द्वारा सामाजिक के लिए अभिव्यक्त तथ्य हैं जिसके उत्पादन एवं उपभोग का आधार स्वयं समाज है, वह मात्र काल्पनिक प्रघटना न होकर घटित सामाजिक घटना है जो सामाजिक की अन्तः क्रियाओं का परिणाम है। कवि की अभिव्यक्ति मात्र स्वान्तः सुखाय नहीं होती उसमें अन्य के भाव भी निहित रहते हैं और अन्य के प्रति सम्प्रेषण की आकांक्षा भी।''[50] डॉ0 जगदीश गुप्त ने भी अपनी शब्द कविता ''शब्द और अर्थ के बीच'' से इसी मनोभाव को व्यक्त किया–

मैं कवि हूँ, स्वाभिमानी/शब्दों में नया और सच्चा/
अर्थ भरना चाहता हूँ/खोखली ध्वनियों की/बेरहम
जंजीर से बंधकर
कुत्ते की मौत/नहीं मरना चाहता हूँ।[51]

तुलसी भी अपने समाज को कमोवेश इसी अर्थ में देखना चाहते थे, तुलसी ने जिस–जिस समाज को सामने रखा उस समाज की विशेषताओं उसके अन्तर्विरोधों से वे परिचित थे। तुलसी की कविता का समाज उनके मनोभाव और स्वभाव को स्वतः ही अभिव्यक्त कर देता है। मध्यकाल में, राजतंत्रीय व्यवस्था के बीच तुलसी जैसा कवि लोकतान्त्रिक समाज की कल्पना करता है– लोकतंत्र की विशेषताओं को ध्यान में रखते हुए वह

अपने काव्यशास्त्रीय समाज का पुनर्निर्माण करते हैं... आधुनिक काल में अब जब कि हम स्वतंत्र है, पूर्णतया लोकतान्त्रिक, सामाजिक व्यवस्था में रह रहे हैं, किन्तु उन अधिकारों से वंचित हैं जिसे आज से 600 साल पहले के भक्तकवियों ने अपने काव्य में कर दिखाया था। कृष्णदत्त पालीवाल के शब्दों में कहूँ तो "रचनाकार न तो परम्परा के दाय से बच सकता है, न अपने समय–समाज के मनोभावों को झुठलाकर सच्चा सृजन कर्म कर सकता है। वह समाज में जितने गहरे उतरता है, उतने ही गहरे की पुर्नरचना करता है। तुलसीदास की "कलाकृति" रामचरितमानस के पाठ पर यदि ध्यान दें, तो पता चलता है कि उनके हर एक मिथकीय आख्यान में सामाजिक चेतना की चमक है। एक ऐसी स्वर्ण चमक, जिसे विचार की आग ने और दीप्ति प्रदान कर दी है। रामकथा के भीतर समाज कथा और समाज कथा में जन–कथा, जन जीवन के संघर्ष भिदे हुए हैं। ग्रहकलह नाश करती है, चाहे राजा का घर हो या रंक।"[52] तुलसी ने समाज के प्रति अपने दाय, अपने उत्तरदायित्व को समझा था... इसलिए चाहे वह अयोध्या का समाज हो, लंका का समाज, कोई भी समाज लोकतान्त्रिक, चेतना, लोकतान्त्रिक शासन व्यवस्था के सूत्र इन समाजों में सरलता से देखने को मिलते हैं।

सर्वप्रथम तुलसी के नगरीय समाज पर चर्चा आवश्यक है जिसे तुलसी ने अपने आदर्शों को केन्द्र में रखकर रचा था। तुलसी ने वर्णाश्रम की मर्यादा को आदर्श रूप देते हुए ऐसे समाज की स्थापना की, जिसमें छुआछूत का कोई स्थान नहीं था। भक्ति को केन्द्र में रखकर भेदभाव से परे मध्यकालीन सामाजिक व्यवस्था के सापेक्ष लोकतंत्र की स्थापना की। जहाँ ज्ञान और भक्ति, लोक और वेद, कुलीन और अकुलीन, सवर्ण और अवर्ण, द्विज और शूद्र के बीच समन्वय स्थापित कर लोकतंत्र को नयी दिशा व नयी गति प्रदान की।

नगर समाज तथा उसका लोकतंत्र : तुलसी मुगल वर्ग की, अभिजात वर्ग की, सुख–सम्पत्ति से चमत्कृत नहीं हुए। उन्होंने अपने चारों ओर के समाज में उन मानव मूल्यों की खोज की जो भारतीय सांस्कृतिक परम्परा की अमूल्य निधि थे। इन मूल्यों को न पाकर वे क्षुब्ध हुए और उन्होंने अपनी साधना, काव्यप्रतिभा और सर्जनाशक्ति के बल पर एक नया भाव जगत ही खड़ा कर दिया। इस भाव जगत की भाषा पुरानी थी– परम्परागत रामकथा की भाषा–परन्तु उसका रूप विन्यास नवीन

था। तुलसी की रचनाओं को हम उनकी बाल्य स्मृति, जातीय चेतना और नवनिर्माण मूलक आदर्शमयता (आइडियेशन) तीन स्तर एक साथ चलते देखते है।[53]

जहाँ लेखन अपने दायित्व से छुटकारा पाना चाहता है, तब वह भौतिक उन्नति के लिए सृजन करता है, तुलसी भौतिक उन्नति नहीं चाहते, तुलसी के लिए समाज हित महत्वपूर्ण है। वातावरण की विभीषका के प्रतिकूल तुलसी अपने काव्य में उस प्रतिकूलता की वर्जना करते है जहाँ सामाजिक सम्बन्धों, मानवता, दया प्रेम धर्म का अभाव है। न केवल सत पात्रों बल्कि खल पात्रों में भी यह प्रेम प्राप्त होता है जो उन्हें एकता के सूत्र में बाँधकर रखता है।

लोकतान्त्रिक समाज की जब हम बात करते हैं तो हमारे सामने उस समाज का चित्रण सामने आता है– जहाँ सेवा की भावना प्रधान होती है जहाँ व्यक्तिगत उन्नति के साथ–साथ सामाजिक उन्नति भी साथ चलती है, जहाँ व्यक्ति का आदर होता है, जहाँ समझाने के द्वारा परिवर्तन सम्भव हो सकता है। जहाँ सहनशीलता इस कदर व्याप्त होती है, कि एक की बात दूसरा स्वयंमेव ही मानने को विवश हो जाता है। जहाँ लोक प्रभुता में विश्वास किया जाता है, जहाँ की जनता जागरूक होती है, जहाँ परिवर्तन में विश्वास रखा जाता है, इन सबके साथ जो सबसे महत्वपूर्ण बात है, वो यह कि यहाँ मानवीय विवेक में आस्था मिलती है। इन सभी विशेषताओं से युक्त समाज को ही लोकतान्त्रिक समाज की संज्ञा से नवाजा जा सकता है।

तुलसी का समाज विशुद्ध लोकतान्त्रिक समाज है। चाहे वह कोई भी समाज हो। जनकपुरी अयोध्यापुरी, प्रतापभानु का समाज लोकतंत्र की पहली शर्त सेवा भावना से युक्त समाज की परिकल्पना को साकार करता है। राजा प्रजा की, प्रजा राजा की, सेवा निरन्तर करती है। राम का जन्म ही मानवमात्र की सेवा करने के लिए होता है। तुलसी के राम कहते हैं–

जनि डरपहु मुनि सिद्ध सुरेसा, तुम्हहि लागि धरिऊँ नर वेसा
अंसन्ह सहित मनुज अवतारा, लेहऊँ दिनकर बंस उदारा[54]

सर्वप्रथम तुलसी के नगरीय समाज पर चर्चा आवश्यक है जिसे तुलसी ने अपने आर्दर्शों के केन्द्र में रखकर रचा था। तुलसी ने वर्णाश्रम की मर्यादा को आदर्श रूप देते हुए ऐसे समाज की स्थापना की जिसमें छूआ–छूत का कोई स्थान नही था। भक्ति को केन्द्र में रखकर भेदभाव से

परे मध्यकालीन सामाजिक व्यवस्था के सापेक्ष लोकतंत्र की स्थापना की। जहाँ ज्ञान और भक्ति, लोक और वेद, कुलीन और अकुलीन, सवर्ण और अवर्ण, द्विज और शूद्र के बीच समन्वय स्थापित कर लोकतंत्र को नयी दिशा व नयी गति प्रदान की।

राजा का कर्तव्य है, जनता की सेवा करना। जनता में अभाव है, विपन्नता है, द्ररिदता है, तो राजा का दायित्व होना चाहिए कि वह जनता के हितार्थ जनता को समकक्ष लाने के लिए अपना सहयोग प्रदान करे। तुलसी आर्थिक वैषम्यता की खांई से भली भाँति परिचित थे, अतः वे जनता में व्याप्त वैषम्यता की खांई को पाटने की लिए बहुमूल्य उपहार जनता में बाँटते हैं इसके ठीक विपरीत यथार्थ मध्यकालीन भारत में ऐसे अवसरों पर नजराना देने की प्रथा तत्कालीन शासक के यहाँ प्रचलित थी। राम का जन्म होता है, तुलसी राजा के द्वारा जी भरकर जनता को दान दिलवाते हैं–

तेहि अवसर जो जेहि बिधि आवा, दीन्ह भूप जो जेहि मन भाव
गज, रत, तुरंग हेम गो हीरा, दीन्ह नृप नाना बिधि चीरा[55]

यह है जनता जिसकी सेवा के लिए राजा जी जान से जुटे हुए हैं। इस सेवाभावना का परिणाम होता है कि यह समाज सब प्रकार की सुख–सुविधाओं से युक्त समाज की गणना में आता है। जिस वास्तविक समाज में खाने के लिए अन्न भी नहीं है, तुलसी आभासी दुनियाँ में सोने के कलश, चामर, पताका ऊँचे–ऊँचे महल, सम्पूर्ण आभूषण से युक्त युवतियों, नाचते–कूदते, हर्षातिरेक, युवकों के रूप में उपस्थित करते हैं। तुलसी के काव्य के समाज को अपने इच्छित मनोरम, दासता के प्रतिकार के फलस्वरूप निर्मित करते हैं। यहाँ पुत्र जन्म एक व्यक्ति विशेष का सुख न होकर सम्पूर्ण लोक मानस के सुख में परिवर्तित हो जाता है। अवसर जन्मोत्सव का हो या छठी का हो–

घर–घर अवध बधावने मंगल साज समाज
सगुन सोहावन मुदित मन कर सब निज–निज काज
छन्द–निज काज सजत सँवारि पुर' नर–नारि रचना अनगनी
गृह, अजिर, अटनि, बजार, बीथिन्ह, चारू चौक विधि घनी
चामर, पताक, बितान, तोरन, कलस, दीपावलि, बनी
सुख–सुकृत–सोभामय, पुरी विधि सुमति–जननी जनु जनी।[56]

यह सुकृत सोभामय पुरी तुलसी का इच्छित है। तुलसी के राम के

अवतार का एक बड़ा कारण समाज में समरसता व समानता लाना है। व्यक्तिगत उन्नति के साथ–साथ सामाजिक उन्नति को तुलसी अपने राम के कार्यों के माध्यम से पूरा करवाते हैं।

जनता का जागरूक होना लोकतंत्र की बुनियादी शर्त है। विश्व के तमाम बड़े आंदोलनों की पृष्ठभूमि में जनता का अपने अधिकारों के प्रति सचेत रहने का ही प्रभाव है। तुलसी की जनता अन्य भक्त कवियों की तुलना में ज्यादा जागरूक है। अनीति का समर्थन वहाँ जनता कदापि नहीं करती।

सीता के स्वयंबर का अवसर है और जनक की प्रतिज्ञा। तुलसी की जनता इस प्रतिज्ञा के लिए आक्षेप करने से नहीं चूकती, जब सीता के उपयुक्त राम जैसा वर खड़ा हो। एक राजा की आलोचना करना उसके विपक्ष में बोलना लोकतंत्रिक चेतना सम्पन्न जनता की पहचान हैं दूसरी बात तुलसी के नारी पात्र दिखावे के पात्र नहीं है, वह भी अपनी बात कह सकते हैं–

हरू विधि बेगि जनक जड़ताई, मति हमारि असि देहि सुहाई
बिनु बिचार पुनि तजि नरनाहू, सीय रामकर करै बिबाहू[57]
कोउ समुझाइ कहै किन भूपहिं, बड़े भाग आए इत ए, री
कुलिस कठोर कहाँ संकर–धनु, मृदु मूरति किसोर कित ए, री[58]

प्रजा भी जानती है, सीता जैसी सुकुमारी कन्या के लिए राम जैसा वर ही उपयुक्त होगा, सीता असुरों और गंधर्वों के लिए नहीं बनी है। यही कारण है कि प्रजा अपने राजा द्वारा लिए गये निर्णय से संतुष्ट नहीं है, और यह विरोध अनुचित भी नहीं हैं। इसी विरोध का दूसरा प्रदर्शन हमे वहाँ देखने को मिलता है जब राम को राजतिलक के बजाय वनवास का तिलक दिया जाता है। तुलसी की जनता राजा के इस कृत्य के लिए कभी भी उन्हें सही नहीं ठहराती, कैकेयी और मंथरा का एक तरह से बॉयकाट ही कर दिया था इस प्रजा ने। राम को वनवास की बात सुनते ही प्रजा की हालत पानी से निकाली हुई मछली की तरह हो जाती है–

सुनि भए बिकल सकल नर नारी, बेलि बिटप जिमि देखि दवारी
जो जहँ सुनइ घुनई सिरू सोई, बड़ बिषादु नहिं धीरजु होई[59]

सब मिलाकर प्रजा इस कार्य के लिए तीखी आलोचना करने से नहीं चूकती, यह उसके अन्दर का रोष है। राजा के प्रति लगाव की भावना के फलस्वरूप यह प्रतिक्रिया है उस समाज में जहाँ राम जैसे निर्दोष व्यक्ति

को अकारण ही दण्ड दिया जाता है, इस आक्रोश की चिंगारी धीमी नहीं पड़ती, बल्कि समय के साथ और धधकती जाती है। जनता कहती है–

मिलेहि माझ बिधि बात बेगारी, जहँ–तहँ देहिं कैकइहि गारी
एहि पापिनिहि बूझि का परेऊ, छाइ भवन पर पावक धरेऊ
निज कर नयन काढ़ि चहँ दीखा, डारि सुधा विषु चाहत चीखा
कुटिल कठोर कुबुद्धि अभागी, भइ रघुवंस बेनु बन आगी
पालव बैठि पेड़ एहिं काटा, सुख महुँ सोक ठाटु धरि ठाटा
सदा रामु एहि प्रान समाना, कारन कवन कुटिलपनु ठाना।[60]

तुलसी ने प्रजा को यह अधिकार दिलाया है कि वह अनीति के खिलाफ बोल सके। सब जानते हैं कि कैकेयी द्वारा किया गया कार्य अनुचित है। इसलिए अयोध्या की वृद्ध महिलायें कैकेयी को समझाने के लिए भी जाती हैं–

बिप्र–बधू कुलमान्य जठेरी, जे प्रिय परम कैकई केरी
लगी देन सिख सीलु सराही, बचन बानसम लागहिं ताही[61]

इस विरोध की आग तब और भी धधकने लगती है, जब सीता राम और लक्ष्मण वनवास के लिए प्रस्थान करते हैं–

जबहिं रघुपति संग सीय चली
विकल बियोग लोग पुरतिय कहैं अति अन्याउ, अली
कोउ कहै मनिगन तजत काँच लगि, करत न भूप भली
कोउ कहै कुल–कुबेलि–कैकेयी दुख–विष–फलनि–फली[62]

तुलसी का समाज मर्यादाशील समाज है। जहाँ कहीं भी मर्यादा का अतिक्रमण होता है, तुलसी वहीं इस अतिक्रमण का निषेध करते हैं। राम सहनशील व्यक्तित्व के परिचायक हैं, साथ ही सामाजिक हित के लिए व्यक्तिगत हित को तिलांजली देने वाले भी हैं।

केवट का प्रसंग मध्यकालीन जनता के यथार्थ की अभिव्यक्ति है, राम निर्वासित राजा हैं, किन्तु हैं तो राजा ही न, केवट राजा के अधिकार को चुनौती देता है, सदियों का दुःख, सदियों की पीड़ा को झेलता हुआ, केवट समाज अपनी निरीहता में अपने भावों को प्रकट कर देता है–

एहिं प्रतिपालउँ सबु परिवारू, नहिं जानउँ कछु अउर कबारू
जौं प्रभु पार अवसि गा चहहू, मोहि पद पदुम पखारन कहहू[63]

पात भरी सहरी सकल सुत बारे बारे, केवट की जाति कछू
बेद न पढ़ाइहौं
सब परिवार मेरो याही लागि राजा जू! हौं दीन बित्तहीन
कैसे दूसरी गढ़ाइहौं?
गौतम की धरनि ज्यों तरनी तरैगी मेरी, प्रभु सों निषाद
ह्वै कै बाद न बढ़ाइहौं
तुलसी के ईस राम रावरे सों साँची कहौं, बिना पग धोए
नाथ नाव न चढ़ाइहौं,[64]

यह है उस समाज की पीड़ा जहाँ खाने को नहीं, पहनने को नहीं, जहाँ जीवन की रक्षा के लिए प्रतिपल संघर्ष और ऐसी विषम स्थिति में अपनी बात कहने की स्वतंत्रता, तुलसी, केवट जैसे पात्र को देते हैं। यह समाज कितना लोकतान्त्रिक है, राजा ने अनीति का समर्थन किया और सुयोग्य पुत्र को वनवास दिया, किन्तु इस निर्णय में दशरथ के साथ जनता कहीं भी खड़ी नहीं हुई। केवट ने जब सुना कि राम आ रहे हैं, तो अपनी सामर्थ्य भर सामग्री अपने कुटुम्बी जनों के साथ लेकर उनसे मिलने चलते हैं–

यह सुधि गुहँ निषाद जब पाई, मुदित लिए प्रिय बंधु बोलाई
लिए फल मूल भेंट भरि भारा, मिलन चलेउ हिय हरषु अपारा।[65]

निषाद राज का समाज राम–सीता के रूप से जितना अभिभूत हैं, उतना ही उनकी दशा को देखकर व्यथित भी–

राम लखन सिय रूप निहारी, कहहिं सप्रेम ग्राम नर नारी
ते पितु–मातु कहहु सखि कैसे, जिन्ह पठए बन बालक ऐसे।[66]

एक राजा से प्रजा की सहानुभूति क्या आज के युग में सम्भव है, या उस युग में जहाँ तुलसी रामचरितमानस की रचना कर रहे थे। यहाँ एक दो उदाहरण अवश्य देखने को मिलते हैं महाराणा प्रताप के साथ पूरा राजस्थान ऐसे ही खड़ा था जैसे राम के साथ राम की जनता खड़ी थी। यह आदर्श तुलसी जब स्थापित करते हैं तो अवश्य उनके मन में महाराणा प्रताप की छवि उनकी कीर्ति उनका यश अवश्यमेव समाहित ही होगा। क्या नगर और क्या शहर राम के चरित्र की चर्चा चतुर्दिक फैल चुकी है, राज्य के उत्तराधिकारी को वन का अधिकारी बना दिया, राजा होते हुए भी राम कथरी पर सहर्ष सोते हैं। यह कथरी ग्रामीण समाज का सच है, आधुनिक भारत में रहते हुए भी निम्न वर्ग कमोवेश आज भी कथरी पर

ही सोता है, राजा तभी प्रजा के दिल पर अधिकार जमा सकता है, जब वह उनके ही तरह आचार एवं व्यवहार करे–

गुहँ सँवारि साँथरी डसाई, कुस किसलयमय मृदुल सुहाई
सुचि फल मूल मधुर मृदु जानी, दोना भरि–भरि राखेसि पानी[67]

निषादराज गुह भी राम की दशा देखकर कैकेयी को कठोर शब्द कहने से बाज नहीं आते–

कैकयनंदिनि मंदमति कठिन कुटिलपनु कीन्ह,
जेहिं रघुनन्दन जानकिहि सुख अवसर दुखु दीन्ह[68]

अभाव में रहने वाले लोग भी राम को इस अवस्था में नहीं देख सकते। तुलसी की सबसे बड़ी विशेषता यही है, कि उन्होंने सम्पूर्ण भारतीय समाज को एकता के सूत्र में बांध दिया था। राम के दुःख से हर कोई दुखित है, पक्षी, नगर, नदियाँ, मनुष्य सब... जहाँ जहाँ राम चलते हैं, राम के साथ जनता जुड़ती जाती है, ग्रामीण तो राम की एक छवि के लिए उनके पीछे–पीछे भागते फिरते हैं– आचार्य शुक्ल ने इस भाव व्यापार को देखकर सत्य की कहा था कि "तुलसी की गंभीर वाणी शब्दों की कलाबाजी, उक्तियों की झूठी तड़क–भड़क आदि खेलवाड़ों में भी नहीं उलझी है। वह श्रोताओं या पाठकों को ऐसी भूमियों पर ले जाकर खड़ा करने में ही अग्रसर रही हैं जहाँ से जीते–जागते जगत की रूपात्मक और क्रियात्मक सत्ता के बीच भगवान की भावमयी मूर्ति की झाँकी मिल सकती हैं।"[69]

लोक के सामने तुलसी ने राम–सीता को भक्ति के प्रतीक रूप में खड़ा किया है। यह प्रतीक रूप सौन्दर्य, शक्ति, शील तीनों की पराकाष्ठा है। गाँव की स्त्रियाँ इस रूप माधुरी पर सौ जान निछावर होते हुए एक इनके साथ आत्मिक सम्बन्ध की अनुभूति करती हैं–

बनिता बनी स्यामल गौर के बीच, बिलोकहु, री साखि! मोहि सी है
मगजोग न, कोमल क्यों चलि हैं? सकुचाति मही बंद पंकज छ्वै
तुलसी सुनि ग्रामवधू बिथकीं, पुलकी तन औ चले लोचन च्वै
सब भाँति मनोहर मोहन रूप, अनूप हैं, भूप के बालक द्वै।[70]
तू देखि देखि री! पथिक परम सुंदर दोऊ
मरकत–कलधौत–बरन, काम–कोटि–कांतिहरन
चरन–कमल कोमल अति, राजकुँवर कोऊ[71]

ग्रामीण स्त्रियाँ किस कदर इस मनोहर रूप छवि में अपने को आत्मविस्मृत कर देती हैं। जिस जिसने राम को देखा, वो वहीं एकटक खड़ा हो गया, इतनी सुन्दर रूप छवि और इतना कष्ट और वह जनता पीछे–पीछे चलती हैं.......राम की यह दशा देखकर वे आक्षेप करने से नहीं चूकती–

कैसे पितु मातु, कैसे ते प्रिय परिजन हैं
जग जलधि ललाम, लोने लोने गोरे स्याम
जिन पठए हैं ऐसे बालकनि बन हैं,[72]
रानी मैं जानी अजानी महा, पवि पाहन हूँ तो कठोर हियो हैं
राजहु काज अकाज न जान्यो, कहो तिय को जिन कान कियो हैं
ऐसी मनोहर मूरति ये, बिछुरे कैसे प्रीतम लोग जियो हैं?
आँखिन में, सखि! राखिबे जोग इन्हें किमि कै बनबास दियो हैं[73]

यह है तुलसी का ग्रामीण समाज, आचार्य रामचन्द्र शुक्ल ने कितना सटीक कहा है– एक सुन्दर राजकुमार के छोटे भाई और स्त्री को घर से निकलने और वन–वन फिरने से अधिक मर्मस्पर्शी दृश्य क्या हो सकता है? इस दृश्य का गोस्वामी जी ने मानस, कवितावली और गीतावली तीनों में अत्यंत सहृदय के साथ वर्णन किया है। गीतावली में तो इस प्रसंग के सबसे अधिक पद हैं ऐसा दृश्य स्त्रियों को सबसे अधिक स्पर्श करने वाला, उनकी प्रीति, दया और आत्मत्याग को सबसे अधिक उभारने वाला होता है, यह बात समझकर मार्ग में उन्होंने ग्राम बंधुओं का सन्निवेश किया है। ये स्त्रियाँ राम जानकी के अनुपम सौदर्य पर स्नेह शिथिल हो जाती हैं, उनका वत्तांत सुनकर राजा की निष्ठुरता पर पछताती है, कैकेयी की कुचाल पर भला–बुरा कहती हैं–''

सीता लखन सहित रघुराई, गाँव निकट जब निकसहिं जाई
सुनि सब बालबृद्ध नर नारी, चलहिं तुरत गृह काज बिसारी
राम लखन सिय रूप निहारी, पाइ नयन फल होहिं सुखारी
सजल विलोचन पुलक सरीरा, सब भए मगन देखि दोउ बीरा
रामहिं देखि एक अनुरागे, चितवत चले जाहि सँग लागे[74]

राम भी इन ग्रामीणों का मान रखते हैं जहाँ कहीं वह स्त्रियाँ देखने की अभिलाषा करती हैं, राम एक नजर से उनको कृतार्थ करते हैं, गीतावली में राम के साथ जनता जिस तरह जुड़ती है– राम के दुःख से दुःखी होती हैं वह प्रेम की अद्भुत पराकाष्ठा है–

दसचरि–पुर–पाल आली उरगाय हैं
मग–लोग देखत करत हाय–हाय हैं,
बन इनको तो बाम विधि कै बनाय है[75]

यह है तुलसी का ग्रामीण समाज। इस समाज में कितनी मधुरता है, वे राम रूप सौन्दर्य से केवल प्रसन्न नहीं होते बल्कि अपने सामर्थ्य एवं शक्ति से भरसक राम के दुःख को कम करने का प्रयास करते हैं। यह सत्कार ग्रामीण समाज में आज भी दिखायी देता है, यह गाँव तुलसी की आत्मा में बसता है– राम चल रहे हैं, मार्ग में धूप अधिक है, रूप सौन्दर्य की राशि कुम्हला गयी है, ग्रामीण कितने सरल हृदय के स्वामी हैं– कोई ग्राम जन बरगद की अच्छी छाँव देखकर उसके नीचे नरम घास–पात बिछा देता है और कहते हैं, थोड़ी देर बैठकर थकान दूर कर लीजिए। फिर चाहे जब चले जाइयेगा, चाहे अभी, चाहे सुबह कोई जल भर कर कलश ले आते हैं, मीठे स्वर में अनुहार करते है, स्वामी! हाथ–पैर धो लीजिए।

एक देखि बट छाँह भलि डारि मृदुल तृन पात
कहहिं गवाँइअ छिनुक श्रमु गवनव अबहिं कि प्रात
एक कलस भरि आनहिं पानी अँचइअ नाथ कहहिं मृदु बानी
जानी स्रमित सीय मन माहीं धरिक विलंबु कीन्ह बट छाँहीं[76]

तुलसी के समाज की अगली कड़ी आदिवासी समाज है, कोल किरातों का समाज वह समाज जो चोरी डाका कर अपना जीविकोपार्जन करता है, तुलसी के राम के उस वातावरण में पहुँचते ही वह समाज अपनी कुप्रवृत्ति को छोड़ देता है, वास्तव में यह वह समाज है जिसके पास कोई आदर्श नहीं किन्तु राम जब उनके निकट आते हैं, तो वे अपनी स्वभावगत प्रवृत्ति को त्यागकर निश्छल मन से राम के भक्त बन जाते हैं, जैसे ही सुनते हैं, कि जगत के स्वामी राजा राम चित्रकूट पधारे हैं, वह उनका स्वागत करने के लिए आतुर हो जाते हैं, किरातों जैसा हृदय किसके पास है, धर्मज्ञ ऋषि दर्शन की बात करते हैं, किन्तु वह भोले किरात जानते हैं कि मात्र शब्दों से पेट नहीं भरा जा सकता है, अतः वे भरसक कन्दमूल फलों के साथ राम की सेवा में पहुँचते हैं–

यह सुधि कोल किरातन्ह पाई, हरषे जन नव निधि घर आई
कन्द मूल फल भरि–भरि दोना, चले रंक जनु लूटन सोना।[77]

जब उन्हें ज्ञात होता है कि राम यहीं पर निवास करेंगे तो उनका मन कितने हर्षातिरेक से भर जाता है। वे अपने स्वामी से निश्छल भाव से

अपनी मनादेश का वर्णन करते हैं। कितनी आत्मीयता है इन शब्दों में–

कीन्ह बासु भल ठाउँ बिचारी, इहाँ सकल रितु रहब सुखारी
हम सब भाँति करब सेवकाई, करि केहरि अहि बाघ बराई
बन बेहड़ गिरि कंदर खोहा, सब हमार प्रभु पग–पग जोहा
तहँ–तहँ तुम्हहिं अहेर खेलाउब, सर निरझर जल ठाउँ देखाउब
हम सेवक परिवार समेता, नाथ न सकुचब आयसु देता।[78]

राम राज्य की आधार शिला चित्रकूट में रची जाती है। लघु भारत का यह स्वरूप आगे चलकर ही एक विस्तृत फलक पर दृष्टिगोचर होता है, जहाँ वन के राजा राम का लोकतंत्रात्मक राज्य स्थापित होता है–

खगहा करि हरि बाघ बराहा, देखि महिष वृष साजु सराहा
बयरू बिहाइ चरहिं एक संगा, जहँ–तहँ मनहुँ सेन चतुरंगा
झरना झरहिं मत्त गज गाजहिं, मनहुँ निसान विविधि विधि बाजहिं
चक चकोर चातक सुक पिक गन, कूँजत मंजु मराल–मुदित मन
अलिगन गावत नाचत मोरा, जनु सुराज मंगल चहुँ ओरा
बेलि विटप तृन सफल सफूला, सब समाजु मुद मंगल मूला।[79]

तुलसी को लोग ब्राह्मणवादी मानते हैं, राजाओं का पुरोहित मानते हैं, और भी न जाने क्या–क्या। किन्तु जिस तरह की समानता तुलसी अपने काव्य में दिखाते हैं वह इससे पहले कहीं भी देखने को नहीं मिलती। केवट के नीच जाति के होने के बावजूद भरत उन्हें गले से लगाते हैं–

राम सखा सुनि संदनु त्यागा, चले उतरि उमगत अनुरागा
गाउँ जाति गुहँ नाउँ सुनाई, कीन्ह जोहारू माथ महि लाई
करत दंडवत देखि तेहि भरत लीन्ह उर लाई,
मनहुँ लखन सब भेंट भइ प्रभु न हृदयँ समाई[80]

यह है एक लोकतान्त्रिक युवराज का चरित्र, वशिष्ठ जैसा ब्रह्मर्षि भी सामंती मूल्यों का निषेध करते हैं–

प्रेम पुलकि केवट कहि नामू, कीन्ह दूरि ते दंड प्रनामू
रामसखा रिषि बरबस भेंटा, जनु महि लुठत सनेह समेटा[81]

आदिवासी समाज के पास क्या होता है, बस पेड़ और पत्ते। जीविका के निर्वाह के लिए उस निर्जन प्रांत में केवल चोरी–चकारी करके अपना पेट भर सकते हैं, किन्तु राम के साथ ही उनमें जीवन के प्रति एक नया बदलाव देखने को मिलता है, यह उस समाज का सच है, जिसे तुलसी ने शब्द दिये हैं–

तुम्ह प्रिय पाहुने बन पगु धारे, सेवा जोगु न भाग हमारे
देव काह हम तुम्हहि गोसाँई, ईंधनु पात किरात मिताई
यह हमारि अति बड़ सेवकाई, लेहिं न बासन बसन चोराई
हम जड़ जीव जीव गन घाती, कुटिल कुचाली कुमति कुजाती
पाप करत निसि बासर जाहीं, नहिं पट कटि नहिं पेट अघाहीं
सपनेहुँ धरमबुद्धि कस काऊ, यह रघुनन्दन दरस प्रभाउ
जब तें प्रभु पद पदुम निहारे, मिटे दुसह दुख दोष हमारे
बचन सुनत पुरजन अनुरागे, तिन्ह के भाग सराहन लागे[82]

डॉ. रामविलास शर्मा ने शायद इसे देखकर तुलसी की लोकतान्त्रिक चेतना के लिए कहा होगा कि जब राम चित्रकूट पहुँचते हैं तब तुलसीदास कोल किरातों को नहीं भूलते यह सुधि का वर्णन करने के बाद तुलसी यह टिप्पणी देते हैं– **"रामहिं केवल प्रेम पियारा, जानिलेउ जो जाननिहारा"** जब आप याद करेंगे मुगल बादशाहों के जमाने में इन कोल किरातों का आखेट होता था और जो पकड़े जाते थे और ब्रिटिश साम्राज्यवाद के शासनकाल में लाखों की तदाद में इन्हें ज़रायम पेशा करार दिया गया। तब तुलसी की प्रगतिशीलता समझ में आयेगी।[83]

कितनी पीड़ा है इन शब्दों में और कटु यथार्थ भी– "पाप करत निसि बासर जाहीं" इसके बावजूद "नहि पट कटि नहि पेट अघाही"। फिर शरीर में कपड़ा नहीं और न ही पेट भरने के लिए अन्न....... और लोग कहते है मुगल भारत का स्वर्ण युग है, क्या स्वर्ण युग की परिभाषा यही है जहाँ सामान्य जनता अन्न के एक–एक दाने के लिए संघर्ष कर रही हो? यह है मध्यकाल की वास्तविक जनता जिसके पास न कपड़ा न भोजन राम ऐसी कुव्यवस्था में उनके लिए आदर्श बन कर पहुँचते हैं।

चित्रकूट की सभा तुलसी के मनोरथ को व्यक्त करती चलती है। राजा और प्रजा के बीच इतना प्रेम कि सारे के सारे अयोध्यावासी भरत के पीछे–पीछे राम से मिलने के लिए चल देते हैं–

कहहिं परस्पर भा बड़ काजू, सकल चलै कर साजहि साजू
जेहि राखहिं रहु घर रखवारी, सो जानइ जनु गरदनि मारी[84]

कितने आश्चर्य की बात है, एक राजा की रक्षा के लिए निषादपति अपने प्राणोत्सर्ग करने से भी नहीं घबड़ाता। निषाद के कहने से यह पूरा समाज कवच पहने, फरसे, भाले, छोटे–छोटे तीर धनुष के साथ खड़ा हो जाता है, वह अन्याय का समर्थन नहीं करता न ही परिस्थितियों का

दास बनने के लिए तैयार होता है। यह है तुलसी के नगरीय और ग्रामीण समाज में व्याप्त लोकतान्त्रिक चेतना की भावना।

देव समाज : देवता का अर्थ जब सामने आता है, तो एक प्रतिमा बनती है देवता अर्थात् देने वाला, यह देना वाला भाव सुख–सम्पत्ति से जुड़ा हुआ है। ऋग्वेद में देवताओं के सन्दर्भ में एक उक्ति आती है। शं नो देवा विश्वदेवा भवन्तु सं सरस्वती सहधीभिरस्तु (102) अर्थात् सभी देवता हमारा कल्याण करने वाले हों, बुद्धि प्रदान करने वाली सरस्वती भी हम सब का कल्याण करें, पर तुलसी के देवता ऐसे बिल्कुल भी नहीं हैं। वह कायरता की प्रतिमूर्ति हैं और पौरुषहीन कुटिलता का जीता जागता उदाहरण। लोकतान्त्रिक चेतना का मान उनके अन्दर नहीं है। रावण को अपनी ओर आता हुआ देख वे युद्ध के लिए प्रवृत्त नहीं होते बल्कि वह उससे पीछा छुड़ाते है और अपने प्राणों की रक्षा के लिए युद्ध भूमि से भाग जाते हैं।

सठहुँ सदा तुम्ह मोर मरायल, अस कहि कोपि गगन पर धायल
हाहाकार करत सुर भागे, खलहु जाहु कहँ मोरें आगे
(रा.म. 6/97)

आत्महीनता तथा परजीविता ही इनके जीवन का लक्ष्य है। यह किसी के भी सगे नहीं। स्वयं विद्या की देवी सरस्वती, इन लोगों की कुटिलता की भर्त्सना करती हैं। वह तो सात्विक वृत्तियों से भी जलते हैं, इन्द्र, नारद की तपस्या से भयभीत हो जाते हैं, उसके ह्रदय में यह शंका घर कर जाती है कि कहीं नारद ही स्वर्ग की सत्ता के अधिकारी न बन जाये–

सूख हाड़ लै भाग सठ, स्वान निरखि मृगराज
छीनि लेइ जनि जान जड़, तिमि सुरपतिहिन लाज[85]

राक्षस का असुर समाज : यह समाज विशुद्ध अराजक समाज का प्रतीक है। राक्षसी मूल्य जहाँ समाज का विघटन हो, नैतिक मान्यतायें नष्ट भ्रष्ट हो चुकी हों, जहाँ धर्म का क्षय हो, ऐसा समाज ही राक्षस समाज है। यह समाज पुरुषार्थ पर आधारित अवश्य है, किन्तु उसकी मूल भावनायें विकृत हो चुकी हैं। लेकिन सारे राक्षस, या राक्षसियाँ दुष्ट हों ऐसा नहीं है। तुलसी ने राक्षसों के समाज में भी लोकताँत्रिक चेतना के बीज बोये हैं। जो समानता न्याय, बंधुत्व विश्वास प्रेम पर आधारित है। चाहें फिर वह विभीषण हो या मंदोदरी या फिर रावण का खुद का पुत्र। विभीषण ने रावण की अराजक नीतियों का समर्थन नहीं किया, बल्कि उस नीति के

खिलाफ जाकर रावण को समझाने की चेष्टा अवश्य की, जिसका परिणाम यह हुआ कि अन्यायी राक्षस रावण उसे लात मारकर निकाल देता है।

मंदोदरी मय दानव की पुत्री असुर राजा रावण की ब्याहता, मेघनाद जैसे पुत्र की माता किन्तु रावण की अनीति का वह समर्थन नहीं करती, न ही कभी असत्य भाषण करती दिखती हैं। वह अपने पति की अनीतियों का खुला विरोध करती हैं ठीक कुछ वैसे ही जैसे प्रहलाद अपने पिता का विरोध करते हैं। रावण जिसके साम्राज्य में पूजापाठ पर रोक थी–

जप जोग बिरागा तप मख भागा श्रवन सुनइ दससीसा
आपुन उठि धावइ रहै न पावई धरि सब घालइ खीसा
अस भ्रष्ट अचारा भा संसारा धर्म सुनिअ नहिं काना
तेहि बहु विधि त्रासइ देस निकासई जो कह वेद पुराना।[86]

उस समाज में रहकर मंदोदरी अनीति का समर्थन नहीं करती, बल्कि जब रावण सीता को मारने के लिए हाथ उठाता है तब मंदोदरी उसे समझाती है। त्रिजटा भी रावण कुल की राक्षसी है किन्तु वह रावण के राज्य में रहते हुए भी सात्विक विचारों से सम्पन्न है। लोकतंत्र का सबसे अच्छा उदाहरण तो स्वयं रावण की जनता है। वह जनता जानती है, कि अनीति का घड़ा एक दिन जरूर फूटता है–

साधु अवग्या कर फलु ऐसा। जरइ नगर अनाथ कर जैसा
जारा नगरू निमिष एक माहीं एक विभीषन कर गृह नाहीं।[87]

कवितावली में यही जनता कहती है–

तुलसी निहारि अरिनीर दै दै गारि कहै
बावरे सुरारि बैर कीन्हौ रामराय सो।[86]

खुद रावण का भाई कुम्भकर्ण भी रावण की अनीति का समर्थन नहीं करता। माल्यवान रावण का मंत्री है, वह भी रावण की अनीति का समर्थन न कर उसे समझाने का प्रयत्न करता है। इस प्रकार तुलसी द्वारा वर्णित असुर समाज पूर्णतया लोकतान्त्रिक चेतना विहीन नहीं है बल्कि वह अपने समाज को बचाने की भरपूर पहल भी करता है। दूसरा इस समाज में प्रेम भी है और वह आदर्श भी रावण ने अनीति की किन्तु उसके परिवार में सबने उसके पक्ष में लड़ाई लड़ी जो यह बताता है कि बन्धुत्व की भावना का प्रसार इस असुर समाज में भी है। इस प्रकार तुलसी द्वारा वर्णित यह समाज लोकतान्त्रिक मूल्यों, उसकी चेतना को अपने भीतर आत्मसात किये हुए है।

मानवेत्तर समाज तथा उसकी लोकतान्त्रिक चेतना : तुलसी का मानवेत्तर समाज विस्तृत है इसमें भालू, वानर, रीक्ष, पक्षी, नाग सभी आ जाते हैं। पक्षी समाज में मुख्यतः गरूड़ सम्पाति और जटायु एवं कागभुशुण्डी प्रमुख हैं। जिसमें कागभुशिण्डी तो धर्म के व्याख्याता के रूप में उपस्थित होता है तथा विद्या का अधिकारी बनता है। यह उस समाज का प्रतीक है जिन्हें अस्पृश्य समझा जाता है, कौवे को पक्षी जाति में निकृष्टतम स्थान प्राप्त है, किन्तु तुलसी उसे परमपद का अधिकारी बनाते हैं, यह विशुद्ध जनवादी मूल्य है जो हमारी आस्था, हमारी सभ्यता से सीधा पहचान कराती है। वहीं तुलसी गिद्ध जटायु को जो मांस भक्षण करता है, को एक योद्धा के तौर पर लाते हैं और यह योद्धा न्याय की रक्षा के खातिर अपने प्राणों का उत्सर्ग कर देता है, यहाँ तुलसी निकृष्ट जातियों को भी उनके श्रेष्ठ स्वरूप में दिखाने की कोशिश करते हैं। तुलसी की लोकतान्त्रिक चेतना का अच्छा उदाहरण वानरों का समाज है जहाँ लोकतंत्र की चेतना व्याप्त है। बाली की पत्नी अपने पति को उसकी अनीति के लिए समझाती हैं। स्वयं बाली पुत्र अंगद अपने पिता के अनुचित कार्य को उचित नहीं कहता। राम के खिलाफ जब रावण उसे भड़काने की कोशिश करता है, तो अंगद का दिया गया जवाब लोकतंत्र की प्रथम शर्त न्याय पर आधारित होता है। हनुमान लोकतान्त्रिक चेतना के निकष हैं।

तुलसी का मध्यकालीन समाज : वस्तुतः तुलसी ने अपनी रचनाओं में मध्यकालीन समाज का यथेष्ट मात्रा में चित्रण किया है। तुलसी जैसा ज्ञानी व्यक्ति, भारतीय जनमानस में व्याप्त क्रोध, शोक, उसकी पीड़ा से केवल दुखित ही नहीं, अपितु वह उस कष्ट से मध्यकालीन भारतीय समाज को खींचकर लाना चाहता है। मदन गोपाल गुप्त ने कहा है कि रामचरितमानस में कलियुग वर्णन द्वारा तुलसीदास ने एक प्रकार से अप्रत्यक्ष, समकालीन धार्मिक जीवन का चित्रण किया है किन्तु कवितावली के अन्तर्गत यही वर्णन प्रत्यक्ष शैली में है[89]– धर्म जहाँ अफीम बन जाता है वहीं यदि धर्म न हो तो समाज में निरंकुशता भी आती है। तुलसी धर्म के माध्यम से समाज को एक निश्चित गति देने का प्रयास करते हैं, उस समाज को जहाँ लोकतंत्र की जड़ें खोखली हो चुकी थीं।

तुलसी द्वारा वर्णित कलियुग समाज जो कि तुलसी का वास्तविक समाज है जिसकी पीड़ा से दुःखी होकर तुलसी राजतंत्र की घोर तानाशाही के विरोध में अपने राम को खड़ा करते हैं, उस समाज के विरोध में जो

समाज धार्मिक मूल्यों को उसकी आस्थाओं को ताक पर रखकर निर्मित हुआ है। न यहाँ प्रजा में लोकतान्त्रिक चेतना व्याप्त है, न ही राजा में। राज समाज तो सिर्फ समाज के दुःखों को बढ़ाने के लिए हुआ है–

वेद पुरान विहाइ सुपंथु कुमारग कोटि कुचालि चली है
काल कराल नृपाल कृपालन राज समाज बड़ोई छली है[90]

इस समाज में लोकतान्त्रिक चेतना नहीं है न ही धर्म की कोई स्पष्ट मान्यतायें बल्कि यह समाज तो अपने पतन के चरम बिन्दु पर पहुँच चुका है जहाँ कामधेनु बेचकर गधे खरीदे जा रहे थे। यह कलिकाल स्वार्थ केन्द्रित है, जहाँ पहरेदार अर्थात् राजा ही चोर हो गये हैं यह वह समाज है जो कुनारी पर आशक्त है जिसमें नियमों के प्रति निष्ठा नहीं है और न ही सजगता–

नर उरू नारि अधर्मरत सकल निगम प्रतिकूल[91]

यह वह समाज है जहाँ न वर्ण है न धर्म, न नीति बल्कि इस समाज में हर कोई पीड़ित और दुःखी ही है। यह वह समाज है जहाँ दिखावा लोक और शास्त्र के बीच मनुष्य के हालत खूटे में बंधे हुए पशु के समान है जो न तो उखर सकता है न ही बंध सकता है। इस समाज में पुरुष कामी, लोभी, क्रोधी है। ब्राह्मण देवता संतो के विरोधी हैं, पुरुष तो पुरुष, स्त्रियाँ भी मर्यादा मार्ग का अनुसरण नहीं करतीं। एक तरफ अवर्णवादी मानसिकता हावी हो रही है, नीच जातियाँ धर्म के मर्म को समझे बिना सन्यास ग्रहण कर कर्त्तव्य मार्ग से च्युत हो रहे थे। जहाँ सन्यासी विषयों में लिप्त थे, वहीं गृहस्थ दरिद्र का जीवन जी रहे थे, न तो इस समाज में प्रेम बचा था, न ही ममता। जहाँ तमस की प्रधानता हो उस समाज में लोकतंत्र की चिंता करना लोकतंत्र की शर्त ही है समता मूलक समाज–लेकिन इस समाज में समता कहाँ है?

इरिषा परूषाच्छर लोलुपता, भरि पूरि रही समता विगता।
सब लोग वियोग बिसोक हुए, बनराश्रम धर्म अचार गये[92]

वह समाज नष्ट हो जाता है जहाँ न समता होती, न सदाचार। इसलिए तुलसी का कलिकाल मध्ययुग का भयावह यथार्थ है। तुलसी के कागभुशुण्डी कहते हैं– 'धर्म की दया सरिस हरि जाना' (7/199) कहकर लोमेश ऋषि के विपक्ष में अपने सगुण ब्रह्म की स्थापना करते हैं।

तुलसी अपने लोकतान्त्रिक समाज के लिए निरन्तर एक संघर्ष करते हैं, श्री भगवान सिंह शायद इसी पर लक्ष्य करते हुए लिखा कि वेद से

लोक की ओर तथा लोक से वेदशास्त्र की ओर तुलसी सदैव आवाजाही करते दिखायी देते, जो उनके द्वारा दोनों के बीच सन्तुलन साधते रहने का प्रमाण है। इसलिए तुलसी लोक में व्याप्त दुर्बलता को दूर करने के लिए कहीं–कहीं अपनी मान्यताओं की भी तिलांजलि दे देते हैं।

तुलसी का रामराज्य : तुलसी का रामराज्य ही तुलसी का वास्तविक समाज है जो समतामूलक व्यवस्था पर आधारित है जहाँ न राजा बड़ा, न मंत्री, न सामंत, बल्कि अगर कुछ बड़ा है तो वह है समाज, उसके मूल्य, उसकी प्रतिबद्धताएँ। इसलिए तुलसी के राम इतने बड़े–बड़े साम्राज्य को जीतते हैं तब भी उन्हें उस का लोभ नहीं होता, किन्तु जैसे ही वह अपने नगर की सीमा पर पहुँचते हैं, उनके मानस से एक ही ध्वनि फूटती है–

जघपि सब बैकुंठ बखाना, वेद पुरान विदित जगु जाना
अवधपुरी सम प्रिय नहीं सोउ, यह प्रसंग जानेइ कोऊ कोऊ
जन्मभूमि मम पुरी सुहावनि, उत्तर दिसि बह सरजू पावनि
जा मज्जन ते बिनहि प्रयासा, मम समीप नर पावहि बासा
अति प्रिय मोहि यहाँ के वासी, मम धामदा पुरी सुख रासी।[93]

यह है लोकतंत्र जिसके कारण राम सोने की लंका का परित्याग करते हैं, बालि के राज्य को तुच्छ समझते हैं जबकि यह दोनो ही नगर अपने वैभव और विशालता में अयोध्या से कहीं बढ़कर हैं। तुलसी के राम के लिए बैकुंठ त्याज्य है बल्कि अयोध्या का सामान्य सा वासी अपने प्राणों से भी अधिक प्रिय। इसलिए तुलसी वेद में वर्णित मान्यताओं को लोक के भीतर ही स्थापित कर देते हैं। जहाँ ऐश्वर्य से ज्यादा महत्वपूर्ण जनता का आपसी प्रेम और भाईचारा है। तुलसी उतने ही प्रगतिशील हैं जितने आधुनिक समाज सुधारक, पर तुलसी अलग इसलिए हैं, कि वे भारतीय जीवन मूल्यों में भारतीय साधना के तार को खोज कर उसे अमूल्य बनाने का माद्दा रखते हैं जिसका सीधा प्रमाण तुलसी द्वारा खड़ा किया रामराज्य हैं जिसके निर्माण में उन्होंने भारतीय संस्कृति में व्याप्त समस्त अच्छाईयों का समावेश कर एक अलग ही समाज के रूप को स्थापित किया। भगवान सिंह तुलसी और गाँधी में लिखते हैं कि वे आगम निगम में जाते हैं किन्तु वहाँ भटकने–अटकने के लिए नहीं बल्कि समुद्र तल से रत्न निकालने वाले एक कुशल गोताखोर की तरह जाते हैं और वहाँ से श्रेष्ठ मानवीय मूल्यों को लेकर अपने बिगड़े काल और समाज को सँवारने में उनका उपयोग करते हैं। लेकिन इस क्रम में भी उनके सामने मुख्य रहता है लोक ही।[94]

तुलसी अपने उस समाज के लिए प्रतिबद्ध हैं ठीक वैसे ही जैसे आधुनिक कवि प्रतिबद्ध हैं उस जनता के लिए, जो अपने में ही मस्त है और अपने से ही पीड़ित है। नागार्जुन कहते हैं–

प्रतिबद्ध हूँ, जी हा, प्रतिबद्ध हूँ
बहुजन समाज की अनुपल प्रगति के निमित्त
संकुचित स्वं की आपाधापी के निषेधार्थ
अविवेकी भीड़ की भेड़िया घसान के खिलाफ
अंध बधिर व्यक्तियों को सही राह बतलाने के लिए
अपने आपको भी व्याहमोह से बारम्बार उबारने की खातिर
प्रतिबद्ध हूँ जी, हाँ, शतधा प्रतिबद्ध हूँ।[95]

तुलसी भी उस अविवेकी समाज के प्रति प्रतिबद्ध हैं जो नियमों मान्यताओं से काफी दूर चला गया है

कुल, करतूति, भूति कीरति सुरूप गुन, जोबन जरत जुर,
परै न कल कहीं।
राजकाज कुपथ समाज, भोग रोग ही के, वेद–बुध विद्या
पाइ बिवस बलकहीं
गति तुलसीदास की लखै न कोउ जो करत पब्बंइ तें छार,
छारै पब्बइ पलक ही,
कासों कीजै रोष दीजै काहि? पहि राम! कियो कलिकाल
कुलि खलक खलक ही[96]

यह पीड़ा यह प्रतिबद्धता तुलसी की अपने समाज के प्रति है जिसे वे अपने रामराज्य में पूरा करते है। इसलिए तुलसी के राम गद्दी पर बैठते ही कहते हैं–

जौ अनीति कछु भाषौ भाई, तौ मोहि बरजहु भय बिसराई[97]

तुलसी के राम मानव शरीर की महत्ता को स्थापित करते हैं और वह जब अपने रामराज्य का निर्माण करते हैं, तो उस समाज से सर्वप्रथम द्वेष की भावना का त्याग कराते हैं। समाज को एक नियम में बाँधने की पहल करते हैं, यह वह समाज है जिसकी मान्यताओं को मानने में किसी के अन्दर थोड़ा सा भी भय या संकोच नहीं है। जब समाज में द्वेष नहीं होगा तो प्रेम की प्रतीति ही हो सकती है। तुलसी के सामने मध्यकालीन यथार्थ भी है, जो पीड़ित है क्षोभ, भूख असमानता से प्राकृतिक, आपदाओं से, जिसके पास जीवन की मूलभूत आवश्यकतायें नहीं हैं, इस विपन्न

समाज में प्रवक्ता के तौर पर तुलसी अपना बहुद्देशीय मॉडल रामराज्य का खड़ा कर देते हैं। डॉ0 प्रेमशंकर जी ने लिखा कि पर तुलसी चिरंतन दुकाल को देखते हैं, जो मध्यकालीन सामंती व्यवस्था में व्याप्त है। ग्राम बहुल समाज व्यवस्था कृषि आधारित है वहाँ निर्धनता है कृसगात ललात जो रोटिन को घर बात धरी खुरपा खुरिया। शरीर के नाम पर अस्थिपंजर कवि के लिए बिलबिलाते नर–कंकाल और पूँजी के नाम खुरपा–खुरिया। यह है मध्यकाल का भयावह यथार्थ जिसे तुलसी ने कलिकाल दुकाल कहकर सम्बोधित किया। महाकवि ने संवेदना के गहरे स्तर पर इसका अनुभव किया और कुछ स्थलों पर उसे शासक रूप में देखा।[98] तुलसी ऐसे समाज को अपनी कविता के केन्द्र में रखकर उसकी स्थिति को उभारते हैं इसलिए तुलसी के राम राज्य में 'अल्प मृत्यु नहीं कवनिउँ पीरा। सब सुन्दर सब विरूज सरीरा।' 'नहीं दरिद्र कोउ दुःखी न दीना। नहिं कोउ अबुध न लच्छन हीना' कहकर अपनी पीड़ा का तुष्टिकरण कर लेते हैं और इसीलिए तुलसी का रामराज्य समस्त विश्व में अनूठा है और राम जैसा प्रजापालक राजा भी, जिसने प्रजा की बुराई को अपने आदर्शों के माध्यम से खत्म कर दिया। मध्यकालीन समाज में जहाँ नारी मात्र भोग्या थी, दिखावे की वस्तु थी, अस्तित्वहीन थी तुलसी के राम अपने कर्मों से उसे एक आदर्श पर पहुँचा देते हैं। एक पत्नी के लिए एक पति, तो पति के लिए एक पत्नीव्रत क्यों नहीं? तुलसी के समाज में इस नियम का पालन होता है।

"एक नारि व्रतरत सबझारी ते मन बच क्रम पति हितकारी।" यह मिथकीय कथा यह बताती है कि जितनी अधीन नारी है पुरुष के, उतना ही पुरुष भी अधीन है नारी के। सामंती समाज के विरोध में तुलसी का यह आदर्श मन को मुग्ध करता है। जिसका परिणाम क्या होता है? जब न जातियों में भेद हो न नर–नारि में तो प्रकृति भी आनन्दोत्सव मनाती है–

फूलहिं फरहिं सदा तरू कानन, रहिहिं एक सँग गज पंचानन
खग मृग सहज बयरू बिसराई सबन्हि परस्पर प्रीति बढ़ाई

(रा.म.–7/23)

यह है, तुलसी का लोकतान्त्रिक समाज, जिसकी चेतना में राम और सीता की समान मूर्ति प्रतिबिम्बत है, जिसका आदर्श रामराज्य है। तुलसी ने अपनी मान्यताओं में इस आदर्श को सम्हाल कर रखा है। प्रो0 वीरेन्द्र मोहन ने तुलसी की समाज सम्बन्धी अवधारणा पर कितनी सटीक टिप्पणी

की है जहाँ पर वह बरनाश्रम निज निज धरम की बात कहते हैं कि इसका आश्रय यह हुआ कि जहाँ पर यह व्यवस्था नहीं वहाँ निश्चय ही कलिकाल का राज्य होगा। अतः यह नहीं कहा जा सकता कि रावण कलिकाल का प्रतीक नहीं है। उसके राज्य में वर्णाश्रम व्यवस्था का पतन हुआ है तो उसका राज्य भी कलिराज्य हो सकता है। तत्कालीन समाज तो है ही। रामराज्य ही इस बात की गारण्टी देता है कि वहाँ दैहिक, दैविक और भौतिक किसी प्रकार के ताप नहीं, सभी अपने आप धर्म का पालन करते हुए स्नेह के साथ आपस में रहते हैं।[99]

तुलसी तर्कों पर अपने रामराज्य का निर्माण कर भारतीय समाज में व्याप्त जड़ता को तोड़ने का प्रयास करते हैं। इसलिए धर्म के सन्दर्भ में वे सगुण ईश्वर की स्थापना करते हुए निर्गुण पर प्रश्नचिन्ह नहीं लगाते। यही वास्तविक लोकतान्त्रिक चेतना का सुन्दर उदाहरण है।

लोकतंत्र के नियामक पात्र एवं स्थितियाँ : तुलसी लोकतंत्र के समर्थक हैं। जनता का जनता के लिए जनता द्वारा किया गया शासन ही तुलसी को सर्वमान्य है। इसीलिए तुलसी व्यर्थ के चक्करों में न फंसकर सीधे लोकमंगल की बात करते हैं, जिसके मूल में धर्म की भावना संचालित है। रामचन्द्र शुक्ल ने ठीक ही लिखा है कि संसार जैसा है, वैसा मानकर उसके बीच से एक कोने को स्पर्श करता हुआ, जो धर्म निकलेगा वहीं धर्म लोकधर्म होगा। जीवन के किसी एक अंग मात्र को स्पर्श करने वाला धर्म लोकधर्म नहीं। जो धर्म उपदेश द्वारा न सुधरने वाले दुष्टों और अत्याचारियों को दुष्टता के लिए छोड़ दे, उनके लिए कोई व्यवस्था न करे, वह लोकधर्म नहीं, व्यक्तिगत साधना है। यह साधना मनुष्य की वृत्ति को ऊँचे से ऊँचे ले जा सकती है, जहाँ वह लोकधर्म से परे हो जाती है, पर सारा समाज इसका अधिकारी नहीं। जनता की प्रवृत्तियों का औसत निकालने पर धर्म का जो मान निर्धारित होता है, वही लोकधर्म होता है।''[100] तुलसी इस तथ्य से भली–भाँति अवगत थे, धर्म विहीन समाज की कल्पना उन्हें असहय थी। उनका लोक संग्रही मानस उन्हें धर्म को बचाये रखने के उद्देश्य से सदैव प्रेरित करता रहा। राजतंत्र बनाम जनतंत्र के बीच उनके पात्र लोकतान्त्रिक चेतना से परिचालित हैं।

चरित एक सापेक्ष शब्द है जिसका अर्थ हैं व्यवहार, आदत, चाल–चलन, कृत्य, कर्म, जीवन चरित्र, प्रकृति और स्वभाव। अतः किसी भी पात्र के प्रकृति स्वभाव, व्यवहार चाल चलन, कृत्य और कर्म की सम्यक

मीसांसा ही चरित्र है। साहित्य के चरित्रांकन में धर्म, नीति एवं आचार ही पात्रों के प्रतिमान एवं अवधारणाओं को पुष्ट करते हैं। साहित्य में युगीन परिस्थितियों, जीवनानुभूतियों, एवं वातावरण की काव्यात्मक अभिव्यक्ति पात्रों के माध्यम से ही सम्भव हैं। तुलसी लोकतान्त्रिक चेतना सम्पन्न कवि हैं, साथ ही मानव स्वभाव के पारखी थे, इसीलिए तुलसी ने अपने पात्रों की सृष्टि, विशुद्ध मानवतावादी भावभूमि, पर सृजित की है। यहाँ आपको जीवन के विविध पक्षों का दिग्दर्शन होता है, एक तरफ आदर्शात्मक राज्य, की कामना है, दूसरी ओर उसी के समानान्तर निरंकुश राजशाही, विकृत समाज व्यवस्था का सफल एवं सटीक चित्रण भी है।

तुलसी के चरित्र का आधार परम्परागत है, इसलिए इसमें सभी तरह के पात्र सम्मिलित हो जाते हैं। रमेश कुंतल मेघ ने एक सटीक बात कही है, तुलसी के पात्रों की सृजन शीलता को लेकर वह यह कि "तुलसी के शील निरूपण का नजरिया आध्यात्मिक धार्मिक–नैतिक है। इसलिए हमें एक अलहदा जमीन पर खड़ा होना पड़ेगा, क्योंकि उनके इस आध्यात्मिक इतिहासवाद (मेटाफिजिकल हिस्टॉरिसिज्म) में कारणवेत्ताओं (कॉज़ोलिटीज) अर्थात् सामान्य घटनापरक चरित्र चित्रण के बजाय संस्कृति के सर्वोच्च आत्मिक मूल्यों (स्पिरिचुएल वैल्यूज) का आवाह्न है।"[101] यही आत्मिक मूल्य जब आध्यात्मिक मूल्यों के साथ जुड़ जाते हैं, तो कवि के रचना संसार का क्षेत्र और भी व्यापक स्वरूप ग्रहण कर लेता है, कहीं वह मिथक के माध्यम से व्यक्त होता है, तो कहीं कवि की आत्मानुभूतियों से। तुलसी मिथक को आधार बनाकर तीन तरह की सम्भावनाओं को सामने लाते है, घटनाएँ जो अर्थगत दुहरेपन को अपने आप में समेटे हुए है, इतिहास मिथक के कालगत दुहरेपन एवं लौकिक, अलौकिक के स्थानगत दुहरेपन को लिए हुए, अपने समाज पर प्रश्नचिन्ह लगाते हुए साहित्य के सतही स्तर से ऊपर उठते हुए, प्रतीकों के माध्यम से कालजयी इतिहास को यथार्थ के धरातल पर लाने की अद्‌भूत चेष्टा करते हैं। इसलिए उनकी रचनाओं के पात्र मानवीय शक्तियों के साथ अमानवीय शक्तियों से संघर्ष करते हुए दिखलाई पड़ते हैं। इस संघर्ष में पूरा मानव समुदाय, इतिहास, समाज, धर्म सब एक साथ मिलकर आध्यात्मिक आवरण उत्पन्न करते हैं। तुलसी अपने सात्विक पात्रों को आचार–व्यवहार की लौकिक मर्यादा के आधार पर गढ़तें हैं जिसके मूल में लीला एवं अवतारवाद हैं। तुलसी के राम में एक विकासशील परम्परा का समावेश है। यह परम्परा वाल्मिकी

से होते हुए अध्यात्मरामायण, उत्तररामचरित के माध्यम से तुलसी तक पहुँचती हैं और इन सभी के सुन्दर एवं संपूर्ण रूप को आधार बनाकर तुलसी अपने राम को जनमानस के सामने लाते हैं।

जब–जब होई धरम के हानि, बाढ़हि असुर महा अभिमानी
तब–तब प्रभु धरि विविध शरीरा, हरहिं कृपानिधि सज्जन पीरा
(रा.म. 1/121)

यह हरहिं कृपानिधि सज्जन पीरा ही तुलसी की लोकतान्त्रिक व्यवस्था का मूल है। तुलसी के सभी पात्र इसी लोकतान्त्रिक समाज व्यवस्था को सुचारू ढंग से चलाये रखने के लिए निरन्तर संघर्ष करते हैं। एक तरफ राम पक्ष है जो त्याग और नीति पर केन्द्रित है वहीं दूसरी और रावण पक्ष जो आर्यनीति का विरोधी और भौतिकता का प्रचारक है। तुलसी के यहाँ सत्व, रज, तम, गुणों से युक्त तीनों प्रकार के पात्रों की सृष्टि हुई है। इन तीनों को एक साथ रखने की कल्पना तुलसी के मस्तिष्क की अद्भूत मेघा का परिचय है। आचार्य रामचन्द्र शुक्ल ने तुलसी की इसी मेघा को प्रणाम करते हुए लिखा था "रससंचार से आगे बढ़ने पर हम काव्य की उस उच्च भावभूमि पर पहुँचते है जहाँ मनोविकार अपने क्षणिक रूप में ही न दिखायी देकर जीवन व्यापी रूप से दिखायी पड़ते हैं। इसी स्थायित्व की प्रतिष्ठा द्वारा शील निरूपण और पात्रों का चरित्र चित्रण होता है। कहने की आवश्यकता नहीं कि इस उच्च भाव भूमि में आने पर फुटकरिये कवि पीछे हुए जाते हैं, केवल प्रबंध कुशल कवि ही दिखायी पड़ते हैं। खेद के साथ कहना पड़ता है कि गोस्वामी जी को छोड़ हिन्दी का और कोई पुराना कवि इस क्षेत्र में नहीं दिखायी पड़ता।[102]"

तुलसी काव्य की विशेषतया में है, उनकी रचनाओं में पात्रों की विविधता, रचनाशीलता की प्रौढ़ता को प्रकट करती हैं। लोकतान्त्रिक इतने हैं कि इनकी रचनाओं में देवता, ऋषि–मुनि, राक्षस, नर, वानर, भालू, कीड़े–मकोड़े, पशु–पक्षी सभी अपना एक विशिष्ट महत्व लिए हुए हैं। भारतीय काव्यशास्त्र के नियमों पर आधारित इनके पात्र मानवीय पृष्ठभूमि को व्यक्त करते हुए अन्त में देवत्व की स्थापना करते हैं। तुलसी ने अपनी रचनाओं में जाति के आधार पर पात्रों का विभाजन किया है, यह पात्र पाँच श्रेणियों से सम्बन्धित है (1) मानव (2) दानव (3) देव (4) वानर भालू और (5) तिर्यच (पक्षी)। वर्ण के आधार पर इनके पात्रों की चार कोटियाँ है– ब्राम्हण, क्षत्रिय, वैश्य और शूद्र। आश्रम भेद के अनुसार इनके पात्र ब्रम्हचर्य,

गृहस्थ तथा सन्यास आश्रमों में भी आते है। पद भेद के अनुसार, राजा, सचिव, सेनानी सेवक का चित्रण भी पात्रों के रूप में हुआ है। स्वभाव के आधार पर इनके पात्रों में दो प्रकार के वर्गीकरण प्राप्त हैं। त्रिगुणात्मिक भेद, तथा स्वाभाविक गुण भेद, जिनमें क्रमशः राजसी, तामसी और सात्विक तथा यथार्थ अथवा सामान्यतः पात्रों का चरित्र चित्रण किया गया है।

संस्कृत के आचार्यो ने नायक की महत्ता पर बल दिया है, भामह ने महत दण्डी ने चतुरोदात्त रूद्रट ने विजिगीषु तथा विश्वनाथ ने धीरोदात्त गुणान्वित की उद्घोषणा की। इन आचार्यो ने नायक में ही अन्य पात्रों को समाहित कर लिया, जिसमें धीरोदात्त नायक को महत्वपूर्ण स्थान प्रदान किया। पाश्चात्य विद्वानों के मत से नायक महान उदात्त पराक्रमी तथा गुणों की राशि होना चाहिए। अरस्तु के अनुसार महाकाव्य का नायक अत्यन्त वैभवशाली, कुलीन तथा यशस्वी होना चाहिए, साथ ही महाकाव्य में उच्च कोटि के उदात्त पात्रों को ही स्थान मिलना चाहिए। लॉजाइनस तथा होरोस ने भी अरस्तू की ही बात का अपरोक्ष रूप से समर्थन किया है। भक्तिकाल तक आते–आते नायक सम्बन्धी दृष्टिकोण के आदर्श की मात्रा शनैः–शनैः बढ़ती गयी। इस काल तक आते–आते यह मान्यता प्रसिद्ध हो गयी थी कि नेता या नायक वही हो सकता है जो समन्वय कर सके। इस दृष्टि से राम तथा कृष्ण को काव्य के नायक के पद पर प्रतिष्ठित किया गया था। मध्यकाल के विषम वातावरण को देखते हुए भक्त कवियों, सन्तो ने अपने काव्य में जिस संसार का सृजन किया है उसके लोकनायक विराट सत्ता के प्रतीक रुप में राम और कृष्ण हमारे सामने आते हैं। सूर और तुलसी के नायक राम और कृष्ण असुर अभिमानियों को मारने के लिए तथा धर्म एवं लोकतंत्रात्मक राज्य की स्थापना के लिए अवतार धारण करते है।

राम : तुलसी के राम ईश्वर होते हुए भी मानव हैं और पूर्ण मानव की अवतारणा के साथ वे प्रकट होते हैं। वे देवताओं के नायक जनसुखदायक, प्रणतपाल सब कुछ हैं। सामान्य मनुष्य उनसे उसी तरह जुड़ता है जैसे एक बच्चा अपने पिता, सखा, माता से। तुलसी ने अपने नायक में सभी गुणों का समावेश कर लिया है। प्रत्यक्षतः उनके नायक पर भरत तथा विश्वनाथ की नायक सम्बन्धी मान्यता प्रभावी दिखायी देती है। तुलसी के राम धीरोदात्त की श्रेणी से ऊपर की कोटि में आते हैं। रावण पर राम की विजय धर्म की विजय है। अमंगल के नाश और मंगल की व्याप्ति के साथ जनमानस के हृदय में लोकतंत्रात्मक साम्राज्य की स्थापना का उद्देश्य

राम के चरित्र के रूप में सामने आता है। "तुलसी वाङ्मय मे राम के व्यक्तित्व के दो पहलू सामने आते है– प्रथम अप्रकृत द्वितीय प्राकृत। राम के चरित्र–चित्रण में तुलसी ने तीन दृष्टियों का परिचय दिया है, समाज दृष्टि, काव्य दृष्टि तथा दर्शन भक्ति मिश्रित दृष्टि। तुलसी ने अपने राम को इन्हीं के माध्यम से व्यक्त किया है।

तुलसी के राम लोक के राम हैं इसलिए वे सर्वजन सुलभ हैं। राम का जन्म ही तुलसी की लोकतान्त्रिक चेतना को दिखाता है, कल्पना कीजिए प्रधानमंत्री का पुत्र पैदा हो और उसे जनसामान्य से मिलने दिया जाये, तुलसी के काव्य में ऐसा सम्भव हैं जब राम पैदा होते हैं तो जनमानस में जिस प्रकार की प्रसन्नता व्याप्त होती है घर के घर बधावने बज रहे हैं, लोग आपस में दिल खोल कर लुटा रहे हैं, हर कोई देने लेने को आतुर हैं यही तो तुलसी के रामराज्य की विशेषता हैं जहाँ लोककल्याण अथवा जन–संवेदना आपस में मिलकर एकमेव हो जाते है। राम राजकुमार न होकर सबके प्रिय पुत्र हो जाते हैं और इतने प्रिय हो जाते हैं कि वनवास के समय सारी अयोध्या उनके पीछे–पीछे चलने लगती है। जनता ने लोक की रक्षा करने वाले प्रकृति के धर्म का मनोहर राम रूप में, न केवल देखा बल्कि धर्म को दाक्षिण्य नम्रता सुशीलता पितृ–भक्ति, सत्यवत, उदारता, प्रजापालन, क्षमा आदि के साथ क्रोध, घृणा, शोक, विनास एवं ध्वंस आदि स्थितियों में भी उसे देखा। तुलसी ने राम को उसी रूप में जनता के सामने पेश किया, वन, वन घूमते राम, सत्य की रक्षा के लिए सगे सम्बन्धियों को त्यागते, राम प्रजा के हित के लिए पिता के समान कार्य करते हुए राम की जो अवतारणा प्रस्तुत की वह अकल्पनीय होते हुए भी यथार्थ के निकट लगती है।"

तुलसी के राम का जन्म ही लोकतान्त्रिक मूल्यों की स्थापना के लिए हुआ हैं–'भगत भूमि भूसर सुरभि सुर हित लागि कृपाल करत चरित धर मनुज तनु सुनत मिटहि जगजाल' की भावना के साथ आते हैं। सज्जनों के उद्धार धर्म की स्थापना के निर्मित अधर्म एवं अधर्मियों के विनाश के लिए जनमानस में व्याप्त भय की भावना को दूर करने के लिए, लोकतान्त्रिक शासन व्यवस्था की स्थापना के लिए, तुलसी के राम सायास अवतार ग्रहण कर।। हैं।

लोकतान्त्रिक इतने हैं कि उनकी दृष्टि में अमीर, गरीब, ब्राम्हण, शूद्र, नर–नारी, ऊँच–नींच किसी भी प्रकार का भेद दृष्टिगोचर नहीं होता।

तुलसी के राम के लिए आसमान से चन्द्रमा नहीं आता न ही वे दुलरूवा की तरह घर के अन्दर छिपे बैठे रहते हैं–

लरिका संग खेलत डोलत हैं, सरजूतट चौहट हाट हिये।[103]

गली–गली घूमते राम इतने पर ही नहीं रूकते, वनवास के समय वे उस जनसमुदाय के पास जा पहुँचते हैं जो सदियों से शोषित एवं पीड़ित था, उनके दुख–दर्द को दूर करने के साथ उनके आत्मीय बन जाते हैं। भले ही वह ब्रह्म हों लेकिन जैसे विष्णुकांत शास्त्री ने लिखा ''तुलसीदास ने श्रीराम का स्वरूप तो औपनिदिषिक ब्रह्म का ही स्वीकारा है, किन्तु उनके रूप में वैविध्य की गुँजाइश भी रहने दी है, ताकि भिन्न–भिन्न रुचियों की परितृप्ति हो सके।[104]''

राम के साथ तुलसी भावात्मक सम्बन्ध जोड़ देते हैं प्रजा के साथ हालत यह हो जाती है कि राम पर आयी हुई विपत्ति पर सारी प्रजा राम के साथ खड़ी हो जाती है नगर के बाहर निकल उठती है। तुलसी के राम नाना पुराण से होते हुए अपनी यात्रा में पहुँचते हैं जहाँ उनका सरलीकरण कर तुलसी जनता के उद्धारक के रूप में उन्हें प्रस्तुत करते हैं, जो शरण में आये व्यक्ति के लिए अपना प्राणोत्सर्ग करने से नहीं चूकते। उनका शील, शौर्य, मर्यादा धारण करने योग्य है। तुलसी के राम कहीं अप्रिय वचनों का प्रयोग नहीं करते हैं, न ही किसी अन्य अमर्यादित कर्म का समर्थन। तुलसी के राम बालि का वध इसीलिए करते हैं। रावण तक को वह समझाने की चेष्टा करते हैं और जब अपने साम्राज्य की स्थापना करते हैं तो वह दृश्य अद्‌भुत हो जाता है जहाँ वेद, धर्म और लोक तीनों एक साथ हैं। इसीलिए तुलसी के राम निर्गुण, सगुण, ज्ञान, भक्ति, धर्म, अधर्म के संघर्ष को अपनी मनोस्थितियों के साथ जोडकर जनता की तीव्रता, आकुलता को प्रकट करते हैं। तुलसी के राम को केवट प्रिय हैं, निषादराज प्रिय हैं, शबरी, अहिल्या जैसी महिलायें प्रिय हैं, सुग्रीव से कहीं ज्यादा बाली का पुत्र अंगद प्रिय है, वह समाज प्रिय है जिसे कवियों ने भी महत्व नही दिया। इसलिए तुलसी के राम, कोल–किरातों के साथ मिलकर एक निर्मल समाज की स्थापना करते हैं। सदियों से वंचित आदिवासी जन जातियों को मौलिक अधिकारों से सम्पन्न कराते हैं। विनयी इतने कि समुद्र के पास तीन दिन तक भूखे प्यासे खड़े रहते हैं, क्रोध के आवेग में रावण की सत्ता को निर्मूल कर देते हैं। तुलसी ऐसे ही राम के लिए नहीं कहते कि–

रामचरित सत कोटि अपारा, श्रुति सारदा न बरनै पारा
राम अनंत अनंत गुनानी, जन्म कर्म अनंत नमानी
जल सीकर महि रज गनि जाहीं, रघुपति चरित न बरन सिराहीं[105]

और इतना कहकर तुलसी राम का लोकीकरण कर देते हैं, जिससे राम का चरित एक दर्शन में परिवर्तित हो जाता है जहाँ लोकहित और उच्चतम मानवीय मूल्य स्थापित होते हैं। तुलसी के राम सामान्य प्राणियों के साथ, जनता की रक्षा के साथ, राष्ट्र की सुरक्षा, असमाजिक शक्तियों से करते हैं। इसी चरित की उदारता से प्रभावित होकर साकेतकार ने लिखा है–

"राम तुम्हारा चरित्र स्वयं ही काव्य है।
कोई कवि बन जाये सहज सम्भाव्य है।"

दशरथ– दशरथ एक राजा के रूप में सामने आते हैं। इसके पूर्व वे मनु के रूप में अवतरित हुए थे। वे राज्योचित गुणों से युक्त हैं। राम का जन्म होता है तो वे एक सामान्य पिता की तरह अपने मनोभावों को व्यक्त करते हैं–

"दशरथ पुत्र जन्म सुनि काना, मानहुँ ब्रह्मानन्द समाना
परम् प्रेम मन पुलक शरीरा, चाहत उठन करत मति धीरा"[106]

इतना ही नहीं उनका सुख सबका सुख बने, इसलिए वे राम जन्म के उपरान्त सभी को मनोवांछित पदार्थो का दान करते हैं। मुस्लिम शासन व्यवस्था में जहाँ जनता से लूटने के लिए तैयार बैठा रहता था वहीं दशरथ–

"तेहि अवसर जो जेहि विधि आवा, दीन्ह भूप जो जेहि मन भावा
गज रथ तुरंग हेम गो हीरा, दीन्हे नृप नानाविधि चीरा"[107]

दशरथ इतने लोकतान्त्रिक राजा हैं कि हर कार्य के लिए पहले वे अपने से बड़े से सम्मति लेते है। प्रजा तक अपनी बात पहुँचाते हैं अन्त में निष्कर्ष की तरफ बढ़ते हैं।

दशरथ की अन्यतम विशेषता उनकी भगवद्भक्ति तथा सत्यनिष्ठता है। एक राजा जिसने अपने वचनों के कारण प्राणप्रिय पुत्र को वनवास दे दिया, दशरथ के अन्दर कोमलता के साथ चारित्रिक दृढ़ता का अद्भुत सामंजस्य देखने को मिलता है। वास्तव में वह राम के पिता की गरिमा को पूर्णरूपेण निभाते हैं। दशरथ हर अवसर पर वशिष्ठ से आज्ञा लेकर चलते है विवाह के अवसर पर गुरु का इतना सम्मान राज्य की लोकतान्त्रिक नीतियों से सम्मत ही है–

भयउ समउ अव धारिअ पाऊ, यह सुनि परा निसानहिं घाऊ
गुरुहिं पूछि करि कुल विधि राजा, चले संग मुनिसाधु समाजा[108]

दशरथ लोककल्याणी राजा हैं। राज कार्य में राजा का कर्तव्य सिर्फ लेने का नहीं होना चाहिए बल्कि राजा का कर्तव्य है जनता की मन माँगी इबारतों को पूरा करना। दशरथ साम न दान न भेद कलि केवल दण्ड कराल से अलग हटकर राज्य का संचालन नीति, नियम तथा आदर्श पर करते हैं। विवाह के उपरान्त राजा दशरथ ने सभी का सम्मान किया, अपने हाथों से कपड़े पहनायें यह लोकतान्त्रिक समाज में ही सम्भव है–

आयुस पाइ राखि उर रामहि, मुद्रित गये सब निज–निज धामहि
पुर नर नारि सकल पहिराए, घर घर बाजन लगे बधाए
जाचक जन जाचहिं जोई जोई, प्रभुहित राउ देहि सोई सोई
सेवक सकल बजनिआ नाना, पूरन किये दान समाना[109]

दशरथ केवल पुत्रों को ही प्यार करते हो ऐसा नहीं है जितने वे राम से प्यार करते हैं उतना ही सीता से भी; स्त्री पुरुष की यह समानता तुलसी के काव्य की अद्‌भुत विशेषता है और यह विशेषता दशरथ के चरित्र में चौगुना यश वृद्धि करती है।

लिए गोद करि मोद समेता, को कहि सकई भयउ सुख जेता
वधु सप्रेम गोद बैठारी, बार–बार हियँ हरषि दुलारी
(रा.म.–1 / 354)

नृप सब भाँति सबहि सनमानी, कहि मृदु बचन बोलाई रानी
वधु लरिकनीं पर घर आई, राखेहु नयन पलक की नाई।
(रा.म.–1 / 355)

भरत–भरत के चरित चित्रण में तुलसीदास की वृत्ति के रमने का कारण, रामत्व के प्रति सकल धर्मधुरी–धारिणी निष्ठा के साक्षात अवतार का है। भरत का आचरण इतना गौरवशाली भव्य एव अप्रितम हैं कि "रघुवंश वरिष्ठतम् पुरोधा ब्रह्मर्षि वशिष्ठ की मति भी उनकी गरिमा की थाह पाने में अपने आप को असमर्थ ही पाती है। तुलसी भरत के चरित्र से इतने अभिभूत थे, उनकी लेखनी अपने आप को यह कहते हुए रोक नही पायी–

भरत महामहिमा जलरासि, मुनि मति ठाढ़ ती अबला सी।
(रा.म.–2 / 257)

अयोध्या काण्ड के नायक होने का श्रेय भरत को ही मिलता है, इतना कि राम का चरित्र भी भरत के चरित्र के आगे फीका पड़ जाता है।

भगवान राम सामान्य धर्म के आदर्श तो भरत विशेषकर लोकधर्म का प्रतिनिधित्व करते हैं। भरत तुलसी की भक्ति के साकार रूप हैं। भरत जमीन से जुड़े पात्र के रूप में सामने आते हैं।

भरत के हृदय का विश्लेषण करने पर हम उसमें लोक भीरूता स्नेहार्द्रता, भक्ति और धर्म प्रवणता का मेल पाते हैं। मानस के सभी पात्र भक्त हैं परन्तु भरत जैसी भक्ति किसी की भी नहीं है स्वयं तुलसीदास कहते हैं–

भरत सरिस को राम सनेही, जग जपु राम राम जपु जेही

(रा.म.–2/218)

राम के चरित्र में दोष दिख भी सकता है, किन्तु भरत समाज में व्याप्त आदर्शों का सकल पूँजीभूत रूप है। यह रूप लोकतान्त्रिक मान्यताओं पर आधारित है इसमें न किसी के लिए बैर है, न दोष, न क्रोध और न ही लालच–इसलिए जब भरत के कारण राम को वनवास मिलता है भरत की पीड़ा देखते ही बनती है–

भरतहि बिसरेउ पितु मरन सुनत राम बन गौन,
हेत अपनपउ जानि जियँ थकित रहे धरि मौन[110]

वास्तव में तुलसी को जो आदर्शवादी मूल्य प्रिय हैं उन्हें व पात्रों के माध्यम से व्यंजित करते चलते हैं। सम्पूर्ण रामकथा में जो पात्र उनकी चेतना के सबसे करीब रहा है, वह है भरत का चरित्र। भरत के रेखांकन में तुलसी ने अपनी सम्पूर्ण भावमयता को प्रदर्शित किया है और भायप भगति का सर्वोत्कृष्ट उदाहरण समाज के सामने प्रस्तुत कर दिया है–

लोक बेद सब भाँतिहिं नीचा, जासु छाँह हुइ लेइस सींचा
तेहि भरि अंक राम लघु भ्राता, मिलत पुलक परिपूरित गाता।[111]

मध्यकालीन पारिवारिक विघटन के तोड़ के रूप में वे भरत के चरित्र को लाकर खड़ा करते हैं। इसलिए तुलसी भरत के चरित्र को भक्ति की सर्वोत्कृष्ट ऊँचाई पर रखकर कहते हैं– **"भगत शिरोमनि भरत"।** भरत का चरित्र मानस के अयोध्या काण्ड दोहा 240, 219, 222 में विशेष दृष्टब्य है। भरत को जब ज्ञात होता है कि राम के वनवास का कारण वे हैं तो वे अपनी माता से सिर्फ यही कहते हैं कि इससे अच्छा आप निपूती क्यों न रह गयीं। किन्तु भरत के चरित्र पर किसी को भी संदेह नहीं है अतः कौसल्या भी उन्हें गले लगाती है और राम तो कहते ही हैं–

"भरतहि होइ न राजमदु विधि हरि हर पद पाइ

(रा.म.–2/231)

जो न होत जग जनम भरत को, सकल धरम धुर धरनि धरत को।[112]

चित्रकूट की सभा में भरत का उज्ज्वलतम रूप निखरकर सामने आता है जिस निर्मम यातना से भरत गुजरते हैं इस पीड़ा का अहसास सभी को है, अयोध्या का समाज हो या निषादों का समाज भरत की मानसिक पीड़ा से सभी परिचित हैं। भरत ही मानस के वह पहले पात्र हैं जो वर्णव्यवस्था के नियम पर प्रश्नचिन्ह उठाते हुए केवट से गले मिलते हैं–यह लोकतान्त्रिक व्यवस्था की ही जीत है। राम भरत के समान कोई दूसरा भाई नहीं हो सकता है। यह तुलसी की सामाजिक व्यवस्था का दिग्दर्शन है– **'भयउ न भुअन भरत सम भाई'** (रा.म.–2/449)

तुलसी ने भरत के चरित्र को कई पदों में प्रस्तुत करते हुए उनकी मानवीय रेखाएँ उभारी हैं। त्याग, विनय, शील पश्चाताप आदि की प्रतिमूर्ति भरत का चरित्र उच्चतर लोकतान्त्रिक मूल्यों व चेतना को प्रमाणित करता है जिसका मध्यकालीन समाज में अभाव है एक तरफ राम और दूसरी तरफ भरत–दोंनो ही राजगद्दी के उत्तराधिकारी एक देने के लिए तैयार बैठा है दूसरा न लेने की प्रतिज्ञा किये बैठा है। यह है भरत का चरित्र और उनकी महानता।

राम की खराऊँ भरत के लिए आदर्श है, जिसके तले वे अयोध्या के शासन कार्य का संचालन सेनापति के रूप में करते हैं–

लषन राम सिय कानन बसही, भरत भवन बसि तपु तनु कसही
दोउ दिसि समुझि कहत सब लोगू, सब विधि भरत सराहन जोगू[113]

तुलसी के भरत स्नेह, दया, क्षमा की प्रतिमूर्ति है। गलती न करते हुए भी गलती का भोगी बने रहना, भरत चरित्र की अन्यतम विशेषता है–

रहेऊ एक दिन अवधि अधारा, समुझत मन दुख भयउ अपारा
कारन कवन नाथ नहि आयउ, जानि कुटिल किधौं मोहि बिसरायउ[114]

भरत भक्त हैं राम के भाई होने से पहले राम चरणों में अनुरक्त भरत के लिए राम नाम छोड़कर कोई आश्रय नहीं। भरत की भक्ति में किसी को संदेह नहीं इसलिए हनुमान राम का संदेश सबसे पहले भरत को सुनाते हैं यह भरत के चरित्र की महानता को उद्घोषित करते चलते है–

जासु विरहँ सोचहु दिन राती, रटहु निरंतर गुन गन पाँती
रघुकुल तिलक सुजन सुखदाता, आयउ कुसल देवि मुनि त्राता[115]

तुलसी के भरत राम का संदेश देने वाले हनुमान के इतने ऋणी हो जाते है–

एहि संदेस सरिस जग माहीं, करि विचार देखिऊँ कछु नाहीं
नाहिन तात उरिन मैं तोही, अब प्रभु चरित सुनावहु मोही[116]

भरत को राज्य की प्रसन्नता नहीं, उनकी प्रसन्नता तो मात्र इसमें है कि उनके राम ने उन्हें कभी याद किया था या नहीं। भक्त का ध्यान प्रभु को रहता है, कि नहीं रहता, भक्ति की यही पराकाष्ठा है–

निज दान ज्यों रघुवंश भूषन कवहुँ सुमिरन करयो
सुनि भरत वचन विनीत अति कपि पुलकि तन चरनन्हि परयो
रघुवीर निज भुव जासु गुन गन कहत अगजग नाथ जो,
काहे न होई विनीत परम पनीत सदगुन सिंधु सो''[117]

भरत राम से मिलते ही उनके चरणों पर गिर पड़ते हैं और उठाये नहीं उठते–

परे भूमि नहि उठत उठाए बर करि कृपासिंधु उर लाए
स्यामल गात रोम भए ठाढ़े नव राजीव नयन जल बाढ़े[118]

सामाजिकता के लिहाज से भरत शील की प्रतिमूर्ति हैं। उनकी लोकदृष्टि से अयोध्या के सब नर–नारी पवित्र हो गये थे। लोक मर्यादा, कुल मार्यादा, लोकनीति, लोकधर्म, लोक प्रेम, भरत के चरित्र की अन्यतम विशेषता है। यही कारण कि भरत मानस के सभी पात्रों में अपना विशिष्ट स्थान बना लेते हैं। सत्यशील, निष्कपटता, कर्तव्य, परायणता, स्नेह, धैर्य तथा ऋजुता की प्रतिमूर्ति बनकर लोकतान्त्रिक सामाजिक व्यवस्था के प्रतीक पुरुष के रूप में भरत निखरकर सामने आते हैं।

लक्ष्मण : राम, भरत पर ध्यान केन्द्रित हो जाने से अन्य चरित्रों की ओर प्रायः हमारी दृष्टि कम हो जाती है, पर तुलसी किसी भी चरित्र को यूँ ही हल्के हाथों से छोड़ देना नहीं चाहते, वे सामाजिक मान–मर्यादा के आधार पर अपने पात्रों को गढ़ते हैं। लक्ष्मण तुलसी की ऐसी ही काव्यात्मक अभिव्यक्ति है। लक्ष्मण का आक्रोश शेषनागी मात्र नहीं है वह स्वाभिमान आत्मविश्वास और सामाजिक चेतना से जुड़ा हुआ है। लक्ष्मण का रूप सर्वत्र राम के साथ जुड़ा हुआ है। जहाँ राम है वहाँ लक्ष्मण, परछाई की तरह साथ साथ चलते है। लक्ष्मण का चरित्र तत्कालीन युग की माँग है

असत्य कभी सत्य नहीं हो सकता, एक पिता के निर्णय का विद्रोह (जो अनीति पर आधारित था) करते हैं, सत्य की रक्षा के लिए वे किसी भी सीमा तक जा सकते हैं। ये निडर स्पष्टवादी तथा गलती को क्षमा करने वालों में से न होकर कथनी की अपेक्षा करनी में विश्वास रखने वाले हैं। तुलसीदास ने लक्ष्मण के चरित्र को दो रूपों में निरूपित किया हैं– अप्राकृत तथा प्राकृत। अप्राकृत रूप व्यावहारिक धरातल पर खड़ा नही उतरता, जितना उनका प्राकृत रूप। लक्ष्मण शेषनाग के अवतार होने के बावजूद मानवीय व्यवहारों की सहज अभिव्यक्ति हैं लक्ष्मण राम के सेवक हैं, अतः उनका जीवन उनका न होकर राम का है। सौन्दर्य की खान लक्ष्मण तेज और शौर्य से सम्पन्न राजकुमार हैं।

राम का सानिध्य और साहचर्य उन्हें प्राप्त है। उनका सम्पूर्ण जीवन राम की सेवा के लिए समर्पित है, इसलिए जब राम के वनवास का समाचार उन्हें प्राप्त होता है तो उनकी व्याकुलता देखने योग्य है–

समाचार जब लछिमन पाए, व्याकुल बिलख बदन उठि धाये
कंप पुलक तन नयन सनीरा, गहे चरन अति प्रेम अधीरा
(रा.म.–2/70)

लक्ष्मण के लिए राम की सेवा ही चरम लक्ष्य है उनकी भक्ति एकमात्र राम से है–

गुरु पितु मातु न जानउँ काहू, कहउँ सुभाव नाथ पतिआहू[119]

लक्ष्मण राष्ट्रभिमान या न्यायाभिमान मिश्रित अन्याय के प्रति अपनी इसी असहिष्णुता के कारण सर्वत्र ग्रीष्मकालीन मध्यान्ह के सूर्य के समान प्रचण्ड और प्रखर दिखायी पड़ते हैं, राम या राम से जुड़े प्रश्नों पर सदैव अपनी छाप छोड़ते हैं– चाहे वह जनक प्रसंग हो या परशुराम या फिर भरत प्रसंग।

लक्ष्मण का चरित्र मानस में यथार्थ से जुड़ा हुआ है। वास्तविकता के आलोक में यह पात्र लोकतान्त्रिक चेतना से ओत–प्रोत है।

सीता का चरित्र–

गिरा अरथ जल बीचिसम कहिअत भिन्न न भिन्न
बंदउ सीता राम पद, जिन्हहि परम प्रियखिन्न[120]

तुलसी की सीता प्राचीन देवी की परिकल्पना से थोड़ा भिन्न है, यद्यपि वह परमपुरुष राम की परमशक्ति हैं तथापि अवतार के साथ ही मानवीय सम्बन्धों की सहज गरिमा का मान सीता के चरित्र में देखने को मिलता है।

सीता स्वयंबर से रामराज्य की प्राप्ति तक राम के साथ दिखायी पड़ती है। बीच में अपहरण के पश्चात् सीता के नैतिक चरित्र को दिखाने में तुलसीदास को असाधारण सफलता प्राप्त हुई है।

सीता का प्रथम स्पष्ट उल्लेख राम अवतार के पश्चात् आता है, किन्तु यहाँ सीता के जन्म का उल्लेख करके कवि संतुष्ट हो गया है। सीता के स्वरूप से पहला खुला परिचय पुष्पवाटिका प्रसंग में आता हैं। जहाँ राम के प्रति पूर्वराग को गोस्वामी जी ने अलौकिकता से मण्डित करके समाज के सामने प्रस्तुत किया है–

1. प्रीति पुरातन लखन न कोई– मानस (1/229/8)
2. हरषे जन निज निधि पहिंचाने– मानस (1/232/4)
3. सुन्दरता कहुँ सुन्दर करई छविगृहँ दीपशिखा जनुबरई (1/230/7)

धनुर्भंग की प्रतिज्ञा के बीच सीता और राम का प्रेम परस्पर विकास प्राप्त करता है, जहाँ प्रेम की उच्चता अपने श्रेष्ठतम रूप में दिखायी देती है। सीता और राम की रूप छवि का अद्भुत एवं मनोहारी चित्रण तुलसी की अन्यतम विशेषता है। सीता तुलसी का आदर्श है, नारी की महिमा का पूर्ण बिम्ब सीता के रूप में उभर कर सामने आता है, उनकी मर्यादा, शीलस्वभाव, पतिव्रत्य, सदाचरण सब कुछ अनुकरण के योग्य है। सीता राम से जब प्रथमतः मिलती है, तो धनुर्भंग के पूर्व और उनको देखते ही उनके अन्दर प्रेम का सात्विक रूप उभर कर सामने आता है, कवितावली, गीतावली, मानस में सीता और राम का यह वर्णन पाठकों को चमत्कृत कर देता है। यदि राम मर्यादा पुरुषोत्तम हैं तो सीता भी नारी मर्यादा का सर्वोत्कृष्ट उदाहरण राम के नेत्र मिल जाने मात्र से उन्हें प्रेम हो जाता है।

सीता के चरित्र वर्णन में तुलसी ने नारी दशा की पूर्ण स्थितियों, लोक की मर्यादाओं को बखूबी व्यक्त किया है। राम रूप दर्शन के बाद उनके प्रिय हो जाते हैं, किन्तु उस प्रेम से बड़ा भय माँ का है, और माँ से भी बड़ा डर पिता के प्रण से है, इसीलिए सीता चाह कर भी कुछ नहीं कह पाती, किन्तु उनके नेत्र बरवस उनके मनोभावों को व्यक्त कर देते हैं। सीता डरती है इसीलिए माँ से आशीष माँगती है कि उनके पिता का प्रण भी निष्फल न जाये और घर की मर्यादा भी बने रहे, यह है तुलसी की लोकतान्त्रिकता। इतना ही नहीं राम जब धनुष उठाने के लिए आगे

बढ़ते है तो सीता का मन और भी अधीर हो जाता हैं वे शंभुधनु से प्रार्थना करती हैं कि आप मेरे प्रेम को समझते हुए खुद ही हल्के हो जाइये।

जयमाल और विवाह से लेकर वन प्रवास के पूर्व तक सीता जी का मौन रूप हमें चकित करता चलता है। सीता मुखर रूप से ही एक ही जगह हमारे सामने प्रथम बार आती है जहाँ राम को वनवास दिया जाता है। सीता की मुखरता राज्य प्राप्ति के लिए नहीं बल्कि पति के साहचर्य के लिए है– इससे पूर्व वेदों की अनुव्रता स्त्री का सम्पूर्ण सम्भार सीता की सम्पत्ति है। वे सदा पति के अनुकूल ही रहती हैं–

पति अनुकूल सदा रह सीता, सोभा खानि सुशील विनीता
जानति कृपा सिंधु प्रभुताई। सेवति चरन कमल मन लाई
जेहि विधि कृपा सिंधु सुख मानई, सोई कर श्री सेवाविधि जानई[121]

राम वन प्रवास के लिए तत्पर हैं। सीता का मानसिक संघर्ष चरम सीमा को लांघ चुका है। वे प्रेषितपतिका होकर जीवित नहीं रह सकती। उनकी भावना का अनुवाद इस प्रकार है–

चलन चहत वन जीवन नाथू, केहि सुकृती सन होहहिं साधू
की तनु प्रान कि केवल प्राना विधि करतबु केछु जाइ न जाना[122]

कौसल्या से भी वे सीधे सीधे अपने मन के भाव को व्यक्त नहीं कर पाती। कौसल्या जिस प्रकार की सुकुमारता का विवेचन करती है और राम जिस प्रकार उन्हें घर पर रूकने की आज्ञा देते हैं, उससे सीता का अन्तर्द्वन्द और वेदना दोनों ही ज्यादा गहरी हो जाती हैं। परिणामस्वरूप पहली बार सीता माँग करती हैं, पति के साथ वनवास जाने की। जहाँ सीता का कोमलतम रूप प्रकट होता है, वहीं उनकी दृढ़ निश्चया भी देखते बनती है–

कृपानिधान सुजान प्रानपति संग विपिन है आओंगी
गृह तें कोटि–गुनित सुख मारग चलत, साथ सचु पाओंगी
थाके चरन कमल चापौंगी, स्रम भए बाउ डोलाओंगी
नयन–चकोरनि मुखमयंक–छवि सादर पान कराओंगी
जो हठि नाथ राखिहौ मोकहँ तौ सँग परान पठाओंगी[123]

कितनी लोकतंत्रात्मक अभिव्यक्ति है–

बिपिन कोटि सुरपुर समान मोको जोपै पिय परिह्रयो राजु
बलकल बिमल दुकूल मनोहर, कंद मूल फल अमिय नाजु
प्रभुपद कमल विलोकि है छिनछिन, इहि तैं अधिक कहाँ सुख–समाजु?[124]

यह है सीता की मौलिक चेतना, जहाँ वे अपने अधिकारों के प्रति सजग हैं, सीता का यह रूप कितना मानवीय है, सीता का दूसरा लोकतान्त्रिक रूप तब सामने आते हैं जब रावण अपहरण के पश्चात सीता से प्रणय याचना करता हैं, सीता बन्दी है, असुर कुल के स्वामी रावण के पास, किन्तु उसके बाद भी उनके मन में किसी भी प्रकार का भय नहीं हैं। मानस में रावण के साथ उनकी बात–चीत कितनी उत्कृष्ट है, सत्ताधारी के गर्व को सीता जैसी स्त्री कितने आसानी से चूर कर देती है, जहाँ आकर लोकतान्त्रिक चेतना मुखर हो उठती है। वनवास के पश्चात् भी सीता का आदर्श देखने योग्य है। रानी होने के पश्चात् भी उनमें परिवार को प्रेम के सूत्र में बाँधने की कला प्रशंसनीय है– जिनके लिए सैकड़ों दास–दासियाँ हाथ जोड़े खड़ी रहती हैं, वहीं सीता पति के अनुकूल सदाचार की धर्ममूर्ति के रूप में प्रकट होती हैं–

पति अनुकूल सदा रह सीता, सोभा खानि सुशील बिनीता
जानति कृपा सिंधु प्रभुताई, सेवति चरन कमल मन लाई
जद्यपि गृह सेवक सेवकिनी, विपुल सदा सेवा विधि गुनी
निज कर गृह परिचरजा करई, रामचन्द्र आयसु अनुसरई
जेहि विधि कृपासिंधु सुख मानई, सोई कर श्री सेवाविधि जानई
कौसल्यादि सासु गृह माहीं, सेवई सबन्हि मान मद नाहीं

(रा.म.–7 / 24)

कौसल्या : राम की माता कौसल्या का चरित्र मानस की नारी पात्रों में अप्रतिम है, एक ऐसा पात्र जो अपने पुत्र से तो प्रेम करती है, किन्तु समाज हित के लिए वह उन्हें वन जाने की आज्ञा प्रदान कर देती है। गीतावली में कौसल्या का चरित्र मानस की अपेक्षा अधिक यथार्थ प्रतीत होता है। कौसल्या को सदैव इस बात का दुःख रहता है, कि राम जैसे पुत्र को वनवास भेजते समय भी उनके प्राण न निकले। कौसल्या का चरित्र नीर, क्षीर, विवेकी है। भरत जिसके कारण राम को वनवास प्राप्त हुआ। कौसल्या का उनसे गले मिलना उनकी महानता को प्रतिबिम्बित करता है। वास्तव में वे नारी धर्म का आदर्श हैं और इतनी मानवीय हैं कि राम के वियोग में दुःखी पशु पक्षियों की पीड़ा उन्हें व्यथित कर जाती है। उनकी महानता को देखकर कहना– "राम मातु अस कोह न होई", उनकी विनयशीलता को व्यक्त करता है। लक्ष्मण के शक्ति प्रसंग को जानकर वे हनुमान से जो वचन कहती हैं, वह राम की माता ही कह सकती है।

सुमित्रा : एक आदर्श माँ होने के साथ–साथ आदर्श महारानी भी हैं वह अपने थोडे से प्रेम के लिए राज्य का अहित नहीं कर सकती। पुत्र मोह सबसे बड़ा होता है राम को तो राजा रानी ने मिलकर वनवास दे दिया किन्तु लक्ष्मण पर राम की अतिशय प्रीति है और जहाँ राजा रहता है, सेवक को भी वही रहना चाहिए सुमित्रा इस तथ्य से पूर्णतया अवगत हैं इसीलिए वह चाहती है–

अवध तहाँ जहँ राम निवासू, तहँई दिवसु जहँ भानु प्रकासू
जौ पै सीय रामु बन जाहीं, अवध तुम्हार काजु कछु नाहीं
गुरु पितु मातु बंधु सुरसाई, सेइअहिं सकल प्रान की नाई
रामु प्रानपिय जीवन जी के, स्वारथ सहित सखा सबहीं के[125]

इतना ही नहीं लक्ष्मण जब उनसे आज्ञा मानने जाते हैं, तब एक माँ होने के पश्चात् भी वे किस तरह से लक्ष्मण को राम के साथ रहने की आज्ञा देती हैं वह सामाजिक आदर्श है–

जाइ चरन गहि आयसु जाँचौ, जननि कहत बहुभाँति निहोरे
सिय–रघुबर–सेवा सुचि है हौ, तौ जानिहौं सही सुत मोरे[126]

कितना विशुद्ध है यह चरित्र, और यह चरित्र तब और भी प्रकाश पाता है जब वह सुनती हैं कि उनका पुत्र लक्ष्मण युद्ध में घायल पड़े हैं तो भी वे हनुमान से यही कहती हैं–

रघुनन्दन बिनु बंधु कुअवसर यद्यपि धनु दूसरे हैं[127]

सुमंत्र : अयोध्या के महामंत्री पद से विभूषित सुमंत, राजभक्ति, सदाचरण, भावुक व्यक्तित्व के रूप में सामने आते हैं। अयोध्या पर आया संकट सर्वप्रथम उन्हें ही ज्ञात होता है, रनिवास में उनका सीधा प्रवेश है, किन्तु कहीं भी वे मर्यादा का अतिक्रमण नहीं करते। दशरथ को उन पर विश्वास इस कदर है कि वे अपनी मनोव्यथा को उनसे प्रकट करते है।

जनक : भोग को योग में समाविष्ट करने वाले जनक विदेह होने के साथ मानवीय भावनाओं की साक्षात मूर्ति थे। वे सीता के पिता तथा राम के ससुर थे, शक्ति में वे किसी भी राजपुरुष से कम न थे, चाहते तो राम को राजा बना कर ही दम लेते, किन्तु यह उनकी लोकतान्त्रिक व्यवस्था के नियमों के प्रतिकूल था। वे सदाचारी विद्वानों के संरक्षक तथा लोकनीति पालन के विशेषज्ञ हैं।

वशिष्ठ : वशिष्ठ रामचन्द्र के कुल पुरोहित के रूप में मानस में प्रकट होते हैं। वशिष्ठ वेद, पुराण और स्मृति में निन्दित अतिमन्द पुरोहित्य कर्म

सूर्यवंश में केवल इस लोभ से किया था कि आगे चलकर परमात्मा ब्रह्म नर रूप धारण करके रघुकूल भूषण होंगे और जिनके लिए योग, यज्ञ, व्रत आदि किये जाते हैं वह मुझे सहज ही प्राप्त हो जायेंगे–

सोई सर्वग्य़ तग्य सोई पण्डित, सोइ गुनगृह विज्ञान अखिण्डत
दच्छ सकल लच्छन जुत सोई, जाके पद सरोज रति होई।
(रा.म.–7/49)

इसलिए वे उनसे कहते है–

नाथ एक बार मागउँ राम कृपा करि देहु
जन्म जन्म प्रभु पद कमल कबहूँ घटि जनि नेहु
(रा.म.–7/49)

वे केवल पुरोहित हों अयोध्या के, ऐसा भी नहीं है। अयोध्या पर राम वनवास के समय जो संकट आता है वशिष्ठ उस संकट के सामने ढाल की तरह खड़े होकर अयोध्या की रक्षा करते हैं–

सोचिअ बिप्र जो वेद बिहीना, तजि निज धरमु विषय लयलीना
सोचिअ नृपति जो नीति न जाना, जेहि न प्रजा प्रिय प्रान समाना।
(रा.म.–7/172)

वशिष्ठ राजसमाज की रक्षार्थ, धर्म की रक्षार्थ में निरतंर लगे हुए थे। ब्राह्मण थे, फिर भी सर्वप्रथम वे राम के भक्त थे और राम का प्रिय उनका प्रिय पात्र बन जाता है। निषाद राजा शूद्र था, किन्तु वशिष्ठ उससे आशीर्वाद दिलाते हैं, यह लोकतान्त्रिक पहल वशिष्ठ की अन्यतम विशेषता है।

देखि दूरि तें कहि निज नामू, कीन्ह मुनीसहि दंड प्रनामू
जानि राम प्रिय दीन्हि असीसा, भरतहि कहेउ बुझाइ मुनीसा।
(रा.म.–2/193)

चित्रकूट यात्रा के पश्चात् वे अनवरत भरत को राज्य कार्य में अपनी राय देते गये। पिता की तरह युवराजों की देखभाल करना उनके चरित की महानता को प्रगट करता है।

केवट : महान व्यक्ति रचना केवल साहित्य लाभ के लिए नहीं करता, बल्कि वह एक आदर्श की स्थापना करता है। तुलसी का केवट लोकतान्त्रिक आदर्श का यथार्थ नमूना है, वह लोकतान्त्रिक चेतना से अभिभूत पात्र है, कर्म प्रधान यह पात्र अपने अधिकारों के लिए कितना सजग है। तुलसी का अनुपम चरित्र है केवट, वह भोला–भाला है, किन्तु

अपने परिवार को चलाने की जिम्मेदारी उसी पर है। राम की महिमा से वह अवगत है, किन्तु वह यह भी सोच रहा है कि अगर उसकी नाव स्त्री बन जायेगी, तो उस पर आजीविका का संकट उपस्थित हो जायेगा। भले ही इस विषय पर हास्य रस की अभिव्यजना इस प्रसंग में हो, किन्तु शायद इस पीड़ा से गुजरने का साहस किसी ने नहीं किया होगा। तुलसी का केवट जनतांत्रिक चेतना का प्रतीक है वह अभावग्रस्त है, परिवार की आजीविका का एकमात्र आधार उसकी नाव ही है–

छुअत सिला भई नारी सुहाई, पाहन तें न काठ कठिनाई
तरनिउ मुनि धरिनी होइ जाई, बात परइ मोरि नाव उड़ाई
एहिं प्रतिपालउँ सब परिवारू, नहिं जानउँ कछु अउर कबारू
जौं प्रभुपार अवसि गा चहहू, मोहि पद पदुम पखारन कहहू
एहि घाट ते थोरिक दूर अहै, कटि लौ जल थाह देखाइहौं जू
परसे पंगधूरि तरै तरनी, धरनी धर क्यों समुझाइहौ जू?
तुलसी अवलंब न और कछु लरिका केहि भाँति जिआइहौ जू
बरू मारिए मोहि बिन पग धोए हौ नाथ न नाव चढ़ाइहौ जू?[128]

इतना ही नहीं वह अभावग्रस्त मनुष्य हैं। उनके पास कोई दूसरा साधन नहीं हैं। समाज ने उन्हें पढ़ने–लिखने के अधिकार से वंचित कर रखा है– यह मध्यकाल का भयावह यथार्थ है, तुलसी का केवट कितनी स्पष्टता से अपनी बात कहता है–

पात भरी सहरी सकल सुत बारे बारे
केवट की जाति कछु वेद न पढ़ाइहौं
सब परिवार मेरो याही लागि राजा जू
हौं दीन बित्तहीन कैसे दूसरी गढ़ाइहौ?[129]

पूरे मानस में तुलसी की सम्पूर्ण रचना में यह पात्र अपनी जीवन्तता, अपनी लोकतान्त्रिक चेतना के कारण अमर हो गया। इतना सटीक पात्र जिसके आगे ईश्वर, लोक के राजा ने अपने आप को झुका लिया। यह एक भक्त की विजय है, लोकतंत्र की जीत है। तुलसी के समानान्तर ऐसा पात्र यथार्थ में भी उस युग में सम्भव न था– यह है तुलसी को लोकतान्त्रिक चेतना जिसमें एक राजा सामान्य मनुष्य की माँग को मानने में विवश हो जाता है–

कृपा सिंधु बोले मुसुकाई, सोइ करू जेहि तब नाव न जाइ
बेगि आनुजल पाय पखारू, होत बिलंबु उतारहिं पारू[130]

शबरी : शबरी शूद्र जाति की हैं, बूढ़ी है, किन्तु महान तपस्वी हैं। तुलसी राम के माध्यम से समता मूलक समाज की स्थापना करना चाहते थे। अतः वे शबरी के माध्यम से ऊँच–नीच के भेद को मिटाकर उसी वेश में उससे मिलते हैं, जिस वेश में वह निरन्तर राम का भजन करती थीं, भक्ति की कोई सीमा नहीं है वह अनिवर्चनीय हैं। इसी भक्ति का प्रभाव था कि राम शबरी के झूठे बेर तक खा लेते हैं–

प्रेम पट पाँवड़े देत सुअरघ विलोचन–बारि
आश्रम लै दिये आसन पंकज पाँय पखारि
पद–पंकजात पखारि पूंजे पंथ–स्रम–बिरहित भये
फल–फूल अंकुर मूल धरे सुधारि भरि दोना नये[130]
प्रभुखात पुलकित गात, स्वाद सराहि आदर जनु जये।
फल चारिहू फल चारि दहि परचारि फल शबरी दये[131]
(गीतावली)

जातिहीन, अघ जनम महि मुकुत कीनि असि नारि
महामंद मन सुख चहसि ऐसे प्रभुहि बिसारि।[132]

जटायु : जटायु तुलसी के रचना संसार का छोटा सा पक्षी है। वह हैं तो पक्षी, किन्तु मानवता उससे कूट–कूट कर भरी हुई है। सीता का विलाप सुनकर हर कोई दुःखी होता है, किन्तु अपने प्राणों की बाजी लगाने का कार्य गीद्धराज जटायु ही करता है। वसुंधैव कुटुम्बकुम की भावना से संचालित यह पात्र, सीता की रक्षा के लिए अपने प्राणों का उत्सर्ग तक करने से नहीं चूकता–

सीते पुत्रि करसि जन त्रासा, करिहउँ जातुधान कर नासा
धावा क्रोधवंत खग कैसे, छूटइ पवि परबत कहुँ जैसे
रे रे दुष्ट ठाढ़ किन होही, निर्भय चलेसि न जानेहि मोही
आवत देख कृतांत समाना फिरि दसकंधर कर अनुमाना[133]

वह बूढ़ा जटायु रावण को मूर्च्छा लाने में कामयाब हुआ, यह है भारतीय संस्कृति, जहाँ स्त्री किसी की पुत्री होती है, या पुत्रवधू उसकी रक्षा करना हर भारतीय का कर्त्तव्य है। इस पद को लिखते हुए तुलसी के सामने अपने समाज की नारियाँ अवश्य आती होंगी, जिनको बचाने का सामर्थ्य लोगों ने खो दिया था। बलात पुत्री, पुत्रवधू का अपहरण उस युग के लिए आम बात थी, अकबर, जहाँगीर, अफगान शासकों के यहाँ नारी केवल उपभोग की वस्तु मात्र ही थी। विजित और विजेता के भाव

ने पूरी भारतीय संस्कृति को ताक पर रख दिया था। जब राजा ही बलात अपहरण करे तो फिर उसके पाषर्दों का क्या कहना, जटायु का विद्रोह उस राजशाही तंत्र से विद्रोह है जो पूर्णतया निरंकुश हो चुकी है। इस एक छोटी सी घटना का कितना व्यापक असर पड़ता है कि इस विद्रोह की आँच से पूरा विश्व समुदाय एकत्र हो जाता है। रावण ने भले जटायु का वध कर दिया पर उसकी चेतना का वध वह नहीं कर पाया।

हनुमान : जैसे भरत लक्ष्मण भ्राता धर्म के आदर्श हैं वैसे ही हनुमान सेवक धर्म। अपनी इस अनन्य सेवा और भक्ति के कारण बन्दर होते हुए भी वे आज देवता के समान सर्वत्र राम के साथ पूजे जाते हैं। तुलसी ने गर्व के नष्टकर्ता, शत्रुओं के विनाशकर्ता तथा प्रभु राम के सेवकों के कल्याणकर्ता को हनुमान कहा है। अप्राकृत अथवा आध्यात्मिक रूप में इन्द्र सूर्य सौ तथा इन्द्र के अस्त्र बज्र के गर्व को हरन करने वाले हैं। वे शक्ति के प्रतीक, चौदहों भुवनों के स्वामी देव–शिरोमणि, संसार के रक्षक, बुद्धि सागर, जानकी की चिन्ताओं को दूर करने वाले, राक्षसों के संहारक, लंका को अपने क्रोध से भस्म करने वाले, शिव की तरह सामने आते हैं। चरित्र निर्मल, धैर्यवान, बलवान्, पराक्रमी सामर्थ्यवान्, मात्सर्यहीन, स्वार्थहीन, संयमशील विनयशील, विनम्र, बुद्धिमान एवं विवेकशील है।

हनुमान तुलसी के आराध्य के सेवक हैं, एक ऐसे जिसने कभी अनीति का समर्थन नहीं किया। स्वयं राजा होकर भी सेवकों की भाँति कार्य करते हैं, विवेकी एवं नीतिवान इतने थे, कि बाली और सुग्रीव के बीच में उन्होंने सुग्रीव का चुनाव किया, क्योंकि वह प्रताड़ित था। हनुमान राम के अनन्य सेवक हैं, राम की दृष्टि में जो उत्तम तथा श्रेष्ठ हैं वहीं हनुमान की दृष्टि में उत्तम तथा श्रेष्ठ। राम के आदेशों का पालन करना ही उनका मुख्य कर्त्तव्य है। व्यष्टिहित एवं समष्टिहित से सम्बन्धित उनके सभी कार्य राम के नाते करणीय है। अपनी शक्ति का प्रयोग उन्होंने रामराज के लिए ही किया। अकेले ही लंका नगरी में प्रविष्ट हुए, अनाचार का विरोध करते हुए अक्षयकुमार एवं अन्य राक्षसों को मारकर लंका को अपनी क्रोधाग्नि से जला दिये। वीर इतने कि शत्रु पक्ष का स्वामी रावण भी उनकी वीरता से प्रभावित हुए बिना न रह सका। धर्म एवं मर्यादा तथा अनीति एवं अत्याचार के युद्ध में उनकी वीरता देखते ही बनती है जिसकी सभा में देवता हाथ बाँधे खड़े रहते हैं, उसी सभा में हनुमान अपनी प्रतिष्ठा स्थापित करते हैं। राम जब युद्ध में असहाय हो जाते हैं तब उनकी वीरता देखने योग्य है,

संजीवनी–बूटी के लिए पूरा पहाड़ उठा लेना, केवल हनुमान के माध्यम से ही सम्भव हैं किन्तु इसके बावजूद भी अभिमान से पूर्णतया परे यह उनकी विनम्रता ही है, जब वे कहते–

सो सब तव प्रताप रघुराई, नाथ न कछु मोरि प्रभुताई।

(रा.म.– 5/33)

अंगद : राम के सेवकों में अंगद का नाम उल्लेखनीय है, नीतिज्ञ एवं विद्वान अंगद को राज्य कार्य के निमित्त राम अपना दूत बनाकर भेजते हैं। साहस एवं विद्वमत्ता का संयुक्त रूप अंगद अपने कथनों से रावण के दंभ को चूर–चूर कर देते हैं। साथ ही दूत कर्म में वे निपुण थे, शत्रु के रहस्यों का गुप्त रूप से ज्ञान करने में भी प्रवीण थे। इसीलिए राम उन पर अत्याधिक विश्वास करते थे। वे अनन्य भाव से सदा राम की सेवा करने के लिए तत्पर रहते थे।

सुग्रीव : यह बाली का छोटा भाई तथा बाली द्वारा राज्य से निष्कासित था। राम कृपा से उसने किष्किन्ध्या के राज्य को प्राप्त किया था। उसमें आन्तरिक दुर्बलताएँ तो थीं, किन्तु राम से स्नेह उसे भी था। सीता की खोज का श्रेय उसे भी मिलना चाहिय। राम तथा रावण के युद्ध में कुम्भकरण की नाक–कान काटने से उसकी वीरता का पता चलता है।

त्रिजटा : असुर कुल की नारी त्रिजटा सहृदय, भावुक, परोपकारी, चरित्रवाली सिद्ध स्त्री है। वह स्वप्न विशेषज्ञ होने के साथ कर्त्तव्य परायण तथा उत्तम चरित्र की नारी पात्र है, वह इतनी सहृदयी है कि सीता उसे माँ के नाम से सम्बोधित करती हैं। सीता की लंका में भली–भाँति रक्षा करने के कारण त्रिजटा प्रशंसा के योग्यपात्र हैं। आसुरी शक्ति के बीच होते हुए मानवीय गुणों से भरी हुई त्रिजटा लोकतंत्र की अन्यतम मिशाल है।

मंदोदरी : मंदोदरी रावण की पत्नी है, पत्नी होने के पश्चात् भी वह राम भक्त है। अद्भुत विरूद्धों का सामंजस्य मंदोदरी, जिसने अनीति में भी रावण का साथ नहीं दिया, अपितु उसकी नीतियों का सर्वदा विरोध किया। मंदोदरी ने रावण से राम के विश्वरूप का वर्णन किया। कितने आश्चर्य की बात है, कि रावण की पत्नी, राक्षस की पुत्री होने के बावजूद अपनी आस्था जिसे हम चिरन्तन मानवीय मूल्य कहते हैं, से द्रिग्भ्रमित नहीं होतीं बल्कि वह प्रत्येक क्षण रावण को सचेत करती रहती है। यह विशुद्ध लोकतान्त्रिक चरित्र है।

शिव का चरित्र : तुलसी ने शैव और वैष्णव दोनों का मणिकांचन संयोग किया है। शिव आदि देवता है, सैन्धव कालीन देवता है। पाषाणकाल में भी उनकी पूजा के प्रमाण मिलते हैं। तुलसी ने शिव को विष्णु के समकक्ष ही माना है। यह दीगर बात है कि तुलसी शिव को लोक के देवता के रूप में स्थापित करते हैं। उनका कार्य ही जनता के सुख–दुःख को माता–पिता की तरह दूर करना है।

"गुरु पितु मातु महेश भवानी, प्रबनऊँ दीनबंधु दिन दानी। सेवक स्वामि सखा सिय पी के, हित निरूपाधि सब विधि तुलसी के।" यह वह शिव हैं जिन के शाबर मंत्रों का जाप कलियुग में मुक्ति देता है। यही शिव जब अपना विवाह करते हैं तो देवाधिदेव होने के बाद जनता के वस्त्र में अपनी शादी करने जाते हैं– कैसा है वह रूप? कैसी है वह बारात? शिव जन समाज के प्रतिनिधि देवता है। इसलिए वे उन्हीं के समान वस्त्र एवं आभूषणों का उपयोग करते हैं। एक तरफ देवताओं का समाज है, जो विविध आभूषणों से युक्त है, किन्तु तुलसी के शिव कैसे हैं–

शिवहिं संभु गन करहिं सिंगारा, जटा मुकुट अहि मोरु सँवारा
कुंडल कंकन पहिरे व्याला, तन विभूति पट केहरि छाला।
(रा.म. 1/92)

यह उस ग्रामीण देवता का वस्त्र है जिसे उनके भक्त धारण करते हैं, तुलसी इतने पर ही नहीं रूकते–

कर त्रिसूल अरू डमरू विराजा, चले बसहँ चढ़ि बाजहिं बाजा
देखि सिवहि सुरत्रिय मुसुकाहीं, बर लायक दुलहिन जग नाहीं
(रा.म. 1/92)

यहाँ अभिजात्य का प्रतिरोध है। इसलिए तुलसी के शिव अपनी बारात में अपने सेवकों को आमंत्रित करते हैं, जो उस जनता का यथार्थ चित्रण है, जिसके पास रोग हैं, बीमारी है, जिसे किसी भी समाज में हिस्सेदारी नहीं मिली, यह है शिव की बारात जहाँ आदिवासी हैं, जनजातियाँ हैं–

कोउ मुख हीन बिपुलमुख काहुँ, बिनु पद कर कोउ बहु पद बाहू
विपुल नयन कोउ नयन बिहीना, रिष्ट पुष्ट कोउ अति तनखीना
(रा.म. 7/93)

इसलिए तुलसी के शिव के बिना तुलसी की लोकतान्त्रिक अवधारणा थोड़ा खटकती है। यह विशुद्ध भारतीय मानवीय धरातल पर खड़ा अपने आप में अनूठा लोकचरित्र है।

कृष्ण का चरित्र : तुलसी ने अपने साहित्य में सभी धर्मों एवं दर्शनों का समन्वय किया। उनके चरित्र भी इसी समन्वय का उदाहरण है। मध्यकाल के आक्रांत वातावरण से तुलसी जहाँ शैव और वैष्णव का समर्थन करते है वहीं रामभक्ति और कृष्णभक्ति का उदाहरण भी प्रस्तुत करते हैं। तुलसी के कृष्ण सीधे तोतली भाषा से कृष्ण कथा की शुरूआत करते हैं। यह कथा अद्‌भुत है, न कृष्ण जैसा पुत्र न यशोदा जैसी माँ। सूर की बाललीला के वर्णनों से तुलसी प्रभावित हैं, किन्तु उसका अन्धानुकरण नहीं करते। तुलसी के कृष्ण सामान्य गोप बालकों की तरह ही घूमते हैं, वस्त्र पहनतें हैं, बाल सुलभ चंचलता से भरकर झूठ बोलते हैं। गोपिकाओं से झगड़ते हैं, इन्द्र के घमण्ड का दमन करते है, जाति–पाँति का परित्याग कर अपनी लोकतान्त्रिक चेतना को अभिव्यक्ति करते हैं।

इस प्रकार तुलसी के पात्र मानव होते हुय भी कर्मों से दैवीय बन जाते हैं। जन–जन के हृदय में अपना स्थान बना लेते हैं।

तुलसी का लोकतंत्र प्रासंगिकता का प्रश्न : साहित्य की प्रासंगिकता का प्रश्न जटिल है। कारण साहित्य अपने युग अपने परिवेश से प्रभावित होता है। गोदान की प्रासंगिकता, उस समय के समाज की थी। आधे–अधूरे आजादी के बाद की सामाजिक विसंगति का चित्रण। वास्तव में किसी काव्य की प्रांसगिकता और उसकी सार्थकता का प्रश्न जीवन मूल्यों से जुड़ा होता है। यह मूल्य वास्तविकता के आधार पर निर्मित होते हैं। सत्यं–शिव–सुन्दरम् की आधारशिला पर अनेकों सांस्कृतिक क्रान्तियाँ हुई हैं जिनके मूल में प्रांसगिकता का प्रश्न हिलोरा मारता है। अक्सर कवि लेखक अपने समय के समाज से विछुब्ध होकर अपने काव्य की रचना में उन मूल्यों को सामने लाता है, जिसके पालन से वास्तविक कल्याण सम्भव है। यही कारण है कि किसी भी युग की रचना को उठाकर देख लिया जाये; चाहे वह आदिकाल की हो, या भक्तिकाल की अथवा रीतिकाल की वहाँ समाज के लिए, उसके साहित्य के लिए एक आदर्श अवस्था देखने को मिलती है। भक्तिकाव्य जटिलता एवं दुरूहता का काव्य नहीं है, अपितु वह मानव की सहज अनुभूति तथा स्वाभाविक मनःस्थितियों का चित्रण है। भक्त कवि अपनी कविता में अपने जनता के दुख दर्द, सुख, आशा निराशा, को प्रकट करता है, शायद यही कारण भी है कि भक्त कवियों में राजदरबार। चाटुकारिता को न तो प्रश्रय प्राप्त है न उसके लिए हृदय में सम्मान। वह समस्याओं पर प्रहार करता है अपने जनमानस के लिए एक

नयी रचना की सर्जना करता है और यही साहित्य अन्ततः सार्वकालिक, सार्वभौमिक और सार्वदेशिक सत्य की अखण्डता का प्रतिरूप बन कर उपस्थित हो जाता है।

साहित्यकार ब्रह्मा होता है, कहा भी गया है– जहाँ न पहुँचे रवि, वहाँ पहुचे कवि। यह कार्य अपने काव्य निर्माण के समय वर्तमान युग की दुर्बलताओं तथा आवश्यकताओं का अध्ययन करता है; अर्थात् परम्परा के उपयोगी तत्व तथा आदर्शो को स्वीकार करता है और सुखद भविष्य के स्वप्नलोक में विलीन होकर मानवीय समस्याओं से जुड़कर एक प्रांसगिक रचना का निर्माण करता है। प्रांसगिकता का सम्बन्ध केवल प्राचीनता या अर्वाचीनता से नहीं हैं बल्कि इसका अर्थ यह है कि वह युगीन जीवन से कैसे मेल खाता है? साहित्य की कई धारायें रही हैं किन्तु समय के प्रभाववश जिनकी उपयोगिता आज के समय में न के बराबर है तो उनकी प्रासंगिकता का प्रश्न ही नहीं उठता। महाभारत या रामायण अपनी विषय वस्तु के कारण तब भी प्रांसगिक थे और आज भी हैं। अनुभुति की मार्मिकता के साथ अभिव्यक्ति की सफलता किसी रचना की प्रासंगिकता की सबसे सफल कसौटी मानी जा सकती है।

जिस रचना में जीवन है, जीवन से जुड़ी समस्यायें है उसका निदान है, जहाँ भावों मे उदारता है, सांस्कृतिक समरसता है, वह रचना न केवल अपने युग में प्रासंगिक होती है बल्कि आने वाले हर युग में उसकी प्रासंगिकता बढ़ती जाती है। यही कारण है कि मध्यकालीन हिन्दी भक्ति साहित्य की कुछ रचनाओं को छोड़ दे, वह सदैव ही प्रासंगिक है, चाहे कबीर हो या सूर। तुलसी की प्रासंगिकता पर प्रश्नचिन्ह खड़ा करना या सूर की प्रासंगिकता पर प्रश्न खड़ा करना साहित्य के ऊपर अविश्वास करने जैसा है। यह भक्त कवियों का ही सामर्थ्य था कि विषम वातावरण में भी उन्होंने अपनी रचनाओं के माध्यम से अपने ज्ञान की सार्थकता पर जोरदार टिप्पणी की। जाति प्रथा पर प्रहार करते हुए भक्ति का कवि कहता है–

जाति न पूछो साधु की पूछ लीजिए ग्यान
मोल करो तरवार का पड़ा रहन दोम्यान

यह जाति व्यवस्था आज़ भी है भले ही समाज का एक हिस्सा आधुनिक हो गया है, पर जाति के मामले में यह आज भी पिछड़ा हुआ है। आधुनिक लोकतान्त्रिक भारत में जाति की राजनीति हौवा हो गयी है बिना सोचे समझे।

मध्यकाल में साम्प्रदायिकता के अतिरेक के कारण भारत में धार्मिक झगड़े हो रहे थे। इन धार्मिक अंसंगतियों और अत्याचारों के विरूद्ध भक्त कवियों ने अपना आक्रोश व्यक्त किया था। आधुनिककाल के गाँधी ने अपने रामराज्य की स्थापना में इन्हीं अंसगतियों को ध्यान में रखकर एक नवीन भारत के निर्माण की परिकल्पना की।

तुलसी का लोकतंत्र हमेशा ही प्रांसगिक है, तब भी जब युद्ध होते और आज भी जब विश्व में अनेक कुप्रथायें व्याप्त हो चुकी हैं जहाँ, हर व्यक्ति अपने–अपने धर्म का झंडा उठाये खड़ा है,... वहाँ तुलसी की रचना धर्मिता हमेशा केन्द्र में रहती है। तुलसी लोकवार्ता तथा मानवतावाद में विश्वास करने वाले कवि सुधारक और भक्त तीनों थे। तुलसी की यह चाहता थी कि मनुष्य प्रेम, धर्म और नीति के मार्ग पर अग्रसर रहे। लोकतंत्र के मूल्य होते हैं समानता, तुलसी के मानस में समानता यदि देखनी हो, तो देखिये शबरी प्रंसग में जहाँ राम जाति–पाँति के नियम को तोड़ समतामूलक समाज की स्थापना करते हैं। राम का यह कार्य आज के प्रगतिशील आदिवासी संस्कृति, हरिजन कल्याण, अस्पृश्यता निवारण आदि की दृष्टि से उल्लेखनीय है। तुलसीदास ने रामचरितमानस में रामराज्य के चित्रण द्वारा सच्चे लोकतान्त्रिक शासन के विधि विधान पर भरपूर मात्रा में प्रकाश डाला है। तुलसी लोकतान्त्रिक चेतना के लिए लोकरक्षा के लिए नैतिक मूल्यों को सर्वोपरि रखते हैं। यदि समाज में नैतिक मूल्य व्याप्त है, धर्म की मर्यादा व्याप्त है आपसी भाईचारा व्याप्त है, वही सच्चा रामराज्य है। भारत की वर्तमान अवस्था यदि कहें तो लोकतान्त्रिक है, किन्तु वोट देना मात्र ही लोकतंत्र नहीं है। लोकतंत्र के जिन मूल्यों की बात हम करते हैं उसका शतांश भी हमें नहीं मिलता। आज का राजा जिसे हम चुनते हैं, उसे न तो हमारे समाज से कोई मतलब है न हमसे। बल्कि उनकी जेड–प्लस सुरक्षा हमें उनसे मिलने भी नहीं देती, यदि हम उनसे मिलना चाहें। ऊपर से आज का राजा अपने साथ ब्लैक–कमांडो लेकर घूमता है। बड़ी–बड़ी गाड़ियों में बुलेटप्रूफ गाड़ियों के घेरे के बीच। तुलसी के राम ऐसे नहीं है वह जनता के बीच से निकलकर जनता के कष्टों को सुनते, समझते हुए अपने राज्य की स्थापना करते हैं। गलती किसी की भी हो, उसे उसका दण्ड मिलेगा ही। इसलिए न्याय की स्थापना के लिए तुलसी के राम असुरों का विनाश करते हैं। बालि को मारते हैं, रावण का वधकर असुरी शक्ति के खिलाफ मोर्चा खोलकर समाज में एक व्यवस्था कायम करते हैं।

वर्तमान लोकतंत्र में संकट ही संकट है, दरिद्रता, दुःख, अशिक्षा, दैन्य, रिश्वत, अन्याय, दहेज–प्रथा, बलात्कार आदि सभी संकटों से आज का लोकमन अत्यधिक त्रस्त है। सम्पत्ति पर कुछ लोगों का ही अधिकार है, नौकरशाही व्यवस्था नष्ट–भ्रष्ट हो चुकी है। सरकार की जितनी भी नीतियाँ या परियोजनाएँ है उनका लाभ न किसी को मिल रहा है बल्कि जिन्हें नहीं मिलना चाहिए वह आज उसका उपयोग कर अपनी आने वाली दस पीढ़ियों के लिए सुख–सुविधा की सामग्री इकट्ठा करता जा रहा है।

आज हम छद्‌म भारतीयता में जीते है। पाश्चात्यवाद के आगोश में आधुनिक पीढ़ी जीती है, जिसके कारण वैयक्तिक एवं पारिवारिक क्षेत्रों में भी मूल्यों का ह्रास साफ–साफ दिखायी पड़ता है। परिवारवाद की जो स्वस्थ परम्परा भारत को जोड़े रखती थी, वह आज नष्ट हो चुकी है। तुलसी के राम इस परिवार को इकट्ठा करते हैं विश्व परिवार बनाने की दिशा में। आज आपसी प्रेम के स्थान पर अन्याय अविश्वास ईर्ष्या और द्वेष की आग हर जगह व्याप्त है। सगे–सम्बन्धी भी खून के प्यासे दिखायी पड़ते हैं। तुलसी की कविता की लोकचेतना समाज में एक आदर्श स्थापित करती है, जहाँ हर व्यक्ति को महत्व प्राप्त था। तुलसीदास की रचना कालजयी है और कालजयी है तुलसी की लोकतंत्र विषयक अवधारणा। जिसमें निषाद, शबरी, सीता, कौसल्या अनुसुईया मन्दोदरी आदि नारीपात्र तथा राम, लक्ष्मण, हनुमान, केवट, सुग्रीव आदि पुरुषपात्र लोकतंत्र के चरित्र के उज्ज्वल प्रतीक होने के साथ अपने भाव बोध के कारण सदैव प्रासंगिक हैं। तुलसी के राम का लक्ष्य जनकल्याण की स्थापना है और जहाँ जनकल्याण की भावना निहित होती है वहाँ लोकतंत्र होता है। तुलसी के राम दलितों के सखा बन्धु हैं। उसके सुख–दुख पीड़ा में हैं ...तुलसी के राम की इसी भावना से प्रेरित होकर गाँधी हरिजन के उद्धार की बात करते हैं और अपने आधुनिक रामराज्य की स्थापना करते हुए, यांत्रिकता का विरोध करते हुए, लघु कुटीर को बढ़ावा देते हैं।

वर्तमान युग प्रजातंत्र या लोकतंत्र का युग है। बीसवीं शती के राम काव्यों में जो राम रावण के बीच युद्ध का वर्णन मिलता है वह सामाजिक उपादेयता रखता है, चाहे निराला के राम की शक्ति पूजा हो या नरेश मेहता की संशय की एक रात, मैथिलीशरण गुप्त का साकेत हो या नरेन्द्र कोहली का अभ्युदय महाकाव्य। राम रावण का युद्ध साम्राज्यवाद और प्रजातंत्र के मध्य युद्ध है। भले ही रामराज्य अपने सैद्धान्तिक रूप

में राजतंत्रात्मक है, किन्तु उसकी आत्मा लोकतंत्र ही है। राज्य या सत्ता प्रजा की थाती है। लोकतंत्र की अवहेलना से क्रान्ति सम्भव है। शासक केवल लोकसेवक मात्र है। राज्य शासन की सम्पत्ति नहीं है। तुलसी के राम इस तथ्य को पूर्णतया स्वीकार करते हैं। इसलिए उनके द्वारा किया गया आत्म–त्याग लोकतंत्र की सुदृढ़ भाव भूमि पर खड़ा है।

तुलसी के राम ने अपनी स्थापना में एक व्यक्ति के हित से प्रमुख समाज का हित माना, श्रमिक वर्ग को महत्ता दी। राम के राज्य में लोकतंत्र हर जगह व्याप्त है। लोक की सम्मति के बिना राजा के आदेश बदले नहीं जाते। राज्य पर जनता का अधिकार है राजा का नहीं, तुलसी के राम इस नियम को भली भाँति प्रचारित करते हैं।

लोकतंत्र में अभिव्यक्ति की स्वतंत्रता होती है, किन्तु अभिव्यक्ति की स्वतंत्रता से तात्पर्य मनमाने व्यवहार से नहीं बल्कि राज्य की भलाई के लिए किये गये कार्यो से होती है। अभिव्यक्ति की स्वतंत्रता कहीं भी राजद्रोह या अराजकता का समर्थन नहीं करती, अपितु जब कुशासन अभिव्यक्ति की स्वतंत्रता का अपहरण कर लेता है या साम्राज्यवादी प्रवृत्ति के द्वारा उसके राजनैतिक, धार्मिक, सामाजिक अधिकारों का अपहरण करता हैं, जहाँ अभिव्यक्ति की स्वतंत्रता का प्रश्न सामने आकर खड़ा होता है। राम और रावण दोनों ही राजा है, लेकिन एक के राज्य में निर्भीकता है, और दूसरे के राज्य में चापलूसी। पलड़ा राम के राज्य का ही भारी रहता है। यह लोकतंत्रात्मक चेतना की बुनियाद है।

राम स्वयं सभी प्रकार के आत्मसंयम और लोकहित में अपने आत्महित का बलिदान करते हुए राजा होकर सेवक की तरह अपने कार्यों को अंजाम देने का प्रयास करते हैं।

आज छद्म लोकतंत्र का युग है, जहाँ कोई किसी की भी नहीं सुनता। जहाँ न धर्म के प्रति आस्था बची है, न ही राजनैतिक नियमों में पवित्रता। बढ़ती हुई जनसंख्या, प्रकृति का अंधाधुंध दोहन, शोर, पारिवारिक विघटन, यह सब एक अवसाद उत्पन्न करते हैं। नैनो टैक्नोलॉजी के युग में हमारी विचारधारा जो काफी विस्तृत थी, आज नैनो मे परिवर्तित हो गयी है। तुलसी जब कहते हैं– 'कृत विधि सृजी नारि जग माँही, पराधीन सपनेहुँ सुख नाहीं', तो आधुनिक घरों में छिपी हुई ललनायें याद आती हैं जो आधुनिक युग में आकर भी निर्वासित जीवन व्यतीत कर रही हैं। विष्णु कान्त शास्त्री ने तुलसी और आधुनिकता के सन्दर्भ में कहा है कि

तुलसीदास से हमारा सम्बन्ध केवल विश्वचिंतक या मानवीय भावबोध के स्तर का नहीं है। हमारा जातीय मानस जिन तत्वों से गठित हुआ है, उनके वे अपूर्व ज्ञाता हैं। हमारे जातीय मानस के विविध स्तरों और कहीं–कहीं परस्पर विरोधी दिशाओं के जाने वाले उनके भावों को उन्होने भली भाँति समझकर उनका समाहार अपने साहित्य में मुख्यतः रामचरितमानस में किया है।''[134]

इस प्रकार तुलसी का लोकतंत्र एक आदर्श है, जो हर आने वाले युग में अपनी प्राणवत्ता को बनाये रहेगा।

निष्कर्ष : तुलसी ने अपने समाज में दो तरह की दृष्टियाँ साथ–साथ रखी हैं एक वह जो समकालीन जीवन का यथार्थ रूप है दूसरा वह जो कवि का अपेक्षित लक्ष्य था। इसलिए तुलसी मध्यकालीन समाज में नष्ट होती वर्णाश्रम व्यवस्था को पुनःर्स्थापित करने की चेष्टा करते दिखायी देते हैं। हाँ, यह वर्णाश्रम के उस स्वरूप पर आधृत है, जो अर्थ केन्द्रित था, कारण जब व्यक्ति के पास धन होगा, तो उसकी समस्त चिंताये भी दूर होंगी और वह अपने समाज के कर्तव्यों का भलीभाँति पालन कर सकेगा। तुलसी का केवट इसी चेतना का प्रतीक है उसे यह भय नहीं है कि उसका कर्म अच्छा या बुरा है पर वह इतना जानता है कि इस कर्म से उसका परिवार जीविका पाता है इसलिए तुलसी के यहाँ, व्यक्ति अपनी योग्यता को खुद से पहचानता हैं। कागभुशुण्डी के बहाने तुलसी मध्यकालीन समाज का एक आईना उपस्थित करते हैं जो निम्न जाति से होने के बाद भी अपनी निजता की पहचान को धर्म के मूल स्वरूप में समझ जाता है। स्वयं तुलसी को भी लोकोपवाद का सामना करना पड़ा था, मातु पिता जग जाय तज्यों विधिहू न लिखी कछु भाल भलाई'' (कवितावली 57) में उस समाज की विकृति उभरती है, जो यह कहता है कि अमुक बालक शुभ है या अशुभ। जबकि तुलसी कहते हैं ''सियाराम मैं सब जग जानी, करहु प्रनाम जोरि जुग पानी। जितने भी धार्मिक विश्वास हैं वह सब राम के द्वारा ही हैं। लोक राम की अनुपम कृर्ति तो एक बालक के प्रति समाज का यह व्यवहार उचित था, इसलिए तुलसी मध्यकालीन समाज की जड़ता को पूरी सच्चाई से लाते हैं। तुलसी का यह मध्यकालीन समाज विशेष कर निम्न समाज की दशा का उसकी वास्तविक स्थिति का यथार्थ अंकन तुलसी करते चलते है। यह वह समाज है जो द्रिग्भ्रमित है, जो न जप जानता है, न तप न ही। धर्म की उस व्यवस्था से परिचित है

जहाँ हर वर्ग का सम्मान है। राम और राम से जुड़े हर व्यक्ति में तुलसी सामाजिक चेतना को उकेरते हैं फिर चाहे सीता–विवाह का प्रसंग हो या राम का वनवास। प्रजा रानी को गाली देने का सामर्थ्य रखती हैं। भगवान सिंह ने इसे ध्यान मे रखकर कहा भी है कि ध्यातव्य है कि गलत कार्य करने वाली रानी ही क्यों न हो, उसे स्त्री पुरुष सबके द्वारा? गाली तक देने का अधिकार तुलसी को मान्य है, जबकि आज के कथित प्रजातंत्र में भ्रष्ट नेताओं को भ्रष्ट कहना भी संसद की गरिमा के विरूद्ध कहकर 'उल्टा चोर कोतवाल को डांटे' वाले मुहावरे का चरितार्थ किया जाता है। स्त्री पुरुष द्वारा शासकीय तंत्र से जुड़े ऐसे कार्य की आलोचना करने के अधिकार का प्रवक्ता कौन? मध्यकालीन तुलसी या अब के नेता प्रशासन में यह आसानी से देखा जा सकता है।''[135]

हमें लोकतंत्र की चेतना का पाठ तुलसी हर क्षण कराते हैं। इसलिए तुलसी के राम अपनी मिथकीय चेतना में सामंतीय समाज के ग्राम्यीकरण पर विशेष जोर देते हैं। दो विभिन्न दृष्टियों को एक साथ देखने की पहल करते हैं जहाँ राम का ब्रह्मरूप भी साथ चलता है और लोक के प्रिय राम का भी। जहाँ समाज को शास्त्र से मिलाकर तुलसी, मेघ के शब्दों में सामंजस्य (सिन्थेसिस) की स्थापना कर देते हैं, और मिथकीय चरित्रों के माध्यम से वास्तविक यथार्थ को देखने का प्रयास करते हैं।''[136]

जिस समाज में नाना भाँति के मनुष्य हैं, विभिन्न प्रकार के आचार व्यवहार हैं। तुलसी अपने युग के द्वंद को देखते हुए अपने यूटोपिया में उन सभी तत्वों का समावेश कर देते हैं जिससे भाईचारे में बढ़ोत्तरी हो। इसका कारण शायद यही रहा होगा कि कवि या मानवतावादी सुधारक हमेशा से ही अन्याय और अत्याचार के विरूद्ध रहा है। पहले के युगों में ये विद्रोह एक साथ नहीं होते थे। ये व्यापक भी नहीं होते थे क्योंकि इनका लक्ष्य कोई एक या दूसरे प्रकार का अन्याय होता था, सभी प्रकार के अन्याय का नहीं। हमारी सदी की खासियत है कि सारी दुनिया के मनुष्य सभी प्रकार के अन्यायों के विरूद्ध विद्रोह कर रहे हैं जिसके कारण लोकतान्त्रिक व्यवस्था में अमूलचूल परिवर्तन देखने को मिल रहा है।

सूर और तुलसी जैसे कवि जाति से लड़ते है। वे उपनिवेशी शक्तियों के खिलाफ खड़े होते हैं। वहाँ विषमता का प्रतिकार है, चाहे कोई धार्मिक हो अथवा आर्थिक या राजनैतिक। इसलिए तुलसी के नायक निहत्थे होने के बावजूद शक्तियों से सम्पन्न रावण को बिना किसी कृत्रिम हथियार

के हरा देते हैं। उनका आयुध धनुष–बाण है जो ग्रामीणों का हथियार है जिसे जंगलों से काट कर बनाया जाता है; वास्तव में तुलसी का लोकतंत्र प्रतिगामी शक्तियों का प्रतिरोध करने की ताकत देता है।

इसलिए तुलसी और उनके काव्य की प्रासंगिकता, उनकी आवश्यकता, उनके काव्य की चेतना हर आने वाली पीढ़ी के लिए मार्गदर्शन का कार्य करेगी।

सन्दर्भ ग्रन्थ–सूची

1. रमेश कुंतल मेघ : मिथक से आधुनिकता तक, पृ. 83
2. योगेश्वर : तुलसीदास के 11 ग्रन्थ प्रथम भाग, 7/96, पृ. 120
3. वही, दोहा–559, पृ. 510
4. तुलसीदास : रामचरितमानस, गीताप्रेस गोरखपुर, 7/21, पृ. 988
5. वही, 7/20/7, पृ. 853
6. ए.डी. आशीर्वादम, कृष्णकान्त मिश्र : राजनीति विज्ञान, पृ. 34
7. तुलसीदास : रामचरितमानस, गीताप्रेस, 4/4, पृ. 639
8. वही, 4/7/1, पृ. 631
9. वही, 5/49/9, पृ. 697
10. वही, 2/71/3, पृ. 363
11. वही, 2/315, पृ. 556
12. योगेश्वर : तुलसी दास के 11 ग्रन्थ 7/97, पृ. 120
13. राहुल सांकृत्यायन : मानव समाज, पृ. 16
14. रामधारी सिंह दिनकर : संस्कृति के चार अध्याय, पृ. 229
15. वही, पृ. 230
16. रामचन्द्र शुक्ल : हिन्दी साहित्य का इतिहास, पृ. 54
17. राम स्वरूप चतुर्वेदी : भक्तिकाव्य यात्रा, पृ. 69
18. प्रेमशंकर : भक्ति काव्य का समाज दर्शन, पृ. 12
19. महाभारत : गीताप्रेस गोरखपुर, पृ. 307
20. डॉ0 वी0एन0 फिलिप : मध्यकालीन हिन्दी भक्ति साहित्य की प्रासंगिकता, पृ. 14
21. डॉ0, विसम्भर दयाल गुप्ता : कविता का समाजशास्त्र, पृ. 71
22. रामचन्द्र तिवारी : तुलसीदास, पृ. 101
23. रामचरितमानस : 1/213, पृ. 183
24. वही, 2/116/2, पृ. 398
25. वही, 2/89/2, पृ. 376
26. वही, 2/250, पृ. 504
27. योगेश्वर : तुलसीदास के ग्यारह ग्रन्थ, द्वितीय भाग, पद–3, पृ. 226
28. रामचरितमानस गीता प्रेस गोरखपुर 2/11/5 पृ. 316

29. वही, 2/212, पृ. 316
30. वही, 2/217 पृ. 478
31. वही, 2/302 पृ. 544
32. डॉ0 रामानन्द तोष्णीवाल रामचरितमानस में मानवेत्तर प्राणी सृष्टि के चित्रण का उद्देश्य, पृ. 206
33. वही, 206
34. योगेश्वर : तुलसीदास के ग्यारह ग्रन्थ, प्रथम भाग, 6/33, पृ. 65
35. वही, 5/3/3, पृ. 360
36. श्रीमद् वाल्मिकी : रामायण प्रथम भाग 3/10/11, पृ. 491
37. रामचरितमानस गीता प्रेस गोरखपुर 1/183, पृ. 157
38. वही, 1/183/2, पृ. 157
39. वही, 3/19/3, पृ. 59
40. प्रेमशंकर : भक्तिकाव्य का समाज दर्शन, पृ. 53
41. तुलसीदास : कृत रामचरितमानस गीता प्रेस गोरखपुर 1/187, पृ. 162
42. वही, 6/41/2, 3, पृ. 743
43. डॉ0 विश्वम्भरदयाल गुप्त : कविता का समाजशास्त्र, पृ. 37
44. संपा0–इन्द्रजीत पाण्डेय, तुलसीदास : चिन्तन–अनुचिन्तन, पृ. 31
45. तुलसीदास : रामचरितमानस गीता प्रेस गोरखपुर 7/98, पृ. 921
46. कुसुम राय : हिन्दी साहित्य का वस्तुनिष्ठ इतिहास, पृ. 234
47. वही, 7/20, पृ. 853
48. कुसुम राय : हिन्दी साहित्य का वस्तुनिष्ठ इतिहास, पृ. 233
49. रामचन्द्र शुक्ल : गोस्वामी तुलसीदास, पृ. 36
50. डॉ0 विश्वम्भरदयाल गुप्ता : कविता का समाजशास्त्र, पृ. 25
51. वही, पृ. 57
52. कृष्णदत्त पालीवाल : भक्तिकाव्य से साक्षात्कार, पृ. 144
53. रामरतन भटनागर : मध्ययुगीन वैष्णव संस्कृति और तुलसीदास, पृ. 148
54. तुलसीदास : रामचरितमानस गीता प्रेस गोरखपुर 1/187, पृ. 161
55. वही, 1/196, पृ. 169
56. योगेश्वर : तुलसीदास के ग्यारह ग्रन्थ प्रथम भाग 1/5/1, पृ. 172
57. तुलसीदास : रामचरितमानस गीता प्रेस गोरखपुर 1/249/3, पृ. 212
58. योगेश्वर : तुलसीदास के ग्यारह ग्रन्थ प्रथम भाग, 1/76/3, पृ. 233
59. तुलसीदास : रामचरितमानस गीता प्रेस गोरखपुर 1/46, पृ. 343
60. तुलसीदास : रामचरितमानस गीता प्रेष गोरखपुर 1/45/1, पृ. 344
61. वही, 1/49/3, पृ. 345
62. योगेश्वर : तुलसीदास के ग्यारह ग्रन्थ, प्रथम भाग, 2/3/1, पृ. 263
63. तुलसीदास : रामचरितमानस गीता प्रेस गोरखपुर 2/100, पृ. 385
64. योगेश्वर : तुलसीदास के ग्यारह ग्रन्थ, प्रथम भाग 2/8, पृ. 19

65. तुलसीदास : रामचरितमानस गीता प्रेष गोरखपुर 2/88/1, पृ. 375
66. वही, 2/89/1, पृ. 376
67. वही, 2/89, पृ. 377
68. वही, 2/91, पृ. 378
69. आचार्य रामचन्द्र शुक्ल : गोस्वामी तुलसीदास, पृ. 59
70. योगेश्वर : तुलसीदास के ग्यारह ग्रन्थ प्रथम भाग, 2/18, पृ. 24
71. वही, पृ. 266
72. वही, पृ. 271
73. वही, पृ. 25
74. आचार्य रामचन्द्र शुक्ल : गोस्वामी तुलसीदास, पृ. 66
75. योगेश्वर : तुलसीदास के ग्यारह ग्रन्थ प्रथम भाग, पृ. 274
76. तुलसीदास : रामचरितमानस गीता प्रेस, गोरखपुर 2/114, पृ. 397
77. वही, 2/135, पृ. 413
78. वही, 2/136, पृ. 414
79. वही, 2/236, पृ. 493
80. वही, 2/193, पृ. 458
81. वही, 2/243, पृ. 498
82. वही, 2/251, पृ. 505
83. रामविलास शर्मा : परम्परा का मूल्यांकन, पृ. 79
84. रामचरितमानस : 2/185, पृ. 452
85. वही, 1/125, पृ. 113
86. वही, 1/183, पृ. 157
87. वही, 6/26/5, पृ. 679
88. योगेश्वर : तुलसीदास के 11 ग्रन्थ, प्रथम भाग, 5/24, पृ. 42
89. मदन गोपाल गुप्ता : मध्य कालीन हिन्दी काव्य में भारतीय संस्कृति, पृ. 359
90. योगेश्वर : तुलसीदास के 11 ग्रन्थ, 7/85, पृ. 90
91. श्रीरामचरितमानस : गीताप्रेस गोरखपुर 7/96, पृ. 919
92. वही, 7/102, पृ. 925
93. वही, 7/4, पृ. 834
94. भगवान सिंह, तुलसी और गाँधी, पृ. 41
95. विश्वम्भर दयाल गुप्ता : कविता का समाजशास्त्र, पृ. 28
96. योगेश्वर : तुलसीदास के 11 ग्रन्थ, 7/98, पृ. 121
97. श्रीरामचरितमानस : 7/43, पृ. 873
98. प्रेमशंकर : भक्ति काव्य का समाज दर्शन, पृ. 176
99. वीरेन्द्र मोहन : तुलसी और सूर मानव मूल्य, पृ. 33
100. रामचन्द्र शुक्ल : गोस्वामी तुलसीदास, पृ. 24
101. रमेश कुंतल मेघ : तुलसी आधुनिक वातायन से, पृ. 158

102. रामचन्द्र शुक्ल : गोस्वामी तुलसीदास, पृ. 92
103. योगेश्वर : तुलसीदास के 11 ग्रन्थ, पृ. 6
104. विष्णुकान्त शास्त्री : तुलसी के हिए हेरी, पृ. 33
105. श्रीरामचरितमानस, 7/52, पृ. 80
106. रामचरितमानस : 1/193/3, पृ. 166
107. वही, 1/196/7, पृ. 168–169
108. वही, 1/313/7, पृ. 261
109. वही, 1/351, पृ. 297
110. वही, 2/160, पृ. 433
111. वही, 2/194, पृ. 459
112. वही, 2/233, पृ. 490
113. वही, 2/226, पृ.–564
114. वही, 7/1, पृ. 830
115. वही, 7/2/1, पृ. 831
116. वही, 7/2/10, पृ. 832
117. वही, 7/2, पृ. 832
118. वही, 7/5, पृ. 836
119. वही, 2/72/2, पृ. 663
120. वही, 1/18, पृ. 23
121. वही, 7/24, पृ. 856
122. वही, 2/58, पृ. 153
123. योगेश्वर : तुलसी के 11 ग्रन्थ प्रथम भाग, 2/3/5, पृ. 262
124. वही, पृ. 262
125. तुलसीदास : रामचरितमानस, 2/74, पृ. 365
126. योगेश्वर : तुलसीदास के 11 ग्रन्थ, प्रथम भाग, पृ. 263
127. वही, पृ. 366
128. तुलसीदास : रामचरितमानस, 2/100, पृ. 385
129. योगेश्वर : तुलसीदास के 11 ग्रन्थ, प्रथम भाग, पृ. 19
130. श्रीरामचरितमानस, 1/101, पृ. 386
131. योगेश्वर : तुलसीदास के 11 ग्रन्थ, प्रथम भाग, पृ. 322
132. वही, पृ. 440
133. श्रीरामचरितमानस, 3/29, पृ. 604
134. विष्णुकान्त शास्त्री : तुलसी के हिय हेरी, पृ. 31
135. भगवान सिंह : तुलसी और गाँधी, पृ. 149
136. रमेश कुंतल मेघ : तुलसी आधुनिक वातायन से, पृ. 31

तृतीय अध्याय

लोकतान्त्रिक चेतना का सामाजिक और सांस्कृतिक पक्ष

लोकतान्त्रिक शासन व्यवस्था सूर और तुलसी

मुस्लिम शासकों ने अपने नाम पर इतिहास के रूप में 'गजेटियर', "बाबर नामा" "अकबर नामा", "जहाँगीर नामा" आदि का लेखन प्रारम्भ करके जहाँ जनता से अपने को अलग कर लिया था और अपने नाम को इतिहास ग्रन्थ के रूप में प्रस्तुत करने की परम्परा डाली थी वहीं साहित्य की रचना करते हुए सगुण भक्त कवियों– तुलसी और सूर ने जनता की चितवृत्ति को केन्द्र में रखकर अपनी रचना धर्मिता को आधार देने का यत्न किया। इतिहास और साहित्य में मूलतः यही अन्तर भी है; "क्योंकि इतिहास सत्ता के द्वारा सत्ता के लोगों के द्वारा और सत्ता के लिए लिखा जाता है। जबकि साहित्य जनमानस की लोकतान्त्रिक प्रक्रिया को पुष्ट करते हुए लिखा जाता है।" साहित्य इसी मूल धर्म में इतिहास से अलग देशकाल की परिस्थिति, देशकाल की मूल भावना, देशकाल का वातावरण और देशकाल की मनोवृत्ति के आधार पर जनता की चित्तवृत्ति को इस रूप में प्रस्तुत किया जाता है जिसके स्वच्छ दर्पण में हम अपनी आकांक्षाओं के अनुरूप अपने चेहरे को देख सके।

यह चित्तवृत्ति का इतिहास है, जिसके एक सिरे पर सगुण भक्तिकाव्य धारा के कवि दिखायी पड़ते हैं तो दूसरे छोर पर निर्गुण भक्ति धारा के/ पर जो बात दोनों में समान है वह यह है कि इन दोनों ही प्रकार के कवियों, सुधारको, भक्तों ने राम एवं कृष्ण के नाम के सहारे मध्यकालीन रूढ़ियों नीतियों मान्यताओं का खुला विरोध किया। इसी पर एक बात

याद आ रही है– चिनुआ अचेबे ने अपने प्रसिद्ध उपन्यास थिंग्स फाल अर्थात् (यह शीर्षक डब्लू0बी0पीट्स की कविता द सेकंड कमिंग की एक पंक्ति है), में मुख्य धारा से हटकर दूसरे दृष्टिकोणों, तनावों और द्वन्दों को दिखाया है– एक ओर कुछ लोग मर्दानगी युद्ध आदि के इतिहास को महत्व देते है, तो दूसरी ओर अन्य लोग संगीत, लोकप्रिय और शान्ति को महत्व देते है यानी समाज में दृष्टियों की बहुलता है।''[1]

लोकतान्त्रिक शासन व्यवस्था का जब प्रश्न उठता है, तो इसके जड़ों को देखना आवश्यक है। डेविड बीथम और केविन बॉयले लिखते है कि ''लोकतंत्र में शासन का खुला होना अनिवार्य है। यदि सरकार के कार्य कलाप के बारे में ठीक–ठीक सूचना नहीं होगी और उनके परिणामों का ज्ञान नहीं होगा तो शासन के लोक सेवकों का उत्तरदायित्व निश्चित नहीं किया जा सकेगा।[2] यह उद्धरण बताता है कि शासन का निरपेक्ष होना कितना जरूरी है। वह भी उस दौर में जहाँ परिवार का बोलबाला था। भारतीय संस्कृति में शासक चुने भी जाते थे और परिवार के बड़े व्यक्ति को शासन का दायित्व दिया भी जाता था। तुलसी ने अपनी शासन व्यवस्था में इस तथ्य को केन्द्र में रखकर अपने शासन व्यवस्था की नींव की शुरूआत प्रतापभानु जैसे शासक से की ...जो धर्मरत था प्रजा का रक्षण करता था, किन्तु यह मनोविज्ञान है कि संगति का असर पड़ता है। प्रतापभानु किसी श्राप के प्रभाव से राक्षस रूप में परिवर्तित हो जाते हैं। जहाँ वे (तुलसी) एक फिक्शन रचते हैं और एकदम से सदाचारी राजा को असुर रूप में परिवर्तित कर देते हैं मिथकीय तत्वों का सहारा लेते हुए..... और उसी के समानान्तर वे राम का चरित्र खड़ा करते हैं। सूर भी अपने नायक को ऐसे अराजक वातावरण में सामने लाते है और कृष्ण के बहाने उस नगर आधारित आसुरी व्यवस्था का उन्मूलन करते हैं।

सूर और तुलसी दोनो का राजनैतिक समाज, इतिहास के क्रूर आकान्ताओं का समाज है। उनकी पैशाचिकवृत्ति, उनकी बर्बरता, अमानुषिकता का वास्तविक दिग्दर्शन है। यह वह शासन व्यवस्था थी, जहाँ निरंकुश शासकों के अत्याचार से जनता चित्कार रही थी चाहे हिन्दू शासक हो या मुस्लिम शासक, लोगों को लूटना उनकी हत्या कर देना आम बात थी। इनके अन्दर न तो मानवीय मूल्य व्याप्त थे और न ही जीवन मूल्य। जो मनुष्य को एक निश्चित दिशा या गति की तरफ आगे बढ़ते हैं।

सूर और तुलसी का युग इब्राहिम लोदी के पतन का युग है जहाँ पठानों के अवसान के साथ एक नयी इस्लामिक शक्ति केन्द्र में आती है यह शक्ति भी अपनी प्रारंभिक अवस्था में प्रजा के रक्षण में विश्वास नहीं करती, अपितु प्रजा का शोषण ही करती है और यही कारण है कि मध्यकालीन जनता मंथरा की भाँति राजकीय व्यवस्था से विक्षुब्ध है। यह कथन तुलसी की मात्र एक उक्ति नहीं, बल्कि उस समाज की वास्तविकता है जिस समाज में कवि या भक्त रह रहे थे। उनकी पीड़ा उस समाज की पीड़ा है जो दुःखी है–

कोउ नृप होउ हमहि का हानी, चेरि छाँड़ि न होब की रानी[3]

इसी सन्दर्भ में नामवर सिंह का कथन भी याद आता है, जहाँ वह राजसत्ता के चरित्र को देखते हुए लिखते हैं कि **"राजसत्ता भक्तों के लिए सर्वथा उपेक्षा की वस्तु थी, उसके प्रति भक्तों के मन में न तो किसी प्रकार की भक्ति का भाव था, न विरोध का। यह आवश्यक भी न था, क्योंकि साधारण जनता के जिन दुःखों से भक्त कवि दुःखी थे उनका सीधा सम्बन्ध आगरा या दिल्ली के तख्त पर बैठे बादशाह से उतना न था जितना अपने गाँव के उस समाज से जिसका नियमन जातिधर्म के परम्परागत नियमों से होता था तथा जिसमें राजसत्ता के स्थानीय प्रतिनिधि गाँव के मालिकों के सहयोग से दमनकारी भूमिका निभाते थे। इस ग्रामीण व्यवस्था में जहाँ परम्परागत जाति धर्म जीवन के समस्त क्रिया कलापों का नियामक था, सरकार की हैसियत एक बाहरी लुटेरे से अधिक न थी। जिसे बहुत कुछ अनावश्यक या फालतू मानकर भी काम चलाया जा सकता था।"**[4]

इसलिए शायद सूर ने अपने समाज में इन बातों पर उतना ध्यान नहीं दिया और अपने स्वामी के प्रति अपनी आस्था को बरकरार रखते हुए कहा था–

रे मन चिंता न कर पेट की
हलन चलन में कछु नाहिन हैं, कलम लिखी जो ठेठ की
जीव जंतु जेते जल थल के, तिन विधि कहा समेट की
समै पाप सबहिन कौ पहुँचे, कहा बाप कहा बेट की
जाको जितनो लिख्यौ विधाता, ताकों तितनौ पहुँचै तेटकी
सूरदास ताहि क्यों नहिं सुमरै जो तू हैं ऐसी चेटकी[5]

वास्तव में कवि अपने वर्तमान समाज से विछुब्ध था और यह विछुब्धता कहीं न कहीं तो निकलनी ही थी किन्तु कितने आश्चर्य की बात है सम्पूर्ण सूरसागर में आस्था का अजस्र प्रवाह भक्त बनाये रखता है।

यह वह व्यवस्था है जहाँ राजतंत्र में एक गहरी खाई व्याप्त हो चुकी थी। यह मध्यकालीन शासनतंत्र, स्वेच्छाचारिता पर आधारित हो चुका था जो, निरकुंशता को अपने अन्दर समेटे दण्डनीति को अपनाते हुए प्रजा के प्रति अमानवीय नीतियों के पालन का समर्थक था। तुलसी ऐसे ही नहीं कहते–

गोंड़ गवाँर नृपाल महि यमन महा महिपाल
साम न दाम न भेद कलि केवल दंड कराल[6]

या सूर जब अपने स्वामी से कहते हैं तो वह अपनी पीड़ा ही अभिव्यक्त करते हैं–

पराधीन, पर बदन निहारत, मानत मूढ़ बड़ाई
हँसै हँसत, बिलखैं बिलखत हैं ज्यों दर्पन मैं झाई[7]

यह पीड़ा उस पराधीन व्यक्ति की है जो अपने राजा से सन्तुष्ट नहीं है। इन पक्तियों को भक्ति के सन्दर्भ में न देख इनके अभिधेय अर्थ में अगर हम देखें तो हमें इसमें व्याप्त विवशता स्पष्ट दिखायी देती है। तुलसी की पीड़ा प्रकट होती है उस समाज को देखकर जहाँ राजकीय दायित्वों का निर्वहन नहीं हो रहा, उसे फर्क नही पड़ता कि उस पर आश्रित जनता की अवस्था कैसी है? तुलसी लिखते हैं–

काल कराल नृपाल कृपालन राजसमाज बड़ोई छली है[8]

और राजा के हितैषी राजकीय व्यवस्था पर कितनी करारी चोट करते हैं–

प्रभु तें प्रभु गन दुखद लखि प्रजाहिं सँभारै राउं
कर तें होत कृपान को कठिन घोर घन घाउ[9]

ऊपर से समाज की आर्थिक स्थिति–

देव न बरषहिं धरनी, बए न जामहिं धान[10]

ऊपर से समाज भी ह्रास के मुहाने पर खड़ा था जहाँ न आपसी प्रेम बचा था न व्यवहार जो भारतीय मूल्यों का चरम आदर्श था वही भारतीय संस्कृति से विलुप्त हो चुका था। तुलसी कहते हैं इस समाज के लिए–

आश्रम बरन धरम बिरहित जग लोक वेद मरजाद गई है
प्रजा पतित पाखंड पापरत अपने अपने रंग रई है

सांति सत्य सुभरीति गई घटि बढ़ी कुरीति कपट कलई है
सीदत साधु, साधुता सोचति खल बिलसत हुलसति खलई है[11]

इस समाज में महिलाओं का अपमान कोई बड़ी बात नहीं थी–

रे त्रिय चोर कुमारग गामी खल मल रासि मंदमति कामी[12]

ऊपर से शासन भी कैसा था, जिसने भारतीय संस्कृति को नष्ट करने के लिए भारतीय आस्था पर प्रहार करने से नही रोका बल्कि उसे प्रश्रय दिया। यह वह समय था जब नीति सम्मत बात करने वाले को निकाल दिया जाता था–

अस भ्रष्ट अचारा भा संसारा धर्म सुनअि नहिं करना
तेहि बहुविधि त्रासइ देस निकासई जो कह वेद पुराना[13]

यह वह समाज था जहाँ ब्राह्मण वेद को बेच रहा था, जहाँ नियम नहीं थे, कानून नहीं थे ऐसे अराजक वातावरण में भक्तकालीन कवि एक वैकल्पिक समाज की रचना करता है जिसमें नगर और ग्राम दोनों की पीड़ा की अभिव्यक्ति है।

सूर और तुलसी दोनों ही एक आदर्श शासनतन्त्र की स्थापना करते हैं। भले ही इसका सैद्धान्तिक रूप राजतंत्रीय हो, किन्तु इसका व्यवहारिक पक्ष लोकतंत्रात्मक ही है। एक आदर्श शासन वही होता है जहाँ चारों पुरुषार्थ समाहित होते हैं। छान्दोग्यपनिषद में राजा अश्वपति कहते हैं कि मेरे राज्य में कोई चोर, अदाया, मद्यप, अनाहिताग्रि अविद्वान और दुराचारी नहीं है।''

न में स्तेनों जनपदे न कदर्यो न मद्यपो,
नानाहिताग्रिर्नाविद्वान् न स्वैरी स्वैरिणी कुतो।।[14]

सूर और तुलसी दोनों ही राजनीतिज्ञ नहीं और न ही उनका उससे कोई वास्ता था, किन्तु वे जनता के साथ घुले मिले थे और यह जानते थे कि निरकुंश राजतंत्र की दुरावस्था एवं शासन तंत्र की असामाजिक असंगत नीतियों से समाज का विकास नहीं हो सकता– अतः उन्होंने अपने मनस् के राज्य में एक लोकतान्त्रिक शासन व्यवस्था की स्थापना की।

महाभारत में कहा गया है कि राजा, मंत्री, कोष, सेना, मित्र, राष्ट्र और नगर– ये राज्य के सात अंग हैं जिनकी रक्षा प्रयत्न पूर्वक करनी चाहिए। आचार्य राममूर्ति त्रिपाठी ने तुलसी के रामराज्य और चाणक्य की कूटनीति पर तुलना करते हुए लिखा– ''हिन्दू तंत्र की परिचालित राज्य को उन्होंने कूटनीति अथवा सेना प्रधान न बनाकर मूलतः एक ऐसे लोकराज्य

में सर्वोत्तम आदर्श व्यवस्था वाले रामराज्य के रूप में कल्पित किया है जो कूटनीति प्रधान अथवा सेना प्रधान नही है। राज्य के सेना सप्तांगों के नियोजन में चाणक्य भी धर्म को सर्वोपरि ठहराते हैं। परन्तु उस धर्म की स्थिति और वृद्धि का आधार राजनीति है। तुलसी ने भी धर्म को सर्वोपरि रखा है पर उसका आधार शील रखा है और ऐसे प्रशासन की बात की है जहाँ दण्ड और भेद है ही नहीं।''[15]

समाज की इस धार्मिकता से आक्रांत होकर सूर उस बाधा विहीन समाज की कल्पना करते हैं जो मध्यकालीन रूढि जर्जर, मान्यताओं, वर्जनाओं का निषेध करता हुआ, मध्यकाल की सामंती प्रवृत्ति से हटकर घुटनभरी जिंदगी से मुक्त होकर कविता के रूप में प्रकट हो गया है।

सूर उस समाज की दुर्व्यवस्था से पीड़ित है जब वह कहते हैं– हरि हौ सब पतिनिपतिनेश, जनम साहिबी करत गयौ, सांचौ सौ लिखहार कहावे, प्रभुजू यो किन्हीं हम खेती, इन पदों में रूपक के बहाने सूर ने उस काल की सामंती सत्ता, सामाजिक व्यवस्था, भूमि व्यवस्था, किसान जीवन उसकी स्थिति को उकेर दिया है।

सूर और तुलसी दोनों ने ही अपनी कविता की पृष्ठभूमि में गाँव को विशेष महत्व दिया और गाँव में व्याप्त अनीति को देखते हुए अपनी राजनीतिक मान्यताओं को उकेरा। मैनेजर पाण्डेय लिखते है कि "ब्रजवासी जिस शहर से परिचित हैं वह मथुरा है सत्ता और शक्ति का केन्द्र अत्याचार और शोषण का गढ़, छल और प्रपंच का प्रतीक वह माया नगरी है गोकुल और गोपियों का सर्वस्व हरण करने वाली।"[16]

इस द्वंद को देखकर सूर के राजनीतिक आस्थाओं पर चर्चा करना आवश्यक है। सूर की कविता को विशुद्ध भाव पर आधारित धार्मिक कविता कहते हैं, किन्तु धार्मिकता के साथ इस कविता में राजनीति के अंश भी विद्यमान है। यह कृष्ण काव्य के कवियों में बहुधा दिखायी नहीं पड़ता। इन कवियों ने राजनीति से एक निश्चित दूरी बनाकर रखी थी तभी कुम्भनदास जैसा कृष्ण भक्त कहते हैं–

संतन को कहा सीकरी सौं काम
आवत जात पनहियां टूटी बिसर गयौ हरि नाम
जिनको मुख देख दुख उपजत, तिनको करिवे परी सलाम[17]

अब इस पद में एक लाईन है जो पद की पूरी व्यंजना है, अर्थात् जिसके मुँह को देखकर ही विषाद उत्पन्न होता है वह राजा कैसा होगा?

उत्तर अन्यायी ही होगा, नहीं तो जिनका किसी के साथ कोई बैर नहीं, वह इतनी बड़ी बात यूँ ही नहीं लिख देता।

लेकिन इसका अर्थ यह नहीं है कि सूर के यहाँ राजनीति का ज्ञान नहीं है, है और खूब है इसीलिए सूर की गोपी उद्धव से कहती हैं–

राजनीति की रीति सुनौ हों, चरत बारिचर खेत[18]

यानि जीवन देने वाला ही, जीवन को छीन रहा है। सूर के समय राजनैतिक अवसान भी है, जहाँ दुराचारी शासन अपने चरम पर पहुँच गया है–

सूरदास ऐसी क्यों निबहैं अंध धुंध सरकार।[19]

सूर के स्वामी को कंस कालीदह से तीन करोड़ कमल पुष्प लाने के लिए कहता है। जहाँ वह जनता पर एक तरह से करो का बोझ ही बढ़ाता है–

कंस बुलाय दूत इक लीन्हौ
काली दह के फूल मँगाये, पत्र लिखाई ताहि कर दीन्हों[20]

यह विद्रूपता उस समाज की है जहाँ शासक जनता पर मनमाने कर लगाता है। यह सूर के वास्तविक समाज का राजा भी हो सकता है, जहाँ महर नन्द सब उसके अधीन है और कर देने के लिए विवश हैं। कालीदह में कूदना एक तरह से अपने आप को मौत के मुँह में झोकने जैसा है, पर कृष्ण कितने कूटनीतिज्ञ हैं कि अपनी बातों से वह कालिया नाग को पछाड़ देते हैं चाहे वह बल से हो या बुद्धि से और बिना किसी हिंसा के कृष्ण अपनी जमीन को उपनिवेशी शक्तियों से मुक्त करा देते है। सूर पद लिखते हैं–

साँचौ से लिखहार कहावै
काया–ग्राम मसाहत करिकै जमा बाँधि ठहरावै
मन–महतौ करि कैद अपने मैं, ज्ञान–जहतिया लावै
माँडि–माँड़ि खरिहान क्रोध कौ, पोता भजन भरावै
बट्टा काटि कसूर भरम कौ, फरद तलै लै डारै
निहचै एक असल पै राखे, टरै, न कबहूँ टारै
करि अवारजा प्रेम प्रीति कौं, असल तहाँ खतियावै
दूजे करज दूरि करि दैयत, नैंकु न तामैं आवै
मुजमिल जोरै ध्यान कुल्ल कौ, हरि सौ तहँ लै राखे
निर्भय रूपै लोभ छाँड़िकै, सोइ वारिज राखे

जमा– खरच नीकैं करि राखै, लेखा समुझि बतावै
सूर आपु गुजरान मुहासिब लै जवाब पहुँचावै[21]

यह पद उस समाज को प्रकट करता है, जहाँ मुसाहिब जो राजा के अधीन है किसानों को लूटता खसोटता है। यह मध्ययुगीन शासन तंत्र है जिसकी जड़ें भ्रष्ट हो चुकी हैं। सूर के कृष्ण वहाँ राजनीति का पाठ पढ़ाते हैं उस जनता को, जो 'कर' के रूप में अपनी सम्पत्ति, अपना श्रम, सब कुछ अत्याचारी शासक को देने के लिए मजबूर है। कृष्ण इसीलिए गोपिकाओं से कर लेते हैं, ताकि एक स्वस्थ समाज की परिकल्पना सम्भव हो सके। कृष्ण यह मानते हैं कि जो पोषण करता है वही पालक है, वही राजा है, इसलिए वह ब्रज में इन्द्र पूजा को बन्द कर गोवर्धन पूजा की शुरूआत करते हैं।

कंस गोकुल पर आक्रमण कर सकता था और अगर करता, तो वह उसकी अर्थव्यवस्था को मजबूत करता, लेकिन फिर विजित लोगों के अन्दर आदर की भावना नहीं रहती। इसलिए कंस कूटनीति का आश्रय लेकर नन्द को दस गाँव का सरदार बना देता है ताकि वह उसकी अनीति के खिलाफ विद्रोह न कर सकें। मध्यकाल का वास्तविक साम्राज्य भी ऐसा ही था जहाँ लोग शासन का खुलकर विरोध नहीं करते थे– सूर गोपियों के बहाने उस समाज की एक सच्चाई भी दिखाने का प्रयास करते हैं– जब गोपियाँ उद्धव को **चाम के दाम** वाला मुहाबरा कुब्जा के प्रसंग में कहती हैं कहा जाता है कि मध्यकाल में हिमायूँ के साले ने चमड़ें का सिक्का लागू किया था और यह चमड़े का सिक्का कैसे बना होगा यह आप सब समझ ही सकते हैं। सूर यह मानते हैं कि राजनीति में सभी का हक बराबर होना चाहिए। इसलिए जब कृष्ण गोपियों को परेशान करते हैं, उनका दूध मक्खन छीनकर खाते हैं और ऊपर से कहते भी हैं–

माखन दधि कह करौ तुम्हारौ
या बन में तुम बनिज करति हौ, नहिं जानत मोकौं घटवारौं[22]

यह व्यवस्था थी उस समाज की जहाँ नदी पार करने पर भी टैक्स दिया जाता था। सूर की राजनीति में उन सभी तत्वों का निषेध है जो जनता को खोखला करते हैं। यह सच है कि सूर के यहाँ राजनीति की वैसी व्यवस्था नहीं दिखती जैस्री तुलसी के यहाँ है फिर भी सूर के पात्रों में राजनैतिक चेतना भरपूर मात्रा में है चाहे वह गोपियाँ हो, या गोप। कृष्ण का दधि माखन चोरी करना भी राजनीति का एक स्वरूप ही है;

जहाँ वह लोगों को इकट्ठा करते हैं और एक समूह बनाते है– भूखे नंगे बालकों के समुदाय का जो कुपोषण का शिकार हो मजबूर हैं तिल–तिल कर मरने के लिए।

सूर के दुःख का मूल कारण यह था कि उस समय हिन्दू राजाओं के अन्दर एक हीन भावना घर कर चुकी थी। जो राजा थे उन्हें प्रजा का तनिक भी ध्यान नहीं था। इसलिए सूर आदि कवियों ने कृष्ण को एक आदर्श राजा के रूप में मान्यता देकर तत्कालीन राजनीतिक समस्याओं से मुक्ति की चाहना की थी, किन्तु यह उतना कटु सत्य है कि सूर के कृष्ण वैसे राजा के रूप में सामने नहीं आते जैसे राम भक्ति काव्यधारा में आते हैं या प्रेमाख्यानक काव्यों में। इसके बावजूद सूर ने राजनीति को सामाजिक हित के साधन के रूप में प्रयोग कर भारतीय जनता में प्रगतिशीलता के नये आयाम खोजने की पहल अवश्य की थी इसीलिए सूर कहते हैं–

''राजधर्म सब भए सूर, जहाँ प्रजा न जाए सताए''[23]

जिस पर आगे चलकर तुलसी के राम अपनी मान्यताओं को रखते हैं। तुलसी की राजनीति सम्बन्धी मान्यताएँ उनके गहरे अवलोकन का परिणाम थी। तुलसी उस समाज की उपज है जहाँ नैतिक मान्यतायें धार्मिक आस्थायें एवं राजनैतिक संस्थायें इन तीनों की दशा सोचनीय थी। तुलसी ने अपनी कविता में बड़ी चतुराई से इन सभी समस्याओं पर अप्रत्यक्ष रूप से करारा प्रहार किया। डॉ0 भगीरथ मिश्र ने लिखा है कि "यदि उस युग के सम्बन्ध में सीधे ढंग से कोई इतना आलोचना कर देता तो राजनीतिक दण्ड मिलना निश्चित था। परन्तु गोस्वामी जी की चतुराई तथा प्रबन्ध कौशल इस बात में है कि स्पष्ट बात कहने पर भी किसी की भी इस प्रकार सोचने की बुद्धि न हुई। अशिक्षित और अयोग्य राजाओं तथा एकांगी राजनीति की आलोचना करते हुए उन्होने लिखा हैं–

गोंड गँवार नृपाल कलि यवन महा महिपाल
साम न दाम न भेद कलि, केवल दण्ड कराल[24]

स्पष्ट है कि उनका संकेत किस कलियुग से था। यथार्थ में उनकी व्याख्या, आलोचना सच्ची थी।

यह था तुलसी की मान्यता का आधार जिस पर आगे चलकर तुलसी रामराज्य का एक बड़ा रूपक खड़ा कर अपनी मान्यताओं में जनता की मान्यतायें उनकी प्राथमिकताएँ मिलाकर लोकतंत्र के आधार पर राजनीति के नियमों की प्रतिस्थापना करते हैं। तुलसी काव्य में राजनीति उसका

महत्व राजधर्म राज्याधिकारी शासन नीति, अर्थ नीति, सबका समावेश है। यह प्राचीन भारतीय व्यवस्था का पूँजीभूत आदर्श है। तुलसी के राम एक आदर्श राजा हैं, उनके अन्दर न नहषु जैसे स्वेच्छाचारिता है न इन्द्र जैसा लोभ न रावण जैसा अंहकार न ही सहस्त्रबाहु जैसा अन्याय। इसलिए जब राजा के कर्तव्यों की बात होती है तो तुलसी कहते हैं–

माली भानु किसान सम नीति निपुन नरपाल
प्रजा भाग बस होंहिंगे, कबहुँ–कबहुँ कलिकाल[25]

तुलसी इसीलिए एक आदर्श बना कर चलते हैं। जिसके भीतर साधुता, सज्जनता, शीलता हो, वेदपुराण का ज्ञाता हो, लोक और वेद में समन्वय कर सकने वाला हो, दानी हो, नीतिज्ञ हो तथा प्रजाहित जिसके लिए महत्वपूर्ण हो..... तुलसी के राम ऐसे ही राजा हैं। ज्ञान–विज्ञान से युक्त नीति नियम पर चलने वाले प्रजा वत्सल जो अपनी प्रजा को अपना पुत्र मानते हैं, किन्तु धर्म के मार्ग पर आड़े आने वाले असुरों का वध करने से वे चूकते नहीं।

राम की राजनीति व्यापक है, उसमें अन्तराष्ट्रीय सम्बन्धों की झलक भी है कि अयोध्या से इतनी दूर होकर के भी वे लंका में पहुँचकर रावण को पराजित कर देते हैं यह उनकी बुद्धिमत्ता भी है और उनकी दानशीलता का परिचय भी। जानते हैं कि सुदूर दक्षिण में साम्राज्य पर नियंत्रण करना असंभव होगा इसलिए मित्रता नियम के अंतर्गत यह अपने अधिकारों की रक्षा भी करते हैं और प्रजा में लोकप्रिय भी बनते हैं।

इतना ही नहीं वह असभ्य से असभ्य जनजातियों को अपनी सेना में सम्मिलित कर कूटनीति का अच्छा उदाहरण प्रस्तुत करते हैं। वास्तव में तुलसी ने राम का निर्माण आस्तिक जनता के विश्वास के लिए किया था। यह विश्वास कायम करने में कितने राम के चरित्र तुलसी ने मिलाये थे–

लोकहूँ वेद सुसाहिब रीति, विनय सुनत पहिचानत प्रीति
गनी गरीब ग्राम नर नागर, पंडित मूढ़ मलीन उजागर
सुकबि कुकबि निज मति अनुहारी, नृपहि सराहत सब नर नारी
साधु सुजान सुशील नृपाला, ईस अंस भव परम कृपाला
सुनि सनमानहिं सबहि सुबानी, भनिति भगति नति गति पहिचानी
यह प्राकृत महिपाल सुभाउ, जान सिरोमणि कोसलराउ[26]

तुलसी राजा के लिए राम जैसे चरित्र का होना आवश्यक मानते हैं। लोकतंत्र की रक्षा के लिए राम एवं कृष्ण जैसे लोकनायक का होना

आवश्यक है। महाभारत के सभापर्व मे कहा गया है– राजा युधिष्ठर के राजकाल में प्रजा के भीतर न वर्ग वैषम्य था, न ही कर का बवाल, न रोग, न शोक। सभी मिलकर प्रजा के विकास के लिए अपना सहयोग देते थे। यह आश्चर्यजनक बात है तुलसी के राज्य की अवधारणा अपने सैद्धान्तिक रूप में राजतंत्रीय होने के बावजूद अपने व्यवहारिक रूप मे लोकतंत्रीय है।

जनता की आवाज का कितना महत्व था, इसका वर्णन करते हुए पेगी लिखते हैं कि हम लोग देखते हैं कि राजाओं के राजा भारत के सम्राट राम जब यह अनुभव करते हैं कि उनके हृदय में निर्वासित सीता के अंगीकृत किये जाने को जनता सहानुभूति से नहीं देखती, जब कि रावण द्वारा अपहरण और उसके विनाश के उपरान्त सीता को अग्नि परीक्षा देनी पड़ी थी, तो वे अचानक जनता की भावनाओं के प्रति समादर और संतुष्टि हेतु अपनी परम प्रिय पत्नी का परित्याग कर देते हैं।''[27]

यह बताता है कि राम लोकतंत्र से कितना गहरा जुड़ाव रखते हैं और इस मार्ग में अगर अपना भी सगा सम्बन्धी आ रहा है तो उसका परित्याग करने से वे नही हिचकते। अयोध्या से निष्कासन के दौरान जब भरत राम से मिलने के लिए चलते हैं तो वे भी सर्वप्रथम प्रजा की रक्षा के लिए योग्य अधिकारियों की नियुक्त करते हैं तत्पश्चात ही वह राम से मिलने के लिए जाते हैं। यह विवेकशील राजा का कर्तव्य है और लोक के प्रति उसकी निष्ठा भी। दूसरा तुलसी इस तथ्य से भली–भाँति अवगत थे कि राज्य के संचालन के लिए निष्पक्ष एवं निर्भीक मंत्री होना चाहिए न कि रावण के मंत्री, जैसे इसीलिए मध्यकालीन चापलूसी पसंद शासकों पर तीखी प्रतिक्रिया प्रकट करते हैं जब वह कहते है कि–

सचिव बैद गुर तीनि जौं प्रिय बोलहिं भय आस
राज धर्म तन तीनि कर होइ बेगिहीं नास[28]

इसलिए तुलसी समाज में एक आदर्श की स्थापना करते है। सर्वप्रथम वह मुस्लिमों की उस नीति का विरोध करते हैं जो बड़े छोटे का भेद नहीं मानती, इतिहास ऐसे उदाहरणों से भरा पड़ा है। तुलसी के राम कहते हैं–

वेद विदित संमत सबही का, जेहि पितु देइ सो पावइ टीका[29]

यह मान कर भरत चौदह वर्षों तक राम की प्रतीक्षा करते हैं। तुलसी के राम इसीलिए एक समन्वय की स्थापना करते हैं अपनी राजनीति में। वह जानते हैं कि हाथ की पाँचों उँगलियाँ बराबर नहीं होती जो क्षमता हनुमान के भीतर है वह न तो अंगद में है न सुग्रीव में। इसीलिए तुलसी कहते हैं–

लकड़ी डौआ करछुली सरस काज अनुहारि,
सुप्रभु संग्रहहिं परिहरहिं सेवक सखा विचारि[30]

इसलिए तुलसी आदर्श राज्य की स्थापना का मानदण्ड बनाते हैं जो समाज को सुचारू रूप से चलाने के लिए आवश्यक है।

सेवक कर पद नयन से मुख सो साहिब होइ
तुलसी प्रीति की रीति सुनि सुकवि सराहहिं सोइ[31]

तुलसी के राम अपने चारों तरफ अपने स्वामी भक्तों की एक लम्बा घेरा तैयार करते हैं जो अपने राम के लिए कुछ भी करने से नहीं चूकते। इसके विपरीत, अंगद रावण के मुकुट को गिरा देता है, तो उनके सैनिक शांत रहते हैं, वही राम की आँखों से टपका एक आँसू हनुमान को संजीवन पर्वत उठाने की शक्ति दे देता है– हनुमान राम के लिए मरने से नहीं डरते। यह सेवक का परम भाव है जिसका अभाव रावण की सेना में है–

कालकरम दिगपाल, सकल जग जाल जासु करतल तो
ता रिपु सों पर भूमि रारि रन जीवन मरन सुथल तो[32]

इसीलिए तुलसी के यहाँ कर्तव्यों की एक सुदीर्घ परम्परा चलती है। जिसमें प्रजा रक्षण का भाव विद्यमान है–

देसु कोसु परिजन परिवारू, गुरु पद रजहिं लाग छरूभारू
तुम्ह मुनि मातु सचिव सिखमानी, पालेहु पुहुमि प्रजा रजधानी[33]

तुलसी के राम प्रजा की रक्षा के लिए शक्ति संचय करते हैं साथ ही वह जानते हैं कि बिना भय के प्रीति नहीं होती। इसलिए समुद्र जैसे अहंकारी राजा के सामने पहले विनयी रूप में सामने आते हैं, तत्पश्चात अपने क्रोधी रूप में। तुलसी राजा के लिए निपुण योद्धा तथा शरणागत रक्षक होना आवश्यक गुण मानते हैं। सबसे बड़ी बात तुलसी युद्ध को जीतने के लिए धर्ममय रथ की बात करते हैं जहाँ यह धर्ममय रथ है वहाँ लोकतंत्र कैसे नहीं होगा? इसीलिए जब राम को गद्दी देने की बात आती है तो दशरथ साधुमत और लोकमंत दोनों का समन्वय करते हैं। तुलसी के लिए राजा वही है जो जनता की समस्याओं को समझे–

धरनि धेनु चारितु चरत, प्रजा सुबच्छ पेन्हाई
हाथ कछू नहिं लागिहै किएँ गोड़ की गाई[34]

तुलसी ने अपनी राजनीति के लिए बहु–विवाह जैसी प्रथा पर टिप्पणी भी की है, बेमेल विवाह का दुष्परिणाम भी बताया है। इसीलिए तुलसी के राम एक पत्नी धारी हैं जहाँ समाज में विलास नहीं होगा, वहाँ न महाभारत

रची जायेगी और न रामायण। तुलसी के राम एक आदर्श राजा हैं, जो स्वामी न होकर सर्वत्र संरक्षक की भूमिका में खड़े दिखायी देते हैं और अपनी प्रजा को प्राणों से ज्यादा प्रेम करते हैं, वह भरत से कहते भी हैं–

कहब सँदेसु भरत के आएँ, नीति न तजिअ राजपदु पाएँ
पालेहु प्रजहि करम मन बानी, सेएहु मातु सकल सम जानी[35]

जब समाज में नियम शासन अनुशासन रहेगे तो अनीति का प्रश्न ही नहीं उठता अगर कुछ होता है तो सिर्फ चतुर्दिक उन्नति और अयोध्या ऐसी ही नगरी है जहाँ बिना मूल्य दिये वस्तु मिल जाती है कहीं भी किसी का कोई शोषण नहीं। नगर की शोभा अवर्णनीय है। पुष्प लगे हैं, पक्षी कूक रहे हैं कोई भी दुःखी नहीं हैं, न ही दीन। यह भक्त कवियों की राजनैतिक कामना है जिसका स्वप्न हर कवि हर समाज–सुधारक देखता है।

सूर और तुलसी इन दोनों ही कवियों ने अपने समय में व्याप्त विषमता, अनाचार, अत्याचार और पांखण्ड का विरोध किया था। शुद्ध जनवादी भूमि पर अपनी लोकतान्त्रिक चेतना को एक आकार देने की कोशिश की थी। जो धर्मशास्त्रों से जुड़कर भी अपना मौलिक महत्व रखती हैं। वस्तुतः इन दोनों के मिथक–कथाओं में आदर्श राजनीति का स्वरूप दिखायी देता है। वीरेन्द्र मोहन जी के शब्दों में कहना चाहिए कि कोई भी संवेदनशील रचनाकार अपने समय के यथार्थ को नकार नहीं सकता। यह एक तथ्य है कि उसने यथार्थ के किस रूप को कितनी गम्भीरता से देखा है।[36]

लोकतान्त्रिक सामाजिक व्यवस्था : सूर और तुलसी

कविता का उद्भव प्रत्यक्ष निरीक्षण जनित अनुभूति है जो रागात्मक रूप ग्रहण कर श्लोक काव्य के रूप में अभिव्यक्त होती है, मानवीय संवेदना से ओत–प्रोत हो संवेदना जागृत करती है, कविता का कर्ता कवि है। कवि को **अपारे, काव्य संसारे, कविरेकः प्रजापतिः** कहकर स्थापित करने का प्रयास हुआ है, जो उसके व्यक्तित्व को विशिष्टता प्रदान कर सामान्य से पृथक करता है। यह सामाजिक संरचना को एक निश्चित दिशा भी देने का प्रयास करता है। जब बात जनमत की होती है तो उसके मूल रूप में झाँकना आवश्यक हो जाता है। लोकतंत्र के विकास के साथ शासितों द्वारा शासक की स्वीकृति की प्रक्रिया ने सुशासन की माँग को मजबूत किया; और इस बात को हमें समझने में जितना वक्त लग रहा है, उसे आज से करीब छह सौ वर्ष पूर्व भक्तिकालीन कवि समझ चुके थे।

प्रेमशंकर ने लिखा है– "दो विपरीत दृष्टियों की टकराहट आरम्भिक मध्यकाल में विद्यमान है, पर इसे रेखांकित करना आवश्यक है कि इस्लाम यहीं बस गया और खलीफा का स्थान स्वयं शासकों ने ले लिया। तब संवाद एक अनिवार्य प्रक्रिया है, इसे नकारना इतिहास दृष्टि की अनदेखी करना होगा।[37]

यह संवादहीनता मध्यकाल में बढ़ जाती है। सामाजिक आस्थाएँ परम्परायें टूटने लगती हैं। इसका कारण था कि संवादहीनता के दौर में मानव की आस्थाओं का हनन हो रहा था। जहाँ भूमिदान की प्रक्रिया व्यापक स्तर पर चल रही थी, इसका दुष्परिणाम यह हुआ कि कर देने के नाम पर छोटे–छोटे अधिकारियों ने उस समाज की आस्था को लगभग मार ही दिया था। सुभाष शर्मा ने इसे समझाते हुए कहा है कि अभिजन संस्कृति अर्थों को नियंत्रित करती है, क्योंकि यह वाद–विवाद की शर्तों को नियंत्रित करती है। दूसरी ओर ग्रामीण संस्कृति, आमजनों की संस्कृति को गँवारू, उजड्ड, बड़बोली, बेस्वाद, व्यर्थ और सतही आदि कहकर दोयम दर्जे का मान लिया जाता है।[38] इस पूरे मध्यकाल में साहित्य के दो फाड़ दिखायी पड़ते हैं, एक दरबारी कविता का दूसरी तरफ इसके विरोध में खड़ी जनसामान्य की आवाज, जो पीड़ित है सदियों के संताप से, जो प्रकट होती है भक्त कवियों के द्वारा।

लेनिन कहता है "किसी उत्पीड़ित राष्ट्र के पूँजीवादी राष्ट्रवाद में एक सामान्य लोकतान्त्रिक तत्व होता है जो उत्पीड़न के विरूद्ध लक्षित होता है और इस कथ्य का ही हम बिना शर्त समर्थन करते हैं। इसके साथ–साथ हम सख्त तौर पर इसे राष्ट्रीय बहिर्भाव (एक्सक्ल्यूसिवनेस) की ओर की प्रवृत्ति से अलग करते हैं; हम पोलिश बुर्जुआ (पूँजीपति वर्ग) द्वारा यहूदियों आदि को उत्पीड़ित करने की प्रवृत्ति के विरूद्ध लड़ते हैं।[39]

सूर और तुलसी इसी बुर्जुआ वाद से लड़ते हुए अपने समाज की रक्षा करते हैं और एक सुधारक की तरह वह अपने समाज की अनुभूति और अभिव्यक्ति करते हैं। वहीं दूसरी तरफ उस व्यवस्था से एक अघोषित लड़ाई भी लड़ते हैं। कविता ऐसे जन्म नहीं लेती उसके लिए एक सहृदय चाहिए, भाव, चाहिए तेन ने इसे ही जाति, क्षण विशेष कहा है। यही तीन तत्व मिलकर कवि को अपने समाज के सापेक्ष एक नयी दृष्टि देता है।

मानव समाज की इकाई है। सामाजिक व्यवहार में व्यक्ति का लोकपक्ष–निखरता है। उसके कर्मों का विस्तार ही लोक का विस्तार है।

व्यक्ति के सामाजिक जीवन के अतिरिक्त उसका एक व्यक्तिगत जीवन भी होता। तुलसी और सूर अपने व्यक्तिगत जीवन को तिलांजलि देकर सामाजिक जीवन की नींव रखते हैं और उस समाज की परिकल्पना करते हैं जहाँ नवों निधियाँ, आंनदराशियाँ विराजमान हों जहाँ परस्पर प्रेम भाई चारे की भावना व्याप्त हो। जहाँ पर क्षण को उत्सव की तरह जीया जा रहा हो। यह भोगा हुआ यथार्थ है... जहाँ शिवकुमार मिश्र लिखते हैं कि ''सूर और उनके समानधर्मांओं की कविता लोक जीवन से ग्रहीत अनुभूतियों की कविता है, और इसलिए लोकजीवन को प्रभावित करने में वह इतनी सक्षम भी है। इस कविता के सारे आध्यात्मिक संकेतों को निकाल दिया जाय, उसके सांप्रदायिक आशयों तथा धार्मिक–दार्शनिक निरूपणों को भी तरजीह न दी जाए, उसे यह महज संसार सागर की रूप तरंगों से प्रभावित होने वाली उसी से प्रेरणा लेने वाली, विशुद्ध मानवीय और विशुद्ध लौकिक अनुभूतियों की कविता के रूप में स्वीकार किया जाय तो भी लोक जीवन के बहुआयामी सौन्दर्य का जो अक्षय कोष उसमें है, मानवीय जीवन के हर्ष–विषाद का जो आख्यान उसमें है, लोक की पीड़ा और लोक के उल्लास के जो स्वर उसमें हैं, लोकजीवन की जितनी खरी और सटीक पहचान उसमें है, मात्र इन सबके बल पर ही वह किसी भी सहृदय के मन पर अमिट छोड़ने में समर्थ है।''[40]

बात जब समाज की होती है तो उसमे सामाजिक चेतना के साथ–साथ समाज का स्वरूप उसके विकास की विभिन्न श्रेणियाँ आचार–विचार आदि न जाने कितने तत्व समाहित होते हैं। समाज के साथ मिल–जुल कर रहने की प्रवृत्ति ही समाज को उत्थान की दिशा में अग्रसर करती है। सामाजिक चेतना के मुख्यतः दो रूप होते हैं यथातथ्य रूप एवं आदर्श रूप जैसे तुलसी का कलिकाल वर्णन और सूर का विनय के पद उस समाज की वास्तविक स्थिति को दिखाते हैं, ठीक उसी तरह चाहे कृष्ण का जन्मोत्सव हो या राम का जन्मोत्सव, हमें उसका आदर्श स्वरूप देखने को मिलता है।

सूर और तुलसी दोनों की कविता का समाज विशुद्ध लोकतान्त्रिक है, किन्तु भारतीय भावभूमि पर खड़ा हुआ, इसलिए सूर की कविता का समाज हो, चाहे तुलसी का समाज। ये दोनों ही समाज भारतीय आस्थाओं पर टिके दिखायी पड़ते है, इसीलिए इन दोनों के यहाँ कर्म की प्रधानता है जो भारतीय जीवन का आधार हैं। कृष्ण का जन्म होता है, नाम, संस्करण

होता है, या राम का जन्म होता है, नाम संस्करण होता हैं इन दोनों ही जगहों पर भारतीय परम्परानुसार विप्र आकर पूजा पाठ कराते है देखने वाले इसे कहेंगे कि यह तो बुर्जुआ वर्ग का समर्थन है, लेकिन अगर ब्राह्मण न हो तो समाज में संस्कार की परिपाटी कैसे विकसित होगी? भक्त कवियों का यह समाज अपने आप में अद्वितीय है। यहाँ कोई बड़ा कोई छोटा नहीं राम के जन्म के समय, कृष्ण के जन्म के समय लोगों में कितना उत्साह हैं–

घर–घर अवध बधावने मंगल साज समाज
सगुन सोहवन मुदित मन कर सब निज–निज काज
छन्द–निज काज सजत सँवारि पुर नर–नारि रचना अनगनी
गृह, अजिर, अटनि,बाजार, बीथिन्ह चारू चौकैं विधि धनी[41]
ढोटा हैं रे भयौ महर कैं, कहत सुनाई–सुनाई
सबहि घोष मैं भयौ कुलाहल, आनँद उर न समाई
कत हौ गहर करत बिन काजैं, बेगि चलौ उठि धाई
अपने–अपने मन कौ चीत्यौं, नैननि देख्यौ आई
एक फिरत दधि दूब धरत सिर, एक रहत गहि पाइ
एक परस्पर देत बधाई, एक उठत हँसि गाई
बालक–वृद्ध–तरून–नर–नारिनि, बढ़यौ चौगुनौ चाइ
सूरदास सब प्रेम मगन भए, गनत न राजा राई[42]

यह आनन्द केवल भक्त कवियों के यहाँ ही मिल सकता हैं, जहाँ सामाजिकता के नये प्रतिमान कसे जाते है। सामाजिक युग चेतना से उत्पन्न विषयों में पारिवारिक जीवन के विभिन्न सम्बन्ध पिता–पुत्र, सम्बन्ध, बहुपत्नी प्रथा भाईयों का पारस्परिक सम्बन्ध–इन विषयों पर भक्त कवियों ने नयी दृष्टि डाली है। यहाँ भाई–भाई में भेद नहीं है, राम बड़े होने के बावजूद कहीं भी अपने भाइयों को डाँटते या फटकारते नही बल्कि जब उन्हें पता चलता है कि उन्हें राजगद्दी मिल रही है, तो रघुकुल की रीति पर क्षोभ होता है, वहीं दूसरे तरफ–कृष्ण अपने परिवार के प्रति अपने समाज के प्रति किस तरह से न्यौछावर है। वह अपनी अल्पावधि में ही पूरे गोकुल में आशा का संचार कर देते हैं... जीवन के हर पलों को जीना सिखाते हैं।

सूर और तुलसी दोंनो जानते हैं कि एक स्वस्थ लोकतान्त्रिक समाज में, लोकतान्त्रिक मूल्यों में जो सबसे बड़ा काँटा है वह है जाति–पाँति

की भावना का परित्याग करवाना, और यह दोंनो ही पात्र, अपनी चेतना में काफी आगे बढ़ जाते हैं, जहाँ सूर के कृष्ण अहीर बालकों का जूठा छीन–छीन कर खाते हैं, वही राम शबरी के जूठे बेर खाते हैं और जटायु जैसे अधम पक्षी का अंतिम संस्कार करते हैं। अनीति का समर्थन दोंनो ही पात्रों का समाज नहीं करता। बालि की पत्नी तारा, और रावण की पत्नी मंदोदरी अनुचित कार्य के लिए समझाती हैं।

इन दोनों ही समाजों में जनता अपने नायक के साथ जुड़ती है। राम रास्ते में चल रहे हैं, जनकपुरी पहुँच गये हैं, वहाँ के निवासी राम के रूप पर मुग्ध हो गये हैं और तुलसी के राम क्या करते है उन सभी को आदर व सम्मान देते हैं। बच्चों के साथ हँसते खेलते हैं, बड़ों का आदर करते हैं। डॉ0 बलदेव प्रसाद ने तुलसी की इसी सामाजिकता पर लिखा था, कि राम कथा तो उन्होंने गुरु परम्परा से पायी थी, परन्तु उसे कहा उन्होंने अपने ढंग पर– "जल कहु बुधि विवेक बल मोरे, तस कहिहुँ हिय हरि के प्रेरे" अपनी अनुपम सूझ–बूझ के कारण उन्होंने गुरु–परम्परा प्राप्त रामकथा का ऐसा परिष्कार किया कि उसकी लपेट में समूची भारतीय संस्कृति का उज्ज्वलतम् रूप ही सामने रख दिया।"[43]

राम के बहाने से तुलसी ने एक आदर्श कुटुम्ब की छाप लगाकर अनेक प्रसंगों को सजाया, सवाँरा। सूर के कृष्ण भी एक स्वस्थ समाज का निर्माण करते हैं, वह धर्म और दर्शन के प्रति एक नयी दृष्टि पेश करते हैं– जैसे राम करते हैं उससे थोड़ा इतर कृष्ण करते हैं। यहाँ धर्म मोक्ष का कारण है, किन्तु यदि भाव शुद्ध हो तो कोई भी भक्ति का अधिकारी बन सकता है; जैसे कृष्ण गोपिकाओं का प्रेम है, जो सामंतीय नैतिकता के बंधनों से अलग अपने भक्त को ह्रदय स्थल में स्थान देता है, राम शबरी को मोक्ष का अधिकारी बनाते हैं सूर गणिका को, अजामिल को, गजराज को। यह भाव भक्ति है; जिसमें कर्मकाण्ड की आवश्यकता नहीं। मैनेजर पाण्डेय ने इस तथ्य को लक्ष्य कर लिखा कि "भक्ति योग भावयोग है, इसलिए भक्त कवि जीवन जगत् के सौन्दर्य पर मुग्ध होता है और मानवीय भावों को ही अपनी काव्य साधना और भक्ति साधना का आधार बनाता है। भक्ति काव्य में जहाँ यथार्थ बोध और सौन्दर्य बोध पर जगत के मिथ्यात्व की धारणा का कोई प्रभाव नहीं है वहीं काव्य का चरम उत्कर्ष दिखायी देता है।"[44]

सूर और तुलसी दोनों के राजा में ग्रामीण जीवन के संस्कार रचे

बसे हैं। यह दोनों ही जन संस्कृति के कवि है। प्रो0 वीरेन्द्र मोहन ने इसे व्याख्यायित करते हुए कहा है कि "कृष्ण का संस्कारी रूप अभिजन या बर्जुवा संस्कृति का नहीं है। उनमें एक साथ कई विशेषताएँ दिखायी पड़ती हैं जो संस्कारों तथा ब्रज की संस्कृति का द्वन्दात्मक परिणाम है।"[45] सूर और तुलसी दोनों के नायक राम और कृष्ण उस समाज में पलते हैं जो अभिजात्य होते हुए भी सतह से जुड़ा था। इसलिए कृष्ण के जन्म के समय, राम के जन्म के समय, यह सामाजिक संस्कार तुलसी दिखाते हैं।

भारतीय समाज में माता और पुत्र का सम्बन्ध कितना सात्विक है, कृष्ण को यशोदा खुद नहलाती, धुलाती हैं– यही कार्य कौशल्या करती हैं। समाज में प्रचलित रीति–रिवाज, टोने–टोटके का भी प्रसंग चलता है, जो इन कवियों की लोकजीवन में आस्था प्रकट करता है। जहाँ झाड़–फूँक, जादू–टोने के द्वारा विष उतारने का प्रसंग आता है। सूर के कृष्ण का गारूड़ी रूप ब्रज की सांस्कृतिक आस्था को व्यक्त करता है।

यह सूर का समाज है, इस समाज में सब समान हैं। जहाँ हर बात को उत्सव से जोड़ दिया जाता है। कृष्ण के पैदा होने का उत्साह इस कदर है कि क्या गोप क्या गोपियाँ अपितु गाय के थनो में दूध, पेड़ो में कोपलें निकल आती हैं। यह पूरा वातावरण आनन्द का सागर बन चुका है।

तुलसी के यहाँ भी राम के पैदा होने पर इतना ही उत्साह देखने को मिलता है–

गावत चलीं भीर भई बीथिन्ह, बंदिन्ह बाँकुरे विरद बए
कनक–कलस चामर पताका धुज जहँ तहँ बंदनवार नए
भरहिं, अबीर, अरगजा छिरकहिं सकल लोक एक रंग रए
उमँगि चल्यौ आनन्द लोक तिहुँ देत सबनि मन्दिर रितए
तुलसिदास पुनि भरेइ देखियत, रामकृपा चितवनि चितए[46]

यह है, उस समाज का हर्ष। तुलसी और सूर दोनों ने समाज की नब्ज को पकड़ने की भरपूर कोशिश की है। यह व्यवस्था वर्णाश्रम व्यवस्था है अतः हर कार्य के लिए पुरोहित वर्ग की भी आवश्यकता है; चाहे वह अनप्राशन हो मुंडन या उपनयन। डॉ0 सत्येन्द्र ने इस सन्दर्भ में मध्ययुगीन चेतना के आलोक में कहा है– कृष्ण की कथा का लोक वार्ता से घनिष्ठ सम्बन्ध है। केवल भारतीय साहित्य को ही राम और कृष्ण लोकवार्ता से नहीं मिले, अन्य भाषाओं के साहित्यों को भी मुख्य जातीय अभिप्राय ऐसे ही

लोकवार्ताओं से मिला करते हैं और वहाँ से साहित्यकार उन्हें ग्रहण कर लोक–विश्वास की मुख्य तीलियों को बिना विचलित किये उन अभिप्रायों में नूतन कथा व्याख्या प्रतिष्ठित करता है। इसी कारण किसी भी साहित्य में महान जातीय पुरुष प्राचीन परम्परा अथवा पुराणों से ही अवतीर्ण होते हैं और समय के अनुसार नयी साहित्यिक व्याख्या ग्रहण करते जाते है।[47]

इन दोनों ही कवियों के समाज में जनता की पहुँच भीतर तक है। जबकि आज हमें अपने से थोड़े बड़े अधिकारी के यहाँ जाने पर भी सौ बार सोचना पड़ता है। यहाँ राम सरयू के किनारे घूमते है, अपने संग साथियों के साथ ....वही कृष्ण विविध मानवीय लीलायें करते हैं और तुलसी के राम की अपेक्षा सूर के कृष्ण ज्यादा लोकतान्त्रिक है वह मर्यादा नहीं मानते, बातों के धनी है इसलिए गोपियों को भी अपनी बातों में फंसाये रखते हैं और माता को तो खैर, उसका कहना ही क्या?

साथ ही इन दोनों कवियों ने भारतीय मान्यताओं पर अपनी आस्था को बनाये रखा है। सूर और तुलसी दोनों के यहाँ विवाह का वर्णन है जिसमें नगर निवासियों की उत्कण्ठा उनका उत्साह देखते ही बनता है, साथ हीं इन दोनों ही कवियों ने अपने समाज में व्याप्त विलास को नये साँचे में ढाल दिया, तुलसी ने उसे प्रेम के सात्विकीकरण में और सूर ने जीवन के उल्लास में, हजारी प्रसाद द्विवेदी ने सूर के इसी प्रयोग पर कहा– अगर भजन हो तो यह सारी विफलता एवं महती सफलता के रूप में परिवर्तित हो जाये। सूरदास ने वस्तुतः अपने काल की सारी विलासिता का सुन्दर उपयोग किया है और कोई भी सहृदय इस बात को स्वीकार न करेगा कि सचमुच उन्होंने भजन के पारस स्पर्श से स्पर्श कराके विलासिता रूप कुधातु को सोना बना दिया है।''[48]

सूर और तुलसी दोनों ही कवियों का समाज भौतिक रूप से समृद्ध था। गोकुल में नन्द का भवन हो, या अयोध्या का भवन या जनकपुर के भवन सब बहुत बड़े और सुख सुविधा से सम्पन्न थे। न केवल राजाओं के ही महल बल्कि राजा से इतर अन्य जनों के यहाँ भी सुख–समृद्धि का साम्राज्य फैला हुआ था। इसलिए कृष्ण और राम दोनों ही कई तरह के वस्त्र और आभूषण पहने दिखायी देते हैं। साथ ही जो वस्त्र कृष्ण और राम पहनते हैं वही वस्त्र वहाँ की जनता भी पहनती है।

समाज जीवन की पूर्ण अभिव्यक्ति तुलसी से कहीं अधिक सूर के यहाँ हुई है। तुलसी के राम तो नित्य कर्म करते हैं और उसका उल्लेख

तुलसी कर देते हैं, पर सूर तो भोजन पर ही बनने वाले पकवानों का लम्बा चौड़ा नाम गिनाते चलते हैं। खाने की इतनी विविधता सोच कर भी आश्चर्य होता है, फिर में समझ आता है, किन्तु सूर उस भूखी जनता को खुश करने के लिए ही इन सभी सामग्रियों का उल्लेख करते हैं।

इन कवियों ने अपने जनजीवन में व्याप्त हीनता के बोध को दूर करने के लिए अपने जनसाधारण के लिए, अभिजात्य के यहाँ प्रयुक्त होने वाली सामग्री का पूरा वर्णन कर आत्म–तुष्टि का ही कार्य किया है।

सूर और तुलसी दोनों का ही समाज धार्मिक रूप से विभिन्न मतमतान्तरों से जूझ रहा था। जिसमें इतने भटकाव थे कि आमजन चकित थे, वह करे, तो क्या करें? तुलसी कहते भी हैं– गोरख जगायो जोग, भगति भगायो भोग, या जब वो कहते– हम लखि लखहि हमार लखि हम हमार के बीच, तुलसी अलखहि का लखहि राम नाम जप नीच और सूर इस समाज पर व्यंग्य कसते हुए कहते हैं और इस निष्ठा को व्यक्त करते हैं कि हरि भक्तों को धर्म के किसी आडम्बर में बंधने की जरूरत नहीं–

हरि के जन की अति ठकुराई
महाराज रिषिराज, राजमुनि, देखत रहे लजाई
निरभय देह, राजगढ़ ताकौ, लोक मनन उत्साहु[49]

इसलिए इन दोनों ही भक्तों में यहाँ धर्म को लेकर इतना बवाल नहीं बल्कि यहाँ भक्ति का अधिकारी सभी को माना है, तभी सूर के विष्णु भक्तों की पुकार पर दौड़े चले आते हैं, चाहे अजामिल हो, या प्रहलाद। वहीं राम शबरी का उद्धार कर उसे अपने मोक्ष धाम में स्थान देते हैं। कोल किरातों का दिया हुआ फलग्रहण करते हैं।

वस्तुतः इन दोनों ही कवियों ने अपने समय एवं समाज की जड़ता को पहचान लिया था। दोनों ही जानते थे कि बिना प्रतिरोध के भारतीय समाज एवं संस्कृति का विकास सम्भव नहीं हो सकता। अतः मध्यकाल के विषम वातावरण में भी ये दोनों अपनी–अपनी चेतना का सार अपने आदर्शो में ढालकर भारतीय समाज को एकत्र करने की चेष्टा करते हैं जहाँ न्याय पर बल दिया जाता है। समतामूलक समाज की स्थापना होती है। जहाँ सभी परस्पर प्रेम के सूत्र में बँधे हुए है चाहे वह राजा हो या मंत्री, या प्रजा ाबका सीधे राजमहल तक प्रवेश है, इसलिए तुलसी के राम से फाग खेलने जनता पहुँच जाती है और राम उन्हें निराश नहीं करते। यह लोकतान्त्रिक राजा के कर्त्तव्यों का कितना सुन्दर उदाहरण है।

नगर नारि–नर हरषित सब चले खेलन फागु
देखि राम छवि अतुलित उमगत उर अनुराग[50]

कृष्ण का फाग, उनकी रास लीला, उनका माखन चोरी, सब यह बताता है कि कृष्ण तक प्रजा की पहुँच है और राजा की पहुँच भी जनता के दिलों में है। यही समतामूलक समाज है जिसमें विशिष्टता एवं कनिष्ठता का कोई भाव ही दिखायी नहीं पड़ता।

विशिष्ट चरित्रों की उद्भावना सूर और तुलसी के सन्दर्भ में–

सूर और तुलसी के चरित्रों पर पूर्व में चर्चा हो चुकी थी, किन्तु इन कवियों को सम्मिलित रूप से देखने पर, भक्त कवियों की सजगता समझ में आती है कि किस तरह इन दोनों भिन्न कवियों ने एक भिन्न धरातल पर होकर भी उन मूल्यों पर अपनी दृष्टि कैसे गड़ायी, जो लोकतंत्र के लिए आधार का काम करती हैं। यह सिर्फ एक पात्र नहीं है, यह उनकी आस्था है। अपने त्राणकारी के प्रति, जो उनके दुःख दर्द को दूर करने के लिए इस धरा पर प्रकट होता है। यह चरित्र अपनी आस्था में सदियों तक प्रासंगिक है– अपने प्रेम के कारण, अपनी प्रजावत्सलता के कारण।

कुछ चरित्र हैं, जिनमें लोकतान्त्रिक चेतना का सच्चा दिग्दर्शन होता है। वैसे तो सम्पूर्ण सात्विक पात्र ही लोकतान्त्रिक चेतना को प्रकट करते हैं। जैसे राम, कृष्ण, गोपियाँ, हनुमान और मंदोदरी का चरित्र है, वह अपने आप में अद्‌भुत हैं, जिसके लिए कहना उनकी महत्ता को ही कम करने जैसा है।

सूरदास में कृष्ण चरित्र एक नया विस्तार पाता है, जिसमें रागात्मकता जुड़ी हुई है। प्रेम शंकर जी ने लिखा है कि "राम कृष्ण भक्तिकाव्य के दो प्रमुख प्रस्थान हैं, यद्यपि इनसे बाहर जाकर भी रचना के प्रयत्न हुए हैं, पर उन्हें ऐसी व्यापक स्वीकृति नहीं मिली। इन दोनों अवतारों की केंद्रीयता रचना की अनिवार्यता बनी, इसमें संदेह नहीं... राम अथवा कृष्ण पुराकथा के सर्वोत्तम नायक हैं, पर रचना में आकर उनके व्यक्तित्व में निरन्तर विकास होता है। समय समाज के दबाव उन्हें नये सन्दर्भ देते हैं जिसमें कवि का अपना व्यक्तित्व भी क्रियाशील रहता है।[51]

भारतीय साहित्य में नायकत्व को एक विशेष महत्व दिया गया है जिसकी शुरूआत पुराणों के साथ होती है जहाँ नायक सर्वप्रथम लोक के धरातल पर उपस्थित होकर अपने कर्मों के द्वारा समाज में नये नियमों का प्रतिपादन करता है, आदर्श की स्थापना करता है और यह आदर्श

ऐसे हैं जिनकी सर्वकालिक माँग है। युग चाहे जो भी हो, शासन चाहे जैसा हो। यह नायकत्व युग की माँग को लेकर चलता है। आधुनिकयुग लोकतंत्र का युग है, इसके बावजूद आज का कवि अपने माहौल से कितना डरा है, एक छद्म वातावरण में वह जी रहा है, जिसका ऊपरी हिस्सा तो खुशहाल है, लेकिन भीतर भयाक्रान्त।

सूर और तुलसी के नायक जितने प्राचीन काल में प्रासंगिक हैं उतने ही वर्तमान काल में भी। इसलिए इन दोनों चरित्रों की एक लम्बी परम्परा साहित्य, विशेष कर हिन्दी साहित्य में दिखायी पड़ती है। सूर ने अपने चरित्रों में जीवन के व्यापक अंगों को नहीं छुआ है। इस सन्दर्भ में रामरतन भटनागर लिखते भी हैं कि सूरदास ने अपने चरित्रों में जीवन के अनेक अंगों को नहीं छुआ है किन्तु जिन अंगों को छुआ है, उसमें वे बहुत गहराई तक प्रवेश कर सके हैं।[52]

सूरसागर लीला और भाषा का काव्य है इसमें चरित्रों की वैसी उद्भावना नहीं है जैसी तुलसी के यहाँ मिलती है। इसके बावजूद सूर के पात्रों की मनोवैज्ञानिकता, विश्वसनीयता और रहस्यात्मकता देखने लायक है। मानवीय चरित्र तथा दिव्य–लीला का सामंजस्य है सूर के कृष्ण का चरित्र। यहाँ कृष्ण अपनी प्रेममयी लीला के द्वारा गोकुलवासियों का मनमोह लेते हैं। सूर अपने कृष्ण के लिए कहते भी हैं–

> **प्रीति के बस्य ये हैं मुरारी।**
> **प्रीति के बस्य नटवर सुभेषहिं, धरयो, प्रीतिबस करज गिरराज धारी।।**
> **प्रीति के बस्य ब्रज भए माखनचोर, प्रीति के बस्य दाँवरि बँधाई।**
> **प्रीति के बस्य गोपीरमन नाम प्रिय, प्रीतिबस जमल तरू मोच्छदाई**
> **प्रीतिबस नन्दबंधन बरून गृह गये, प्रीति के बस्य बनधाम कामी।।**
> **प्रीति के बस्य प्रभु सूर त्रिभुवन बिदित, प्रीतिबस सदा राधिका स्वामी**[53]

सूर की भक्ति के आराध्य और काव्य के नायक एकमात्र गोपाल हैं, जो वासुदेव के पुत्र हैं। डॉ0 ब्रजेश्वर वर्मा ने कृष्ण की भक्ति के सन्दर्भ में कहा है कि– कृष्ण की पूजा का निर्देश ईसवी पूर्व तीसरी–चौथी शताब्दी

के बौद्ध चुल्लनिछेस में हुआ है। घट जातक में उनके चरित्र में लगभग वे सब प्रधान घटनाएँ आ गई हैं, जिनका वर्णन भागवत में गोपाल कृष्ण के चरित्र में किया गया है। कदाचित यह चरित लोकरंजन और जातीय पूजापासना का प्रिय विषय बनकर चिरकाल से मौखिक रूप में चलता रहा है जिसे वैष्णव धर्म के प्रचारार्थ महाभारत में सम्मिलित किया।[54] इसके बाद कृष्ण कथा की भरमार हिन्दी साहित्य में देखने को मिलती है। विद्यापति अपनी श्रृंगारिक रचनाओं के लिए इसे चुनते हैं और आने वाले आधुनिक कवि इस चरित्र में अपने समाज की सार्थकता देखते हैं, हरिऔध का प्रियप्रवास जिसका सबसे अच्छा उदाहरण है।

सूर और तुलसी दोनों ने ही कृष्ण कथा का गान किया। खैर, सूर तो रससिद्ध कवि हैं ही इसलिए उन्होंने कृष्ण की छोटी सी छोटी लीला पर अपनी दृष्टि जमायी है। सूर का कृष्ण के साथ तादात्म्य इतना गहरा है कि वह कृष्ण की बारात के बाराती बन जाना चाहते हैं–

सूरदास है कुटल बराती गीत सुमंगल गैहौं[55]

कृष्ण के साथ सूर एकमेव हो जाते हैं, किन्तु जब प्रजा रक्षण की बात आती है तो गाँव के पार्षद का पुत्र कृष्ण अपने गाँव की रक्षा के लिए सौ जान न्यौछावर करने को तैयार हो जाते हैं। यह लोक की सजगता है, कृष्ण के इस रूप को तुलसी भी उठाते हैं, तुलसी भी कृष्ण के इस रूप माधुर्य से अपने आपको विलग नहीं कर पाते वो भी कृष्ण के विवाह के प्रसंग को उठा देते हैं–

छाँड़ो मेरे ललित ललन लरिकाई
ऐहै सुत देखुवारू कालि तेरे बबै ब्याह की बात चलाई
हरिहैं सासु ससुर चोरी सुनि, हँसिहैं नई दुलहियाँ सुहाई[56]

यह है रंजकता का समावेश जहाँ भक्त अपने भगवान के साथ तादाम्य महसूस करता है।

सूर और तुलसी दोनों ने ही कृष्ण के बाल रूप का वर्णन ज्यादा किया, किन्तु अपनी लोकतान्त्रिक चेतना को कहीं भी टूटने नहीं दिया। तुलसी की कृष्ण गीतावली देखने पर एक बात समझ में आती है कि सूर ने कहीं न कहीं कृष्ण के वीर चरित्र का उद्घाटन किया है, किन्तु तुलसी ने या तो कृष्ण का बालपन, उनकी लीलाओं का वर्णन किया है, एकमात्र प्रसंग आता है– जहाँ उनके नायक के अन्दर प्रजा रक्षण का भाव दिखायी देता है और वह प्रसंग है इन्द्र अहंकार का दमन या गोवर्धन लीला, जहाँ

गाँववालों की पुकार सुनकर कृष्ण झट से गोवर्धन उठा लेते हैं। इसके विपरीत सूर, कृष्ण की एक–एक लीला पर पद के पद लिखते जाते हैं।

कृष्ण चरित्र में सूर अद्वितीय हैं। यह तीन कृष्ण हैं (1) बालक कृष्ण जो सूर के आराध्य है, (2) नवल नागरी राधा के प्रेमी और सामंत, वृन्दावन के उत्साह के आधार तीसरे, राजा कृष्ण। आचार्य शुक्ल ने इस सन्दर्भ में लिखा है कि "मंगल अमंगल के द्वन्द्व में कवि लोग अन्त में मंगल शक्ति की जो सफलता दिखा दिया करते हैं, उसमें सदा शिक्षावाद (डिडैक्टिसिज़्म) या अस्वाभाविकता की गन्ध समझकर नाक भौं सिकोड़ना ठीक नहीं। अस्वाभाविकता तभी आयेगी, जब बीच का विधान ठीक न होगा अर्थात् जब प्रत्येक अवसर पर सत्यपात्र सफल और दुष्टपात्र विफल या ध्वस्त दिखाये जायेंगे। पर सच्चे कवि ऐसा कभी नही करते। इस जगत में अधर्म प्रायः दुर्दमनीय शक्ति प्राप्त करता है जिसके सामने धर्म की शक्ति बार–बार उठकर व्यर्थ होती रहती है।"[57] इसलिए सूर के कृष्ण जीवन की वास्तविकता से जुड़ते हैं, राजपुत्र होने के पश्चात् उनका लालन पालन सामान्य अहीर बालकों जैसा ही है। कहीं–कहीं थोड़ी अतिरंजना है, पर इसे भक्ति का प्रभाव कहना ज्यादा सही है। सूर के कृष्ण रूप के अगाध सागर है, ऐसा रूप जिसके लिए कोई भी उपमा पूर्ण नहीं लेकिन इसके बावजूद सूर के कृष्ण गायों को दुहते हैं। सामाजिकता के सम्बन्धों का निर्वहन करते हैं, गोपियों के साथ हास–विलास दोनों ही करते हैं, किन्तु कहीं भी वह सम्बन्धों में मर्यादा का अतिक्रमण नहीं करते। शायद यही कारण भी है कि सूर के कृष्ण का जितना प्रभाव हिन्दी भाषी जनता पर पड़ा उतना किसी अन्य कवि का नहीं।

कृष्ण लोक की सम्पत्ति है डॉ0 सत्येन्द्र ने इस सन्दर्भ में लिखा है– सूर ने ठाकुर को हमारे लिए ही रिझाया था। हम सभी कृष्ण के समान सत्य हैं और उसी के अंश हैं। उसकी लीला के ही है जो उसके द्वारा हमारी ही लीलाएँ हैं, कृष्ण ठाकुर को रिझाते हुए ठाकुर के प्रत्येक अंश को रिझाया गया है। किन्तु इस रिझाने में अपनी साधना से सिद्धि के चमत्कार प्रस्तुत किये हैं।"[58] यह बताता है कि सूर के कृष्ण सकल भुवन के स्वामी होने के साथ इस सम्पूर्ण सृष्टि से अपना रागात्मक सम्बन्ध रखते हैं और इसी के परिणामस्वरूप वह दुर्योधन जैसे शासक की सभा में पाण्डवों के दूत बन कर जाते हैं। जाति–पाँति का परित्याग करते हुए विदुर के यहाँ खाना खाते हैं।

जितनी भी दृष्टियाँ हैं, भारतीय संस्कृति में चरित्र की, जितनी भी अवधारणा है, सभी ने कृष्ण को अपनी–अपनी दृष्टि से देखा। कहीं वह गोपाल के रूप में पूजित हैं, कहीं गोवर्धन को उठाने वाले, कहीं कालिया नाग के अहंकार का दमन करने वाले, प्रेम के अतिरेक में पीताम्बरधारी हैं, प्रेम की खोज में काली कमली वाले हैं, किसी के लिए राधापति हैं, तो कहीं दान लेने वाले नटखट प्रेमी भी। वस्तुतः यह कृष्ण के चरित्र का एक तरह से विभाजन है, लोक रक्षण देखना हो तो, कृष्ण जब दानवों का वध करते हैं, कंस के मल्लों को मारते हैं तब देखिये और जब प्रेम का सौन्दर्य देखना हो, तो राधा रूप में परवर्तित होने वाले कृष्ण को भी देखिये, थोड़े से दही मक्खन के लिए नाचते दिखायी पड़ने वाले कृष्ण भी यहाँ हैं और गाँव की रक्षा के लिए दावानल पीने का साहस भी रखने वाले कृष्ण का चरित्र भी यहाँ उपलब्ध है।

लोक और वेद का अद्भुत सामंजस्य है सूर के कृष्ण में। मैनेजर पाण्ड्ेय ने कृष्ण के चरित्र की विविधता को देखकर ही कहा था कि "सूरसागर के कृष्ण लोक और देव दोनों के वंद्य और आराध्य है। वैसे तो सूरसागर के भीतर सम्पूर्ण नरलीला के अंतर्गत देवलीला का आलोक है किन्तु नरलीला या प्रकट लीला में श्रीकृष्ण का मानवीय रूप ही अधिक मुखर है।"[59]

कृष्ण के चरित्र को सूर और तुलसी दोनों ने ही लोक जन के रक्षा हितार्थ रचते हैं जहाँ प्रजा के कष्टों को दूर करने के लिए कृष्ण अचानक प्रकट होते हैं और अपने कर्मो अपनी वाणी के द्वारा, अपनी प्रजा का हित करते है। असाधु अहेर राक्षस मोचन यह सारे गुण कृष्ण के लोकतान्त्रिक चरित्र में चार चाँद लगाते हैं।

राम का चरित्र : सूर और तुलसी ये दोनों ही कवि आगे पीछे हुए, लेकिन इन दोनों ने सम्प्रदाय विशेष में होने के बाद भारतीय संस्कृति में कहीं भेद नहीं किया। इसीलिए इन दोनों के यहाँ चरित्रों के निरूपण में भी ज्यादा भेद नहीं है, बस अन्तर इतना ही है जहाँ एक तरफ लोकरंजन की प्रधानता है वहीं दूसरी तरफ लोकरक्षण की। तुलसी के यहाँ सर्वत्र राम की कथा निर्बाध रूप से चलती रहती है। सूर के यहाँ यह कथा तीन बार आती है, जिससे यह ज्ञात होता है कि राम के चरित्र मोह से सूर भी अपने को बचा नहीं पाये थे। सूर नवम् स्कन्ध में राम की लीला का वर्णन करते है जहाँ शुकदेव परीक्षित को भागवत की कथा सुनाते हैं

दशम् स्कन्ध में भी रामलीला का वर्णन है जब सोते हुए कृष्ण को यशोदा राम की कथा सुनाती हैं।

तुलसी के राम जगतव्यापी हैं, जिनका कर्म एक आदर्श हैं। तुलसी के राम का जन्म ही लोकरक्षा के हितार्थ हुआ है।

जनि डरपहु मुनि सिद्ध सुरेसा, तुम्हहि लागि धरिहउँ नर बेसा
अंसन्ह सहित मनुज अवतारा। लेहउँ दिनकर बंस उदारा[60]

और सूर क्या कहते है–

आजु दशरथ कै आंगन भीर
भू–भार उतारन कारन प्रगटै स्याम शरीर[61]

दोनों ही लोक कल्याण की बात शुरूआत में ही कर देते हैं जिससे यह स्पष्ट होता है कि इनका लक्ष्य ही प्रजा के दुःख को दूर कर अनीति को समाप्त कर एक स्वस्थ साम्राज्य की स्थापना करना था। तुलसी के राम के जन्म के समय वातावरण भी कितना पवित्र हो गया जैसे अराजक माहौल में जनता के बीच आशा का अंकुर राम के नाम का फूटने वाला हो।

सूर और तुलसी दोनों ने ही जनमानस में राम की छवि लोकरक्षक मर्यादा पुरुषोत्तम के रूप में दिखायी है। सूर जो रंजन के कवि हैं, वे भी जब रामचरित्र का वर्णन करते हैं, तो उनकी शैली कृष्ण वर्णन से एकदम अलग महान उद्देश्य के लिए शील और शक्ति के स्वामी राम के रूप के साथ प्रस्तुत होती हैं। जहाँ कृष्ण के हाथों में हथियार नहीं है बाँसुरी है, वहीं राम अपने समाज को देखते हुए धनुष बाण से खेलते हुए सर्वप्रथम सामने आते हैं–

करतल शोभित बान धनुहियाँ
खेलत फिरत कनकमय आँगन पहिरे लाल पनहियाँ[62]

राम का यह चरित्र अद्‌भुत है, एकदम अनूठा तुलसी भी इसे लक्ष्य कर लिखते है–

सरजू बर तीरहि तीर फिरैं रघुबीर, सखा अरु बीर सबै
धनुहीं कर तीर, निषंग कसे कटि पीत दुकूल नवीन फबै[63]

यह बताता है कि राम का चरित्र कैसा होगा? सृष्टि के कष्टों को दूर करने के लिए, जनता में व्याप्त जड़ता को तोड़ने के लिए, आसुरी शक्ति के विनाश के लिए, राम जैसे असाधारण चरित्र की ही आवश्यकता है। उस मध्यकालीन वातावरण में यह चरित्र अपनी मानवीय प्रगतिशीलता में इतना आगे है कि इसने सम्पूर्ण प्रजा को अपने साथ जोड़ लिया और

यही कारण है कि राम जब रास्ते में चलते हैं, तो लोगों का मन बरबस मोह लेते है–

छोटी छोटी गोड़ियाँ अँगुरियाँ छबीलीं छोटी,
नख–जोति मोती मानो कमल–दलनि पर
ललित आँगन खेलैं, ठुमुक ठुमुक चलैं
झुंझुनु झुंझुनु पाँय पैंजनी मृदु मुखर[64]

और बालक राम आगे चलकर योद्धा राम में कब परिवर्तित हो जाते हैं, पता ही नहीं चलता, गीतावली में राम का यह क्रमिक विकास अपनी मनोहरता में मौजूद है।

जनता के साथ राम का लगाव बढ़ता जाता है। सूर के कृष्ण की तर्ज पर गीतावली में तुलसी भी राम के उसी मनोहर रूप लीला को उभारते हैं। सूर और तुलसी दोनों ने ही राम के चरित्र को कई दृष्टियों से देखा जाँचा और परखा था, जिसका परिणाम यह हुआ कि यह राम अपने युग से कई गुना आगे निकल जाते हैं। राम का चरित्र आदर्श गुणों का पूँजीभूत रूप है। वह न केवल आशाओं का केन्द्र हैं, बल्कि शुद्ध मानवतावादी का प्रतीक भी, जहाँ तुलसी के राम पारिवारिक मूल्यों की प्रतिष्ठा करते हैं। डॉ0 रामविलास शर्मा ने इस सन्दर्भ में कहा भी है कि ''तुलसी के राम भारतीय जनता के नैतिक गुणों का प्रतिनिधित्व करते हैं उनके चरित्र में पितृभक्ति, मातृप्रेम, आदि पर बार–बार लिखा गया है, लेकिन तुलसीदास का लक्ष्य परिवार में पिता के अधिकार की रक्षा करना न था– राम की सहानुभूति, माता, पिता, भाई, निषाद सभी के लिए है। विशेषता यह है कि जो जितना त्यागी है, निःस्वार्थ है और दलित है, राम का प्रेम उसके लिए उतना ही अधिक है।''[65]

राम का यह चरित्र अपने भीतर जनवादी चेतना व मूल्यों को दबाये हुए हैं अकेले खड़ा है। राम लंका के रावण को पराजित नहीं कर सकते, मानवीय शौर्य की गरिमा को दिखाने के लिए तुलसी के राम बैकफुट से फ्रंटफुट तक आते हैं और अपने साथ एक विशाल समूह का नेतृत्व करते हैं, रास्ते में जो मिला वह इस समूह का हिस्सा बनता गया और यही इस चरित्र की सार्थकता है और तुलसी के राम की जनवादी चेतना।

तुलसी और सूर दोनों ने ही इस तथ्य को उठाया। इसलिए ग्रामीण जनत, राम, सीता लखन के मनोहर रूप पर मोहित हैं, इसलिए सूर की ग्रामी ग कन्या अपने भोले मन से अपने निवास पर चलने की प्रार्थना

करती है। **''आजु सखी चली भवन हमारैं, सहित दोउ रघुबीर''**[66] और तुलसी की ग्रामीण बालायें उनका तो कहना ही क्या, यही वास्तविक जनतंत्र है, जहाँ एक दूसरे के प्रति इतना ममत्व है, पीड़ा है, जिसमें जनता का दुःख मिल गया है। जब ग्रामीण युवतियाँ कहती हैं–

ऐसी ललना सलोनी न भई, न है, न होनी
रत्यौ राची विधि जो छोलत छवि छूटी
साँवरे गोरे पथिक बीच सोहति अधिक
त्रिहुँ त्रिभुवन सोभा मनहुँ लूटी[67]

यह जनता राम के साथ जुड़ जाती है, राम भी जनता के साथ किस हद तक लगााव रखते हैं कि उनके छोटे से दुख को अपना समझ कर सुनते हैं। विनय की प्रतिमूर्ति हैं यह राम।

तुलसी और सूर दोनों के ही राम अपनी जनता की रक्षा के लिए प्रतिज्ञा करते हैं–

''रघुपति अपनौ प्रन प्रति पारयो
तोरयौ कोपि प्रबल गढ़, रावन टूक–टूक करि डारयौ
कहुँभुज, कहुँ घर, सिर लोटत, मानौ मद मतवारो
भभकत, तरफत स्त्रोंनित मैं तन नाही परत निहारौ।''[68]

इसके बीच में अनेक कथायें चलती रहती है जहाँ राम जाति–पाँति का विरोध करते हुए कोल किरातों के साथ आनन्दपूर्वक रहते हैं, सीता हरण के पश्चात् जटायु का अंतिम संस्कार करते हुए उस वर्णाश्रम व्यवस्था का निषेध करते हैं जो यह कहता है कि द्विज या उच्चवर्ण को निम्न वर्ण को छूने का अधिकार नहीं है और तुलसी के राम और सूर के राम दोनों इस व्यवस्था का निषेध कर मानवतावादी राज्य की आधारशिला रखते हैं। वस्तुतः राम राज्य की शुरूआत राम के चरित्र के साथ ही शुरू हो जाती है। एक कल्पित व्यवस्था, जिसमें राम जैसा राजा हो किसे प्रिय नहीं होगा। सूर इसलिए कहते हैं–

''श्री रघुनाथ जानि जन अपनौ, अपने कर करि ताहि जरायौ''[69]

और तुलसी के राम गीध को तात कहकर अपनी मानवीयता को प्रकट कर देते हैं–

तनु तजि तात जाहु मम धामा, देउँ काह तुम्ह पूरनकामा[70]

इस प्रसंग को चाहे आप भक्ति के सन्दर्भ में देखें या ज्ञान के, यह चरित्र अनूठा है, जहाँ निम्न जाति को भी मोक्ष का अधिकारी राम बनाते हैं।

राम जब शबरी के झूठे बैर खाते हैं तो उस मान्यता पर प्रहार करते है, जहाँ वर्ग भेद की खाई सुरसा जैसे मुँह बाये खड़ी हैं।

यहीं राम आगे चलकर बालि का बध सिर्फ इसलिए करते है कि उसने अपनी बेटी समान भाई की पत्नी से अनैतिक सम्बन्ध स्थापित किया। रावण को मारने का भी यही कारण था, किन्तु रावण और बालि में थोड़ा अन्तर है जहाँ रावण सीता का हरण करने के पश्चात् भी उस मर्यादा को महत्व देता है, वहीं बालि उचित–अनुचित का विवेक त्याग देता है। इसीलिए रावण को तुलसी के राम बार–बार समझाने की चेष्टा करते हैं। तुलसी ने राम को महामानव बनाकर अलौकिकता के दायरे से खींच, मध्यकालीन सामाजिक सम्बन्धों के दायरे में बाँधकर, अपने समाज के दुःखों से, सामंती मान्यताओं से, एक अलग ही रास्ता चुनते हैं, जिसका नायक गद्दी पाने के बाद जनहित के लिए उस गद्दी का परित्याग कर देता है। यह चरित्र केवल भक्तिकाल का कवि ही रच सकता था क्योंकि वह जानता है प्रजा की समृद्धि तभी सम्भव होगी, जब राजा के अन्दर सामर्थ्य हो, जागरूकता हो, इसलिए तुलसी और सूर के पारिवारिक मूल्यों की रक्षा के लिए, गद्दी का मोह नहीं करते और पारिवारिक मूल्यों की स्थापना इस प्रसंग में अनायास आ जाती है– जिसकी परिणति भूमि सप्तसागर मेखला एक भूप रघुपति कोसला''[71]

गोपियों का चित्रण : गोपिकाओं के चरित्र के बिना कृष्ण गाथा पूरी हो ही नहीं सकती। कृष्ण के साथ–साथ चलने वाली भोली–भाली, अहोर बालाये जिनके सन्दर्भ में भागवत में लिखा है–

गोपजाति प्रतिच्छन्न देवा गोपाल रूर्पिणा[72]

सूर भी कहते हैं–

यह बानी कहि सूर सुरन को अब कृष्णाअवतार
कहौ सबनि ब्रज जन्म लेहु संग हमरे करहु बिहार[73]

हरिराय जी लिखते हैं– "तहाँ कहत हैं जौ श्री भागवत मैं कहे हैं जो जब श्री ठाकुर जी आप बन मैं गोचारन लीला मैं सखान के संग पधारत हैं, सो संगरी गोपी जन लीला कौ अनुभव करते हैं।''[74]

यह गोपियों के महत्व को बताती हैं कि भक्त कवि इस गोपी वेश में अपनी सार्थकता समझता है। सूर की गोपियाँ सूर के उस समाज का चित्रण करती है जहाँ प्रेम की प्रधानता है। यह गोपियाँ कृष्ण की शक्ति हैं। इन दोनों में वस्तुतः कोई भी अन्तर नहीं, जानना है तो दोनों को

समझो और देखों। एक गुणी है दूसरा गुण, एक अंग है दूसरा अवयव, देखिये यह पद जहाँ सूर कहते हैं–

एकै देह विहार करि राखे गोपी ग्वाल मुरारि[75]

अर्थात् इन दोनों में कोई भिन्नता नहीं है– यही कारण कि सूर इन्हें अपनी स्वामिनी कह कर पुकारते हैं। सूरसागर के दशम स्कन्ध में इन्हें ऋचाओं का अवतार कहा गया है, जहाँ ये कृष्ण के सगुण रूप के दर्शन की आकांक्षी है। इन गोपियों के साथ कृष्ण की लीला, प्रेम के धरातल को नया आयाम देती है, जहाँ राजमहलों से यमुना की कछारों, लताओं तक यह प्रेम व्याप्त हो गया, अभिजात्य सामंती संस्कारों से मुक्त यह चरित्र अद्भुत है। कृष्ण को देखने के साथ ही गोपियाँ अपनी सुध–बुध भूल जाती हैं और नन्हें कृष्ण को गोद में लेने के लिए आतुर दिखायी पड़ती हैं। मैनेजर पाण्डेय ने गोपियों के चरित्र के विकास को दो स्तर पर देखा है–

1. गोपियों का सामूहिक शील 2. व्यक्तिगत शील[76]

इसलिए सूर के यहाँ कुछ गोपियाँ का अपना स्वतंत्र अस्तित्व है, दूसरे कुछ उसी में समाहित हो जाती है। प्रथम में राधा, चन्द्रावली, ललिता, प्रमुदा शीला जैसी स्त्रियाँ है। यहाँ गोपियाँ भी दो प्रकार की हैं, एक वे जो कृष्ण के प्रति अपने हृदय में ममता की भावना लिए हुए हैं, दूसरे वे जो कृष्ण से काम सुख, भक्ति की अभिलाषी हैं। यह हुई सैद्धान्तिक बातें, किन्तु विषय है लोकतंत्र की चेतना और यह चेतना, इस चरित्र की विशेषता है चाहे वह सूर हो या तुलसी। सूर और तुलसी ने गोपिकाओं का विशद् चित्रण किया है और सबसे बड़ी बात इन दोनों ही कवियों ने गोपिकाओं के उस रूप का उद्घाटन किया, जो जीवन के प्रति राग जगाती है, न कि वैराग्य। प्रेमशंकर कहते हैं कि– भागवत जहाँ निवृत्ति मूलक साधना का उपदेश भी करती है, वहाँ सूरसागर की राधा कृष्ण लीला मनुष्य को प्रवृत्ति मार्ग में प्रेरित करती है।''[77]

इन दोनों कवियों की गोपिकाओं के मन में कृष्ण की बाल छवि विराजती है, तुलसी कहते हैं–

बाल बोलि डहकि विरावत, चरित लखि,
गोपीगन महरि मुदित पुलकित गात[78]
हाँ बलि जाऊँ छबीले लाल की
घूसर धूरि घुटुरूवनि रेंगनि, बोलनि बचन रसाल की
छिटकि रहीं चहुँ दिसि जु लटुरियाँ, लटकन–लटकनि भाल की

मोतिनि सहित नासिका नथुनी, कंठ–कमल दल–माल की
कछुक हाथ, कछु मुख माखन लै, चितवनि नैन बिसाल की
सूरदास प्रभु प्रेम भगन भई, ढिग न तजनि ब्रजबाल की[79]

इस सौन्दर्य पर जो न विमुख हो, उसे क्या कहें? पर सूर की गोपियाँ उस रूप माधुरी के पीछे पागल हैं। वह उस सौन्दर्य का वर्णन करते नहीं थकती, उसके रूप पर बलि–बलि जाती हैं, कभी गले लगाती हैं, कभी चलना सिखाती हैं, कहीं नजर उतारती हैं। लेकिन कब तक? पूत के पाँव तो पालने में दिखायी देने लगते हैं, वही गोपियाँ जो कृष्ण के दर्शन के लिए व्याकुल रहती थीं, वह उनकी लीलाओं से परेशान भी हो जाती हैं। जैसे–जैसे कान्हा बढ़ते जाते है वैसे–वैसे उनकी बदमाशियों से परेशान होकर गोपियाँ भी सीधे पहुँच जाती है नन्द महर के घर। आश्चर्य की बात कि तुलसी जैसा मर्यादाशील कवि भी गोपिकाओं को महत्व ज्यादा देते हैं, इतना कि कृष्ण गीतावली में कृष्ण से ज्यादा चर्चा गोपिकाओं की है। शायद यही वह जगह है जहाँ तुलसी के नारी पात्र अपनी स्वाभाविकता में जीते हैं–

तोहिं स्याम की सपथ जसोदा आई देखु गृह मेरे,
जैसी हाल करी यह ढोटा छोटे निपट अनेरे
गोरस हानि सहौं न कहौं कछु महि ब्रजवास बसेरे
दिन प्रति भाजन कौन बेसाहै? घर निधि काहू के रे[80]

और सूर की गोपिकाएँ कहती हैं–

महरि तुम मानौ मेरी बात
ढूँढ़ि–ढूँढ़ि गोरस सब घर कौ, हरहनौं तुम्हारैं तात[81]

या जब गोपियाँ सीधे अपनी महारानी से कहती है–

साँवरेहि बरजति क्यौं जु नहीं
कहा करौ दिन प्रति की बातैं, नाहिन परतिं सही[82]

यह भक्त कवियों की कविता में ही सम्भव हैं। जहाँ वह अपने आराध्य को, अपनी माँ द्वारा ही सजा दिलाते है, यह भले ही लीला की भावना से किया गया है, किन्तु इस लीला का सीधा सा मतलब यही कि न्याय के लिए कोई छोटा या बड़ा नहीं होता।

यह प्रेम कितना विचित्र है, अभी तक यशोदा डाँट नहीं रही थीं कान्हा को, अब सजा दे रही हैं, तो गोपियों से यह भी देखा नहीं जा रहा है जो उस समाज में व्याप्त प्रेम को दिखाता है।

दोनों ही कवियों की गोपिकाएँ यशोदा को समझाने में जुट जाती है, कि कान्हा को क्यों बाँधा? रस्सी थोड़ी ढीली करो, अगर गिराया, तो मेरा गिराया, फिर भी इतना क्रोध क्यों? यह दृश्य कितना मनोहर है। यही बचपन का प्रेम कब साहचर्य के साथ वास्तविक प्रेम में परिवर्तित हो जाता है– पता ही नहीं चलता। उन्हें धीरे–धीरे कृष्ण के प्रेम की तीव्रता का अनुभव तब ज्यादा होता है जब कृष्ण मथुरा चले जाते हैं।

यह गोपिकाएँ, प्रेम की स्वच्छन्द मूर्ति हैं। विधि निषेध का परित्याग करती हैं। इनके प्रेम के आवेग में लोक और वेद कहीं पीछे छूट जाता है, पता ही नहीं चलता। न तन की सुध न मन की। यह रागात्मक भक्त का उत्कर्ष है, जिन्होंने अपना सब कुछ कृष्ण के चरणों में रत कर दिया। भले ही गोपियों को प्रेम सुख एक निश्चित अल्पविधि में मिला, इसके भाव इतना प्रगाढ़ हैं कि उद्धव जैसे ज्ञानी भी इनकी भक्ति, इनके प्रेम के आगे हार जाते हैं। तुलसी और सूर की गोपियाँ भारतीय साहित्य में अपना विशिष्ट स्थान रखती है, भले ही वह अनपढ़ हों, ग्रामीण हों, किन्तु उनकी भावना उनका प्रेम अद्वितीय है।

हनुमान का चरित्र : हनुमान राम के भक्त हैं स्वयं उनके पिता केसरी कुमार राजा हैं किन्तु राम की भक्ति में लीन होने के कारण तथा पिता से वचनबद्ध होने के कारण हनुमान सुग्रीव के साथ रहते है, सुग्रीव ही क्यों...? क्योंकि हनुमान उस पक्ष के साथ खड़े हैं जो भले ही दुर्बल हैं किन्तु सत्य के समर्थक हैं, वह अनीति कहीं नहीं करता।

हनुमान शक्ति सम्पन्न होने के साथ विनयी भी हैं। तुलसी और सूर दोनों ने ही अपनी चेतना में हनुमान को विशेष महत्व दिया। इतना महत्व कि राम वनवास के बाद सभी को जाने के लिए कहते हैं किन्तु हनुमान को नहीं। हनुमान सेवक धर्म का ज्वलन्त उदाहरण है, सूर ने हनुमान राम–मिलन की चर्चा की है जहाँ सुग्रीव उनसे पूछने के लिए कहते हैं कि वन में घूमने वाले ये दोनों वीर कौन हैं? तुलसी के हनुमान अपने विप्र रूप में आगे आते है। 'विप्र रूप धरि कपि तहँ भयऊँ। माथ नाई पूछत अस भयऊ।''[83] और जब राम को पहचान जाते हैं तो अपने क्षद्म वेश से मुक्त होकर वह उनके चरणों को पकड़ लेते हैं। यह तो मिलन कथा है जहाँ राम से सुग्रीव की मित्रता हनुमान कराते हैं। इसके बाद ही हनुमान का लोकतान्त्रिक रूप प्रकट होता है जब वह सीता की खोज के लिए लंका पहुँचते हैं और लंका के ऐश्वर्य और सीता की दीन–हीन दशा देख

लंका को उजाड़ देते हैं। तुलसी के हनुमान अपनी मर्यादा नहीं त्यागते न ही सूर के हनुमान, सीता जब संशय करतीं, तब वह यही कहते हैं कि यदि मुझे करना होता तो मैं कबका आपको मुक्त करा देता, किन्तु रावण का वध तो राम के हाथों ही होगा। इसलिए हनुमान रावण के प्रिय वन को उजाड़ते हैं वह वन जो हजारों लाखों आदमियों के शोक पर बना था, वह वन जिसके भीतर किसी सामान्य निवासी का प्रवेश वर्जित था। यह उस आसुरी शक्ति को चुनौती है जो छल–बल के द्वारा हमेशा से जीतती आयी है–

अगनित तरू फल सुगंध–मृदुल मिष्ट खाटे
मनसा करि प्रभुहिं अर्पि भोजन करि डाटे
द्रुम गहि उतपाटि लिए, दै–दैं किलकारी
दानव बिन प्रान भए, देखि चरित भारी[84]
चलेउ नाइ सिरू पैठेउ बागा, फल खाएसि तरू तोरैं लागा
रहे तहाँ बहु भट रखवारे, कछु मारेसि कछु जाइ पुकारे[85]

और यह क्रोधी व्यक्ति असुरों को मारता है, पेड़ों से पत्थरों से, यह तमांचा था उस आसुरी शक्ति के खिलाफ जहाँ रावण जैसा अन्यायी राजा भी अपने वैभव को नहीं बचा पाये और उसी की चरम परिणति दिखायी देती है रावण के दरबार में, उसकी अनीति के खिलाफ मोर्चा लेते हुए हनुमान रावण पर व्यंग्य कसते है कि–

जब तू गयौ सून भवन, भस्म अंग पोते
करते बिन प्रान तोहिं, लछिमन जौ होते
पाछे तैं हरी सिया, न मरजाद राखों [86]

और तुलसी कहते हैं–

जाके बल लवलेस तें, जितेहु चराचर झारि
तासु दूत मैं जा करि, हरि आनेहु प्रिय नारि[81]

विस्तृत फलक पर इस भूख को देखने की आवश्यकता है, यह वह भूख है जिसे जनता की भूख कह सकते हैं, हनुमान उस भूख के लिए शस्त्र उठाने से नहीं चूकते–

खायउँ फल प्रभु लागी भूँखा, कपि सुभाव तें तेरिउँ रूखा
सब कें देह परम प्रिय स्वामी। मारहिं मोहिं कुमारग गामी[88]

रावण हनुमान का यह उत्तर सुनकर उन्हें मारने तक की आज्ञा दे देते हैं। यह वह समाज है जहाँ फल खाने पर अपराध करार दिया

जाता है। रावण द्वारा दिया गया यह दण्ड निरंकुश शासक की दुर्दम्य इच्छा का ही जीता–जागता स्वरूप है। शासक सामान्यजन को सजा तो देता हैं लेकिन वह सजा उसकी सजा न होकर सामान्य जनता की हो जाती है।

यही मध्यकाल का समाज है, जहाँ यह अग्नि प्रज्ज्वलित हो गई है। हनुमान का क्रोध अंतहीन पीड़ा की अभिव्यक्ति है, जिसमें समाज का कलुषतम पक्ष जल जाता है। हनुमान का क्रोध पीड़ा से संतृप्त आदिम मनोव्यथा की अनुगूँज है। यह वह समाज है जहाँ पर द्रमित को कुचला जाता है हनुमान की पूँछ में आग लगाना, इसी निरंकुश सत्ता का प्रतीक है किन्तु लोग उन्हें कमजोर समझ कर मारते हैं, जैसे ही हनुमान ने विद्रोह किया वैसे ही सारी हरी–भरी नगरी झड़ गयी।

हनुमान का क्रोध सात्विक क्रोध की चरम सीमा है जिसमें दृष्टों की सत्ता को पूर्ण रूप से उखाड़ने की प्रतिज्ञा है। असुर सत्ता को तोड़ते हुए जनसत्ता की स्थापना इसका महती लक्ष्य रहा है, तुलसी कहते हैं–

बालधी बिसाल बिकराल ज्वाल जाल मानौं
लंक लीलिबे को काल रसना पसारी है।[89]

यह सांगरूपक तत्कालीन मध्यकाल की अवस्था को सीधे–सीधे दिखाता है कि जड़ समाज को नष्ट होना ही होगा। यहाँ पर हनुमान के चरित्र की उज्ज्वलतम रेखा भी अपने पूर्ण विस्तार में प्रकाश पाती है। जनता ने इस चरित्र को अपने भय के माध्यम से और भी उज्ज्वल कर दिया है। हनुमान ने इस आग के बहाने रावण के समाज को नंगा सा कर कर दिया है। आदर्श समाज और लोकतान्त्रिक समाज में सबको चिन्ता होती है किन्तु असुर समाज इसका ठीक उल्टा है व्यक्तिगत स्वार्थ के लिए करोड़ों लोगों का बलिदान कहाँ तक न्यायसंगत है?

जहाँ–तहाँ बबुक बिलोकि बुबुकारी देत[90]

यह राक्षसों का समाज है, जिसे हनुमान जी ने अपने बल प्रताप से जला दिया है। यह यज्ञ यात्रा सामान्यजन की पुकार है, हनुमान की शक्ति इसी सामान्यजन की शक्ति है।

क्रान्ति से हर कोई डरता है, हनुमान क्रान्ति के दूत वाहक बनकर पूरे काव्य में उपस्थित होते हैं और ऐसा वेश धारण करते हैं कि समस्त आसुरी वृत्ति उनसे भयभीत हो जाती है कि जिसका, दूत ही ऐसा हो उनका साहब कैसा होगा?

तुलसी सयाने जातुधान पछितानै मन
जाको ऐसो दूत सो साहब अबै आवनो
काहे की कुसल रोषे राम वामदेवहू के
विषम वली सो बादि बैर को बढ़ावनो[91]

यह हनुमान शक्ति के पुंज होने के साथ बुद्धिमान भी है। शक्तिशाली भी हैं, जो राक्षस कभी भी काल के बंधन में नहीं फँसते थे, महावीर हनुमान ने उन्हें एक ही वार में काल के पास पहुँचा दिया। इतना ही नहीं रावण भी उनकी मार से बेहोश हो गया। राम भी इनके युद्ध कौशल की सराहना करते नहीं थकते। वस्तुतः यह चरित्र तुलसी के सेवक भाव का जीता जागता उदाहरण है जो अपने स्वामी के लिए काल से भी लड़ने का सामर्थ्य रखता है।

मंदोदरी : आधुनिक चेतना संपन्न स्त्री की तरह सामने आती है, रावण की विमूढ़ता के लिए उसे बार–बार चेतावनी देती हुई। वह जानती थी कि यह सब रावण के दंभ का परिणाम है। उसकी निरंकुश सत्ता की समाधि है, जिसमें रावण का समस्त ऐश्वर्य जलकर खाक हो गया। मन्दोदरी यहाँ पर कर्म को भी प्रमुखता देती हैं और कहती हैं कि शक्ति के मद में तुमने किसी को कुछ नहीं समझा। भोजन जीवन जीने की आवश्यकता है, हनुमान को तो सिर्फ भूख लगी थी किन्तु एक राजा के बाग का फल एक सामान्य जन कैसे खा सकता है?

मंदोदरी का चरित्र ज्यादा मुखर है। वह जानती हैं कि क्रान्ति तो होकर ही रहेगी, कारण, वह जानती हैं कि उसका पति कुस्वामी है। उसे मार्ग पर लाने के लिए वह तमाम तरह के दृष्टान्त देकर मति भ्रमित रावण को समझाने का प्रयत्न करती है, किन्तु रावण जैसा अन्यायी उसकी बात नहीं सुनता। वह रावण के अहंकार को भी चुनौती देती है और कहती है कि आप ने सिर्फ हनुमान को ही देखा है अर्थात एक ही वानर ने तुम्हारे सारे ऐश्वर्य को मिट्टी में मिला दिया था, हनुमान जैसे न जाने कितने वीर उसके (राम) के सहायक हैं और दूसरे दूत का पैर तो तुम्हारे इस असुर साम्राज्य में कोई हिला भी नहीं सकता था। मंदोदरी वाकपटु भी हैं और वाक्चतुर भी। इसीलिए वह रावण को समझाने का निरन्तर प्रयास करती हैं–

पवन को पूत देखौ इत वीर बाँकुरो जो,
बक गढ़ लंक सो ढका ढकेलि ढाहिगो,

बालि बलसालि को, सो काल्हि दाप दलि, कोपि
रोप्यो पाँउ चपारे चमू को चाउ चाहिगो।[92]

किन्तु इन उक्तियों का रावण के चरित्र पर कोई प्रभाव नहीं पड़ता रावण अपने अंहकार के मद में चूर था। यह रावण तत्कालीन समय का राजा भी हो सकता है और आधुनिक काल का नेता भी। उसके पास शक्ति है पर साम्राज्य को सुचारू रूप से चलाने की निष्ठा नहीं है। इसीलिए रावण को प्रिय की सलाह अप्रिय ही लगती है और चाटुकारिता से भरी उक्तियाँ वह हृदय में धारण कर घूमता हैं। मंदोदरी उसे उन सभी व्यक्तियों की याद दिलाती है, जिसने उसे दुष्कृत्य करने से रोका था, चाहे वह विभीषण या फिर मारीच या माल्यवान। मंदोदरी दूरदर्शी थी वह जानती थी कि इस युद्ध में रावण की हानि चारों तरफ से है इसीलिए वह रावण को समझाने की हर संभव कोशिश करती हैं।

राम सो साम किये नित है हित, कोमल काज न कीजिए टाँठे
आपनि सूझि कहौं, प्रिय! बूझिए, जूझिबे जोग न ठाहरू नाँठे
नाथ! सुनी भृगुनाथ कथा, बलि बालि गये चलि बात के साँठे
भाई विभीषन जाइ मिल्यो प्रभु आई परे सुनि सायर–काँठे।[93]

लोकतान्त्रिक सांस्कृतिक व्यवस्था : संस्कृति समूह वाचक शब्द है। उसकी सत्ता व्यक्ति में विद्यमान होते हुए भी सामाजिकता में अधिक विकासोन्मुख दिखायी पड़ती है। संस्कृति प्रत्येक देश और समाज में परिव्याप्त सत्ता है। वह समाज की धात्री के पद पर अधिष्ठित होकर उसे कल्याणोन्मुखी प्रवृत्तियों के ग्रहण को भी सतत प्रेरणा देती रहती है। हजारी प्रसाद द्विवेदी ने मानव की श्रेष्ठ साधनाओं को ही संस्कृति की संज्ञा दी है।''[94] संस्कृति किसी देश–विदेश या जाति विशेष की मौलिक देन नहीं हुआ करती, बल्कि वह सारे संसार के मनुष्यों की एक सामान्य मानव संस्कृति का प्रतिरूप होती है। व्यापक स्तर पर अभी भी विश्व की मानव संस्कृति एकीकृत रूप में अनुभूत और अंग्रीकृत नही हो सकी है बल्कि अपने समय के भिन्न–भिन्न समुदायों से होते हुए संस्कृति के नाम से प्रकट होती है।

मैथ्यू आर्नल्ड ने कहा है कि जो काव्य नैतिकता के प्रति विद्रोही है, वह स्वयं जीवन के प्रति विद्रोही है और जो काव्य नैतिकता के प्रति उदासीन है, वह स्वयं जीवन के प्रति उदासीन हैं।''[95]

यह नैतिकता ही संस्कृति का आधार है, जहाँ भारतीय जन–जीवन के दुःख दैन्य को आदर्श का स्पर्श देकर जनजीवन में कल्याणोन्मुखी भावना को जगाता है। इसलिए सूर और तुलसी का काव्य जन मानस का पूर्ण प्रतिनिधि बन सका। साहित्य और समाज का सम्बंध जग जाहिर है।

संस्कृति क्या है? समाज जीवन के शरीर को लेकर जिन वाह्याचारों की सृष्टि हुई है, मानव मन की वाह्य प्रवृत्ति मूलक प्रेरणाओं से जो कुछ विकास हुआ है उसे सभ्यता कहते हैं और उसकी अन्तर्मुखी प्रवृत्तियों से जो कुछ बना है, उसे संस्कृति कहेंगे। सभ्यता जीवन का रूप है, संस्कृति उसका सौन्दर्य है जो रूप से भिन्न भी है और अभिन्न भी जो उसके पीछे से झाँकता है और जीवन के अवगुंठन से भी बाहर फूट पड़ता है पर वस्तुतः अन्तर में समाया हुआ है।[96]

भारतीय संस्कृति का स्वरूप विश्वव्यापी और अनूठा है। विविधता में एकता इसकी पहचान है। समता, समानता, न्याय पर आधारित यह संस्कृति अपने आदर्शों जीवन मूल्यों के लिए हमेशा से प्रासंगिक रही है। विषय कुछ भी हो, जाति कोई भी हो– सूर और तुलसी की संस्कृति अवधारणा का आधार मानववाद है। जहाँ मानव धर्म की स्थापना ही सबसे बड़ा लक्ष्य है और इस मानव धर्म के निर्माण में इन दोनों ही कवियों ने भारतीय संस्कृति उसके स्वभाव उसकी परम्परा को अपने भीतर–आत्मसात कर लिया। यह लोक की संस्कृति है, जिसे कहना चाहिए, मानवीय, संस्कृति का बहुआयामी रूप। जहाँ सत्य, न्याय, धर्म की स्थापना है, मर्यादा, नीति प्रेम जैसे भाव हैं। विभिन्न प्रकार की जनजातियाँ एक साथ जहाँ चल रही हैं। कहीं वह ब्राह्मण संस्कृति के रूप में उभरती है, कहीं क्षत्रिय संस्कृति के रूप में, एक तरफ वैश्यों और शूद्रों की संस्कृति तो दूसरी तरफ पशुपक्षियों की संस्कृति और इन सबको मिला दें तो जो संस्कृति, प्रभावी हो जाती है वह राज वर्ग की संस्कृति तथा लोक की संस्कृति है।

इसलिए इन दोनों ही कवियों ने अपनी संस्कृति में लोक को प्रधानता देते हुए, आचार, नीति, धर्म आदि का एक विशाल वृक्ष खड़ा किया। सूर की संस्कृति लोक की संस्कृति है जिसे वे अपने आस–पास के वातावरण से जोड़ कर बनाते हैं। तुलसी की संस्कृति सामंती परिवेश से होते हुए ग्रामीण परिवेश पर जा टिकती है। इसलिए सूर और तुलसी दोनों के यहाँ जंगलों में निवास करने वाली जातियों, गाँवों का भरपूर प्रसार है, वीरेन्द्र मोहन ने लिखा है कि तुलसी को यह बराबर ख्याल रहता है कि उनके

राम एक निष्कासित राजकुमार है जिन्होंने राजतंत्र से अपना किनारा कर लिया है।''[97] वहीं दूसरी तरफ कृष्ण भी राजकुमार हैं किन्तु परिस्थितियों के प्रभाव से एक गाँव में एक पार्षद के यहाँ रहते हैं। इसके बावजूद ये दोनों पात्र अपनी करूणा प्रेम ममता के माध्यम से जन–जन के हृदय में स्थान ग्रहण कर लेते हैं और भारतीय संस्कृति के माध्यम से अपनी आस्थाओं को प्रकट करते हैं। गोपियों का कृष्ण के लिए तप करना, शिव के लिए पार्वती का तप करना, और राम के लिए सीता द्वारा प्रार्थना करना, प्रेम के उदात्तीकरण से पहचान कराता है जहाँ एकमात्र प्रेम ही निखरता है।

और इस काम में दोनों कवि भारतीय संस्कृति के आदर्श को अपने काव्य में झोंक देते हैं और उस संस्कृति को उठाने का प्रयास करते हैं जो काल के प्रभाव से निम्नतम स्तर पर पहुँच चुकी थी। डॉ0 युगेश्वर कहते हैं, प्रतिपक्ष शासक दल से बड़ी तबियत का होता है। उसे एक साथ ही ध्वस्त और निर्माण दोनों करना है। दोनों समान ढंग से महत्वपूर्ण है। शासक जो भी करता है संचित साधनों द्वारा करता है। प्रतिपक्ष को स्वयं साधन जुटाने पड़ते है। जनआन्दोलन में उसे बार–बार अपनी योग्यता की परीक्षा देनी होती है।[98]

इसलिए कृष्ण और राम जनता की रक्षा के लिए बार–बार लड़ते हैं। राम राक्षसों का वध करते हैं और कृष्ण गाँव पर आयी हुई विपदाओं का, इसी क्रम में वे एक से एक धुरंधर राक्षसों का वध कर भारतीय संस्कृति को एक निश्चितता प्रदान कराते हैं।

संस्कृति सिर्फ रहन–सहन का ही नाम नहीं, यहाँ भाषा भी प्रभावी है। सूर और तुलसी दोनों ने भाषा को विशेष महत्व दिया। जब कि उस पर एक तरह से अभिजात्य भाषा का दबदबा कायम हो रहा था। ऐसे समय में इन दोनों ने लोकभाषा के माध्यम से भारतीय संस्कृति को बचाने की पहल की और उस भाषा को जिसमें उदात्त साहित्य नहीं रचा जा सकता था कि मान्यता के उलट रामचरितमानस और सूर सागर जैसी रचना रची।

मध्यकालीन संस्कृति में नारी जो कहीं खो सी गई थी, जिसे निर्गुण कवियों ने माया की खान, पापिनी कहकर बताया था उसे एक विशिष्ट स्थान दिया– सूर और तुलसी ने। हमारी संस्कृति में कहा भी गया है, यत्र नार्यस्तु पूज्यन्ते रमन्ते तत्र देवता...। सूर के और तुलसी के यहाँ नारी के उस गौरवशाली चरित्र की पुर्नस्थापना है। सामंती समाज में नारियों की स्थिति या तो घर की चारदीवारी होती थी, या फिर हरम की शोभा।

सूर और तुलसी दोनों को नारी का यह रूप पसन्द नहीं इसलिए तुलसी जहाँ अपनी सीता को मर्यादा की प्रतिमूर्ति बनाते हैं, वहीं उसे उसके अधिकारों से भी परिचित कराते हैं। फिर चाहे वह शबरी हो या तारा अथवा मंदोदरी और सूर के यहाँ तो कृष्ण के बाद अगर कुछ है तो वह सिर्फ नारी है जो चंचल है, नदी की तरह प्रवाहमान है, प्रेम की प्रतिमूर्ति है और समय आने पर राधा जैसी विरहणी और गोपियों जैसी चतुर भी। इन दोनों ही कवियों ने नारी के सात्विक रूप को अपने केन्द्र में रखा जहाँ यह ममतामयी माँ, चंचल प्रेमिका व आदर्श पत्नी है।

अपनी संस्कृति के निर्माण में सूर और तुलसी ने उस जाति वर्चस्व को तोड़ा जिसने सदियों से मनुष्यों पर राज किया था। शूद्र और अशूद्र क्या हैं। मानव के बनाये हुए नियम, जिसका खामियाजा ये जातियाँ बरसों से निभा रही थीं। इसलिए तुलसी के राम उन्हें साथ रखते हैं, अपने बराबर समझकर शबरी के जूठे बेर खाते हैं, केवट को गले लगाते हैं और सूर के कृष्ण उनका जूठा तक खा लेते हैं। उनके साथ गायें चराते हैं। सूरसागर में एक पंडित का भी वर्णन है जिसने कंस के कहने पर कृष्ण को मारने की चेष्टा की थी, चूँकि ब्राह्मण अवध्य हैं इसलिए कृष्ण उसे मारते नहीं बल्कि उसका अंग भंग कर देते है। यह सामंतवाद का विरोध ही हुआ, जहाँ धर्म के विकृत रूप के प्रति तनिक भी आदर का भाव नहीं इसलिए तुलसी कहते हैं–

झूठो है, झूठो है, झूठो सदा जग सन्त कहंत जे अन्त लहा है
ताको सहै सठ संकट कोटिक, काढ़त दन्त करन्त हहा है।
जानपनी को गुमान बड़ो, तुलसी के विचार गँवार महा है
जानकी जीवन जान न जान्यो तौ जान कहावत जान्यौ कहा है।[99]

इससे एक कदम आगे बढ़कर कृष्ण की गोपियाँ निर्गुण का विरोध कर उस सगुण की स्थापन करती हैं जो उनके साथ खेला है, कूदा है, गाय चरायी है। यह यथार्थ ही उस सत्ता का विरोध है, जहाँ तक सामान्य आदमी की पहुँच भी नहीं, पहुँचने के लिए पहले समझना पड़ेगा, जबकि भक्ति का सम्बन्ध हृदय से है। सूर के कृष्ण भी यहीं समझते हैं कि भक्ति सौदा नहीं कि इस हाथ दे और उस हाथ ले; जैसा इन्द्र करता है, पूजा किया तो वर्षा, पूजा नहीं की तो भीषण बाढ़, क्या धर्म का यह स्वरूप उचित है। अतः अव्यक्त सत्ता को मानने से कई गुना ज्यादा अच्छा है, जो सामने है उस पर विश्वास किया जाये।

यह वह संस्कृति है जहाँ का राजा अपनी प्रजा की आँखों में कष्ट का एक आँसू भी नहीं देखना चाहता। राम राक्षसों का वध करते हैं, सीताहरण तो बाद में होता है, उससे पहले ही सन्यासियों की अस्थियों देख वह धरा को राक्षस विहीन करने की प्रतिज्ञा करते हैं। जबकि सूर के कृष्ण जब आक्रमण होता है तभी राक्षसों से युद्ध करते हैं। वस्तुतः यह अन्तर है, लोक रक्षण कवि और लोकरंजक कवि के बीच का।

सूर का दानलीला प्रसंग भी सामाजिक महत्व रखता है। जहाँ कर्मचारीगण सामान्य व्यापारियों, यात्रियों से धन वसूलते थे और यह व्यापार के लिए ही नहीं था बल्कि, धर्म के लिए भी दान लेते थे। सूर की गोपियाँ कितनी चतुर व तेज हैं, वह जानती हैं कि ऐसा कोई कर नहीं है, अतः वह कृष्ण के अवांछित कर को देने से मना कर देता है। यह दान व्यवस्था मध्यकालीन समाज का प्रभाव है और व्यवस्था का निषेध सूर करते हैं। वह ऐसी व्यवस्था को लाते हैं जहाँ राजा के यहाँ पुत्र जन्म ले, तो पूरे के पूरे साम्राज्य में लोगों को दान देने की पहल की जाये। जिस प्रकार तुलसी के राम, रावण जैसे अत्याचारी शासन का विनाश कर रामराज को स्थापित करते हैं उसी प्रकार सूर ने भी कंस के विनाश द्वारा इस बात की ओर संकेत किया है कि तत्कालीन सामंत शासकों का विनाश अवश्यम्भावी है। यह है सूर और तुलसी की सांस्कृतिक चेतना... यह युद्ध स्तर का प्रयास है, विभिन्न संस्कृतियों के उज्ज्वल पक्ष को एक साथ सहेजने का।

निष्कर्ष : सूर और तुलसी हिन्दी भक्तिकालीन साहित्य की अमूल्य निधि है, ये दोनों कवि एक आदर्श हैं। भारतीय, धर्म, समाज के प्रति अपनी मान्यताओं के कारण, द्वारिकादास पारीख इन के चरित्र के सन्दर्भ में कहते है कि 'सूर' और तुलसी हिन्दी साहित्यकांश के परमोज्ज्वल नक्षत्र हैं। इनमें से किसका प्रकाश अधिक और किसका कम है, यह बतलाना बड़े से बड़े समालोचक के लिए भी वड़ा कठिन कार्य है।... हमारी दृष्टि में ये दोनों ही महानुभाव हिन्दी कवियों के मुकुटमणि है और अपने–अपने क्षेत्रों में एक–दूसरे से बढ़कर हैं। हिन्दी का कोई तीसरा कवि किसी प्रकार इनकी समता नही कर सकता है।''[100]

सूर और तुलसी जन आन्दोलन की आवाज बनते है, और पात्रों के द्वारा समाज को नये कर्तव्यों से परिचित करते है जहाँ समता मूलक समाज की स्थापना हो सकती है, फिर चाहे वह नारी का प्रश्न हो या पुरुष का।

इन दोनों ही भक्तों ने लड़खड़ाती समाज व्यवस्था को शास्त्र एवं पुराण सम्मत सिद्ध करते हुए लोकतान्त्रिक चेतना के आधार पर अपने समाज के सांस्कृतिक मूल्यों को निखारा। ऐसे चरित्र प्रस्तुत किये जो एक दूसरे से इस कदर जुड़े हुए कि क्या सगा क्या पराया, सबका सुख–दुःख एक में मिलकर विश्वराग में परिणित हो उठा है। यह मानवीय चेतना का उत्कृष्ट रूप है। जहाँ नारी को सम्मान है, तो उसके अधिकार भी हैं। सूर ने नारी के विविध रूपों के माध्यम से कर्म की महत्ता का भी प्रगटन किया है, तुलसी भी करते है– डॉ0 राम विलास शर्मा लिखते भी है कि "यदि तुलसी दास स्त्रियों को अपावन समझते थे, तो जनकपुर में, अयोध्या में सब कहीं राम के सबसे निकट इस नारी समुदाय को क्यों खींच लाते थे।"[101]

इन दोनों कवियों ने अपने जिस समाज का वर्णन किया है उसमें बड़े भी हैं और छोटे वर्ग भी, किन्तु इन दोनों के मध्य किसी भी प्रकार का भेदभाव नहीं है। चाहे वह राजन्य वर्ग हो, अथवा कबीले का वर्ग। इसलिए तुलसी रामराज्य के समय जब वस्त्राभूषण बाँटते हैं, तो वह सभी को अपने हाथों से वस्त्र पहनाते हैं और उनका सम्मान करते हैं। यह है लोकतान्त्रिक चेतना जहाँ राजा के दरबार में केवट का भी सम्मान होता है और अंगद सुग्रीव जैसे वानर का, विभीषण जैसे राक्षस का भी।

इन कवियों ने सांस्कृतिक चेतना के बहाने विघटनवादी अव्यवस्था, टूटती मान्यताओं, आस्थाओं को चारित्रिक अवमूल्यन को दूर कर जनवादी कविता की नींव रखने का अद्‌भुत प्रयास किया है और यही कारण भी है कि इनमें भारतीय संस्कृति के हर छोटे बड़े अंगों का समावेश उसी सहजता से हुआ है, जिस सहजता से कवि अपनी मनोव्यथा को रखता है।

सन्दर्भ ग्रन्थ-सूची

1. सुभाष शर्मा– संस्कृति और समाज, पृ. 134
2. डेविड बीथम, केबिन बॉयले, अनुवादक देशराज गोपाल–लोकतंत्र, पृ. 51
3. तुलसीदास– रामचरित मानस, गीता प्रेस 2/16/3, पृ. 319
4. डॉ0 नामवर सिंह– दूसरी परम्परा की खोज, पृ. 56
5. सूरदास– सूरसागर, नागिरी प्रचारिणी सभा, प्र0 भाग, 1/58, पृ. 17
6. युगेश्वर– तुलसीदास के ग्यारह ग्रन्थ, प्र0 भाग, पद–559, पृ. 510
7. सूरदास–सूरसागर, नागिरी प्रचारिणी सभा, प्र0 भाग, 1/195, पृ. 53
8. युगेश्वर– तुलसीदास के ग्यारह ग्रन्थ, प्र0 भाग, पद–7/85, पृ. 116
9. युगेश्वर– तुलसीदास के ग्यारह ग्रन्थ, प्र0 भाग, पद–501, पृ. 499

10. तुलसीदास– रामचरितमानस, गीता प्रेस 7/102, पृ. 124
11. युगेश्वर– तुलसीदास के ग्यारह ग्रन्थ, प्र0 भाग, पद–4/5, पृ. 119
12. तुलसीदास –रामचरितमानस, गीता प्रेस 6/33/3, पृ. 735
13. तुलसीदास –रामचरितमानस, गीता प्रेस 1/183, पृ. 75
14. रामानन्द तोष्णीवाल– तुलसी साहित्य का पूर्नमूल्यांकन, पृ. 331
15. राममूर्ति त्रिपाठी– आगम और निगम, पृ. 59
16. परमानन्द श्रीवास्तव– सूरदास मूल्यांकन पूर्नमूल्यांकन, पृ. 63
17. कुसुमराय– हिन्दी साहित्य का वस्तुनिष्ठ इतिहास, पृ. 226
18. परमानन्द श्रीवास्तव– सूरदास मूल्यांकन पूर्नमूल्यांकन, पृ. 64
19. परमानन्द श्रीवास्तव– सूरदास मूल्यांकन पूर्नमूल्यांकन, पृ. 64
20. सूरदास– सूरसागर काशी नागिरी प्रचारिणी सभा, प्र0 भाग,10/523, पृ. 353
21. सूरदास– सूरसागर काशी नागिरी प्रचारिणी सभा,प्र0 भाग,1/142, पृ. 39
22. सूरदास– सूरसागर काशी नागिरी प्रचारिणी सभा, प्र0 भाग,10/1524, पृ. 620
23. परमानन्द श्रीवास्तव– सूरदास मूल्यांकन पूर्नमूल्यांकन, पृ. 65
24. डॉ0 भगीरथ मिश्र– तुलसी रसायन, पृ. 130
25. युगेश्वर– तुलसीदास के ग्यारह ग्रन्थ, प्र0 भाग, पद–507, पृ. 501
26. तुलसीदास– रामचरितमानस, गीता प्रेस 1/28, पृ. 31
27. राजाराम रस्तोगी– तुलसीदास जीवनी और विचारधारा, पृ. 226
28. तुलसीदास– रामचरितमानस, गीता प्रेस 5/37, पृ. 688
29. तुलसीदास– रामचरितमानस, गीता प्रेस 2/175/2, पृ. 444
30. युगेश्वर– तुलसीदास के ग्यारह ग्रन्थ, प्र0 भाग, पद–526, पृ. 504
31. युगेश्वर– तुलसीदास के ग्यारह ग्रन्थ, प्र0 भाग, पद–523, पृ. 504
32. युगेश्वर– तुलसीदास के ग्यारह ग्रन्थ, प्र0 भाग, पद–5/13/4, पृ. 334
33. तुलसीदास– रामचरितमानस, गीता प्रेस 2/315/4, पृ. 556
34. युगेश्वर– तुलसीदास के ग्यारह ग्रन्थ, प्र0 भाग, पद–512, पृ. 502
35. तुलसीदास– रामचरितमानस, गीता प्रेस 2/152/2, पृ. 426
36. प्रो0 वीरेन्द्र मोहन– तुलसी और सूर मानव मूल्य, पृ. 31
37. प्रेमशंकर– भक्ति काव्य का समाज दर्शन, पृ. 30
38. सुभाष शर्मा– संस्कृति और समाज, पृ. 9
39. सुभाष शर्मा– संस्कृति और समाज, पृ. 23
40. शिव कुमार मिश्र– भक्ति आंदोलन और भक्ति काव्य, पृ. 159
41. युगेश्वर– तुलसीदास के ग्यारह ग्रन्थ, प्र0 भाग, पद–5/1, पृ. 172
42. सूरदास– सूरसागर नागिरी प्रचारिणी सभा, प्र0 भाग 10/20, पृ. 216
43. डॉ. बलदेव प्रसाद मिश्र– भारतीय संस्कृति को गोस्वामी तुलसीदास का योगदान, पृ. 59
44. संपा0 गोपेश्वर सिंह– भक्ति आंदोलन के सामाजिक आधार, पृ. 141
45. प्रो0 वीरेन्द्र मोहन– तुलसी और सूर मानव मूल्य, पृ. 82

46. युगेश्वर– तुलसीदास के ग्यारह ग्रन्थ, प्र0 भाग, पद–3, पृ. 169
47. डॉ0 सत्येन्द्र– मध्ययुगीन हिन्दी साहित्य का लोकतात्विक अध्ययन, पृ. 52
48. डॉ0 हजारी प्रसाद द्विवेदी– सूर साहित्य, पृ. 67
49. सूरदास– सूरसागर, काशी नागरी प्रचारिणी सभा, प्र0 भाग 1/40, पृ. 12
50. युगेश्वर– तुलसीदास के ग्यारह ग्रन्थ, प्र0 भाग, पद–21, पृ. 398
51. डॉ0 प्रेमशंकर– भक्ति काव्य का समाज दर्शन, पृ. 83
52. रामरतन भटनागर– सूर साहित्य की भूमिका, पृ. 238
53. सूरदास– सूरसागर, काशी नागरी प्रचारिणी सभा, द्वि0 भाग 10/2018, पृ. 55
54. शंभूनाथ पाण्डेय– सूर की काव्य कला, पृ. 47
55. सूरदास– सूरसागर, काशी नागरी प्रचारिणी सभा, द्वि0 भाग 10/193, पृ. 265
56. युगेश्वर– तुलसीदास के ग्यारह ग्रन्थ, द्वि0 भाग, पद–13, पृ. 232
57. आचार्य रामचन्द्र शुक्ल– सूरदास, पृ. 88
58. डॉ0 सत्येन्द्र– ब्रज साहित्य का इतिहास, पृ. 179
59. मैनेजर पाण्डेय– भक्ति आंदोलन और सूरदास का काव्य, पृ. 99
60. तुलसीदास– रामचरितमानस, गीता प्रेस, 1/187, पृ. 161
61. सूरदास– सूरसागर, काशी नागरी प्रचारिणी सभा, प्र0 भाग 9/16, पृ. 158
62. सूरदास– सूरसागर, काशी नागरी प्रचारिणी सभा, प्र0 भाग 9/19, पृ. 159
63. युगेश्वर– तुलसीदास के ग्यारह ग्रन्थ, प्र0 भाग, पद–1/7, पृ. 7
64. युगेश्वर– तुलसीदास के ग्यारह ग्रन्थ, प्र0 भाग, पद–2/30/2, पृ. 199
65. रामविलास शर्मा– परम्परा का मूल्यांकन, पृ. 85
66. सूरदास– सूरसागर, काशी नागरी प्रचारिणी सभा, प्र0 भाग 9/44, पृ. 165
67. युगेश्वर– तुलसीदास के ग्यारह ग्रन्थ, प्र0 भाग, पद–2/21, पृ. 270
68. सूरदास– सूरसागर, काशी नागरी प्रचारिणी सभा, प्र0 भाग 9/159, पृ. 201
69. सूरदास– सूरसागर, काशी नागरी प्रचारिणी सभा, प्र0 भाग 9/66, पृ. 171
70. तुलसीदास– रामचरितमानस, गीता प्रेस, 3/31, पृ. 607
71. तुलसीदास– रामचरितमानस, गीता प्रेस, 7/22, पृ. 854
72. भागवत दशम स्कन्ध गीता प्रेस, अध्याय–18, श्लोक–2, पृ. 105
73. मुंशी राम शर्मा सोम– सूर सौरभ द्वितीय भाग, पृ. 153
74. डॉ0 सत्येन्द्र– ब्रज साहित्य का इतिहास, पृ. 129
75. मुंशी राम शर्मा सोम– सूर सौरभ द्वितीय भाग, पृ. 153
76. मैनेजर पाण्डेय– भक्ति आंदोलन और सूर का काव्य, पृ. 142
77. प्रेमशंकर– कृष्ण काव्य और सूर, पृ. 99
78. युगेश्वर– तुलसीदास के ग्यारह ग्रन्थ, द्वि0 भाग, पद–2, पृ. 226
79. सूरदास– सूरसागर, काशी नागरी प्रचारिणी सभा, प्र0 भाग 10/105, पृ. 241
80. युगेश्वर– तुलसीदास के ग्यारह ग्रन्थ, द्वि0 भाग, पद–3, पृ. 226
81. सूरदास– सूरसागर, काशी नागरी प्रचारिणी सभा, प्र0 भाग 10/290, पृ. 289
82. सूरदास– सूरसागर, काशी नागरी प्रचारिणी सभा, प्र0 भाग 10/291, पृ. 289

83. तुलसीदास– रामचरितमानस, गीता प्रेस 4/1/6, पृ. 624
84. सूरदास– सूरसागर, काशी नागरी प्रचारिणी सभा, प्र0 भाग 9/96, पृ. 182
85. तुलसीदास– रामचरितमानस, गीता प्रेस 5/18/2, पृ. 672
86. सूरदास– सूरसागर, काशी नागरी प्रचारिणी सभा, प्र0 भाग 9/97, पृ. 183
87. तुलसीदास– रामचरितमानस, गीता प्रेस 5/21, पृ. 675
88. तुलसीदास– रामचरितमानस, गीता प्रेस 5/22, पृ. 675
89. युगेश्वर– तुलसीदास के ग्यारह ग्रन्थ, प्र0 भाग, पद–5/5, पृ. 31
90. युगेश्वर– तुलसीदास के ग्यारह ग्रन्थ, प्र0 भाग, पद–5/6, पृ. 31
91. युगेश्वर– तुलसीदास के ग्यारह ग्रन्थ, द्वि0 भाग, पद–5/9, पृ. 33
92. युगेश्वर– तुलसीदास के ग्यारह ग्रन्थ, द्वि0 भाग, पद–6/23, पृ. 59
93. युगेश्वर– तुलसीदास के ग्यारह ग्रन्थ, द्वि0 भाग, पद–6/24, पृ. 62
94. हजारी प्रसाद द्विवेदी– अशोक के फूल, पृ. 75
95. आद्या प्रसाद त्रिपाठी– सूर साहित्य में लोक संस्कृति, पृ. 31
96. आद्या प्रसाद त्रिपाठी– सूर साहित्य में लोक संस्कृति, पृ. 23
97. वीरेन्द्र मोहन– तुलसी और सूर मानव मूल्य, पृ. 84
98. सं0 इन्द्रजीत पाण्डेय– तुलसी चिन्तन अनुचिन्तन, पृ. 46
99. युगेश्वर– तुलसीदास के ग्यारह ग्रन्थ, प्र0 भाग, पद–7/39, पृ. 95
100. द्वारिका दास पारिख– प्रभूदयाल मितल–सूर निर्णय, पृ. 315
101. डॉ0 रामविलास शर्मा– साहित्य स्थायी मूल्य और मूल्यांकन, पृ. 28

चतुर्थ अध्याय

लोकतान्त्रिक चेतना का अभिव्यक्ति पक्ष (शिल्प पक्ष)

भाषा, भाव और विचारों का वाहन होती है। यदि भाव और विचार सबल है तथा लेखक की भाषा समर्थ नहीं है तो वह अपने अभीष्ठ को पाठक तक पहुँचाने में समर्थ नहीं हो सकती। इसलिए भावों का संक्रमण भाषा की शक्ति पर निर्भर है। भाषा की शक्ति आधारित होती है, शब्द भंडार, शब्द चयन और प्रयुक्त शब्दों की अर्थ–शक्ति पर जिसके लिए भाषा का पूर्ण ज्ञान होना आवश्यक है। एक छोटा बच्चा भी अपनी भाषा में अपनी बात समझाने का हर संभव प्रयास करता है। कविता, कवि के भावनाओं का उद्‌गार है, जिसमें भाषा सहायक का कार्य करती है। सूर और तुलसी दोनों के यहाँ भाषा को गौरव प्रदान किया गया हैं। दोनों की ही कविता में ब्रज और अवध की संस्कृति समाविष्ट है, उसमें क्लिष्टता नहीं है बल्कि वह सहजपन है जो रचना की बोधगम्यता, संगीतमयता, श्रुतिमधुरता, उक्तिवैचित्र्य आदि गुणों से परिष्कृत होकर जनमानस के भावों के साथ मिलकर अपने युग को प्रकट करती है। सूर तुलसी की रचनाओं में उनके युग के व्यस्त और नैरंतरिक वैचारिक जीवन का स्पष्ट प्रतिबिम्ब मिलता है।

भाषा के रूप : अवधी ब्रज तथा संस्कृत : गोस्वामी तुलसीदास का क्रान्तिकारी एवं प्रगतिशील दृष्टिकोण उनके काव्य के विषय की तरह उनकी भाषा में भी दिखायी देता है। लोकमंगल की भावना से परिचलित कवि भाषा में लोकमंगल को देखता है। तुलसी अपने समाज से टकराते हुए उन मूल्यों पर भी कुठाराघात करते हैं, जिन्हें सामंती दृष्टिकोण के आईने से देखा जाता है, उसके विरोध में जनमानस की प्रतिष्ठा करते हैं।

यह विरोध वे खण्डनात्मक तरीके से नहीं करते बल्कि मंडनात्मक क्रिया को अपनाते हुए सामंती अभिजात्य समाज में जहाँ सिर्फ संस्कृत का ही बोलबाला था वहाँ लोक भाषा अवधी, ब्रज को भी उतनी प्रतिष्ठा दिलाते हैं, जितना तत्कालीन समाज के अभिजात्य वर्ग में व्याप्त संस्कृत एवं अरबी तथा फारसी को था। तुलसी स्पष्ट ही कहते हैं–

का भाषा का संस्कृत प्रेम चहिए साँच
काम जु आवे कामरी का लै करै कुमाच[1]

यह भाषा प्रेम के उदात्त मूल्यों की भाषा है, तुलसी की रचना भले ही समाज के लिए आदर्श की स्थापना को ध्यान में रखकर की गई है, किन्तु यदि भाषा की बात करें तो– स्वांतः सुखाय तुलसी रघुनाथ गाथा भाषा निबद्ध मति मंजुल मातनोति[2] तुलसी की भाषा जहाँ उनके बहिरंग पक्ष को व्यक्त करती है, वहीं दूसरी तरफ जनता के प्रति उनके लगाव को भी। हजारी प्रसाद द्विवेदी ने उनकी इसी समन्वयात्मक दृष्टि को लक्ष्य करते हुए लिखा है ''उनकी भाषा में भी एक प्रकार के समन्वय की चेष्टा है। वह जितनी ही लौकिक है उतनी ही शास्त्रीय। उसमें संस्कृत का मिश्रण बड़ी चतुरता से किया गया है। उसमें एक ऐसा लचीलापन है जो कम कवियों की भाषा में मिलता है। जहाँ जैसा अवसर आया है, वहाँ वह वैसी ही हो जाती है। जायसी की भाषा में एक ही प्रकार का सहज सरल भाव है चाहे वह राजा के मुँह से निकली हो या रानी के मुँह से। किन्तु तुलसीदास की भाषा विषयमुमक्त तथा वक्ता और बौद्धा के अनुसार हो जाती है। परिचारिका की भाषा और रानी की भाषा में अन्तर है। निषाद की भाषा जितनी ही सरल और अकृत्रिम है, वशिष्ठ की भाषा उतनी ही वैदग्ध्यमंडित और परिष्कृत।''[3]

तुलसी का युग धार्मिक संकीर्णता का युग रहा है। कट्टर पाखण्डवाद ने, बोलियों के अस्तित्व पर भी प्रश्न चिन्ह लगा दिया था। अभिजात्य वर्ग (ब्राह्मण) का यह मानना था कि उच्च कोटि के भावों के प्रकाशन के लिए संस्कृत ही उपयुक्त भाषा है, किन्तु यह भाषा सर्व सुलभ हो ऐसा तो देखने से भी नहीं लगा। इससे एक तरह की जड़ता भारतीय समाज में व्यक्त हो रही थी, पण्डितों एवं कवियों के बीच भाषा और बोली को लेकर चलने वाला यह द्वंद्व कहीं–कहीं विस्फोट की स्थिति ला देता है। तुलसी इस तथ्य से भली भाँति परिचित थे अतः तुलसी ने भाषा के क्षेत्र में भी समन्वय का जोरदार रास्ता खोज निकाला। उन्होंने संस्कृत के समकक्ष ही भाषा

को रखा जिससे पण्डित वर्ग भी दुःखी न हो और जनमानस के अनुकूल भी रहे। इसलिए तुलसी परिष्कृत भाषा के साथ ग्राम्य भाषा (भदेस) का सुन्दर स्वरूप अपनी रचनाओं में प्रकट करते हैं।

कवि जानता था कि भाषा में रचना करने का क्या प्रभाव पड़ेगा और कहीं वह इस पड़ने वाले प्रभाव से पीड़ित भी था अतः उन्होंने सामंती सोच की धारणा रखने वाले पण्डितों को भी अपने व्यंग्य के दायरे में ले लिया है–

भाषा भनिति भोरि मति मोरी, हँसिबे जोग हँसें नहिं खोरी[4]

तुलसी इसलिए श्रद्धेय है कि उन्होंने संस्कृत के प्रति श्रद्धा दिखाते हुए जनभाषा की उपयोगिता को ध्यान में रखकर सिद्धान्त रूप एवं व्यवहार दोनों ही रूपों में एक प्रगतिशील साहित्य की सर्जना की है। मध्यकाल के पूर्व भी अनेक कवियों ने भाषा के प्रति अपने भाषायी प्रेम को प्रकट किया है। स्वयंभू, विद्यापति, कबीर, जायसी के यहाँ यही भाषा अपने सुन्दरतम् स्वरूप में झलकती दिखायी पड़ती है। तुलसी इसी परम्परा के समर्थक हैं साथ ही सहृदयी भी। चाहते तो पण्डितों का मुँह सीधे–सीधे कह कर बन्द कर देते किन्तु यह गोस्वामी जी की मर्यादा के प्रतिकूल था। तुलसी का आत्मदैन्य ही तुलसी की भाषा के बड़प्पन के रूप में सामने आता है–

(1) कवि न होउँ नहि वचन प्रवीनू सकल कला सब विद्या हीनू[5]

(2) कबित बिबेक एक नहिं मोरें सत्य कहों लिखि कागद कोरे[6]

यह तुलसी का बड़प्पन ही है। मिल्टन का कहना है कि कविता सरल, सरस, मर्मस्पर्शिनी, मत्तकारिणी एवं भावपूर्ण होनी चाहिए, क्योंकि थोड़े शब्दों में अधिक भाव दर्शाना ही प्रकृत कवि का प्रधान लक्षण है।[7]

तुलसी रामानन्दीय परम्परा के भक्त हैं और रामानन्दीय परम्परा सभी बंधनों को काट कर आगे आयी है। जहाँ न जाति पाँति है न, अभिजात्य वर्ग, भाषा भी इन सभी प्रतिमानों से ऊपर उठी हुई है। भक्ति काल के कवियों की विशेषता ही है कि वह भाषा में वार्तालाप करते हैं जो जनसामान्य के अनुकूल हो, तुलसी इसी परम्परा की अगली कड़ी हैं। शुक्ल जी ने इस सन्दर्भ में कितनी सटीक व्याख्या की है– "यद्यपि स्वामी रामानन्द जी की शिष्य परम्परा के द्वारा देश के बड़े भाग में राम भक्ति की पुष्टि निरंतर होती आ रही थी और भक्त लोग फुटकर पदों में राम की महिमा गाते आ रहे थे, पर हिन्दी साहित्य के क्षेत्र में इस भक्ति का परमोज्ज्वल प्रकाश विक्रम की सत्रहवीं शताब्दी के पूर्वार्द्ध में गोस्वामी

जी की वाणी के द्वारा स्फुटित हुआ है। उनकी सर्वतोन्मुखी प्रतिभा ने भाषा काव्य की सारी प्रचलित पद्धतियों के बीच अपना चमत्कार दिखाया। सारांश यह है कि राम भक्ति का वह परम विशद साहित्यिक सन्दर्भ इन्हीं भक्त शिरोमणि द्वारा संगठित हुआ जिससे हिन्दी काव्य की प्रौढ़ता का युग आरम्भ हुआ।''[8]

तुलसीदास के आर्विभाव से पूर्व हिन्दी की तीन बोलियाँ– ब्रज, अवधी, खड़ी तथा ब्रज प्रभाव युक्त मैथिली सब मिलाकर चार बोलियाँ– साहित्य के क्षेत्र में अपना विशिष्ट स्थान बना चुकी थी, इनके साथ संस्कृत साहित्य के रूप में आरम्भ से ही इनके अस्तित्व के साथ जुड़ी रही। तुलसी की भाषा का मूल आधार अवधी है, किन्तु संस्कृत भी उसमें इस कदर जुड़ी हुई हैं कि जैसे एक वात्सलयमयी माँ अपनी दुधमुँहें बच्चे से। साथ ही ब्रजभाषा का माधुर्य भी तुलसी की भाषा में घुला मिला है। ब्रज भाषा का जो माधुर्य हम सूरसागर में पाते हैं वहीं माधुर्य रूप के दर्शन हमें गीतावली, श्रीकृष्ण गीतावली में दिखायी देते हैं। भाषा का इतना क्रान्तिकारी प्रयोग तुलसी की अन्यतम विशेषता है। एक तरफ वीरगाथा काल की राजस्थानी भाषा भी तुलसी के काव्य में देखने को मिलती है वहीं भोजपुरी और बुंदेलखण्डी मिश्रित भाषा भी। अपनी शब्द योजना में उन्होंने शब्दों को तोड़–मरोड़ कर नहीं बल्कि अपनी काव्यात्मक क्षमता से उसे एक स्वरूप प्रदान किया। भाव विषय अवसर के अनुकूल भाषा की सृष्टि में तुलसी बेजोड़ हैं।''

भाषा पर तुलसी का असाधारण अधिकार था। उनकी रचनाओं के भीतर उनका अपना भाव विषयक निजी दृष्टिकोण व्याप्त है। तुलसी का यह दृष्टिकोण वर्षों से साहित्य के अन्तर्गत चली आती हुई लोक भाषा के व्यवहार की परम्परा में एक महत्वपूर्ण स्थिति का द्योतक है। वे अपनी लगभग सारी व्यक्तिगत प्रवृत्तियों के भीतर समकालीन भाषा सम्बन्धी मान्यताओं का पूर्ण प्रतिनिधित्व करते दिखायी देते हैं। यही कारण है कि उनकी भाषा उनकी विभिन्न रचनाओं में विविध रूप रंगों के साथ विद्यमान है।

कबीर लिखते हैं कि 'संस्कृत है कूप जल भाखा बहता नीर,'[9] इसी के समानान्तर तुलसी भी लिखते हैं काम जु आवे कामरी का लै करे कुमाच[10]– आगे लिखते हैं कि भाषाबद्ध करबि मैं सोई, मोरे मन प्रबोध जेहिं होई[11], कामरी और प्रबोध ही तुलसी की भाषा विषयक धारणा को समझने के लिए काफी है। एक तरफ देशभाषा का माधुर्य है, दूसरी तरफ जनता

के लिए आदर्श की स्थापना, तुलसी की जनपक्षधारिता भाषा के सन्दर्भ में दो शब्दों में प्रकट हो जाती है।

तुलसी की कविता अभिजात्य वर्ग की कविता नहीं है वह जनमानस के लिए है, उसमें न किसी के लिए दुराव है, न ही छिपाव, केशव जैसे गर्वोक्ति भी यहाँ नहीं हैं **भाषा बोलि न जानहिं जिनके कुल के दास, भाषा कवि भो मंदमति, तेहि कुल केसवदास,**[12] तुलसी भाषा के इस स्तर से कई गुना ऊपर उठे हुए हैं जहाँ उनकी रचनाओं में जनभाषा के प्रति एक स्वाभाविक अभिरुचि तथा उसकी जनोपयोगिता दिखायी पड़ती है वहीं दूसरी तरफ अपनी भाषा के प्रति लगाव भी, जिससे तुलसी जैसा शास्त्र पारंगत पंडित अपनी भाषा में रचना करने से अपने आप को रोक नहीं पाता। इसीलिए संस्कृत के प्रति पूर्ण श्रद्धा होते हुए भी मानस एवं विनय पत्रिका में जनभाषा के प्रति अनावश्यक हीनता का भाव ढूढ़ने से भी नहीं मिलता।

तुलसी की भाषा विषयक नीति किसी सीमा में बंधी नहीं है न वहाँ राजनीति कुछ कर पायी, न धर्म और न ही कठोर सामाजिक सम्बन्ध, तुलसी ने इन सभी से ऊपर उठकर अपनी भाषा को एक विश्वव्यापी आधार प्रदान किया। संस्कृत, जनभाषा के साथ अरबी, फारसी, और तुर्की आदि भाषाओं का प्रयोग उनकी शब्दावली के अन्तर्गत उनको यथेष्ठ स्थान मिलना, उनकी सर्वजन सुलभता का सूचक है। तुलसी की भाषा के विविध पक्षों के अध्ययन के आधार पर हिन्दी साहित्य में तुलसी के समकक्ष खड़ा होने का साहस शायद ही किसी अन्य कवि में हो। उनकी भाषा में बाल्मिकी की स्वाभाविकता, व्यास की समास शक्ति, भारवि का अर्थगौरव, बाण का लालित्य, कालिदास की प्रासादिकता, चन्द की अनेकरूपता कबीर की ओजस्विता, जायसी को ठेठ रूपता और सूर की माधुरी मर्यादित एवं समन्वित रूप में विद्यमान है।[13]

तुलसी के यहाँ संस्कृत का सुन्दर प्रयोग रामचरितमानस एवं विनय पत्रिका में होता है जहाँ संस्कृत अपने पूर्ण वैभव एवं वागविलास के साथ साहित्य प्रेमियों के समकक्ष आता है, किन्तु यह संस्कृत भाषा लोकभाषा के साथ मिलकर लोक बोलियों की प्रवृत्ति को ऊंचा उठाने में सहायक रही। साथ ही भाषा और संस्कृत का यह अतंर्सम्बन्ध लोक और अभिजात्य को एक ही चश्में की दृष्टि से देखने का प्रयास केवल तुलसी के माध्यम से ही सम्भव था।

तुलसी की चर्चा करते हुए कबीर पर चर्चा न करना, विद्वान व्यक्ति की प्रतिभा का असम्मान ही है, कबीर ने काव्य भाषा के सन्दर्भ में लिखा है–

सोई आखर सोई बैन जन जू जुवा चवंत
कोई एक मिली लावानि अमी रसाइन हंत[14]

तुलसी लिखते हैं–

आखर अरथ अलंकृति नाना, छन्द प्रबंध अनेक विधाना।
भाव भेद रस भेद अपारा, कवित दोष गुन विविध प्रकारा।।[15]

मध्ययुग की राजनैतिक और धार्मिक गतिविधियों के बीच एवं ब्रज के चहुमुखी विकास को एक नया आयाम देने की कोशिश में सांस्कृतिक समन्वय का अद्‌भुत प्रयास, कवितावली, विनयपत्रिका, गीतावली, श्रीकृष्ण गीतावली में है, जिसके परिणामस्वरूप ब्रज और अवधी दोनों ही निकट आये। दोनों ने एक दूसरे का अंगीकरण किया इसलिए राम का चरित्र, मानस की अवधी भाषा तथा विनय पत्रिका की ब्रज भाषा के कलेवर में लगभग समानता दिखायी देती है। तुलसी ने अवधी और ब्रजी दोनों के ही पूरबी और पश्चिमी रूपों को अलग–अलग अपनाकर जहाँ एक ओर दोनों भाषाओं का क्रमिक विकास किया, वहीं दूसरी ओर अवध के सम्पूर्ण क्षेत्र से लेकर ब्रज के प्रदेश को भाषा के धरातल पर एक दूसरे के निकट लाकर खड़ा कर दिया है। तुलसी का यह प्रयास उनके लोकनायकत्व के चरित्र को एक नयी आभा प्रदान करता है।

तुलसी ने जिन बोलियों को अपने काव्य नायक के चरित्र के लिए आवश्यक समझा था वह है (1) अवधी (2) ब्रजी। दोनों ही बोलियाँ परम्परा से निकलकर धीरे–धीरे एक नये आवरण में प्रकट होती हैं, जहाँ संस्कृत पालि, पाकृत, अपभ्रंश की लम्बी परम्परा विद्यमान है। तुलसी की विशेषता यही है कि उन्होंने इन सभी बोलियों से सीख लेते हुए जातीय संस्कार की महिमा को गौरवान्वित करने के उद्देश्य से, भारतीय बोलियों को अपने साहित्य के माध्यम से व्यक्त किया।

अवधी में रचित रचनाएँ : अवधी की प्रतिनिधि रचना रामचरितमानस है। शेष रचनाओं में रामलला नहछू, बरवै रामायण, पार्वती मंगल, जानकी मंगल तथा रामाज्ञा प्रश्न हैं, जहाँ अवधी भाषा को वह स्थान मिला, जो उसके पूर्व में उसे नहीं मिला था, न उसके बाद। स्थानगत भेद के आधार पर तुलसी ने अवधी को सम्पूर्ण रूप में अपनाया था, पूर्वी अवधी में विशुद्ध रूप से बरवै रामायण और राम लला नहछू की, पश्चिमी अवधी के रूप

में जानकी मंगल तथा पार्वती मंगल की तथा बैसवाड़ी अवधी के अन्तर्गत रामचरितमानस की रचना की। पूर्वी अवधी की विशेषता 'इया' तथा वा का योग है– उदाहरण दृष्टव्य है–

(1) बतिया सुधरि मलिनिया सुन्दर गातहि हो, (रा.न.7)
(2) कति कै छीन बरिनिया छाता पानिहि हो (रा.न.8)
(3) अति बड़भाग नउनियाँ हुए नख हाथ सो हो (रा.न.13)
(4) चंपक हरवा अंग मिलि अधिक सोहाइ (ब.रा.4)
(5) मुख अनुहरिया केवल चन्द समान (ब.रा.9)
(6) किहेसि भंवर कर हरवा हृदय विदारी (ब.रा. 3/32)
(7) ए अँखियाँ दोउ बैरिनी देहिं बुझाई (ब.रा. 5/36)

पार्वती मंगल एवं जानकी मंगल को शुक्ल जी ने पूर्वी अवधी के अन्तर्गत माना है, किन्तु अगर यह पूर्वी अवधी की रचना होती, तो इसमें ठेठ अवधी के क्षेत्र में प्रचलित शब्दों का प्रयोग अधिक होता है किन्तु यहाँ तो इन शब्दों का स्पष्ट अभाव ही है। पश्चिमी अवधी में प्रचलित शब्द जैसे तुम्हार, तुम्हारे, ऐहैं साज कै हिं, देखन तथा सुखिन्ह शब्द का प्रयोग प्रचुरता से किया गया है–

(1) तुम्हारे आश्रम अबहिं ईस तप साधहि (पा.मं. 23)
(2) समाचार सब सखिन जाइ घर घर कहे (पा.मं. 33)
(3) भीख माँगी भव खाहि, चिता नित सोवहिं (पा.मं. 56)
(4) जौ मन मान तुम्हार तौ लगन लिखायहु (पा.मं. 87)
(5) मुनिवर तुम्हरे बचन मरू महि डोलहिं (जा.मं. 102)
(6) सिख देइ भूपनि साधु भूप अनूप छबि देखन लगे (जा.मं. 72)
(7) कहि प्रिय वचन सखिन्ह सन रानि बिसूरति (जा.मं. 82)

रामचरितमानस को बैसवाड़ी के अंतर्गत मिश्र बंधु ने माना है।[16] श्री एफ0ई0 के महोदय भी इसे बैसवाड़ी के अन्तर्गत मानते हैं। आचार्य रामचन्द्र शुक्ल ने मानस की भाषा के सन्दर्भ में अपने तुलसीदास नामक ग्रन्थ के अन्तर्गत भाषा पर अधिकार में लिखा है– "रामचरितमानस को उन्होंने अवधी में लिखा है, जिसमें पूर्वी और पछाही दोनों का मेल है।[17] डॉ0 श्यामसुन्दर दास ने भी रामचरितमानस को बैसवाड़ी में ही लिखित माना है। बैसवाड़ी अवधी की सामान्य विशेषता, मोर, तोर, कहै, लाग लइ, और इहइ दृष्टव्य है–

(1) मैं अरू मोर तोर तै माया– (रा0 3/51)
(2) कहै लाग खल निज प्रभुताई (रा0 6/8)
(3) उमा संत कई इहइ बड़ाई (रा0 5/41)

वास्तव में रामचरितमानस की भाषा पश्चिमी अवधी के अधिकांश रूपों को रखते हुए भी प्रधानतः बैसवाड़ी है। परम्परा और भाषा वैज्ञानिक विश्लेषण दोनों ही इस निर्णय का समर्थन करते हैं।

पश्चिमी ब्रज भाषा की रचनाओं का वर्ग : इस बोली में तुलसी ने अपना उत्कर्ष दिखाया है। गीतावली, विनय पत्रिका, दोहावली और वैराग्य संदीपनी को स्थान दिया गया है। इनमें पश्चिमी ब्रज भाषा की लगभग वे सारी विशेषताएँ जो उसे पूर्व ब्रज भाषा से अलग खड़ा करती हैं, मिलती है। डॉ0 धीरेन्द्र वर्मा ने पश्चिमी ब्रजभाषा की कुछ प्रवृत्तियों का उल्लेख अपनी पुस्तक ब्रजभाषा व्याकरण में किया है–

''पूर्वकालिक कृदंत के 'य' सहित रूप जैसे 'चल्यौ' या 'चल्यो', लगाकर क्रियात्मक संज्ञा बनाना जैसे 'चलिबो', ग भविष्य जैसे 'चलैगा', सहायक क्रिया भूतकाल हो आदि रूप उत्तम पुरुष, एकवचन सर्वनाम हौं तथा प्रश्नवाचक सर्वनाम का 'कौ' रूप पश्चिमी ब्रज भाषा प्रदेश की कुछ विशेषताएँ हैं।[18]

(1) दीपक काजर सिर धरयो, धरयो सु धरयो धरोइ
(दो. 106)[19]
(2) तुलसी भूल गयो रस एहा ते जन प्रगट राम की देहा
(वै.सं. 28)[20]
(3) लहै न फूटी कौड़िहू को चाहे केहि काज? (दो. 108)[21]
(4) हौ जड़ जीव ईस रघुराया तुम मायापति हौं बस माया
(वि0 177)[22]

पूर्वी ब्रजभाषा की रचनाओं का वर्ग : पूर्वी ब्रजभाषा के स्वरूप की झलक कवितावली एवं श्रीकृष्ण गीतावली में प्रचुरता से देखने को मिलती है। डॉ0 धीरेन्द्र वर्मा ने पूर्वी ब्रजभाषा की विशेषताओं को लक्षित करते व्याकरणिक प्रतिमानों के निकष पर कसते हुए लिखा है–

''पूर्वकालिक कृदन्त में 'य' का प्रयोग न होना जैसे, चलो; न लगाकर क्रियात्मक संज्ञा बनाना जैसे 'चलना' है भविष्य जैसे चलिहै, सहायक क्रिया के भूतकाल में हतो आदि रूप उत्तम पुरुष, एकवचन सर्वनाम 'मैं' तथा प्रश्नवाचक सर्वनाम 'कौन'।[23]

(1) हुतो न साँचो सनेह मिट्यो मन को संदेह,
हरि परे उघरि, संदेसहु ठठई (श्री.क. 36)[24]

(2) सीय को सनेह सील कथा तथा लंक की
चले कहत चाय सो सिरानो पथ छन में (क. 5/31)[25]

(3) पबि को पहार कियो ख्याल ही कृपालु राम,
बपुरो विभीषण घरौंदा हुतो बालु को (क. 7/17)[26]

(4) कहिबे कछू कछू कहि जैहै,
रहौ, आलि! अरगानी (श्री.कृ. 47)[27]

(5) ठालीं ग्वालि जानि पठये अलि,
कहयो है पछोरन छूछो– (श्री.कृ. 43)[28]

(6) सींव न चाँपि सको कोउ तब
जब हुते राम कन्हाई (श्री.कृ. 32)[29]

(7) सिला–साप–पाप, गुह गीध को मिलाप
सबरी के पास आप चलि गये हौ सो सुनी मैं
(क. 7/21)[30]

(8) सुनै तिन्ह की कौन तुलसी जिन्हहँ जीति न हारि
(श्री. 53)[31]

तुलसी की भाषायी सम्पदा, किसी जगह की मोहताज नहीं है, यह तुलसी की प्रतिभा है, और उनकी सामाजिकता जो भाषा के एकसूत्र के रूप में दिखायी पड़ती है। कवि को कविता रचने के लिए शब्दों का टोटा नहीं है, पूरी भारत वर्ष की भाषा तुलसी की सम्पदा ही है, जिसे तुलसी अपने भावों, अपने विचारों के अनुकूल ग्रहण करते हैं। रमेश कुंतल मेघ तुलसी की चेतना और अतिक्रमण पर ट्रांसेड करते है उन्होंने चौपालों और चौराहों, नदियों और घाटों में वार्ताओं से भाषा को मांजा तथा ग्रामीण सौन्दर्यबोध का उन्मेष किया। उन्हें अंदाज लग गया था कि लोककवियों और लोकजनों की लोक संस्कृति ही भारत भूमि का उद्धार करेंगी।[32]

सूर की भाषा : भाषा किसी कवि के काव्य का बाह्य आकार है, उसके काव्य का शरीर भाषा के अभाव में असंभव ही है। यह वह तत्व है जिसकी पूर्वावस्था काव्य के गौरव में अभिवृद्धि करती है। दुनिया के प्रत्येक साहित्य में भाषा का विशिष्ट स्थान है, भाषा अभिजात्य भी होती है और गंवारू भी, लोक और शास्त्र दोनों का समन्वित रूप भी।

प्रत्येक कवि अपनी रचना में, अपनी भाषा में, अपने समाज को जीता है। इसलिए भाषा में रचित काव्य के विविध स्तर देखने को मिलते हैं। किसी की भाषा मधुरता लिए होती हैं किसी की कटु। ग्रीक साहित्य में इलियड आदर्श है, भारतीय साहित्य में मृच्छकटिकम, गाथा सप्तसती, पृथ्वीराज रासो की भाषा भारतीय साहित्यिक मानकों पर खरी उतरती है। सूर की भाषा भारतीय भाषाओं का विकसित किन्तु मधुरतम स्वरूप है। इस भाषा में वह अर्थव्यंजकता, वह गौरव विद्यमान है जो आने वाली भाषा के लिए एक आदर्श निर्मित करती है। सूर की भाषा मुख्यतः ब्रजभाषा है, जो मथुरांचल में बोली जाती है। राजधानी के निकट होने के कारण तथा विविध भाषा–भाषी क्षेत्रों के व्यक्तियों के सम्पर्क के साथ इसमें अवधी तथा संस्कृत का भी किंचित समावेश है।

सूरदास के प्रयोग की यह विशेषता है कि संस्कृत शब्दों के सुन्दर प्रयोग द्वारा उन्होंने अपनी भाषा को साहित्यिक बना दिया। यह साहित्यिक पुष्टता उनकी भाषा को परिष्कृत करने में तो पूर्ण सहायक हुआ है, परन्तु उससे क्लिष्टता नहीं आती। कारण यह है कि संस्कृत के शब्द अपनाने पर भी वे अपनी भाषा को लम्बे–लम्बे समासांत पदों से सर्वत्र बचाते रहे हैं। फलस्वरूप सूर की भाषा गेय पदों के लिए उपयुक्त हो सकी है।

सूर संस्कृत भाषा का प्रयोग बड़ी ही सहजता से करते हैं। सूर की विशेषता इस बात में और भी लक्षित होती है जहाँ लोकभाषा के कवियों ने संस्कृत के तत्सम शब्दों को यथा देशी भाषाओं, अवधी, बुन्देली, बघेली ब्रजी आदि को तद्भव रूप में ग्रहण किया है, वहीं सूर ने तत्सम् शब्दों को ज्यों का त्यों अपना लिया, वो भी बिना किसी छेड़छाड़ के। हजारों शब्द सूर के यहाँ बिखरे पड़े हैं, जिनका प्रयोग सूर ने मुक्त भाव से किया है। यही कारण है कि सूर सिद्धस्त कवि है।

डॉ0 राजकिशोर पाण्डेय ने सूरदास की भाषा में संस्कृत के प्रयोग की विशेषज्ञता को देखते हुए सही ही कहा था कि भागवत के अनुदित प्रसंगों में सिद्धान्त निरूपक स्थलों में एवं स्त्रोत पद्धति पर लिखी गयी स्तुतियों में संस्कृत के तत्सम शब्दों का प्रयोग अधिक हुआ है। जयति नन्दलाल, जय जपा गोपाल, जय जयति ब्रजबाल आनन्द कारी और अविगत आदि अनन्त अनूपम अलाव पुरू अविनासी पूरन ब्रह्म प्रगट पुरुषोत्तम निज–निज लोका विलासी जैसे स्थलों में तत्सम शब्दों के अधिक्य के कारण संस्कृत श्लोक का भ्रम होता है।

सूर संस्कृत के शब्दों में अपनी सर्जनात्मक क्षमता को पूरा मिला देते हैं विनय का प्रारम्भ ही वह संस्कृत शब्दों के प्रयोग के साथ करते हैं–

(1) चरन कमल बन्दौं, हरि राई
जाकी कृपा पंगु गिरि लंघे, अंधे का सब कुछ दरसाई
बहिरौ सुनै गूंग पुनि बोले रंक चलै सिर छत्र धराई
सूरदास स्वामी करूणामय बार–बार बन्दौ तिहि पाई[33]

(2) करनी करूनासिध की कछु कहत न आवे
कपट हेतु बरसै बकी, जननी गति पावै
वेद उपनिषद जासु कौं निरगुनहिं बतावै
सोइ सगुन है नन्द की दाँवरी बँधावै[34]

यह है संस्कृत शब्दों की शोभा जो बलात उनके काव्य में नही आई बल्कि उनकी भाषा में पहले से विद्यमान है। वास्तव में संस्कृत का यह प्रयोग, अस्तित्व (भाषायी अस्तित्व) के लिए ज्यादा किया गया है। भक्ति आंदोलन के परिणाम स्वरूप तथा संस्कृति के उत्थान की कल्पना से संस्कृत में काव्य रचना की प्रवृत्ति प्रचुरता से मिलती है। भारतीय सांस्कृतिक समन्वय की दृष्टि से भक्त कवियों ने संस्कृत के तत्सम शब्दों का प्रयोग भारतीय जनमानस को चमत्कृत करने के लिए तथा भारतीय सांस्कृतिक एकता बनाये रखने के लिए संस्कृत के शब्दों का सहारा लिया। डॉ0 प्रेम नारायण टंडन ने इस तथ्य को दृष्टिगत करते हुए लिखा है ''जन साधारण में बढ़ते इस्लामी प्रभाव को रोकने के लिए वैष्णव विरोधी विभिन्न साम्प्रदायिक आंदोलनों का मूलोच्छेदन करने के लिए शास्त्रार्थों और प्रवचनों का इतना अधिक आश्रय लिया गया कि शिक्षित हिन्दुओं में ही नहीं, उन मुसलमानों में भी संस्कृत के शब्दों का प्रचार हो गया जिनका बाल्यकाल इसी देश में बीता था।''[35]

सूर को यह भाषा परम्परा से प्राप्त हुई थी जिसका मूल गीता, नारद भक्ति सूत्र, ब्रह्मवैवर्त पुराण एवं भागवत से निःसृत हुआ। यही कारण है कि सूर के पदों में संस्कृत शब्दों का ज्यों का त्यों प्रयोग मिलता है, जहाँ प्रकृति के अनुकूल शब्दों में एक विशेष आकर्षण एवं विशेष प्रयोग दिखायी पड़ता है, सूर में यह कला विद्मान है। यहाँ प्रत्येक शब्द अपना स्वतंत्र अस्तित्व रखते हुए भी उसमें समाहित हो जाता है। माधुर्य एवं नैसर्गिकता के प्रभाव स्वरूप अर्थ की व्यंजना कहीं धूमिल होती दिखायी नहीं पड़ती।

(1) अरू मेवा बहु भाँति है षटरस के मिष्ठान्न (सा. 10–212)[36]

(2) तुम लायक भोजन नहिं गृह में अरू नाहीं गृह स्वामी (1–241)[37]

सूर की ब्रजभाषा : हिन्दी के ब्रज शब्द का तत्सम रूप ब्रज है जो ब्रज (जाना) धातु से बना है। मध्यदेश और उसकी भाषा का विशेष अध्ययन करके डा0 धीरेन्द्र वर्मा इस निष्कर्ष पर पहुँचे हैं कि 'ब्रज' शब्द का पहली बार प्रयोग ऋग्वेद संहिता में मिलता है। किन्तु यहाँ यह शब्द ढोरों के चारागाह या बाड़े अथवा पशु समूह के अर्थों में प्रयुक्त हुआ है।[38]

डॉ0 दीनदयाल गुप्त ने ब्रजभाषा के क्षेत्र विस्तार को अपनी पुस्तक अष्टछाप और वल्लभ सम्प्रदाय में सीमांकित करते हुए लिखा है कि मथुरा का चतुर्दिक प्रदेश ब्रज अथवा ब्रजमण्डल के नाम से प्रसिद्ध हो गया, जिसके अंतर्गत बारह वन और चौबीस उपवन कहे गये हैं तथा जिसकी परिधि चौरासी कोस मानी गयी है।[39]

सूर के पूर्व भी ब्रजभाषा का प्रयोग देखने को मिलता है किन्तु वह मौखिकीय रूप में विद्यमान है, उनकी लिखित परम्परा उतनी समृद्धि नहीं दिखायी देती। संत–कवियों के यहाँ यह भाषा दिखायी अवश्य देती है, किन्तु उसमें वह मधुरता या कोमलता नहीं विद्यमान है। सूर ने इस चलताऊ भाषा को जो गरिमा प्रदान की, उसे मौखिकीय रूप से हटाकर साहित्यिक भाषा बनाने में अपना महत् योगदान दिया, उसे एक परम्परागत संस्कार दिया। यह संस्कार जहाँ काल विशेष की सीमा से आबद्ध था, वहीं उससे मुक्त भी था। सूर ने ब्रजभाषा को एक हथियार की तरह अपनाया और उसे इतना समृद्ध बनाया कि आने वाले कई सौ वर्षों तक उसकी प्राण प्रतिष्ठा कायम रही, परिणाम स्वरुप इतनी महावीर प्रसाद द्विवेदी को भी काफी परिश्रम करना पड़ा खड़ा बोली को साहित्यिक भाषा बनाने के लिए। डॉ0 धीरेन्द्र वर्मा ब्रजभाषा के विकास में वल्लभ सम्प्रदाय का महत्वपूर्ण हाथ मानते हैं।[40]

सूर का जन्म ब्रजांचल में ही हुआ, अपने जीवन का नब्बे प्रतिशत हिस्सा इन्होंने इसी स्थान में जिया। इसीलिए सूर की भाषा में ब्रज का वह माधुर्य और प्रवाह है जो किसी भी स्थानीय व्यक्ति की भाषा में मौजूद होता है। सूर का ब्रजभाषा का ज्ञान श्रुतियों पर आधारित था। यह ज्ञान, भाषा की समृद्धि उन्होंने अपने सम्पर्क में अपने वाले सामान्य और विशिष्ट महानुभावों के कीर्तन एवं सत्संग से प्राप्त किया था। वल्लभ के सम्पर्क में

आने के पश्चात ही सूर को भक्ति का वह वातावरण प्राप्त हुआ, जिसमें सजीवता के साथ आत्म–सम्मान एवं स्नेह तथा भक्ति तीनों ही प्राप्त हुईं। इसके साथ ही सूर की मौलिक दृष्टि भी साहित्य के गरिमामयी विकास में सहायक रही है। सूर कवि हैं, संगीतकार हैं एवं साम्प्रदायिक सिद्धान्त व्याख्याता भी, यहाँ साम्प्रदायिक व्याख्याता को रूढ़िगत अर्थ में लेने की आवश्यकता नहीं है। यह भाषायी एवं सांस्कृतिक गौरव की दृष्टि से देखने की पहल है।

सूर की कविता में भावों की वह गम्भीरता विद्यमान है जो उन्हें उच्च कोटि के कवि, प्रकृति के पुजारी एवं मानव स्वभाव के सूक्ष्म मनोवैज्ञानिक के रूप में प्रतिष्ठित करती है। काव्य का कोई अंग इस परिधि से छूटा नहीं है। भले ही उसमें शास्त्रीयता न हो किन्तु समग्रता एवं सहजता अवश्य है जो भक्तिकाल के कवियों की विशेष पहचान है। भाषा इसी पहचान का एक अंग है। सूर ने भाषा के चयन में विशेष सावधानी नहीं बरती थी, बल्कि उस भाषा में विविध भाषाएँ अपने मूल रूप में समाहित थीं।

सूर में ब्रजभाषा के मूलतत्व से छेड़छाड न करते हुए उसको यथावत ग्रहण करने की प्रवृत्ति ज्यादा देखने को मिलती है। इतना ही नहीं सूर उन वर्णों का भी प्रयोग करते हैं जो ब्रजभाषा का अप्रधान स्वर है जैसे 'ऋ', जिसके स्थान पर ब्रजभाषा में 'रि' अथवा 'इर' का प्रयोग किया जाता है, किन्तु सूर के यहाँ इस अक्षर का प्रयोग खूब हुआ है। साथ ही ऋ की मात्रा का प्रयोग भी दिखायी देता है।

यथा मृतक दृढ़ भृगु, ग्रह, कृपा, तृषा इत्यादि शब्द।

आप सूर की भाषा को शुद्ध भाषा नहीं कह सकते हैं, भले ही वह ब्रजभाषा का परिष्कृत रूप है किन्तु यहाँ कुछ व्यावहारिक अशुद्धियाँ भी हैं जैसे दीर्घवर्णों का लघु रूप में उच्चरित होना, किन्तु ऐसे पद कम ही हैं। स्वर के संयुक्त रूपों का व्यवहार ब्रजभाषा काव्य में अक्सर देखने को मिलता है, ये स्वरों के संयुक्त प्रयोग की बहुलता, ब्रजभाषा क्षेत्र का प्रभाव है।

अई– अनुसरई, करई, टरई, दई, नई, बाढ़ई, यहई, सरई

अइ– इकइस, गइ, लई, भइ

अऊ– कलऊ, तऊ

एऊ– कलेऊ, येऊ

इए– सूरदास स्वामी घनि तप किये, बड़े भाग जसुदा अरू नंदहि–

इतना ही नहीं ब्रजभाषा में तीन स्वरों का युग्म भी देखने में आता है। यह ब्रजभाषा की अपनी निजी विशेषता है– अइया, अइयो, आइयो, आएउ, इएउ, इत्यादि। सूर ने उसी भाषा को अपने काव्य का माध्यम बनाया– इसलिए सोआए, जइयै–जइयै, पइयै करइयै बिछइयै जैसे शब्दों की आवृत्ति सूर स्वयं करते हैं। यह ठेठपन, ब्रजांचल की मिठास कृष्ण भक्ति साहित्य की प्रमुख देन है। सूर की कविता में ओज गुण की प्रधानता नहीं है, लेकिन माधुर्य और प्रसाद गुण की प्रधानता है। माधुर्य और प्रसाद गुण सूर की भाषा में सरलता एवं स्वाभाविकता लाते हैं। इस भाषा में आनन्द है, भाव है, ध्वन्यात्मकता है और सजीवता भी। सूर के कवित्व के बारे में संदेह करना हिन्दी साहित्य की मर्मज्ञता पर सन्देह करने जैसा है। जितनी विशेषतायें, उक्तियाँ सूर के सन्दर्भ में प्राप्त होती हैं, उतनी अन्य कवियों के विषय में नहीं, यहाँ जुड़ाव है लोक के साथ सूर का।

किधो सूर को सर लग्यौ, किधों सूर की पीर
किधो सूर को पद लग्यौ, तन, मन घुनत सरीर[41]

सूर की भाषा में उनके पदों में कवित्व का सार है। यह भाषा प्रकाशमान एवं संजीव हृदय के मर्मस्पर्शी भावों की तीव्रता और अन्तःकरण को द्रवित करने की क्षमता रखती है जिसमें हरि लीला विस्तार पाती है, लोक के बीच में। सूर की भाषा शब्दों के साथ क्रीड़ा करती है उसके अन्दर प्रवाहमयता है। बिना किसी जोर के एक ही गति, उदात्त के गुणों की तरह यहाँ भाषा भावों को बहा ले जाती है–

ब्रज के लोग उठे अकुलाई
ज्वाल देखि अकास बराबरि दसहुँ दिसा कहुँ पार न पाई
भरहरात बन–पात गिरत तरू धरनी तरकि तड़ाक सुनाई
जल बरषत गिरिवर तरू बाँचे अब कैसे गिरि होतु सुहाई
जटकि जात जरि–जरि द्रुम बेली पटकत बाँस, काँस, कुस, ताल
उचटत फिरह अंगार गगन लो सूर निरखि ब्रज जन बेहाल।[42]

ब्रजभाषा का यह वैभव कितना अनुपम एवं अदभुत है, एक रूपक आँखों के सामने खड़ा हो जाता है। कितनी लय है, कितनी व्यंजकता है इस पद में, भाषा कितनी सटीक हो सकती है, अन्धी आँखों का यह चमत्कार कल्पना से परे की वस्तु है। सूर के कवित्व को देखते हुए सूर की काव्य प्रतिभा के साथ न्याय करते हुए द्वारिका दास ने उपयुक्त ही कहा है कि संस्कृत साहित्य में जो स्थान आदि कवि वाल्मीकि का है,

ब्रजभाषा साहित्य में वहीं स्थान सूरदास को भी दिया जा सकता है। ब्रजभाषा साहित्य के आरम्भिक काल में ही सूरदास ने अपनी विलक्षण प्रतिभा द्वारा जैसा स्वांगपूर्ण काव्य उपस्थित किया। वैसा कई शताब्दियों के साहित्यिक विकास के उपरान्त भी कोई कवि नहीं कर सका। यही एक बात सूर काव्य की विशेषता को चरम सीमा पर पहुँचा देने वाली है।[43]

अलंकार : किसी काव्य की रचना अनायास नहीं होती, उसमें कवि का आदर्श छिपा होता है; जिसके प्रकटन के लिए वह भाषा भाव छन्द अलंकार शैली का चुनाव विषयानुकुल मानदण्डों के आधार पर करता है। ये मानदण्ड काव्य में रीति, वक्रोति, अलंकार, रस ध्वनि आदि हैं। पाश्चात्य में इसके लिए एक शब्द प्रयुक्त होता है, जिसे हम अभिव्यंजना के नाम से जानते हैं।

गोस्वामी तुलसीदास स्वभावसिद्ध मनीषी सृष्टा होने के साथ ही साथ प्रौढ़ शिल्पी एवं कलाकार भी हैं। तुलसी के कवि रूप में जहाँ एक सहज रागात्मक वृत्ति की असीमता है वहीं दूसरी ओर मनोभावों की मार्मिक अभिव्यक्ति। तुलसी के काव्य में अंतरंग चिद्रविलास और काव्य शरीर का अद्‌भुत सम्मोहन उनकी कार्ययत्री प्रतिभा में एक विशेष (पूर्ण) रूप में प्रतिष्ठित है।

तुलसी एक नाम नहीं एक दर्शन है, जिसकी परिणति समष्टिवाद है। जिसके ह्दय की विशालता लोकमंगल की भावना और ह्दय की शुद्धता जगजाहिर है। तुलसी जब लिखते हैं, **ह्दय सिंधुमति सीप समाना, स्वाति सारदा कहहि सुजाना**[44] तो ऐसा लगता है, तुलसी अपने बारे में ही बोलते हैं। उनके लिए तो सर्वजनहिताय ही प्रमुख लक्ष्य है जिसके मूल में राष्ट्रीयता है और भारतीय पारम्परिक संसार। तुलसी का मानस जनता के लिए जल के समान है जिसके बिना जीवन की परिकल्पना भी असंभव है। उनके लिए काव्य की शोभा एकमात्र राम है और उस राम से जो भी जुड़ गया वह श्रेष्ठ ही होगा। तुलसी का कला पक्ष भी राम की पूर्णतः पर ही आश्रित है। गोस्वामी तुलसीदास ने बड़े ही स्वाभाविक और विषयानुकूल ढंग से अलंकारों का प्रयोग किया है। उनकी रचनाओं में अलंकार काव्य में भाव के उत्कर्ष को बढ़ाने वाले और कलात्मक सौन्दर्य की समुचित अभिव्यक्ति करते हैं, वहाँ छन्दों, अलंकारों का अजायब घर नहीं बनता बल्कि अलंकार एवं छन्दों के प्रसंग से उनकी रचना में मनोरमता एवं स्वाभाविकता उभर कर आती है। तुलसी विद्वान हैं किन्तु उनमें सज्जनता

है वह दंभ नहीं जो लोक में प्रसिद्ध हो चुके कवियों के अन्दर घर कर गया था। शास्त्रीयता का, सज्जनता का अद्भुत संगम तुलसी अपनी कला के विषय में सदैव शान्त ही रहे–

(1) कवि न होउँ नहि वचन प्रवीनू सकल कला सब बिधा हीनू[45]
(2) कवित विवेक एक नहिं मोरे, सत्य कहहुँ लिखि कागद कोरे[46]
(3) कवि रीति नहीं जानउँ, कवि न कहावउँ[47]

यह तुलसी की महानता है, जो कवि रचना में इतना पारंगत है कि अपने रचना की व्याख्या बिना किसी अशुद्धि अथवा व्यतिरेक क्रम के और अपनी रचना के उद्देश्य को, काव्य की परिभाषा बनाकर साहित्य मर्मज्ञ के सामने बिना किसी झिझक के रखते हैं, तुलसी कहते है–

सप्त प्रबंध सुभग सोपाना, ग्यान नयन निरखत मन माना
रघुपति महिमा अगुन अबाधा, बरनउ सोइ बर वारि अगाधा
राम सीय जस सलिल सुधासम, उपमा बीचि बिलास मनोरम
पुरइनि सघन चारू चौपाई, जुगुति मंजु मनि सीप सुहाई
छन्द सोरठा सुन्दर दोहा, सोइ बहुरंग कमल कुल सोहा
अरथ अनूप सुभाव सुपासा, सोई पराग मकरंद सुबासा
सुकृत पुंज मंजुल अलि माला, ग्यान बिराग विचार मराला
धुनि अबरेव कवित गुन जाती, मीन मनोहर ते बहु भाँती।[48]

इस परिभाषा में तुलसी ने कुछ भी नहीं छोड़ा, काव्य रचना के छोटे से छोटे उपादान को भी उन्होंने रचना के निर्माण में स्थान दिया। बात जब अलंकारों एवं छन्दों की हो तो तुलसी की काव्य प्रतिभा का कोई सानी नहीं। इनके यहाँ अलंकारों के वर्गों का पूर्ण एवं स्वाभाविक अंकन मौजूद है, जिसकी कुछ स्वाभाविक विशेषताएँ हैं।

तुलसी ने प्राचीन अलंकारों का प्रयोग किया है। तुलसी परिस्थिति के अनुरूप अलंकार का प्रयोग करने में सिद्धहस्त हैं। उनके यहाँ रूप और क्रिया के सजीव चित्रण करने वाले अलंकार भी मिलते हैं साथ ही अलंकारों का बहुरंगी प्रयोग भी। इस अलंकार वर्णन में स्वाभाविकता है जो भावो की तीव्रानुभूति में सहायक बनते हैं। तुलसी की कविता में किसी वाह्य श्रृंगार की आवश्यकता नहीं बल्कि तुलसी के काव्य का सौन्दर्य अलंकार निरपेक्षता है, फिर भी उनकी कविता में यह सहजता है कि अलंकार बिना किसी प्रयोग के स्वतः ही खिच चले आते हैं। अलंकार को परिभाषित करते हुए भामह ने लिखा है–

रूपकादिरलंकारस्तथान्यैर्बध्योतितः
न कान्तमपि निर्मूलम् विभाति वनितामुखम्[49]

दण्डी ने अलंकार को काव्य के शोभाकरक के रूप में स्थान दिया है–

काव्य शोभाकरान धर्मान अलंकारान प्रचक्षते[50]

तुलसी के यहाँ अलंकार काव्य का अनिवार्य तत्व न रहकर शब्दार्थ की शोभा का उपकारक बन गया है यहाँ वह नित्य रूप में नहीं है बल्कि अनित्य रूप में है। तुलसी के काव्य में अलंकार की स्थिति अनलंकृती पुनःक्वापि जैसी है, किन्तु इससे यह अर्थ नहीं लगाना चाहिए कि तुलसी अलंकार विरोधी हैं बल्कि तुलसी के अलंकारों के प्रयोग के प्रति जागरुकता व तटस्थता देखते बनती है किन्तु अलंकरण प्रयोग सहजता की सीमा में आता है, कृत्रिमता की सीमा में नहीं।

तुलसी ने अलंकारों का भरसक प्रयोग अपने काव्य में नहीं किया। उनके यहाँ अलंकारों में सजीवता मिलती है, कृतिमता का अभाव है। वह एक सीधे सादे सन्त के मन की पुकार है। यह पुकार धीरे–धीरे ही सही पर कवि के भावों में अपनी सहजता से ही आयी है। तुलसी ने अलंकारों तथा उभयालंकारों का उनके भेद और उपभेद दोनों के साथ ही प्रयोग किया है, जिससे उनके काव्य की महिमा उसकी कमनीयता अपने आप ही बढ़ जाती है। शब्दालंकार में विशेष रूप से कवि की रुचि नहीं जमीं, पर उसके भेदों का पूरा–पूरा उपयोग तुलसी के काव्य में दिखायी देता है। अर्थालंकारों की योजना कवि के काव्य में बहुत सुन्दर ढंग से की गई है। विशेष रूप से रूपक अलंकार अगर उसकी छटा देखनी हो, तो तुलसी का मानस इस रूपक से भरा पड़ा है। छोटे–छोटे निरंग और परम्परित रूपकों के अतिरिक्त बड़े–बड़े सांगरूपकों का भी प्रयोग तुलसी ने मानस, गीतावली और विनय पत्रिका में किया है।

रूपक अलंकार गोस्वामी को अत्यन्त प्रिय है। मानस में न जाने कितने परम्परित सांगरूपक अलंकारों का प्रयोग तुलसी ने किया है। सुमन्त राम के वियोग में व्याकुल होकर कहते हैं–

हृदय न बिदरेउ पंक जिमि, बिछुरत प्रीतमु नीरू
जानत हौं मोहि दीन्ह विधि यहु जातना सरीर[51]

कितनी अद्‌भुत कवि की कल्पना है, कीचड़ पानी के वियोग से फट जाता है। मिट्‌टी में दरारें पड़ जाती हैं किन्तु सुमंत्र की स्थिति तो इससे भी बदतर है, राम के वियोग में इसी पीड़ा के बीच सुमंत जीवित हैं यह

असहनीय है। कैकेयी राजा दशरथ से बनवास के समय जो कर्ण कटु भाषा का प्रयोग कर रही हैं, उनका उत्प्रेक्षा मिश्रित रूपक देखिये–

जीभ कमान बचन सर नाना, मनहुँ महिप मृदु लच्छ समाना[52]

यह रूपक मानव मन की जहाँ–जहाँ लगने वाली चोटों से कितना बड़ा है कि इसका घाव सुखाये नहीं सुखता। यह कठोरता अकथनीय है एक उदाहरण और दृष्टव्य है–

होत प्रात मुनिवेषु धरि, जौ न रामु बन जाहिं
मोर मरनु राउर अजस, नृप समुझिअ मन माहिं
अस कहि कुटिल भई उठि ठाढ़ी, मानहुँ रोष तरंगिनि बाढ़ी
पाप पहार प्रगट भइ सोई, भरी क्रोध जल जाइ न जोई
दोउ बर कूल कठिन हठ धारा, भँवर कूबरी वचन प्रचारा
ढाहत भूपरूप तरू मूला, चली विपति बारिधि अनकूला।[53]

सांगरूपक के उदाहरण मानस के प्रथम सोपान में, मानस रूपक, कविता, सरिता, रघुवर बाल सूर्य, द्वितीय सोपान में प्रयागराज, अहेरी चित्रकूट करूणा सरिता तथा अन्तिम सोपान में ज्ञानदीपक और भक्तिमनि के वर्णन विशेष दृष्टव्य हैं। प्रस्तुत और अप्रस्तुत के विविध अवयवों का सादृश्य भली भाँति प्रदर्शित किया है। लम्बे एवं विस्तृत वर्णन के बावजूद इन रूपकों में कहीं भी शिथिलता नहीं है। तुलसी के सांगरूपक उस युग की एक विशेषता थी और इन सांगरूपकों की तुलना कबीर के सांगरूपको से न होकर सूर के सांगरूपको जैसी है। इन सांगरूपकों की संख्या अधिक नहीं है अपितु उस का मूल्य भारतीय साहित्य के सन्दर्भ में अधिक महत्वपूर्ण है।

सादृश्य मूलक अलंकारों में तुलसीदास का प्रिय अलंकार उत्प्रेक्षा है। तुलसीदास ने एक तरफ उत्प्रेक्षा के प्रयोगों से मौलिक उपमानों में एक नयी चेतना भरी दूसरी तरफ पुराने उपमानों में एक नयी प्रकार की संजीवता ला दी। भावों की अनुभूति को व्यक्त करने के लिए तुलसी हमेशा उत्प्रेक्षा का ही चुनाव करते हैं। चन्द्रबली पाण्डेय लिखते हैं कि– गोस्वामी जी ने उपमा और उत्प्रेक्षा की स्थिति को भली–भाँति परखा है और तौलकर ही जहाँ तहाँ, जब कभी उनका प्रयोग किया है दोनों की स्थिति में क्या भेद है\ इसे तुलसी से सीखिये। तुलसी ने उपमा को उतना महत्व नहीं दिया है जितना उत्प्रेक्षा को[54] इसीलिए चाहे राम का सौन्दर्य निरूपण हो या सीता का उनकी सुई अटक कर उत्प्रेक्षा पर ही जाकर टिकती है।

वह उत्प्रेक्षा में ही संभावना की तलाश करते हैं। राम का योद्धा रूप उत्प्रेक्षा में ही सम्भव है।

राम सरासन तें चले तीर रहे, न सरीर हड़ावरि फूटी[55]

इसी तरह गीतावली के योद्धा राम (गीतावली लं. 116) की वीर बहुटी वाली उत्प्रेक्षा तुलसी के यहाँ ही सम्भव है। एक उत्प्रेक्षा जो बरबस ही मन को आकर्षित कर देती है–

लता भवन ते प्रगट भे, तेहि अवसर दोउ भाई
निकसे जनु जुग विमल विधु जलद पटल बिलगाई[56]

उत्प्रेक्षा अलंकार का कितना सुन्दर वर्णन कवितावली में दिखायी पड़ता है जहाँ राम ने जनकपुर में धनुष भंग किया और सीता की सखियाँ उनके साथ जयमाल के लिए लेकर उन्हें चलती है।

तुलसी मुदित मन जनक नगरजन
झाँकती झरोखे लागी शोभा रानी पावती
मनहुँ चकोरी चारू बैठी निज निज नीड़
चन्द की किरिन पीवें पलकैं न लावती[57]

सादृश्य मूलक अलंकारों से वस्तु के सौन्दर्य बोध में सहायता मिलती है। इनमें अप्रस्तुत के द्वारा प्रस्तुत के उत्कर्ष की सिद्धि हुई है। संस्कृत में कालिदास की उपमाएँ बहुत प्रसिद्ध हैं, हिन्दी में तुलसीदास की उपमाएँ उनसे टक्कर लेती प्रतीत होती हैं। चित्रकूट की सभा में देव माया की दशा का वर्णन इस प्रकार किया गया है–

रामहिं चितवत चित्र लिखे से, सकुचत बोलत वचन सिखे से

सीता को ग्राम वधूटियाँ असीसती हैं–

(1) पारबती सम प्रतिप्रिय होऊ, देखिन हम पर छाड़व छोहू
(रा.मा. 2/117)

(2) तौ सिवधनु मृनाल की नाई, तोरहुँ रामु गनेस गोसाई।
(रा.मा. 1/254/4)

तुलसी ने परम्परा प्रसिद्ध उपमानों का ही प्रयोग अधिकांशतः किया है। इसके पश्चात् भी उनके द्वारा उपमेय के उत्कर्ष की वृद्धि हुई है। लक्ष्मण भरत को सेना के साथ देखकर तुलसी उपमा की कितनी सुन्दर व्यंजना करते हैं–

जिमि करि निकर दलइ मृगराजू, लेई लपेट लवा जिमि बाजू
तैसेहि भरतहि सेन समेता सानुज निदरि निपातउँ खेता।[58]

यहाँ करि निकर (हाथियों का समूह) भरत के लिए तथा मृगराजू (सिंह उपमान) लक्ष्मण के लिए तथा सानुज (भरत सहित शत्रुघ्न) के लिए लवा तथा लक्ष्मण को बाज की उपमा कितनी प्रासंगिक है। तुलसी की उपमा प्रायः दृश्य को मूर्त करने में ही अधिक रत है। कहीं दृश्य का चित्रण वस्तुपरक ही है, तो कहीं भावपरक भी। इस प्रकार तुलसी की उपमा ने मुख्यतः तीन प्रकार के कार्य सम्पन्न किये हैं– वस्तु सौन्दर्य अथवा दृश्यों को मूर्त करने का सौन्दर्य, वर्णन के द्वारा विषम परिस्थितियों का हृदय प्रधान बनाने का और किसी भाव अथवा व्यापार मूर्त करने का। लक्ष्मण की प्रतिज्ञा–

जौं तुम्हारि अनुसासन पावौं कन्दुक इव ब्रह्माण्ड उठावौं
काँचे घट जिमि डारौं फोरी, सकउँ मेरू मूलक जिमि तोरी[59]

वस्तुतः तुलसी के अनुसार कविता नदी की प्रवाहमान धारा के अनुसार होनी चाहिए, जितना अधिक उसका विस्तार होगा, आलम्बन तथा वर्ण्य विषय के प्रति निष्ठा उतनी ही प्रकट होती है। इसीलिए तुलसी अपनी कविता की उपमा सरिता से देते हैं–

अस मानस मानस चख चाहीं, भई कबि बुद्धि विमल अवगाही
भएउँ हृदँय आनन्द उछाहू, उमगेउ प्रेम प्रमोद प्रबाहू
चली उमगि कविता सरिता सो, राम विमल जस जल भरिता सो।[60]

जिस कलात्मकता से तुलसी अर्थालंकार का प्रयोग करते हैं, उतनी तन्मयता तुलसी शब्दालंकारों में नहीं दिखाते, इसके बावजूद तुलसी ने शास्त्रीय मर्यादा का निर्वहन बखूबी किया है। जिस कलात्मकता से तुलसी अनुप्रास का प्रयोग करते हैं, उसमें एक ओर वर्ण मैत्री, ध्वनि मैत्री तथा शब्द मैत्री से भाषा में श्रुतिसुखदता, कोमलता, चित्रात्मकता आती है वहीं भाषा सुन्दर स्पष्ट और चित्तात्मक बन जाती है जिसके कारण भावानुकूल का गुण व्याप्त हो जाता है– रामचरितमानस का एक प्रसंग है जिसमें अनुप्रास की छटा दिखायी पड़ती है, सीता के घुंघुरों की आवाज सुनकर क्या प्रभाव पड़ता है वातावरण में एक उदाहरण से स्पष्ट होता है–

कंकन किंकिनि नूपुर धुनि सुनि
कहत लखन सन राम हृदय गुनि[61]

में नाद सौन्दर्य की कितनी अद्भुत सृष्टि हुई है, जिससे नुपुर की आवाज साक्षात् प्रकट होने का अनुभव कराती है। तुलसी के यहाँ अनुप्रासों का अद्भुत प्रयोग है। अनुप्रासों के लगभग जितने भी भेद हैं वह सब तुलसी

की कविता में उपलब्ध है। अनुप्रास का एक सुन्दर उदाहरण विनय पत्रिका में भी है जहाँ केवल अनुप्रास ही नहीं, बल्कि शब्दों का सुन्दर संयोजन भी है–

गाइए गनपति जगबंदन संकर सुवन भवानी नन्दन
सिद्धिसदन, गजबदन–विनायक, कृपा सिंधु सुन्दर सब लायक
मोदकप्रिय मुद–मंगल दाता, विद्या–बरिधि बुद्धि विधाता
माँगत तुलसीदास कर जोरे, बसहि रामसिय मानस मोरे[62]

तुलसी ने यमक अलंकार का प्रयोग किया है, किन्तु उसमें न रीतिकालीन कवियों जैसी कृत्रिमता दिखायी पड़ती है, न ही वाह्य चमत्कार, बल्कि स्वाभाविक सौन्दर्य जरूर दिखता है–

राम नाम को कल्पतरु, कपि कल्यान निवासु
जो सुमिरत भयौं भाँग ते, तुलसी तुलसीदास

श्लेष अलंकारों का प्रयोग तुलसी पात्रों के स्वभाव के लिए करते हैं–

रावन सिर सरोज बनचारी, चलि रघुवीर सिलीमुख धारी।

तुलसी ने विप्सा अलंकार का प्रयोग भाव की अभिव्यक्ति के लिए किया है। दशरथ राम का नाम लेकर स्वर्ग चले जाते हैं, यहाँ विप्सा अलंकार की स्वाभाविकता देखते बनती है–

राम राम कहि राम कहि, राम राम कहि राम
तनु परिहरि रघुवर विरह, राउ गएउ सुरधाम[63]

वक्रोक्ति अलंकार से अर्थ में व्यंजकता आ जाती है– राम वनवास के लिए तैयार हैं, जाने वाले हैं, सीता को समझा रहे हैं, लेकिन सीता की उक्ति राम को चुप करा देती है काकुवक्रोक्ति का यह कितना सुन्दर उदाहरण है–

मैं सुकुमारि नाथ बन जोगू, तुमहिं उचित तप मो कहुँ भोगू[64]

तुलसी के यहाँ लगभग सभी अलंकार मिलते हैं, अतिश्योक्ति अलंकार जिसके बिना रीतिकालीन कवियों की कविता में दम नहीं मिलता, तुलसी के यहाँ भी उस अलंकार का प्रयोग है, किन्तु इस प्रयोग में मार्मिकता है। कवि ने अतिश्योक्ति के लिए जो स्थल चुने हैं वे बहुत ही कुशलतापूर्वक चुने गये हैं और उन स्थलों पर अतिश्योक्ति के बिना काव्य में उत्कर्ष का आना असम्भव है। उदाहरणार्थ धनुष टूटने पर, युद्ध स्थल पर इत्यादि। वियोग की अधिक अनुभूति के लिए कवि रूपकातिश्योक्ति का प्रयोग करते हैं। सीता के वियोग में राम का चित्रण देखिये, वह वन में सर्वत्र सीता के दर्शन करते हैं।

गोस्वामी जी का अतिश्योक्ति वर्णन कल्पना की कोरी उड़ान नहीं है उसमें भी सौन्दर्य की अद्‌भुत छटा विद्यमान है। कवि, सीता के सौन्दर्य की समता के लिए उपमान खोजता है। समता के अभाव में व्यतिरेक का आश्रय लेता हुआ है–

गिरा मुखर तनु अरध भवानी, रति अति दुखित अतनु पति जानी
विषय कारूणी बन्धु प्रिय जेही, कहिय रमासम किमि वैदेही।
(1/246/5)

फिर इतना सब कुछ कहने के बाद सीता के सौन्दर्य की तुलना किसी यथार्थ से नहीं हो सकती–

जौ छवि सुधा पयोनिधि होई परम रूपमय कच्छप सोई
सोभा रजु मंदरू सिंगारू, मथै पानि पंकज निज मारू
एहि विधि उपजै लच्छि जब, सुन्दरता सुख मूल
तँदपि सँकोच समेत कवि, कहहि सीय सम सूल

सफल अलंकार विधान वहीं होता है जहाँ किसी भाव प्रकृति की अधिकाधिक वृत्तियों की पहचान और उपयुक्त अलंकारों का चुनाव किया जाये। इन दोनों का ही विनियोग वैविध्य प्रकारान्तर से कवि की प्रौढ़ व्यंजना शक्ति का द्योतक है। प्रत्येक भाववृत्ति की कुछ ऐसी विशिष्टता अलंकार द्वारा ही पूर्ण रूप से सम्भव हो सकती है। कोई दूसरा अलंकार उसका स्थान नहीं ले सकता, यह तब होता है, जब कवि का अलंकार विधान पूर्ण परिपक्व हो एवं भाव तथा अभिव्यक्ति में अभिन्नता का बोध हो वहाँ अलंकार कला का प्रदर्शन न होकर भाव का सच्चा प्रतिनिधि होता है। भक्तिकाल के कवियों की सबसे बड़ी विशेषता उसकी उपयुक्तता ही है। उनके किसी भी अलंकार पर किसी दूसरे अलंकार को रखने की कल्पना की ही नहीं जा सकती। सूर एवं तुलसी दोनों के यहाँ अलंकारों को भावों का प्रतिनिधि माना गया है। यह शृंगारी कविता नहीं है जहाँ अलंकार को ही साध्य समझकर काव्य रचना में प्रवृत्त हुआ जाये। तुलसी और सूर दोनों ही कवियों का अलंकार विधान अपने उत्कर्ष को छूता है।

अलंकार : भाषा का चमत्कार यदि कहीं प्रकट होता है वह अलंकारों में। डॉ0 विश्वम्भर नाथ उपाध्याय ने अलंकारों के सन्दर्भ में कहा है कि अलंकारों को अब तक भाव से स्वतंत्र रखकर अभिव्यक्ति के प्रकार के रूप में समझाने का प्रयत्न किया गया है, परन्तु वास्तविकता यह है कि

अलंकारों का सम्बन्ध विशेष रूप से अर्थालंकारों का सम्बन्ध कवि की मानसिक स्थिति के साथ होता है। भाव जब जल प्रवाह के समान आगे बढ़ता है तो कई ऋजु और वक्र गतियों को अपनाता है। गति की ऋजुता स्वाभावोक्ति जैसे अलंकार के रूप में प्रकट होती है और वक्रता वक्रोक्ति जैसे अलंकारों के रूप में।[65]

रससिद्ध महाकवियों की वाणी सहज अलंकृत होती है। पृथक से अलंकार विधान न तो उनका लक्ष्य होता है, न वे उसके लिए कृत प्रयत्न होते हैं। भाषा उनके भावों की अनुगामिनी होती है। आत्मभूत लोकोत्तर के प्रभाव वश उनके काव्य का अर्न्तवाह्य सब कुछ मधुर भाव से संचालित होता है। 'मधुराधिपतेर खिलं मधुरम्' और यह माधुर्य या प्रतिमा द्वारा निर्मित न होकर शक्ति (सहज काव्य प्रतिभा) के फलस्वरूप उनके काव्य में वाह्य रूप से ही मनोहरता के साथ विराजमान है, जितना हृदयस्पर्शी रूप में है उतना ही उसके अभ्यान्तर रुप में भी। सूर का जीवन उनके ध्येय उनका वर्ण–विषय सब कुछ कृष्ण को ही समर्पित है कृष्णात्पर किमपि तत्ववमहं न जाने। सूर के काव्य में ऐसा क्या नहीं है? जो पढ़े–लिखे शास्त्रज्ञ, पण्डितों के काव्य में है। सूर की विशेषता इस अर्थ में और भी बढ़ जाती है जहाँ बिना किसी शास्त्रीय ज्ञान के साहित्य लहरी जैसी रचना सूर अपनी वृद्धावस्था में करते हैं, तीनों शब्द शक्तियँ, काव्यरीतियाँ अनेकों अर्थालंकार एवं शब्दालंकार उस सूर के सामने दबे–दबे से रहते हैं और उपादान बनते हैं, कृष्ण की लीला के।

सूर की अलंकार योजना अनायास ही उनके काव्य में समाहित है। इसके लिए उन्हें पुस्तकीय ज्ञान की आवश्यकता नहीं। सूर की कविता का भाव सहज अलंकृत होकर मूर्तमान हो उठा है। निपट अन्धे सूर की अन्तरात्मा का आकाश इतना विशाल एवं मनोहर था कि कविता उनके मनोभावों की सहचरी बन गयी।

सूर की कविता का अलंकार थोथा अलंकार नहीं, अपितु उसमें व्याप्त सौन्दर्य और भाव दोनों को ही प्रधानता देते हुए कविता के उद्देश्य को पूर्ण करता है। सूर के यहाँ अलंकर भार नहीं है अपितु वे वास्तव में काव्य के शोभाकारक गुण हैं। सूर के पास नाना पुराण निगमों का ज्ञान नहीं था बल्कि अनुभवों, श्रवणों के द्वारा अर्जित सत्संगी ज्ञान उन्हें ईश्वर प्रदत्त था। इसके बावजूद सूर की अलंकार योजना किसी श्रेष्ठ कवि से कमतर नहीं, अपितु ब्रजभाषा के साहित्य को यदि उठाकर देखें तो सूर जितना

प्रौढ़ ज्ञान केवल नन्ददास की भाषा में ही मिलता है। सूर इस अर्थ में उनसे भी कहीं आगे निकल जाते हैं।

अलंकार भावों को एक आदर्श रूप में बाँधने का कार्य करते हैं। यह रूपावस्था काव्य में संवेग की उत्पत्ति में जहाँ सहायक है वहीं सहृदय की मनोवस्था को उच्च शिखर पर स्थापित भी करता है। सूर के यहाँ ऐसे भाव सर्वत्र बिखरे हुए हैं। सूर को मानव मनोविज्ञान की कितनी परख है कि बालशिशु कृष्ण कैसे बोलते हैं\ कैसे चलते हैं? का कितना सटीक वर्णन उनके पदो में प्राप्त होता है–

(1) अलप दसन, कलबलि करि बोलनि[66]

(2) अरबराइ कर पानि गहावत डगमगाव धरनी धरैव पैंया[67]

सूर के यहाँ अलंकार का प्रयोग वस्तु वर्णन की कमी को दूर करने के लिए है, इन अलंकारों ने सूर के काव्य की शोभा में अतिशय वृद्धि की। केशव की तरह अलंकारों की झड़ी नहीं है, लेकिन यहाँ जितने भी अलंकार हैं वह अपने सशक्त रूप में काव्य में उपस्थित हैं– यह देशज का प्रभाव है। सूर प्रमुखता से जिन अलंकारों का वर्णन करते हैं वह कुछ ही हैं जिसमें कवि अपनी बात, अपने भाव को सहज ही व्यक्त कर देता है। उपमा, रूपक, अतिश्योक्ति जैसे अलंकार सूर के यहाँ बराबर देखने को मिलते हैं। सूर के काव्य की सबसे बड़ी विशेषता उसकी स्वाभाविकता संजीवता एवं रसमयता है। कवि इसमें चमत्कार लाने की कोशिश नहीं करता, वह सीधे–सीधे अपनी बात कहता है और इस कहने–सुनने की प्रक्रिया में अलंकार अपने आप घुसते चले आते हैं बिना किसी दबाव या टकराव के।

इसीलिए शायद डॉ0 रामस्वरूप आर्य ने लिखा है कि "सूरदास एक रस सिद्ध कवि थे, उनकी भावधारा उनकी अलंकृत शैली के सम्पर्क लाभ से जगमगा उठी है। उनकी रचना में जैसी भाव प्रवणता है वैसी अलंकृत सज्जा भी। उनकी अलंकार योजना में न तो केशव के समान पांडित्य प्रदर्शन का आग्रह है, न तुलसी के समान साज सज्जा का, उन्होंने अलंकारों का प्रयोग भावों के सौन्दर्य वृद्धि के लिए भी किया है।"[68]

सूर अर्थालंकार में सिद्धहस्त हैं विशेष रूप से साम्यमूलक अलंकारों के प्रयोग में साम्य की तीन स्थितियाँ होती हैं– रूप साम्य, धर्म साम्य और प्रभाव साम्य। सूर की कविता में इन तीनों ही स्थितियों की प्रचुरता विद्यमान है, जिसका एकमात्र केन्द्र कृष्ण हैं।

उपमा अलंकार के विषय में विद्वानों ने कहा है–

(1) अलंकार शिरोरसं सर्वस्व काव्य सम्पदान
उपमा कवि वंशस्य मातैवेति मतिर्मम

(राजशेखर कृत काव्य मीमांसा)

(2) उपमैषा शैलषी सप्राप्ता चित्र भूमिका भेदात्
रंजयिता काव्य रंगे नृत्यन्ती तद्विदां चैतः (अप्पय दीक्षित)

सूर के यहाँ उपमा अलंकारों का प्रयोग खूब किया गया है उपमा का अर्थ है नजदीक से देखना, समीप से परखना, समता का प्रतिपादन करना, तौलना, एक वस्तु के समक्ष दूसरी वस्तु की तुलना करना। सूर तुलना करते हैं, इस संसार की भौतिकता और ईश्वर की प्राप्ति के आनन्द के बीच भक्त मन बरबस ही गा उठता है–

मेरो मन अनंत कहा सुख पावै
जैसे उड़ि जहाज को पच्छी, फिरि जहाज पर आवै।[69]

और कवि तान छेड़ देता है–

सोभा सिंधु न अंत रही री,
नन्द भवन भरि पूरि उमंगि चलि ब्रज की
बीथिनि फिरति बही री[70]

तुलसी के समान सूर भी सांगरूपकों के प्रयोग में सिद्धहस्त हैं किन्तु उपमा उत्प्रेक्षा एवं रूपक में उनकी विशेषज्ञता दर्शनीय है। इन सांगरूपकों में जीवन की विविध परिस्थितियों के सूक्ष्म निरीक्षण, शास्त्रीय परम्परा के मौखकीय ज्ञान से परिचय के साथ हृदय के सुष्ट एवं गार्म्भीय भाव की मनमोहक आकृति उभरती है–

अब मैं नाच्यौ बहुत गोपाल
काम, क्रोध कौ पहिरि चोलना कंठ विषय की माल
महामोह के नूपुर बाजत, निन्दा शब्द रसाल
भ्रम भोयौ मन भयौ, पखावज चलत असंगत चाल
तृष्ना नाद करति घट भीतर, नाना विधि दै ताल
माया कौ कटि फेंटा बाँध्यौ, लोभ तिलक दियौ भाल
कोटिक कला काछि दिखराई, जल थल सुधि नहिं काल
सूरदास की सबै अविद्या, दूर करौं नन्दलाल[71]

कवि की प्रतिभा जितनी सहज होती है, उसकी कल्पना उतनी ही व्यापक होती है। अपनी कल्पना को दूसरों की कल्पना का विषय बनाने के

लिए कवि अनेक अप्रस्तुतों की योजना करता है। श्रीकृष्ण का यह सौन्दर्य वर्णन जहाँ सांगरूपक का सुन्दर प्रस्तुतिकरण है कितना अद्‌भुत है–

देखौ माई सुन्दरता कौ सागर
बुद्धि–विवेक बल पार न पावत, मगन होत मन नागर
तनु अति स्याम अगाध अंबुनिधि कटि पट पीत तरंग
चितवत चलत अधिक रुचि उपजति भंवर परति सब अंग
मीन नैन मकराकृत कुण्डल, भुज सरि सुभग भुजंग
मुक्ता माल मिलीं, मानौ द्वै सुरसरि एकै संग।[72]

उत्प्रेक्षाओं का सुन्दर प्रयोग जितना सूर के यहाँ है उतना शायद ही किसी के यहाँ हो। महाकवि सूरदास ने अपनी बन्द आँखों से मनोभावों की सूक्ष्म अभिव्यक्ति को जिस तरह पकड़ा तथा कौसल के साथ संजोया है, एक से एक उपमान, कवि ने अपने आराध्य के रूप सौन्दर्य एवं प्रेम सौन्दर्य के लिए प्रगट किया है। सूर की दुनिया कृष्ण तक सीमित है वह जो भी सोचते हैं, जो भी कल्पित करते हैं, जिसमें सौन्दर्य की झलक वर्तमान हो, उसके लिए एकमात्र आश्रय कृष्ण ही है कृष्ण के अतिरिक्त किसी अन्य विकल्प की स्वीकृति उन्हें मान्य नहीं। एक ही पद में प्रतीक अलंकार भी है, व्यतिरेक अलंकार भी और उस पर सोने की सुहागे की तरह उत्प्रेक्षा अलंकार काव्य की महत्ता में चार चाँद लगा देता है।

सूर ने भगवान कृष्ण की छवि के उपमान संजोने में क्षितिज को आपस में मिला दिया है। कृष्ण के स्यामल शरीर के लिए अभिराम जल जलद पदों पर पंकज का रूपक होते हुए भी उनकी अरूणिमा के लिए बंधूक सुमनों, नुपुर ध्वनि के लिए हंस तथा करूणा जलपूरित नेत्रों के लिए जलजात के अप्रस्तुत विधान द्वारा विविध उत्प्रेक्षाएँ की गयी है। कृष्ण कुँवर का सौन्दर्य कितना आकर्षक है। कवि उस रूप सौन्दर्य की प्रशंसा करते नहीं अघाता, उसके पास सिद्ध उपमान नहीं मिलते तो वह असिद्धास्पद उत्प्रेक्षा का सहारा लेने से भी नहीं चूकता है।

कहाँ लौं बरनौ सुन्दरताई
खेलत कुँवर कनक आँगन मैं, बैन निरखि छवि छाई
कुलही लसत सिर स्याम सुन्दर कै, अति बहुविधि सुरंग बनाई
मानौ नवधन उपर राजत, मधवा धनुष चढ़ाई
अति सुदेस मृदु हरत चिकुर मन, मोहन–मुख बगराई
मानहुं प्रगट कंज पर मंजुल, अलि–अवली–फिरि आई

नील, सेत अरू पीत, लाल मनि, लटकन भाल रूनाई
सनि, गुरु–असुर देवगुरु मिलि, मनु भौम सहित समुदाई।[73]

सूर ने न केवल साम्य मूलक अलंकारों में अपनी विशेषज्ञता अर्जित की है, अपितु अतिशयमूलक और विरोध मूलक अलंकारों में भी उतनी ही मजबूती से अपनी बहुज्ञता को व्यक्त किया है। रूप सौन्दर्य के वर्णन में रूपकातिशयोक्ति देखते ही बनती है और बात जब राधा के नखसिख सौदर्यं की हो तो उसकी कोमलता कमनीयता के लिए एक से एक वर्णन का अनोखा भंडार सूर के यहाँ प्रचुर मात्रा में जमा हुआ है। राधा के सौन्दर्य और सूरत वर्णन वाला अद्भुत एक अनुपम बाग रूपकातिश्योक्ति का चरम शिखर है। इसके अतिरिक्त विरोध मूलक अलंकारों के प्रयोग में उक्तिवैचित्र्य और वाग्वैदग्धय किसी सिद्धि या परिचय का मोहताज नहीं है। हिन्दी में भ्रमरगीत की परम्परा के विकास का श्रेय इन महानुभाव को ही जाता है। इसमें ब्याजनिन्दा, असंगति, विरोधाभाष, विषम विभावन आदि वैषम्य मूलक अलंकारों का प्रयोग, उनकी वाक्य चातुरी काव्यात्मक अभिव्यंजना का सुष्ठ एवं प्रभविष्णु विनियोग, अर्थ गौरव की अनुपम सृष्टि करता है–

उधौ कहा कथत विपरीति
जुवतिन जोग सिखावन आए, यह तौ उलटी रीति
जोतत धेनु दुहत पय वृष कौ, करन लगे जु अनीति
चक्रवाक ससि कौं क्यौं जानैं, रवि चकोर कहँ प्रीति
पाहन तरै, सोलह जो बूड़ै, तौ हम मानै नीति
सूर स्याम प्रति अंग माधुरी, रही गोपिका जीति[74]

आचार्य ब्रजेश्वर वर्मा ने सूर के अलंकार विधान के सन्दर्भ में कहा है– सूरदास के अलंकार विधान की यह विशेषता है कि वे एक दूसरे से मिलकर इस प्रकार प्रयुक्त होते हैं मानो कवि के कल्पना जगत में उपमानों का ऐसा अक्षयकोश कि उसके प्रयोग के लिए तनिक भी आयास नहीं करना पड़ता।[75]

सूर ने अपने अनुभूति प्रवण अंतःकरण में जिस मनोमुग्धकारी रमणीय भावों से संवेदना को उकेरा है। उसे वेगपूर्ण एवं प्रभावशाली रूप में प्रगट भी किया है, जिससे वह अपनी काव्यमय अभिव्यक्ति के साथ अवर्ण्य या अप्रस्तुत पदार्थों का भी वर्णन करता जाता है। किसी भी वस्तु को यह जीवन या जीवन से सम्बन्धित रूप या तथ्य को वह अपने काव्य का

आधार बनाता है। यही काव्य का विभाव है, जिसका आलम्बन करके कवि अपनी कल्पना सृष्टि को प्रकट करता है।

छन्द योजना : लय को नियमित और नियोजित करने का कार्य जिस विधान के द्वारा संपादित किया जाता है, उसे ही छन्द कहते हैं। जिस प्रकार मनोवेगों की सम्यक अभिव्यक्ति के लिए लय की अपरिहार्य अपेक्षा है, उसी प्रकार लय को नियंत्रित करने के लिए छन्द की भी। लय बिना छन्दों के स्वयं पूर्ण नहीं हो पाते। लय की प्रकृति के दो मुख्य तत्व हैं– (1) स्थिरता (कान्सटैन्सी) (2) परिवर्तन सहत्व (वैरिएशन)। मुक्त छन्द में परिवर्तन सहत्व की प्रकृति तो बनी रहती है, पर स्थिरता का अभाव रहता है। इसके विपरीत नियमबद्ध छन्द में दोनों प्रकृति की रक्षा होती है। छन्द में लय की दो परस्पर विरोधी प्रकृतियों के सहअस्तित्व से स्वर लहरी में अद्भुत व्यंजनात्मक शक्ति भी अद्भुत होती है एवं भाव में लालित्य अपने आप आता जाता है। लय की प्रकृति को सुरक्षित रखने के कारण छन्द काव्य का अनिवार्य अंग बन गया।

तुलसी ने छन्द को किसी साँचे में लय की उभय प्रकृति के अनुरूप प्रयुक्त किया तथा कैसे लय के रूप में छन्दों का चयन किया? इसका सीधा सा उत्तर यह है कि लय की उभय प्रकृति के अनुरूप तुलसी के यहाँ शब्द और भाव एक दूसरे के पर्याय बनकर मूर्त हो गये हैं–

लता भवन तें प्रगट भे, तेहि अवसर दोउ भाई
निकसे जनु जुग बिमल बिधु जलद पटल बिलगाई।[76]

यहाँ छन्द विधान के अन्तर्गत स्थिरता है साथ ही दोहे के चरणों में इन दोनों के योग से किसी वस्तु के एकाएक प्रकट होने की कितनी सुन्दर चित्रात्मक अभिव्यंजना साकार हो उठती है। लय अथवा भाषा के अनुरूप छन्द योजना करने में भी तुलसी की कौसल कला बेजोड़ है।

डॉ0 धनवन्ती दाधीच ने छन्दो के लिए कहा है कि भाषा का प्रवाह ही छन्द है। भाषा का यह प्रवाह या छन्द किसको वहन करता है\ क्या वहन है\ भाषा का शब्दार्थ ही न। शब्दार्थ क्या है? सामाजिक सम्बन्ध जो मैं समझती हूँ, वह सुनने वाले भी समझते है सही सामाजिक सम्बन्ध सूत्रक अर्थ है। भाषा जब वेगवती होती है, छन्दोमयी होती है तो उसकी अर्थधारा या भाव धारा का प्रवाह गद्य की अपेक्षा आवेगपूर्ण हो उठा है और तब वह अपने सीमित अभिधेय अर्थ से अधिक को प्रकाशित करने लगती है।[77]

यही कारण है कि गोस्वामी जी ने जिन छन्दों का प्रयोग अपने काव्य में किया है उसने न केवल मात्रा, गण, वर्ण इत्यादि का चमत्कार ही है और न छन्द विधान की पाबंदी ही, वरन् उनमें तो प्रसंगानुकूल लय और ताल का भी समायोजन तुलसी ने किया है, भावों के अनुरूप ध्वनि को छन्दो में समा देना तुलसी जैसे साहित्य मर्मज्ञ के लिए आसान बात थी।

तुलसी ने अपनी कृतियों में विविध प्रकार के मात्रिक और वर्णिक छन्दों का प्रयोग किया है। उनकी रचनाओं में कुल 28 प्रकार के छन्द प्रयुक्त हुए हैं। छन्द योजना का प्रयोग तुलसी दास ने अपनी रचनाओं में कुशलता से किया है। उनके यहाँ काव्य में दोहे, चौपाई वाली शैली जिसका प्रयोग आदिकाल से होता चला आ रहा है। तुलसी ने अपने मानस में इसे महत्ता देकर भारतीय परम्परा के प्रति अपने विश्वास को प्रदर्शित किया, साथ ही तुलसी ने घटना वैशिष्ट संवाद, विविध भाव वर्णन, चित्रण, सन्दर्भ, प्रबंध सौष्ठव की दृष्टि से अनेक छन्दों का प्रयोग अपने काव्य में किया है। काण्ड के सभी मंगलाचरणों की रचना संस्कृत शैली में हुई जिनमें कुल आठ प्रकार के वर्णवृत्तों, अनुष्टुप शार्दूल, विक्रीड़ित बसन्ततिलका, इन्द्रवज्रा, मालिनी, वंशस्थ, रथोद्वता तथा स्रग्धरा का प्रयोग हुआ है। तुलसी के यहाँ दोहा, चौपाई का प्रयोग एक निश्चित योजना के अनुसार हुआ है। प्रायः अद्धलियों के उपरान्त दोहों का प्रयोग दिखायी पड़ता है। चौपाई छन्द में नाद सौन्दर्य, भाषा प्रवाह की कला का जैसा सुन्दर प्रयोग हुआ है वैसा अन्यत्र दुलर्भ है। इसलिए इस छन्द से संगीत का प्राचुर्य बढ़ जाता है–

रघुवंश भूषन चरित यह नर, कहहिं सुनहिं जे गावहीं
कलिमल मनोमल धोई बिनुश्रम, राम धाम सिधावही[79]

तुलसी ने विविध छन्दों का प्रयोग अपने काव्य में किया है। राम चरित मानस में, सोरठा, दोहा, चौपाई, चौपैया, तोमर, डिल्ला, त्रिभगी, हरिगीतिका आदि मात्रिक तथा अनुष्टुप (श्लोक) इन्द्रव्रजा तोटक, नगस्वरूपिणी, भुजंगप्रयात, मालिनी, रथोद्धता, वसंततिलका, वंशंस्थ, शार्दूलविकीड़ित सृग्धरा आदि वर्णिक वृत्तों का प्रयोग किया है। पार्वतीमंगल और जानकीमंगल में हरिगीतिका और अरूण छन्द का प्रयोग हुआ है। हरिगीतिका छन्द के सन्दर्भ में नामवर सिंह ने लिखा है कि मैथिलीशरण गुप्त की भारत भारती की लोकप्रियता का एक बड़ा कारण इस छन्द में रचा जाना है।[80]
हरिगीतिका छन्द का एक सुन्दर उदाहरण देखने योग्य है–

कस कीन्ह बरू बौराह विधि, जेहिं तुम्हहि सुन्दरता दई
जो फलु चहिअ सुरतरूहिं, सो बरबस बबूरहि लागई
तुम्ह सहित गिरि तें गिरौं पावक, जरौं जलनिधि महुँ परौं
घरू जाउ अपजसु होउ जग, जीवत विवाहु न हौं करौं।[81]

कितनी सुन्दर और मर्मांतक पीड़ा एक माँ की इन शब्दों में प्रकट होती है। कवितावली में कवित्त छप्पय सवैया और झूलना का प्रयोग किया गया है।

कवित्त–

बालधी बिसाल विकराल, ज्वाल–जाल मानो
लंक लीलिबो को काल रसाना पसारी हैं
कैंधौं ब्योम बीथिका भरे हैं भूरिधूमकेतु
वीर रस वीर तरवारि सी उघारी है
तुलसी सुरेस–चाप, कैधों दामिनी कलाप
देखे जातु धान, जातुधानी अकुलानी कहैं
कानन उजारयो अब नगर प्रजारी है।[82]

यह आग की विकरालता उसकी भयावहता का आँखों के सामने प्रकट होता हनुमान का क्रोधी स्वरूप कवित्त में ही सम्भव था। सवैया का कवितावली में एक बहुत सुन्दर उदाहरण है, जो राम के चरित्र को सौ गुना बढ़ा देता है।

कीर के कगर ज्यौं नृपचीर, विभूषन उप्पम अंगनि पाई
औध तजी मगवास के रूख ज्यौं पथ के साथी ज्यौं लोग–लुगाई
संग सुबंधु, पुनीत प्रिया, मनो धर्म क्रिया धरि देह सुहाई
राजिवलोचन राम चले तजि बाप को, राज बटाऊ की नाई।[83]

रामलला नहछू सोहर में लिखित है। तुलसी ने लोक को हमेशा केन्द्र में रखा, इसलिए तुलसी गाँव घरों में गाये जाने वाले सोहर को अपनी कविता में प्रमुख छन्द बनाकर उपस्थित कर देते हैं। देवेन्द्र सत्यार्थी कहते हैं कि– लोक गीत किसी संस्कृति के मुँह बोलते चित्र है।[84] अवधी में लोकगीतों की जन–जीवन में अधिक व्यापकता है और सोहर तो अवधी का लोक छन्द ही है शायद यही कारण था कि तुलसी अपनी प्रथम रचना के नाते इसका चुनाव करते हैं–

बिहँसत आउ लोहारिनि हाथ बरायन हो
अहिरिनि हाथ दहेंड़ि सगुन लेइ आवइ हो[85]

यह है, सोहर का माधुर्य और अवधी जनमानस की उत्कंठा उसका हास्य। वैराग्य संदीपनी में सोरठा और चौपाई का प्रयोग किया गया है। रामाज्ञा प्रश्न, सतसई और दोहावली में दोहा छन्द प्रयुक्त किया गया है। बाहुक में धनाक्षरी, छप्पय, मत्तगयन्द और झूलना आदि प्रयुक्त हुए हैं। गीतावली, श्रीकृष्ण गीतावली एवं विनय पत्रिका पंद्य शैली में लिखे गये हैं। इसके पद राग संगीत शास्त्र पक्ष आधारित हैं।

जानकीमंगल और पार्वतीमंगल में हंसगति छन्द का ही प्रयोग हुआ है जो राम लला नहछू में दो मात्राओं की वृद्धि के साथ प्रयुक्त हुआ है। यह एक ऐसा छन्द है जिसमें मांगलिक अनुष्ठानों का वर्णन किया जाता है। इस कारण कुछ विद्वान इसे मंगल छन्द कहते हैं लेकिन मंगल नामक कोई छन्द नहीं, वह हंसगति छन्द ही है।[86] त्रोटक तथा भुजंगप्रपात में स्तुतियों का सजीव चित्र मिलता है। तोमर जैसे गतिशील छन्द का प्रयोग युद्ध की अनुकूलता की रक्षा के लिए हुआ है–

(1) तब चले बान कराल फुंकरत जनु बहु व्याल
कोपेउ समर श्री राम चले बिसिख निसित निकाम

(2) भट कटत तन सतखण्ड, पुनि उठत करि पाषण्ड
नभ उड़त बहु भुज मुण्ड बिनु मौलि धावत रूण्ड
खग कंक काग सृगाल, कटकटहि कठिन कराल[87]

एक उदाहरण भुजंगप्रपात का भी देखने योग्य है जहाँ स्तुतियों का सजीव चित्रण मिलता है। शिव की यह आरती शिव के सम्पूर्ण ब्रह्माण्ड में व्याप्त भावना को व्यक्त करती है–

नमामीशिमीशान निर्वाणरूपं विभुंव्यापकं ब्रह्म वेदमस्वरूपं
निजं निर्गुणं निर्विकल्पंनिरीहं चिदाकाशमाकाशवासं भजेऽहं
निराकारमोंकार मूलं तुरीयं गिराज्ञानगोतीतमीशं गिरीशं[88]

डिल्ला छन्द का प्रयोग लंका काण्ड में हुआ है। जिसमें राम के प्रति भक्ति तथा अपनी हीनता को तुलसी व्यक्त करते हैं–

अज व्यापक मेकमनादि सदा, करूनाकर राम नमामि मुदा
रघुवंस विभूषन दूषनहा, कृत भूप विभीषनु दीन रहा[89]

वास्तव में तुलसी के छन्दों का प्रयोग उनकी बहुज्ञता को व्यक्त करता है। वह विषय एवं भाव के अनुकूल छन्दों का प्रयोग अपनी रचना में करते हैं। तुलसी का छन्द प्रयोजन ऐसा है, जिससे कथा की प्रवाहमयता

में कहीं भी बाधा नहीं आती बल्कि के यहाँ तुकों की रक्षा वर्ण मैत्री के विन्यास श्रुतिमाधुर्य जैसे गुणों की अभिवृद्धि ही होती है।

छन्द : भारतीय वाङ्मय में भाषा की उत्पत्ति के समय से ही छन्द का विचार दिखायी पड़ता है। स्वयं हमारे आदिग्रन्थ ऋग्वेद में मंत्रों के स्वर, ध्वनि बल वर्णों की नियमित व्यवस्था तथा वाद योजना के अन्तर्गत छन्द के अनेक तत्व विद्यमान हैं। कविता छन्दबद्ध ही होती है। तभी वह श्रेष्ठ कविता मानी जाती है इसके अतिरिक्त वह सिर्फ भाषा का चमत्कार है। भारतीय साहित्य परम्परा में छन्दों का एक विस्तृत इतिहास रहा है। प्राचीन साहित्य में छन्दशास्त्र के छन्दोविचिति, छन्दोऽनुशासन, छन्दोवितृत्ति और छन्दोमान आदि नाम मिलते हैं। छन्द शब्द संस्कृत की छन्द धातु में असुन प्रत्यय के लगाने से बना है। जिसका अर्थ है, प्रसन्न करना, बांधना, फुसलाना इत्यादि। छन्द भाव और लय को कविता के रूप में ढालने वाली विशिष्ट पद्धति है। कविता में प्रयुक्त होने वाले वर्ण मात्रा यति, सम गति और प्रवाह आदि मुख्य काव्यांगों को अनुशासित करने वाले कलात्मक धर्म का नाम छन्द है, इसका एक नाम पिंगल शास्त्र भी है। कविता में छन्दों का विशेष महत्व रहा है।

सूर छन्द योजना में भी कुशल है एक कवि होने के साथ–साथ सूर गायक भी हैं। गेयता या लय छन्द के लिए आवश्यक हैं– डॉ0 शिखर चन्द जैन 'सूर एक अध्ययन' के पृष्ठ–80 पर लिखते हैं कि संगीत विषय काव्य और संगीत का सच्चा समन्वय कर सका है तो वह सूर ही है। इस सन्दर्भ में वे सूर और तुलसी की तुलना करते हुए लिखते हैं कि जहाँ तुलसी की संस्कृत पदावली संगीत के माधुर्य को किन्ही अंशों में कम कर देती हैं वही सूर की प्रकट से प्रसवित होने वाली शब्द लहरी, स्वाभाविकता, सादगी, अल्हण और प्रसाद को समान रूप से लिए हुए आगे बढ़ती है। तुलसी के आवश्यक रूप से प्रयुक्त बड़े–बड़े रूपक भी संगीत लहरी में अवरोध उपस्थित करते हैं। पर सूर के रूपक छोटे, आवश्यक, फबते हुए, सरल, आकर्षक और संगीत के लिए उपयुक्त हैं। इसलिए तुलसी संगीत का वह माधुर्य न ला सके, जो उसका शृंगार है, ऐसा करने में सूर समर्थ हो सके है। उन्होंने संगीत की स्वर लहरी को सरलता भावुकता, प्रवणता और दक्षता के साथ प्रवाहित किया है।[90] यह है छन्दों का प्रभाव। छन्दों का हम अनुच्छेद (Stanza) यहाँ पर देख सकते हैं कि कुछ छन्द जो चार से अधिक पंक्तियों का होता है। किन्तु इसमें किसी भी तरह का बंधन नहीं

होता। प्रत्येक पद का आरम्भ एक छोटी पंक्ति से होता है जिसे छन्दक या टेक कहते हैं गाने के समय इसकी आवृत्ति बार–बार होती है, इसीलिए ऐसी पंक्ति को स्थायी या ध्रुव भी कहते हैं। सूर पद में काव्य सृजन करते हैं, अतः कई लोग यह मानते हैं कि सूर की रचना छन्द की दृष्टि से नहीं हुई है जबकि स्थिति ठीक विपरीत है। यह अलग है कि सूर ने छन्द शास्त्र के शास्त्रीय नियमों की अवहेलना सर्वत्र की है इसीलिए सूर की कविता में किसी एक छन्द की प्रधानता नहीं दिखती। सूर ने ज्यादातर वृत्तछन्दों का तथा मात्रावृत्त छन्दों का प्रयोग अधिक किया है। डॉ0 गौरी शंकर मिश्र ने छन्दों के सन्दर्भ में कहा है कि "हिन्दी साहित्य गणात्मक वर्ण वृत्तों के अतिरिक्त कुछ वर्णवृत्तों का प्रयोग होता है, जिनमें लघु गुरु के क्रम का कोई बंधन नही है। वर्णों की निर्दिष्ट संख्या के आधार पर उनका निर्माण होता है। ऐसे वर्णवृत्त वर्णिक मुक्तक दंडक कहे गये। सूर साहित्य में गणात्मक वर्णवृत्त का प्रयोग नहीं हुआ है। वर्णवृत्त के रूप में सूरदास ने वर्णिक मुक्तक दंडक का प्रयोग किया है।"[91]

सूर साहित्य में केवल 73 पदों की रचना वर्णवृत्त में हुई है। शेष सारे पद मात्रिक छन्दों में निबद्ध है। मात्रिक छन्दों को छन्द शास्त्रियों ने तीन भागों में विभाजित किया है। (1) सममात्रिक (2) अर्द्ध सममात्रिक (3) विषम मात्रिक।

यह शास्त्रीय पैमाना है। वास्तव में छन्द या पिंगल पढ़कर गीत नहीं लिखे जा सकते बल्कि भाव की माँग के अनुसार छन्द स्वतः ही उस गीत में उपस्थित हो जाते हैं। सूर के समस्त पद गीत शैली में रचे हुए हैं तथा जिनकी रचना चौपाई, छन्द तथा पदों में हुई थी। कविता और छन्द विधान दोनों ही आदिकाल से साथ चलते चले आ रहे हैं। यह सूर की विशेषता है कि सूर ने छन्दों के बंधन को अपने काव्य की मांग के अनुसार ढीला कर दिया है। कई बार तो छन्दो की पंक्तियों को तोड़कर एक नवीन रूप ही दे दिया है।

सूर साहित्य में जिन छन्दों का प्रयोग किया गया है वह कुछ इस प्रकार हैं– सम मात्रिक साधारण छन्द, जिसमें शशिवंदना, महानुभाव लीला, सखी, कज्जल, तोटक, गीतिका, सरसी, सार प्रगीतिका आदि प्रमुख हैं।

सममात्रिक दंडक में लीलापति, प्रतिपाल, हंसाल, झूलना, प्रभाती मानवती, मदन सवैया, बदन सवैया, हरिवल्लभा, हरिप्रिया नटनागर आदि प्रमुख है– अर्द्ध सम मात्रिक में दोहा, सोरठा, मिश्र में छप्पय, वर्णिक

मुक्तक में मिताक्षरी, वर्णिक मुक्तक दण्डक में नागर, गोरस, सूर घनाछरी, मनहरण, घनाक्षरी, रूप घनाछरी प्रमुख है। साथ ही सूर ने नवीन छदों के प्रयोग के साथ पुराने छन्दों को भी अपने काव्य में प्रयोग किया, जिनका सूरदास के पहले के कवियों में अभाव है। इन छन्दों में शशिवदना नामक एक छन्द है जिसके प्रत्येक चरण में 10 मात्राएँ होती हैं। सूर के यहाँ शशिवदना छन्द का एक ही उदाहरण है। इस छन्द में प्रत्येक चरण में 10 मात्रायँ होती हैं–

जल थल पवन थक्यौ खग मृग तरू बिथक्यौ
देखत मदन जक्यौ चरननि सरन तक्यौ[92]

उपवदना छन्द के प्रत्येक चरण में सत्रह मात्रा होती है। इसका उल्लेख स्वयंभू और हेमचन्द ने किया है। सूरसागर के चार पदों में अन्य छन्दों के साथ इसका मिश्रित प्रयोग पाया जाता है–

धन्य कृष्ण अवतार ब्रह्म लियौ
रेख न रूप प्रगट परसन दियौ
जल थल में कोउ और नहीं बियौ
दुष्टनि बांधि संतनि कौ सुख दियौ[93]

उल्लास – उल्लास छन्द के प्रत्येक चरण में 11–11 पर यति देकर 22 मात्राएँ होती हैं। सूर सागर में इसका प्रयोग तीन स्थानों पर हुआ है– 646, 1105, 3428 पद पर।

इसके अतिरिक्त आख्यान शैली के प्रमुख छन्दों में चौपाई, चौबोला, रोला और दोहा। चौपाई, चौपई, चौबोला के मिश्रण का सुन्दर रूप सूरसागर के भागवत अनुवाद प्रसंग में किया गया है। सप्तम स्कन्ध में नृसिंहावतार के वर्णन में चौपाई, चाबौला और चौपई का मिश्रण है।

(1) **हिरन कसिपु दुस्सह तप कियौ ब्रह्म आई दरस तब दियो**[94] **(चौबोला)**
(2) **हरि जब हिरन्याच्छ कौं मारयौ, दसन अग्र पृथ्वी कों धारयौ** [95] **(चौपाई)**
(3) **नरहरि रूप धर्यौ जिहिं जाई, कहों सो कथा सुनौ चितलाई...**[96] **(चौपई)**

साथ ही सूर ने रोला छन्द का भी सुन्दर प्रयोग किया है। रोला के साथ दोहा मिश्रित छन्द में वर्णित प्रसंग अत्यन्त लोकप्रिय है। इस शैली में सूर एवं नन्ददास को अन्य अष्टछापी कवियों से ज्यादा सफलता प्राप्त हुई है।

सूर की कालियादमन लीला (दूसरी) गोवर्द्धन पूजा (दूसरी) बालवत्स हरण (दूसरी) तथा अधासुर वध आदि रोला छन्द में वर्णित है। सूरदास ने टेक के रूप में 10 मात्राओं की पंक्ति को जोड़कर उसके वर्णनात्मक को एक अद्‌भुत रूप देने की कोशिश की है। दोहा छन्द का नूतन प्रयोग सूर के यहाँ है जहाँ दोहा की प्रत्येक पंक्ति को तोड़कर बीच में कुछ नयी मात्राओं की पंक्तियों को जोड़कर नये छन्दों की उद्‌भावना की गयी है। ऐसे छन्दों का प्रयोग हिन्दी कवियों के बसन्त वर्णन में देखा गया है।

"खेलत है अति रसमसे से रंग भीने हो,
अति रस केलि विलास लाल रंग
भीने हो, जागत सब निसि गत भई,
रंग भीने हो, भले जु आए प्रात लाल रंग भीने हो।[97]

वस्तुतः सूर ने जिन छन्दों का प्रयोग किया है वे केवल पद रचना तक ही सिमटे नहीं है। सूर इसलिए भी विशेष हो जाते हैं कि उन्होंने छन्दों को संगीत में बांधने की कोशिश की और ऐसा बांधा जिससे उसके वाह्य रूप पर किंचित भी विकृतिकरण का प्रभाव नहीं पड़ा और कहीं पड़ा भी तो वह सूर की संगीत प्रतिभा का आश्रय पाकर निखर उठा।

शैली : तुलसी की कला में रूप, वस्तु तथा भाव तीनों का समन्वय है। इनके काव्यों में महाकाव्य प्रगीत काव्य तथा मुक्तक काव्य के रूपों का विधान इतना उच्च एवं सौन्दर्य प्रधान हुआ कि आज तक न तो रामचरितमानस जैसा महाकाव्य सामने दिखायी पड़ता है न कवितावली एवं गीतावली के समान मुक्तक काव्य की छटा ही निखर कर सामने आती है। विनय पत्रिका के समान गीतिकाव्य का सुन्दर दृग्दर्शना आज के वर्तमान साहित्यिक परिवेश में असम्भव है।

गोस्वामी तुलसीदास ने अपनी काव्य शैली में विभिन्न भाषाओं, उपबोलियों, रसों, पात्रों, स्थितियों के अनुसार अपनी शैली का निर्माण किया है। जहाँ तुलसी औचित्य की रक्षा करते हैं वहाँ दार्शनिक प्रसंगों की सृष्टि करते हैं; विशेष रूप से धर्म एवं दर्शन के सन्दर्भ में

प्रकृति, महतत्व, शब्दादि, गुन, देवता, व्योम, मरूदग्नि, अमलांबु, उर्वी
बुद्धि मन इन्द्रिय प्रान चित्तातमा काल परमानु चिच्छक्ति गुर्वी
सर्वमेवात्र त्वद्रूप भूपालमनि व्यक्तम व्यक्त गतभेद विष्णो
भुवन भवदंस कामारि–वंदति–पद द्वन्द मन्दाकिनी–जनक जिष्णो।[98]

यह शैली तार्किक शैली है जिसमें समासिकता और औचित्य की रक्षा प्रमुख है। जहाँ तुलसी प्रकृति ब्रह्म आदि की चर्चा करते हैं वहीं तुलसी अपनी दार्शनिक शैली का उद्घाटन करते हैं। इसका प्रयोग मानस के ज्ञानरूपी दीपक प्रसंग में अद्भुत बन गया है।

इस प्रकार तुलसी की शैली काव्य रूपों के अनुसार बदलती है। महाकाव्य में उन्होंने वर्णनात्मक व्यास शैली का प्रयोग किया है, तो गीति काव्य में समास शैली का। बरवै रामायण अलंकारों से युक्त है। वहीं जब तुलसी साधारण विषयों का वर्णन करते हैं जिसमें भारतीय संस्कृति की आत्मा बसती है, तो वह शैली बहुत सरल हृदयग्राही बन जाती है, जिसके फलस्वरूप उसकी प्रभावमयता में वृद्धि हो जाती है। सीता के पैर में जयन्त कौआ बनकर चोंच मारते हैं। यह साधारण सा दृश्य है लेकिन इस दृश्य की कितनी सुन्दर परिकल्पना तुलसी कर लेते हैं–

एक बार चुनि कुसुम सुहाए, निज कर भूषन राम बनाये
सीतहिं पहिराए प्रभु सादर, बैठे फटिक सिला पर सुन्दर[99]

रामचरितमानस प्रबन्ध काव्य का आदर्श है। मानस महाकाव्य है, भारतीय एवं पाश्चात्य काव्य शास्त्र साहित्य में महाकाव्य को लेकर जितने भी लक्षण निर्धारित किये गये हैं वह सब इसमें मौजूद हैं। यह सर्गबद्ध रचना है जिसका आरम्भ ही भारतीय साहित्य की प्रचलित परम्परा मंगलाचरण से होता है जिसके नायक है धीरोदत्त गुणयुक्त भगवान श्रीराम। शान्ति रस का प्राधान्य, पूरी की पूरी रचना मुख्यतः एक ही छन्द में रची गयी है। पूर्ण मानव की परिकल्पना का साकार रूप है यह मानस जिसका लक्ष्य समाज में मर्यादा की स्थापना करना है।

माता प्रसाद गुप्त ने लेखक की शैली के सन्दर्भ में कहा है कि "किसी लेखक की शैली अध्ययन साधारण प्रकार से किया जा सकता है या तो केवल उसके व्यक्तित्व के प्रकाशन के रूप में या उस व्यक्तित्व के क्रमिक विकास की इतिवृत्ति के रूप में, प्रथम उसके स्थिर पक्ष का अध्ययन है और दूसरा उसके गत्यात्मक पक्ष का।"[100]

तुलसी की कविता को इन दोनों पक्षों से देखने पर तुलसी की रचना शैली को जब हम काव्य के आलोक में देखते हैं तो उसमें वह प्रौढ़ शैली नहीं दिखायी पड़ती जो कि मानस या कवितावली जैसे ग्रन्थों में दिखायी पड़ती है। कवि यहाँ इतना परिपक्व नहीं है, न ही उसकी भाषा सधी हुई बल्कि वह जनसामान्य के सुखों से प्रेरित हो एक काव्य की सृष्टि कर देता है।

वैराग्य संदीपनी की शैली बहुत कुछ रामलला नहछू से मिलती है जहाँ व्याकरणिक अशुद्धियाँ भी दिखायी देती हैं। रामाज्ञा की शैली इन दोनों ही विशेषताओं से परिपक्व हैं। यदि मानस का आरंभिक रूप देखना है तो इस शैली में देखा जा सकता है। जानकीमंगल में कवि मानस के निकट जा पहुँचता है, यहाँ लालित्य भी है, सरलता भी और विशदता भी। बस यदि कहीं कुछ कमी है तो शब्दों के प्रौढ़ता की, जिसे कवि मानस में अपने चरमोत्कर्ष पर पहुँचा देता है। यह वह शैली है जो आडम्बरहीन है, जिसमें सहजता है, यह इतनी सीधी है कि इसे पढ़ने के लिए विद्वान का लेबल लगा होना आवश्यक नहीं है। शब्द यथेष्ट और उचित स्थान पर रखे हुए हैं।

सतसई की शैली मानस के सामने निराश करती है। इस शैली में नमो नमो का प्रयोग दिखायी देता है, जो तुलसी की किसी भी रचना में नहीं है। भाषा की दृष्टि से यह गम्भीरता को प्रदर्शित नहीं करती जिसके कारण इसमें असमर्थ दोष भी दिखायी पड़ता है। पार्वतीमंगल की शैली में चारूता तथा प्रवाहमयता है साथ ही प्रौढ़ता भी। तुलसी का पार्वतीमंगल कालिदास के कुमार सम्भव पर आधारित है किन्तु यह आश्चर्य है जहाँ कालिदास मर्यादा का अतिक्रमण करते है वहाँ तुलसी इस मर्यादा को बचाने की भरपूर कोशिश करते हैं। कालिदास माता के वस्त्रों को गिरा देते हैं, किन्तु तुलसी मर्यादा की रक्षा करते हुए इस प्रसंग को ही हटा देते हैं।

गीतावली और विनयपत्रिका कवि के गीत पक्ष से सम्बन्ध रखती है। विशेष रूप से विनयपत्रिका में गीतिशैली का विशेष दिग्दर्शन होता है, कृष्ण गीतावली में स्थानीय वातावरण को प्रदर्शित किया गया है– ऐसे शब्दों का प्रयोग किया गया है जो विशेष रूप से ब्रज के आस पास बोले जाते रहे हैं। बरवै तुलसी की लालित्य कला का उत्कर्ष है यह एक नवीन शैली है जिसके प्रथम भाग में सरलता और प्रवाहमयता तथा लालित्य व्याप्त है तथा दूसरे भाग में सरलता और प्रवाहमयता तो है, किन्तु वह लालित्य नहीं जो इसे विशेष बनाती है। मान्यता है कि बरवै रामायण की रचना अब्दुल रहीम खानखाना के कहने पर तुलसी ने की थी और इस छन्द से प्रभावित होकर नार्गाजुन जैसे कवि ने मदन दहन को विषय बनाकर भस्मांकुर नामक एक पूरा काव्य रच डाला था इसकी शैली बहुत कुछ रीतिकालीन कवियों जैसी है। बरवै रामायण के कुछ छन्दों में सुन्दर और सहज कवित्व भी मिलता है। जहाँ कवि की कल्पनाशीलता अपने चरम पर पहुँच जाती है–

सीता कहती हैं–

डहकु न है उजियरिया निसि नहिं धाम
जगत जरत अस लागु मोहि बिनु राम[101]

दोहावली में भी कवि की शैली के तीनों मौलिक गुण सरलता, प्रवाहमयता और ललित्य दिखायी पड़ता है।

गीतावली में तुलसी ने मानवी भावों को पकड़ने की कोशिश की है। सीता लक्ष्मण और राम तीनों वन को चले गये हैं, सारी प्रजा दुःखी है, लेकिन प्रजा के साथ–साथ पशु भी दुःखी हो सकते हैं? कौसल्या कहती हैं–

आली हौं इन्हहिं बुझावौ कैसे?
लेत हिये भरि भरि पति को हित, मातु हेतु सुत जैसे
बार–बार हिहिनात हेरि उत, जो बोले कोउ द्वारे
अंग लगाई लिए बारे तें, करूनामय सुत प्यारे[102]

यह है तुलसी की मार्मिक अभिव्यंजनात्मक शैली। गीतावली में लक्ष्मण का चरित्र कितना मार्मिक है, मुझे पूरे साहित्य में लक्ष्मण का चरित्र विशुद्ध मानवीय धरातल पर खड़ा लगता है जिसे देखकर दुःख होता है–

घोर ह्रदय कठोर करतब सृज्यो हौं विधि बांयँ
दास तुलसी जानि राख्यो कृपानिधि रघुराय[103]

तुलसी के सम्यक भाषा विधान से वर्णों के सौन्दर्य में विलक्षणता आती है, विषयानुरूप चयन कर सूर दृश्य उपस्थित कर देते हैं। जिसमे संगीत का समावेश अनायास ही हो जाता है–

छोटी–छोटी गोड़ियाँ अँगुरियाँ छबीलीं छोटी
नख–ज्योति मोती मानो कमल दलनि पर
किलकि किलकि हँसै द्वै–द्वै दतुलिया लसे
तुलसी के मन बसे तोतरे वचन बर[104]

यह तुलसी की भाषा में वर्ण मैत्री का प्रभाव है जो इतना अनूठा है कि तुलसी की हर पंक्ति प्रासंगिक लगती है।

कवितावली और बाहुक भी अपने प्रारम्भ में सरल और प्रवाह युक्त होने के साथ प्रवाहमान है, किन्तु दूसरे भाग की शैली सरल और प्रवाहयुक्त तो है, किन्तु उसमें वह ललित्य नहीं कवितावली के प्रथम भाग की वर्णन शैली अद्‌भुत है। कवितावली का सौन्दर्य बालकाण्ड में दिखता है– जहाँ तुलसी गाते हैं–

अवधेश के बालक चारि सदा, तुलसी मन मन्दिर में विहरैं[105]
अवधेश के द्वारे सकारे गई, सुत गोद को भूपति लै निकसे[106]

तुलसी की शैली का प्रमुख गुण उसकी सरलता ओर सुबोधता है। वह अलंकारों के जाल में अनायास नहीं फँसती बल्कि वह चारूता और रमणीयता पर ज्यादा ध्यान देती है यही कारण है कि तुलसी की कविता में स्वभावगत सरलता और आडम्बरहीनता दिखायी देती है।

तुलसी की भाषा शैली पात्रों के अनुरूप हुई है, उसमें एक अलगाव दिखायी पड़ता है। देवताओं के स्तुतियों के लिए संस्कृत भाषा तथा संस्कृत के छन्दों का प्रयोग है। मुनि की भाषा तत्सम शब्दावली से युक्त है तथा उनकी स्तुतियाँ श्लोकों, विशिष्ट पात्रों की शैली, उच्च कोटि की तथा ग्रामीणों अनपढ़ों की भाषा सरल, अनगढ़ भोली–भाली है। केवट की भाषा में तत्सम्, तद्भव तथा सरल शब्दों का प्रयोग है। वही उदात्त पात्रों की भाषा शैली, तत्समता से युक्त है–

केवट की भाषा–

छुअत सिला भई नारि सुहाई
पाहन ते न काठ कठिनाई
एहि प्रतिपालउँ सब परिवारु
नहि जानऊँ कछु अऊर कबारू (रा.म. 2/99)

वहीं राम की भाषा में तत्समता युक्त शब्दावली का प्रयोग देखने को मिलता है–

ब्याल कराल विहग बनघोरा
निसिचर निकट नारि नर चोरा
डरपहिं धीर गहन सुधि आएँ
मृगलोचनी तुम्ह भीर सुभाए (रा.म. 2/62)

वही दर्शन की भाषा कागभुशिण्ड संवाद–

ज्ञान अखण्ड एक सीताबर
माया बस्य जीव सचराचर
जो सबकें रह ज्ञान एक रस
ईश्वर जीवहिं भेद कहहु कस (रा.म. 7/77)

अभिमानी पात्रों की भाषा–

जीतेहु जे भट संजुग माहीं
सुनु तापस मैं तिन्ह सम नाहीं

रावन नाम जगत जस जाना
लोकप जाकै बंदीखाना
खरदूषन विराध तुम्ह मारा
बधेउ ब्याध इव बालि विचारा (रा.म. 7/77)

तुलसी की शैली, विषय एवं परिस्थितियों के अनुसार बदलती रही है, जिसमें अभिधा की प्रधानता है विषम स्थितियों की शैली में मार्मिकता, वाग्वैदग्धयपूर्ण चित्रण देखने को मिलता है। राम का वन गमन इस शैली का उत्कृष्ट उदाहरण है दूसरा सीता के विद्रोह के बाद उत्पन्न विरह, तीसरा लक्ष्मण शक्ति प्रसंग जहाँ शैली अलंकृत, मार्मिक, संश्लिष्ट अपने आप ही हो गई है।

एक शैली का यह भी रूप है, जो अलंकृत और भावात्मक है सीता राम का प्रथम मिलन और दोनों के भावों की मधुर अभिव्यंजना इस शैली का निकष है। तुलसी की कविता में तरंग शैली का अद्‌भुत प्रयोग है, साथ ही विषय के अनुसार तुलसी की शैली में व्यंग्य का प्रयोग भी देखने को मिलता है। राम सीता के सौन्दर्य वर्णन के लिए तुलसी लालित्य शैली का प्रयोग करते हैं। तुलसीदास ने इस शैली का प्रयोग मानस तथा विनय पत्रिका में किया है, जिसमें अभिधा की प्रधानता है।

इस प्रकार तुलसी के काव्य में शैलियों के विविध रूप देखने को मिलते हैं जिनसे यह जान पड़ता है कि तुलसी की शास्त्रीय और लौकिक मान्यताएँ कितनी स्पष्ट होगी। काव्य कला के वस्तुपक्ष तथा अभिव्यक्ति पक्ष का सुन्दर विनियोग इनकी काव्य शैली में दिखायी पड़ता है। एक ही कवि के अन्दर इतने सारे काव्य प्रयोग, तुलसी की सामाजिक दृष्टि को प्रकट करते हैं। इसलिए तुलसी की कविता में विरोधी तत्वों का समावेश भी है और शुद्धता का गुण भी जिसके कारण भावोत्तेजना में अभिवृद्धि के साथ प्रेषणीयता बढ़ती है। यह तुलसी ही हैं जिनके काव्य में एक सम्रगता दिखायी पड़ती है साथ ही काव्य औचित्य भी। कुबेर नाथ राय ने तुलसी और वड्स्वर्थ को एक मानकर लिखा था यह विडम्बना है कि कवि वड्स्वर्थ जो रोमैंटिक आन्दोलन का जन्मदाता था, भीतर से क्लासिकल स्वभाव वाला गम्भीर और उच्छाम रहित कवि था। काव्य के सम्बन्ध में यही क्ल..सेकल दृष्टिभंगी गोसाई जी में भी मिलती है और उन्होंने अरथ अमित आखर अति थोरे कहकर क्लासिकल कविता की प्रबल विशिष्टता, संक्षिप्तता या समास शैली का प्रतिपादन किया है और 'सुगम अगम

मृदुभंजु कठोरे' कहकर, उसकी दूसरी विशिष्टता संतुलन का। संक्षिप्तता और संतुलन क्लासिकल शैली के दो विशेष गुण हैं।[107]

महाकवि सूरदास ब्रजभाषा के अग्रकवि होने के साथ कृष्ण भक्ति की धारा के भी अग्र कवि जाने जाते हैं। इनके नाममात्र से पुष्टिमार्ग और अष्टछाप का रूप स्पष्ट हो जाता है। शैली क्या है? शैली किसी रचना को कहने का माध्यम या तरीका है, कवि अपने भावों को किस प्रकार व्यक्त करता है वह शैली के अन्तर्गत आता है। शैली से यहाँ तात्पर्य काव्य में प्रयुक्त होने वाले शब्द रचना के माध्यम से है। सूर साहित्य में जितना वैविध्य मिलता है उतना ही वैविध्य उनकी शैली में भी दिखायी पड़ता है। सूर धार्मिक जगत में परम भक्त के रूप में स्थापित हैं और साहित्य जगत में महाकवि के रूप में। वह जो कुछ गाते हैं, वह सब उन्हीं का रचा है और भावों के स्तर पर एकदम शुद्ध। आचार्य हजारी प्रसाद द्विवेदी ने भाषा के सन्दर्भ में कहा था– कि गद्य और पद्य में यह अन्तर है कि गद्य का लेखक स्वतंत्र रहता है, पद्य का परतन्त्र। गद्य लेखक चाहे जितने शब्दों और चाहे जितनी मात्राओं को काम में ला सकता है, पर पद्य का लेखक कुछ अक्षरों और मात्राओं से अधिक या कम का व्यवहार नहीं कर सकता...। पद्य का लेखक यदि दुनियावी प्रयोजन को ही लक्ष्य में रखता है (जैसे वैधक और ज्योतिष आदि के श्लोक रचयिता) तो वह एक व्यर्थ का बंधन स्वीकार करता है। परन्तु अगर वह दुनियावी प्रयोजनों से ऊपर उठ जाये तो कवि हो जाता है। इसलिए कवि सीमाबद्ध होकर भी प्रयोजन की सीमा से कहीं दूर निकल जाता है।''[108]

इन पंक्तियों को देखने पर एक बात जो साफ होती है वह यह कि कवि चाहे तो समाज में रहते हुए भी समाज से अलग रह सकता है और उसमें समा भी सकता है। सूर का कवि मन उनके भक्त मन में छिपा हुआ है, लेकिन स्वतंत्र है वह, अपनी वाणी में समाज के सुख–दुःख को उसकी शैली में व्यक्त करता चलता है। सूर जब कथा कहते हैं तो भाव भंगिमा कुछ और होती है और जब कीर्तन करते हैं तो कुछ और, एक तरफ वर्णानात्मक शैली दूसरी तरफ गेय शैली। इसलिए सूर भक्त और कवि हैं, विशुद्ध भक्त भी और विशुद्ध कथा गायक भी। कहीं भी इन तीनों चरित्रों में विरोधाभास नहीं है। संघर्ष नहीं है बल्कि जो भी भाव प्रकट होता है, वह अपनी पूर्णता में प्रकट होता है और उसकी शैली ही उतनी पूर्ण हो जाती है।

शैली की विभिन्नता से सूरसागर के पद समूहों को कुछ विशेष शैली में बाँटा जा सकता है जैसा वर्णनात्मक शैली, गेय पदों की शैली और विषयानुसार कथात्मक वर्णनात्मक शैली इत्यादि। इसी के साथ एक और शैली है जो सूर को अन्य कवियों से थोड़ा अलग करती है वह है दृष्टिकूट शैली। सूर की शैली में वो सब कुछ है, जो विषय सूर की पसन्द का नहीं, जहाँ उनकी उदासीनता झलकती है वहाँ सूर का भाषा के प्रति एक दुराग्रह समझ में आ जाता है। वहीं सूर जहाँ मन से किसी तथ्य का वर्णन करते हैं वहाँ उनका भाषा कौशल कितना सजीव हो उठता है, भाषा परिष्कृत हो जाती है।

सूर चरवाही संस्कृति के कवि हैं और यह चरवाही संस्कृति आनन्द की संस्कृति है जहाँ कदम–कदम पर नृत्य है, उल्लास है, गीत है। रमेश कुन्तल मेघ ने इस संस्कृति के सन्दर्भ में कहा था कि चरवाही भूमिका पर यूनान में शोक गीतियों की एक ज्योतर्मय परम्परा है। चरवाही भूमिका पर भारत में अष्टछाप के कवियों की वैष्णव भक्ति का महाभाव अंकित हुआ है।[109] सूर ने इस संस्कृति को उत्सवधर्मिता इसकी प्राणवत्ता को टूटने नहीं दिया, बल्कि इस संस्कृति को वह स्थान दिलाया जिसकी वह अधिकारिणी थी, अध्ययन की सुविधा की दृष्टि से सूर की शैली को मुख्यतः तीन भागों में विभाजित कर सकते हैं–

(1) वर्णनात्मक शैली

(2) गेय शैली

(3) दृष्टिकूट शैली

इन दोनों शैलियों में चित्रमयता है, प्रसाद गुण का समावेश है माधुर्य की अभिव्यक्ति है और एक रहस्य की भावना भी। कवि को जिस तरह से भी देखना हो अपनी कविता में कवि दिखायी पड़ जाता है। जहाँ वस्तु और शिल्प के बीच अलगाव नहीं है। बल्कि भाषा इनकी सहचारी बनकर उभरती है। रचना शैली की दृष्टि से सूर की कविता महाकाव्य और रीतिकाव्य की मध्य वर्तिनी है। जहाँ प्रबंधात्मकता के पूर्ण गुण नहीं मिलते; यदि सूरसागर पढ़िये तो एक ही दृश्य के अनेक गीत सूर की कविता में दिखायी पड़ते हैं जिसके कारण पुनरूक्ति सम्बन्धी दोष भी कविता में शामिल हो गया है, लेकिन यही सूर की विशेषता है कि एक ही पद को बार–बार नये सिरे से गाने की प्रवृत्ति सूर को समकालीन रचनाकारों से अलग करती है।

वर्णन शैली : उनके जो पद प्रसाद गुण से युक्त है वे हृदय के अकृत्रिम भावों और संगीत की मधुर लय से युक्त होने के कारण बड़े सुन्दर हैं और जिन पदों में अलंकारों की साहित्यिक छटा मिलती है, वे एक ओर तो कवि के व्यापक ज्ञान और विस्तृत अध्ययन के परिचायक हैं दूसरी ओर उनके काव्य कौशल के। वर्णन शैली की भाषा आवश्यकतानुसार अलंकृत विषय के अनुकूल तथा शैली कभी नाटकीय, कहीं लाक्षणिक, कहीं अभिधामूलक दिखायी पड़ती है। जहाँ सूर ने राम के चरित्र निरूपण के समय तत्सम तथा तद्भव से युक्त आडम्बरहीन काव्य की रचना की, जिसमें सरलता तथा विषय की महत्ता व्यंजित है, वहीं कृष्ण के स्वरूप वर्णन में सूर की शैली गतिशील, तद्भव प्रधान चपल, मनोहर हो जाती है। इस शैली का प्रयोग सूर ने अधिकतर पौराणिक प्रसंगों एवं आख्यानों को अभिव्यक्ति देने के लिए किया है। यह शैली सूर की अन्य शैलियों से काव्य के सौन्दर्य बोध के तौर पर थोड़ी हेठी सी है। चूँकि इन पदों का लक्ष्य आध्यात्म भावनावश अभिव्यक्ति करना था चाहे भोजन का विषय हो या अन्नप्राशन का कवि इस शैली में अपनी प्रतिभा का पूर्ण समावेश नहीं करता बल्कि वह मात्र उस समाज का वर्णन करता चलता है, यहाँ इतिवृत्तात्मकता का आश्रय सूर ने ज्यादा लिया है।

गीति शैली या गेय शैली : सूर ने अपने काव्य की रचना गेय पदों में की है। प्रो0 मुंशीराम शर्मा सोम ने सूर की शैली के विषय में लिखा है कि सूर को यह गीति शैली, जयदेव गोवर्धनाचार्य, विद्यापति और कबीर से धरोहर के रूप में प्राप्त हुई थी।[110] (1) किन्तु गीति शैली से पूर्व सूर की कविता में सन्तों का भी प्रभाव है, इसलिए इन पदों में बाहर की आत्मा न खोजकर आन्तरिक ईश्वर को ढूँढने का विधान दिखायी देता है। सूर लोकभाषा के कवि हैं, उनकी शैली में आत्माभिव्यंजना का गुण विद्यमान है। यही वह गुण है जो मुक्तक काव्य की रचना के लिए उपयुक्त है। सूर का काव्य आत्माभिव्यंजना का काव्य है इसलिए सूर के यहाँ मुक्तक पद मिलते हैं। इस मुक्तक शैली में सूर अपनी काव्य सर्जना को आरम्भ करते है। इस आत्माभिव्यंजना में, गेयता के गुण का समावेश सूर को अद्वितीय बना देता है। पूरा का पूरा सूरसागर उठाकर देखिये हर एक पद किसी राग से सम्बन्ध रखता है। एक ऐसा कवि जो निपट अंधा है किन्तु जब लिखने बैठता है तो कवि की तान संगीतज्ञ की तान में कब परिवतर्तित हो जाती है। यह अद्भुत दृश्य है। इस गेय शैली में चित्रमयता छिपी हुई

हैं यहाँ कवि सिर्फ घटनाओं का अवलोकन नहीं करता बल्कि वह दृश्य खड़ा करता है, सब कुछ आँखों के सामने एकदम जीवन्त एवं व्यावहारिक देखने वाला इन चित्रों में खो जाता है। कृष्ण एक के नहीं, उनकी क्रीड़ाएँ एक की नहीं, बल्कि वह सहज होती हैं और विस्तार पाती हैं हर मन में... एकदम सामने साक्षात् रूप से उपस्थित हो जाता है, दृश्य देखने वाला दाँतों तले उंगली दबा ले– एक तरफ कृष्ण जा रहे हैं पूरा गोकुल खड़ा है, रो रहा है और राधा चकित की चकित हैं–

वह चितवनि, वह रथ की बैठनि, जब अकूर की बाँह गही
चितवति रही ठगी सी ठाढ़ी कहि न सकति कछु काम दही।[111]

दृष्टिकूट शैली : सूर दृष्टिकूट के अद्भुत कवि हैं। साहित्य लहरी सूर की दृष्टिकूट रचना है। डॉ0 मीतल ने दृष्टिकूट काव्य की परिभाषा देते हुए लिखा है– श्लेष एवं यमकादि अलंकारों तथा अनेकार्थवाची विशिष्ट शब्दों के समावेश से जो काव्य वाच्यार्थ की अपेक्षा रूढार्थ अथवा प्रसंग से समझा जाये उसे दृष्टिकूट काव्य कहते हैं। अर्थ की गूढ़ता तथा जटिलता इस काव्य की विशेषता होती है, जो इसे साधारण पाठक के लिए दुर्बोध बनाती है। इस प्रकार के काव्य की रचना कवि द्वारा किसी विशिष्ट उद्देश्य की पूर्ति के लिए की जाती है और साधारण पाठकों की दृष्टि से बचाने के लिए वह इसे दृष्टकूट शैली के जटिलतापूर्ण आवरण में छिपा देता है। वह चाहता है कि इसका रसास्वादन केवल अधिकारी जन ही कर सके।[112]

सूर की दृष्टकूट परम्परा नई नहीं है, यह परम्परा या शैली भारतीय साहित्य से उनके पास एक लम्बी यात्रा कर पहुँचती है। लगभग सभी प्राचीन कवियों ने इस दृष्टिकूट शैली को अपनाया है। दृष्टिकूट शैली या कूटशैली साध्य भाषा का परिष्कृत नाम है। महामहोपाध्याय हरप्रसाद शास्त्री ने इसका अर्थ आलो अन्धारी भाषा किया था– धूपछाँहि शैली ऐसी शैली है जिसका कुछ अंश तो समझ में आये और कुछ अस्पष्ट हो।[113]

सूर ने इन दृष्टिकूटों को लोकमानस के हितार्थ रचा था। जहाँ सूर चमत्कार वर्णन करना चाहते थे, वहाँ उन्होंने इन उलटबांसियों का प्रयोग जनता को चमत्कृत करने के लिए किया। सूर के यहाँ कूट की वह शैली दिखती है जो वैचित्र्य विशिष्ट श्रृंगारपरक प्रतीकों की योजना पर निर्भर रहती है। इस कूट शैली में पहेली का चमत्कार भी शामिल है तथा पुनरावृत्ति का भी, क्रमगत चमत्कार भी, पर्यायगत चमत्कार भी।

सूर ने अपनी रचनाओं में कूट शैली का प्रयोग भरपूर किया है, स्वतंत्र रूप से साहित्य लहरी नामक काव्य की रचना दृष्टिकूट शैली में की है। इसके अतिरिक्त सूर सारावली में भी आठ पद कूट शैली में रचित है। इस शैली की विशेषता यमक, श्लेष, रूपकातिश्योति अलंकारों के प्रयोग के साथ रूढ़ शब्दों के रूप में हुआ है। सूर का यह दृष्टकूट पद तो विशेष प्रसिद्ध है–

देखो भाई दधि–सुत मैं दधि जात
एक अचंभौ देखि सखी री, रिपु मैं रिपु जु समात
दधि पर कीर, कीर पर पंकज, पंकज के पात
यह शोभा देखत पसु–पालक फूले अंग न समात
बारंबार बिलोकि सोचि चितनन्द महर मुसुक्यात
यहै ध्यान मनि अनि स्याम कौ सूरदास बलिजात।[114]

सूर का सौन्दर्य तरासा हुआ सौन्दर्य नहीं है, उसमें अपनी स्वाभाविकता है वह बने बनाये उद्यान में नहीं उगता, बल्कि उसने अपने जीवन के लिए अपना परिवेश स्वयं निर्मित किया है। साहित्य लहरी सूर की काव्यशास्त्रीय कसौटी पर रची गयी रचना है जिसमें काव्यांगों का वर्णन किया गया है। ग्रन्थ की शुरूआत ही स्वकीया नायिका तथा पूर्णोंपमा अलंकार के वर्णन से होती है। जहाँ तक दृष्टिकूट समझ में आ ही गया होगा, दृष्टिकूट से तात्पर्य दृष्टि के सामने पर्वत शिखर अथवा देखा हुआ पर्वत शिखर है। वक्रोक्ति के प्रयोग द्वारा अर्थज्ञान में जब बाधा अनायास ही उत्पन्न की जाये तो वह रचना दृष्टिकूट कहलाती है यहाँ बौद्धिकता प्रधान होती है, किन्तु काव्य की आत्मा अवश्य इससे बाधित होती है। कवि जितना ही घुमाव से अपनी बात कहता है, पाठक– उतना अधिक विस्मृत होता जाता है।

देखत हूँ कत मन डिढ़ायौ
भूसुतसत्रु नाथ हितुपितु त्रियप्रिय हिय वचन डिढ़ायौ
नागसुता पति पितु अरि आधौ नाम सुबदन छपायौ
सूर सुता अरिबन्धु तात अरि भूषन वचन सवायौ
सुर भी तमजा सुत सुत की जनुमाता तलफ बढायौ
सूर स्याम जब परयौं पाई तर तब किंन कंठ लगायौ।[115]

यह उक्ति वैसी लिखी तो ब्रज भाषा में है, किन्तु इसके अर्थ को समझना कितना कठिन है। अर्थ सामान्य है किन्तु शैली को समझने के

लिए और पद को समझने के लिए एक–एक पंक्ति को विघटित करके देखने से ही वास्तविक अर्थ की प्रतीति हो सकती है। पहली पंक्ति समझ में आ जाती है, किन्तु बाद की पंक्तियों के लिए प्रत्येक पंक्ति के अर्थ पर ध्यान देने की आवश्यकता प्रतीत होती है। जैसे पहली पंक्ति को यदि समग्र रूप से देखा जाए तो उसका अर्थ कलह निकलता है, द्वितीय पंक्ति का अर्थ चन्द्रमा, तृतीय पंक्ति का क्रोध एवं चतुर्थ का अर्थ मछली, यह है सूर की विशेषज्ञता– जिसके आधार पर यह अर्थ निकलता है कि कलह वचनों के कारण चन्द्रमा के सदृश मुख को तूने (राधा) छिपा लिया, क्रोध के अतिरेक में अपनी विरहावस्था को बढ़ाने का कार्य किया है। यह है इस पद का संक्षिप्त भाव।

सूर की शैली वैविध्य से भरी है, और यही सूर का वैशिष्ट्य भी। यही कारण रहा है कि इतने वर्षों बाद जब शैली को ताक पर रख दिया गया है। सूर बरबस याद आ जाते हैं, अपनी पूर्णता के साथ जहाँ प्रसाद गुण केन्द्रीय भाव के रूप में दिखायी पड़ता है, जहाँ आत्मनिवेदन है वहीं दूसरी तरफ अपने आराध्य को खरा–खरा कहने की इच्छा भी।

तुलसी की संवाद योजना : वक्ता–श्रोता की परम्परा अथवा संवाद शैली का प्रवर्तन पुराणों से माना जाता है। पौराणिक शैली की प्रमुख विशेषता सूत शौनक के माध्यम से कहने का विधान है। जिसके कारण पुराणों की इसी शैली की प्रमुख विशेषता के कारण वेदों में उल्लिखित यम, यमी, उर्वशी, पुरूरूवा आदि के संवादों को कितने ही विद्वान प्रमाणिक मानते हैं।

तुलसी के समय हिन्दी का एक निश्चित रूप सामने नहीं आता। देखने वाली बात यह भी है कि तुलसी के यहाँ केशव जैसी नाटकीयता भी नहीं है, लेकिन इसके बावजूद तुलसी ने अपनी रचना में संवाद को महत्वपूर्ण स्थान दिया है। तुलसीदास की वर्णन शैली में संवादों का एक विशेष महत्व है। मानस की शैली महाकाव्य की शैली का अभिनव प्रयोग है। आगम निगम निरूपित व्यापक जीवन संदेश को काव्य में उतारने के लिए मानस में अनेकमुखी प्रयोग किये गये हैं। इनमें सर्वाधिक महत्वपूर्ण प्रयोग है ग्रन्थ की संवाद शैली अथवा वक्ता श्रोता की परम्परा, याज्ञवल्क्य–भारद्वाज, कागभुशुण्डि–गरूण तथा तुलसीदास और भारतीय जनमानस। यही मानस के चार घाट है। तुलसी कहते भी हैं–

सुठि सुन्दर संवाद बर, बिरचे बुद्धि विचारि
तेई एहि पावन सुभग सर, घाट मनोहर चारि[116]

मानस में संवाद योजना का निर्वाह बड़े ही कौशलपूर्ण ढंग से किया गया है। यह संवाद स्थिति सापेक्ष है, कहीं संस्कृत मिश्रित संवाद है तो कहीं ठेठ अवधी में संवाद की योजना की गई है। अंगद और रावण का संवाद, कैकेयी और मंथरा का संवाद, कितने अलग तरह का है, पर इसकी जीवन्तता कितनी है। यह संवाद योजना आरम्भ से अन्त तक प्रवाहपूर्ण और गरिमामयी है, न कहीं किसी अवान्तर प्रसंग का अन्तर्भाव है, न ही कहीं किसी सन्दर्भ का अनावश्यक विस्तार। इन संवादों के बीच भी संवादों की कड़ी लगातार चलती रहती है और कहीं भी घटनाक्रम नहीं टूटता।

श्रीधर सिंह ने तुलसी की संवाद योजना पर कहा था कि "इस दृष्टि से चारों संवाद चार भिन्न दिशाओं का प्रतिनिधित्व करते हैं। श्रोताओं की वैयक्तिक योग्यताओं तथा वक्ताओं के साथ उनमें सामाजिक सम्बन्धों के अनुसार शंका समाधान की पद्धतियां भी पृथक पृथक है।"[117]

तुलसीदास की वर्णन शैली में संवादों का एक विशेष स्थान है। लक्ष्मण और परशुराम संवाद, कैकेयी और मंथरा संवाद, रावण और जानकी संवाद, अंगद और रावण संवाद, हनुमान और जानकी संवाद तथा राम के साथ निषाद, बाल्मीकि–शूपर्नखा और बालि के संवाद तुलसीदास जी द्वारा वर्णित राम कथा का प्राण है। इन संवादों के द्वारा गोस्वामी जी ने हास्य, प्रेम, शोक, भक्ति, बोध, क्षोभ, आदि विषय की ऐसी धारा बहाई है कि पढ़ने वाला सब कुछ भूलकर उसमें बह जाता है।

तुलसीदास ने अपनी संवाद योजना के द्वारा एक तरफ जहाँ भ्रमित जनता को राम के ब्रह्मतत्व से परिचित कराया वहीं, निश्चियात्मक प्रतीति एवं कथन के द्वारा रचना की प्रभावोत्पादकता में वृद्धि की। कथा को नीरस एवं बोझिल होने से भी बचाया, एक निश्चित कार्य की घोषणा भी इन संवादों के माध्यम से तुलसी में सम्भव है।

तुलसी की संवाद योजना का प्राण लक्ष्मण और परशुराम संवाद हैं, यह भाषण कला का अद्भुत नमूना है, भले ही इसकी शब्दावली में पर्याप्त अंतर हो, लेकिन भाषा का चमत्कार अद्भुत है। इस भाषण शैली में तुलसी संस्कृत के वचनों का उपयोग करते हुए उक्त भाषण का नमूना दिखाते हैं जब परशुराम कहते हैं–

भूपमंडली प्रचंड चंडीस कोदंड खंडयौ
चंड बाहु दंड जाको ताको ताही सों कहतु हौं
कठिन कुठार धार धारिबे की धीरताहिं
बीरता बिदित ताकी देखिए चहतु हौं[118]

ऐसे स्थलों पर तुलसी की शैली तर्कशैली में परिवर्तित हो जाती है जिसमें चमत्कार और उक्ति वैचित्र्य दोनों ही हैं। परशुराम के कहने पर किस तरह लक्ष्मण संवाद करते हैं जिससे एक बारगी तो ह्रदय चकित हो उठता है, जब लक्ष्मण कहते है–

इहाँ कुम्हड़ बतिया कोउ नाहीं, जे तरजनी देखि मरि जाहीं[119]

उस पर परशुराम का कथन, '**कौसिक सुनहू मंद यहु बालकु, कुटिल कालबस निजकुल घालकु**' और यह संवाद ऐतिहासिक संवाद में परिवर्तित हो जाता है।

तुलसी का दूसरा प्रमुख संवाद मंथरा और कैकेयी संवाद है, यह संवाद बताता है कि अनिश्चय की स्थिति में व्यक्ति किस तरह से दिग्भ्रमित हो जाता है आचार्य शुक्ल ने इस पर कहा है कि 'मूर्ख स्त्रियों' की यह विशेषता ध्यान देने योग्य है। अपने लिए राग और द्वेष का पात्र चुन लेने पर वे अपने वाग्विलास और भावपरिपाक के लिए राग और सहयोगी ढूँढ़ती हैं। मंथरा का इसी अवस्था में हम पहले दर्शन पाते है।[120] तुलसी मंथरा को उसकी पूरी नाटकीयता से युक्त त्रिया–चरित्र के साथ लाते हैं। जब वह कैकेयी से कहती हैं–

पूतु बिदेस न सोचु तुम्हारें, जानति हहु बस नाहु हमारें
नींद बहुत पिय सेज तुराई, लखहु न भूप कपट चतुराई (2/13)

और इस प्रवंचना को सुनकर कैकेयी कितने कटु तरीके से डाटती है–

काने खोरे कूबरे कुटिल कुचालि जानि,
तिय बिसेषि पुनि चेरि कहि भरतमातु मुसुकानि[121]

और इस संवाद की परिणति कैकेयी जैसी बुद्धिमान नारी भी बातों के प्रभाव में अपना सर्वस्व बिगाड़ लेती है। संवादों की यह कड़ी टूटती नहीं बल्कि आगे बढ़ती जाती है, बीच–बीच में अनेक संवाद आते हैं लेकिन जैसा संवाद केवट और राम के बीच, भक्त एवं भगवान के बीच, आस्था एवं विश्वास के रूप में सामने आता है वह अद्‌भुत है, एक साधारण सा सेवक अपने स्वामी से कहता है–

एहि घाट तें थोरिक दूर अहै, कटि लौ जल थाह देखाई हौं जू
परसै पगधूरी तरै तरनी, घरनी घर क्यों समुझाइहौं जू[122]
माँगी नाव न केवट आना। कहइ तुम्हार मरमु मैं जाना।[123]

यह है लोक की भाषा उसकी कुशलता जिसकी अंतिम परिणति राम के पैर धुलवाने पर ही समाप्त होती है। यह है जनमानस की सजग चेतना का प्रभाव। तुलसी की कल्पनाशीलता का उत्कर्ष है यह संवाद यह प्रमाण है कि तुलसी भारतीय जनमानस में कितने भीतर तक समाये हुए हैं जिसे ऋषि मुनि नहीं समझ सके, उसे एक अदना सा सर्वथा निरक्षर सेवक समझ जाता है। कहने की आवश्यकता नहीं यहाँ राम की हँसी और अटपटै बैन भाषा में उदात्त तत्व की सृष्टि करते हैं।

सीता और गाँव की महिलाओं का संवाद भी अद्‌भुत है। इस संवाद के भीतर भारतीय मर्यादा छिपी हुई है। जिसका अपना एक अलग ही आनन्द है–

कोटि मनोज लजाबनिहारे, समुखि कहहु को आहिं तुम्हारे
सुनि सनेहमय मंजुल बानी, सकुचि सिय मन महुँ मुसुकानी[124]

और सीता कहती हैं–

सहज सुभाय सुभग तन गोरे, नाम लखनु लघु देवर मोरे
बहुरि बदनु बिधु अंचल ढाँकी, पियतन चितइ भौंह करि बाँकी[125]

कैकेयी और भरत संवाद अद्‌भुत है। राम के लिए भरत किस तरह अपनी जननी के लिए अनुचित शब्दों का प्रयोग करते है। इस संवाद की चरम परिणति होती है, गीतावली में जहाँ तुलसी कहते हैं '**कैकेयी जौलों जियति रही, तौलों बात मातुसो मुँह भरि भरत न भूलि कहीं**' आचार्य शुक्ल की आत्मग्लानि का भाव जैसे भरत को ही दिखता है जहाँ वह अपनी माँ के द्वारा किये गये कार्य से स्वयं ही पीड़ित दिखायी देते हैं।

पूरे मानस में वैसे तो संवाद भरे पड़े हैं लेकिन अंगद और रावण का संवाद प्रमुख संवाद है जिसने रामकथा में अपना विशेष प्रभाव छोड़ा है। यह तीसरा संवाद तुलसी की असाधारण क्षमता को व्यंजित करता है। वक्रोक्ति व्यंग्योक्ति का असाधारण प्रदर्शन है यह संवाद–

दसन गहहु तृन कंठ कुठारी, परिजन सहित संग निज नारी
सादर जनक सुता करि आगें, एहि विधि चलहु सकल भए त्यागे।
(रा.म. 6/19)

रावण राक्षसोचित दंभ में कहता है–

रे कपिपोत बोल संभारी, मूढ़ न जानेहि मोहि सुरारी
(रा.म. 6/20)

और अंगद कितने गर्व से उत्तर देता है—

अंगद नाम बालि कर बेटा, तासों कबहुँ भई ही भेटा
(रा.म. 6/20)

और रावण के यह कहने पर मैं एक बाली को जानता था—

कहु रावन रावन जग केते, मैं निज श्रवन सुने सुनु जेते
बलिहि जितन एक गयउ पताला, राखेउ बाँधि सिसुन्ह हयसाला[126]

इसके बाद रावण का क्रोध चरम पर पहुँच जाता है। मनोविज्ञान कहता है क्रोध में विवेक साथ छोड़ देता है, किन्तु तुलसी अंगद के रूप, बुद्धि और बल तीनों की अवतारणा एक साथ करते हैं।

एक संवाद जो अपनी गरिमा के लिए जाना जाता है। तुलसी को लाख लोग नारी निन्दक बतायें लेकिन तुलसी ने नारी के चरित्र के उज्ज्वलतम पक्ष को हमेशा केद्र में रखा है। इसलिए चाहे वह उच्च वर्ग की नारियाँ हो या निम्न वर्ण की जिनका आचरण समाज के लिए आदर्श बनता है या बन सकता है तुलसी उन्हें विशेष महत्व देते है। तुलसी की मंदोदरी कहती है—

कंत समुझि मन तजहूँ कुमतिहिं। सौह न समर तुम्हहिं रघुपतिहिं
(रा.म. 6/35)

किन्तु यह संवाद कम भाषण ज्यादा है, भाषण इसलिए कि कांता सम्मित उद्देश्य लिए हुए है।

इस प्रकार तुलसी की संवाद योजना भारतीय परम्परा पर आधृत है। जहाँ राम का चरित्र केन्द्र में है, जिसमें घटनात्मक वृत्त से पाठकों का ह्रदय नहीं भरता बल्कि वह इसकी संवाद योजना में आत्ममुग्ध होकर आत्मविस्मृत हो जाता है।

संवाद योजना : महाकाव्य की रचना के लिए संवाद योजना अत्यन्त आवश्यक है। सूर के संवाद प्रबन्ध काव्य के संवादों से कई गुना अधिक तीखे और सटीक दिखायी पड़ते। भले ही सूर ने गेय शैली मे संवादों की अभियोजना की है। सूर यहाँ उस शास्त्रीय मान्यता का अतिक्रमण कर जाते हैं जो उन्हें यह कहता है कि क्रमबद्ध वर्णन में ही संवाद योजना ज्यादा निखर पाती है। सूर के यहाँ संवाद वैसे नहीं हैं जैसे कि रामचरितमानस या रामचन्द्रिका में दिखायी पड़ता है, संवाद होता क्या है?

डॉ0 हीरालाल दीक्षित ने संवाद के लिए कहा है कि संवाद इतिवृत्तात्मक काव्य का एक आवश्यक अंग है। कथा पढ़ते–पढ़ते जब पाठक का मन उबने लगता है, तो संवाद नाटकीय वातावरण का निर्माण कर रोचकता का प्रसार और कथाक्रम को आगे बढ़ाते हैं। दूसरे, चरित्र–चित्रण का सबसे अच्छा ढंग अभिनयात्मक प्रणाली ही है, अर्थात् जब लेखक या कवि पात्रों को स्वयं अपने मुख, कार्य और अन्य पात्रों के कथन के द्वारा अपने चरित्र को प्रकाशित करने के लिए छोड़ देता है। इस प्रकार पात्रों के साथ जो सहानुभूति और साहचर्य की भावना उत्पन्न होती है वह स्थायी होती है। साथ ही जिस बात की जानकारी कवि या लेखक पंक्तियों में करायेगा, वह संवाद में कुछ शब्दों में सुगमता से हो जाती है।[127] इन पंक्तियों को देखें तो संवाद का विस्तृत आकार उसकी उपादेयता समझ में आती है। संवादों के प्रभाव से रचना में वाग्वैदग्ध्य पाया जाता है– एक आकर्षण। सूर के यहाँ संवाद है किन्तु बहुत कम। संवाद से तात्पर्य यह निकलता है कि उत्तर प्रतिउत्तर बराबर चलता रहे, हिन्दी में संवाद के लिए केशव जाने जाते है... सूर के यहाँ संवाद कैसा है, एक कथन उद्धव कहते हैं और उसके प्रतिउत्तर में चालीस–पचास सूर की गोपिकायें कह देती हैं– भले ही इन पदों में उक्ति वैचित्य हो, किन्तु संवाद नहीं। पूरे सूरसागर का अवलोकन करने पर कुछ ही संवाद है, जो प्रमुख रूप से दिखायी पड़ते हैं–

(1) श्रीकृष्ण–दुर्योधन संवाद, दुर्योधन–भीष्म संवाद, हिरण्यकश्यप–प्रहलाद संवाद, हनुमान–राम संवाद, निशिचरी–जानकी संवाद, श्रीकृष्ण–नागिन संवाद, यशोदा–राधा संवाद, कृष्ण–गोपी संवाद, राधा–दूती संवाद और उद्धव–गोपी संवाद। यह संवाद देशी भाषा के प्रयोग से और भी प्रभावी बन गये हैं– कृष्ण राजनीति का पाठ पढ़ाते हुए दुर्योधन से कितने तीखे ढंग से कहते हैं जहाँ भाषा में सहजता है और स्वाभाविक सौन्दर्य भी–

सुनि राजा दुर्जोधन, हम तुम पैं आए
पांडव सुत जीवन मिले, दै कुसल पठाए
छेम कुसल अरू दीनता दंडवत सुनाई
कर जोरि विनती करी, दुरबल सुखदाई
पाँच गाँउ पाँचौ जननि, किरपा करि दीजै
ये तुम्हारे कुल–बंस है, हमरी सुनि लीजै–

उनके जवाब में कृष्ण से कितने तीखे शब्दों में दुर्योधन कहता है, एक दुराचारी शासक जो कुमार्गी है–

उनकी मोसौं दीनता, कोउ कहि न सुनावौ
पांडव सुत अरू द्रौपदी, कौं मारि गड़ावौ
राजनीति जानौ नही, गो–सुत चरवारे
पीवौ छाँछ अघाई कै, कब के रयवारे।[128]

संवाद यही खत्म नहीं होता, कृष्ण दुर्योधन की प्रकृति को देख उसके यहाँ न खाकर विदुर जैसे व्यक्ति का आतिथ्य स्वीकार करते हैं, जिसे दासीपुत्र होने के कारण किसी ने भी सम्मान नहीं दिया, दुर्योधन का अहंकार उसके संवादों में झलकता है– **हमतैं बिदुर कहाँ है नीकौ? जाकैं रुचि सौं भोजन कीन्हौं कहियत सुत दासी कौ...** यह दुर्योधन को तब सोचना था जब वह अपने बन्धुओं के अपमान के साथ श्रीकृष्ण का अपमान करते हैं फिर भोजन का प्रश्न ही नहीं उठता श्रीकृष्ण प्रतिउत्तर में कहते हैं–

ऊँचे मन्दिर कौन काम के कनक–कलस जो चढ़ाए
भक्त भवन मैं हौं जु बसत हौं जद्यपि तृन करि छाए
अंतरजामी नाउँ हमारौ, हौं अंतर को जानौं
तदपि सूर मैं भक्त बछल हौं, भक्तनि हाथ बिकानौ[129]

यह संवाद कितना सहज है...दुर्योधन भीष्म संवाद सिर्फ कृष्ण की महिमा को व्यक्त करने के लिए ही सूरदास कहते हैं। एक सुन्दर संवाद और भी है वह हैं नृसिंह, अवतार का जहाँ, हिरण्यकश्यप और प्रहलाद संवाद अपने आप में अद्भुत; पिता के राज्य में ही, पिता की अराजक नीतियों के प्रति विद्रोह–जहाँ एक राजा अपने बेटे से कहता है–

नृप कहयौ, मंत्र–जंत्र कछु आहि, कै छल करत कछू तू आहि
तोकौं कौन बचावत आई, सो तू मोको देहि बताई।

और एक छोटा सा बालक अपने पिता को कितने सीधे साधे शब्दों में, सरल तत्सम भाषा के प्रयोग के द्वारा अपनी बात कह देता है–

मंत्र–जंत्र मेरैं हरिनाम घट–घट मैं जाकौ विस्राम
जहाँ–तहाँ सोई करत सहाई। तासौं तेरौं कछु न बसाई[130]

इसी के साथ एक और संवाद है जहाँ राम और हनुमान आपस में मिलते हैं। राम हुनमान से कहते हैं– **महा मधुर प्रिय बानी बोलत, साखामृग तुम केहिके तात,** यह परिचयात्मक संवाद एक भक्त को अपने

आराध्य से जोड़ देता है जहाँ हनुमान कहते है **अंजनि को सुत, केसरि के कुल, पवन गवन उपजायों गात**[131] यह पारस्परिक शिष्टाचार निर्वाह इस संवाद का अद्‌भुत है। एक संवाद और है जहाँ सूर के संवाद की गम्भीरता अद्‌भुत है। निशीचरी, सीता को समझाने का प्रयास करती है, भर्त्सना के बाद वह सीता को एक अकाट्य तर्क से पराजित कर देती है यह **अकाट्य तर्क जौ पै पतिव्रताब्रत तेरैं, जीवति बिछुरी काई\ तब किन मई्, कहौ तु मोसौं भुजा गही जबराई**[132] कितना तीखा जबाब सीता भी एक बार चकरा जाती है।

नागिन और कृष्ण का संवाद भी अद्‌भुत है जहाँ नारी अपने कोमलतम वात्सल्यमयी माँ के रूप में सामने आती है साथ ही वीर रस की अद्‌भुत छटा भी दिखायी पड़ती है। यशोदा राधा का संवाद हो या यशोदा गोपी का यह संवाद सरल भाषा में होने के साथ विनोदपूर्ण है यहाँ चातुरी भी है और मर्यादा भी साथ ही ब्रज की लोकभाषा का माधुर्य भी। वैसे भी संवाद तब ज्यादा प्रभावी बनते हैं जहाँ भाषा में आत्मिक लगाव होता है। **ब्रज का माधुर्य उसकी चंचलता को व्यक्त करता यह संवाद अद्‌भुत है– नाम कहा तेरौ री प्यारी, बेटी कौन महर की है तू, को तेरी महतारी**[133] **और राधा कहती है– मैं बेटी बृषभानु महर की, मैया तुमकौं जानति जमुना तट बहुबार मिलन भयौ तुम नाहिंन पहिचानति**[134] और यशोदा हँसते हुए राधा की माँ को गाली देती है। यह सरल भाषा का व्यवहार सूर की विशेषता है कि एक छोटी बच्ची संस्कृत मे तत्सम शब्दों का प्रयोग कदापि नहीं कर सकती।

संवाद अगर देखना है तो देखिये कृष्ण और गोपिकाओं के बीच जहाँ तकरार, प्रेम सब कुछ है सूर के कृष्ण ब्रह्म बनने की कोशिश कर रहे थे वह भी उनके सामने जिनके साथ वह खेलते हैं–

सूर की गोपियाँ व्यंग्य कला में कौशल है वह कान्हा को ऐसे ही नहीं छोड़ती बल्कि उन्हें करारा प्रतिउत्तर देती है–

तुमकौ नन्द महर भरूहाए
माता–गर्भ नाहिं तुम उपजे तो कहौ कहाँ तैं आए?
घर–घर माखन नहीं चुरायौ? उखल नहीं बँधाए?
हा–हा करि जसुमति के आगैं, तुमको हमहिं छुड़ाए?
ग्वालिनि संग–संग वृन्दावन, तुम नहिं गाइ चराए?
सून–स्याम दस मास गर्भ धरि, जननि नहीं तुम जाए[135]

एक ऐसा ही प्रसंग और भी है जहाँ राधा को समझाने दूती आती है जहाँ वह अपनी चातुरी से राधा को अपनी चाल में अन्ततः फंसा ही लेती है और राधा है कि उस पर जी भरकर गुस्सा करती है। उद्धव गोपी संवाद वक्रोक्ति की मिसाल है, हाँ यहाँ संवाद उत्तर प्रतिउत्तर के रूप में नहीं आते बल्कि ऐसा लगता है कि सुनने वाला अपना सिर्फ सिर ही धुन सकता है–

उद्धव के निर्गुण सिद्धान्त को किस तरह गोपियाँ सगुण भक्ति में घुमा देती हैं कि ब्रह्मज्ञानी उद्धव भी समझ नहीं पाते, यह संवाद इतने अनूठे हैं, इनमें इतना सहज आकर्षण है कि उस दशा का व्यक्ति हँसते–हँसते आश्चर्यचकित तथा दुःखी दोनों ही हो सकता है–

हमसों कहत कौन की बातें
सुनि ऊधो हम समुझत नाहीं, फिरि पूँछति है तांते[136]

आचार्य शुक्ल इन संवादों के देखते हुए गोपियों के चरित्र को कितना अच्छे से व्याख्यायित करते हैं। यह अनुमान या वितर्क रागात्मिक वृत्ति सर्वथा निर्लिप्त शुद्ध बुद्धि की क्रिया नहीं है। संचारी मति के समान यह भी भाव–प्रेरित है; हृदय की रागद्वेष वृत्ति से सम्बन्ध रखती है। किसी बात को मानने न मानने की भी रुचि हुआ करती है।''[137] और अंततः इस संवाद में हृदय की जीत होती है, तथा बुद्धि की हार। यहाँ भावों की सहज अभिव्यक्ति हैं।

इस प्रकार सूर संवाद योजना में सफल रहे हैं, यहाँ ऐसे तर्क हैं जो अकाट्य हैं। भले ही सूर की संवाद योजना शास्त्रीय पैमानों पर खरे न उतरे पर अनुभूति के पैमाने पर एकदम खरी उतरती है।

शब्द रूप, तत्सम, तद्भव, देशज, अरबी, फारसी, मुहावरे एवं लोकोक्तियाँ : भारतीय संस्कृति के स्रोत भक्ति युग के साहित्य में अन्दर तक समाये हुए हैं। हिन्दुओं, मुसलमानों के भावनात्मक ऐक्य से युक्त यह साहित्य अपने में कई परिदृश्यों को संभाल कर रखे हुए हैं, जिसमें जीवन मूल्य के चढ़ते उतरते सांस्कृतिक दृश्यों को पिरो दिया गया है। यह कहानी आचारों विश्वासों की कहानी है। भाषा क्या है? यह प्रश्न जितना सीधा दिखता है वह उतना ही टेढ़ा है इस प्रश्न के उत्तर में यही कहना सही होगा कि भाषा धर्मों, आस्थाओं और संस्कारों की अभिव्यक्ति का एक सशक्त माध्यम है। भक्तियुगीन कवियों ने इस भाषा के माध्यम से भारतीय जनमानस में एकता का संचार किया। संतों ने भाषा के स्थानीय मोह से

उठते हुए उसे एक विस्तृत फलक में देखने की कोशिश की। प्रसिद्ध कवि दांते ने पैराडाइजों की रचना करते समय इस तथ्य की घोषणा की थी–

Opera naturale e ch'uom fenella;
Ma, cosio cosi natura Lascia.
Poi Fare a vbi secondo che v'abbella
Pante Pardizo XXXI 130 FF

उसकी दृष्टि में हिब्रू भी ईश्वर द्वारा निर्मित भाषा नहीं थी; अपितु मानव प्रकृति ने ही इसे रूपायित किया था और आदम की भाषा तो बहुत पहले ही समाप्त हो चुकी थी।[138] यह कथन यह बताता है कि भाषा निरन्तर परिवर्तनशील है; तथा यह कहना कि अमुक भाषा ही श्रेष्ठ है भाषा के महत्व को उसके विस्तार को कम करने जैसा है।

तुलसी ने अपनी रचनाओं को पूर्णतः संस्कृत में नहीं लिखा किन्तु उस पर संस्कृत की कोमलकांत पदावली का प्रभाव अवश्य है। तुलसी के पूर्व संस्कृत में काव्य रचना न के बराबर थी; कारण जनता और कवि दोनों के लिए ही यह भाषा अव्यवहारिक हो चली थी। तुलसी ने जनभाषा को अपनी कविता का विषय बनाया, उनका मुख्य लक्ष्य था– 'सर्वजन हिताय', लेकिन तुलसी ने संस्कृत को पूर्णतया छोड़ा नही बल्कि उस संस्कृत में देश भाषा को मिलाकर काव्य का एक नया प्रस्थान शुरू किया। जहाँ कबीर की तरह न तो संस्कृत से द्वेष की भावना है और न ही केशव की तरह लोकभाषा के प्रति हीनता का भाव। इसलिए तुलसी ने विशेष रूप से मानस और विनयपत्रिका की स्तुतियों में संस्कृत के तत्सम शब्दों का अच्छा खासा प्रयोग किया है। तुलसी के यहाँ विशुद्ध तत्सम युक्त क्लिष्ठ संस्कृत का उदाहरण भी है–

मूलं धर्मतरोर्विवेक जलधेः पूर्णेन्दुमानन्ददं
वैराग्याम्बुज भास्करं हयघघनध्वान्तापाहं तापहम
मोहाम्भोधरपूंग पाटन विधौ स्वं सम्भवं शंकरं
वन्दे ब्रह्मकुलं कलंक शमनं श्रीराम भूमप्रियम[139]

संस्कृत की लयता का सुन्दर प्रयोग रूद्राष्टक है जहाँ सरल शैली में शिव की स्तुति की गई हैं–

(1) **नमामीशमीशान निर्वाणरूपं विभु व्यापकं ब्रह्म वेदस्वरूपं**
निजं निर्गुणं निर्विकल्पं निरीहं चिदाकाशमाकाशवासं भजेऽहं[140]

(2) **जयति मरूदंजनामोद मन्दिर नटग्रीव सुग्रीव दुःखेत बन्धो यातु धनोद्धत क्रुद्ध कालाग्नि हर सिद्ध सुर सज्जनानन्द सिन्धे**[141]

इस प्रकार तुलसी ने संस्कृत का प्रयोग तो भरपूर किया किन्तु रामचरितमानस और विनय पत्रिका को छोड़ कही भी संस्कृत के व्याकरण को प्रमुखता नही दी। इसका सीधा सा कारण उस जनता के प्रति जो अल्पज्ञ थी तथा शास्त्र के पठन–पाठन के लिए अयोग्य समझी जाती थी। यह एक भाषागत आन्दोलन ही था, जिसकी शुरूआत भक्त कवियों ने की और शायद यही कारण है कि तुलसी सामान्य भाषा का प्रयोग अपनी कविता में करते हैं। डॉ0 देवकीनन्दन श्रीवास्तव ने इसी परिस्थिति को लक्ष्य कर तुलसी की कविता के सन्दर्भ में कहा था कि "तुलसी हिन्दी कवियों की उस पुरानी परिपाटी में आते हैं जिसके समय एक ओर तो पूर्ववर्ती संस्कृत काव्याचार्यो की शास्त्रीय व्यवस्था तत्कालीन मुसलमानों की कला के वातावरण में साँस ले रही थी और दूसरी ओर लोकभाषा कवियों की स्वच्छन्द एवं अनियमित परम्परा तत्कालीन हलचलों के प्रभावो से बहुत कुछ दूर रहते हुए भी अपनी स्वाभाविक गति को बनाये रखने का प्रयत्न कर रही थीं। ऐसी अवस्था में तुलसी के समक्ष भाषा के कलापक्ष का स्वरूप कितना जटिल रहा होगा।"[142] भाषा एक दायित्व है जिसमें कवि अपने मनोभावों अपनी मनोकामनाओं को प्रदर्शित करता है। एक छोटा सा शब्द उसकी उपयुक्तता उसका उचित प्रयोग, उसकी ऐतिहासिक महत्ता तथा अर्थ का स्पष्टीकरण भाषा का प्रमुख कर्तव्य है। तुलसी की भाषा अद्भुत है बड़े आश्चर्य की बात कि तुलसीदास जैसा कवि जिसे राष्ट्रीयता का समर्थक समझते हैं वह भाषा के सन्दर्भ में कितना लचीला हो जाता है, हजारी प्रसाद द्विवेदी ने तुलसी की भाषा के लचीलेपन उसके समन्वय को देखते हुए कहा था कि उनकी भाषा में एक प्रकार के समन्वय की चेष्टा है वह जितनी लौकिक है उतनी ही शास्त्रीय। उसमें संस्कृत का मिश्रण बड़ी चतुरता से किया जा सकता हैं उसमें एक ऐसा लचीलापन है जो कम कवियों की भाषा में मिलता है। जहाँ जैसा अवसर पाया जाता है वहाँ वह वैसी ही हो जाती है।[143]

तुलसी के काव्य में प्रयुक्त तत्सम शब्द : तुलसी की रचनाओं में संस्कृत के तत्सम शब्दों की भरमार है। यह शब्द बिना किसी प्रयास के तुलसी की रचना में मिल जाते हैं– जैसे सानुराग, समाचार, वास, विरंचि, मूढ़ता, संताप, संसृति, निराधार, राजीवलोचन, सुरतरू, पराग, मृथा, प्रलंब,

ललित। इसके अतिरिक्त कुछ शब्दों में आवश्यकतानुसार प्रयोग भी तुलसी करते हैं जो भाषा के माधुर्य की दृष्टि से सही भी है; यथा भक्त चिन्तामनि कच्छ पद, पंगति, परमारथ, जनथ, सरवग्य इत्यादि। इनके प्रयोग से भाषा में माधुर्य एवं लालित्य दोनों का ही समावेश हो जाता है।

तद्भव शब्द : तुलसी ने तद्भव का प्रयोग किया है जिसके कारण उनकी भाषा में आडम्बरता का समावेश नहीं होने पाया है। गीतावली कृष्ण गीतावली, रामलला नहछू में तद्भवों शब्दों का उत्कर्ष दिखायी पड़ता है। जैसे जोग, सुमिरद, दारिद, छोभ, भुंअंग सिरमनि, दुआरे, सोच, दारून, फूल, ठाठ आदि शब्दों का प्रयोग तुलसी करते हैं।

देशज शब्द : तुलसी ने अपनी भाषा में स्वाभाविकता लाने के लिए देशज शब्दों का भी काफी प्रयोग किया है जैसे डोंगर, डांग, गोड़, खारी, डहकि, ढाबर, ढारई, ढढ़ोरी, अवढर, डसाई, लुकाई, टहल, झोपड़ी इत्यादि।

तुलसी की भाषा, उसकी शब्द सम्पदा उनके भाषायी अधिकार को प्रकट करती है जिसमें शास्त्रीयता तथा लौकिकता का अद्भुत संयोग है। तुलसी जब समता की बात करते हैं वहीं उनकी भाषा में सबसे सरल भाषा का प्रयोग दिखायी पड़ता है। तुलसी ही हैं जिन्होंने अवधी में भी काव्य रचना की और ब्रजी में भी। भाषा पर जितना अधिकार तुलसी जताते है, उतना अधिकार कोई अन्य कवि नहीं, चाहे वह सूर हो या जायसी, एक बोली में रचना करना अलग बात है उसमें विविध भाषाओं के उपबोलियों में प्रयुक्त होने वाले शब्दों का थोड़ा बहुत प्रयोग तो हो सकता है, किन्तु विशुद्ध उपबोली में काव्य की रचना करना जैसा तुलसी करते हैं असम्भव जान पड़ता है। व्याकरण सम्मत भाषा का प्रयोग स्वाभाविकता के साथ शुद्ध रचना तुलसी के समान किसी अन्य कवि के बस की बात नहीं।

तुलसी की बोली में तुकों का अद्भुत संयोग है। गोस्वामी तुलसी के समय तक लोकभाषा में कविता होने लगी थी। भनिति शब्द जिसका प्रयोग मानस में कई बार हुआ है। इस तथ्य का प्रमाण है कि 10वीं शती में अभिमान मेरू पुष्पदंत ने (भणिउ) भनिता का प्रयोग किया। अद्दहमाण अपनी कविता के लिए कवित्व शब्द का प्रयोग करते हैं। कहने का तात्पर्य यह है कि तुलसी के बहुत पहले से ही लोक भाषा में कविता होने लगी थी। आगे चलकर भनिति शब्द का प्रचलन बन्द हुआ किन्तु कविता के लिए कवित्व शब्द चलता रहा। तुलसी के राम प्राकृत व्यक्ति का गुणगान

करने में अपनी कविता की सार्थकता नहीं समझते। इसलिए तुलसी जब भाषा का चुनाव करते हैं तो वह पहले पहल भनिति भदेस वस्तु भलि बरनी, रामकथा जग मंगल करनी कहकर लोकभाषा के महत्व को स्वीकार करते हैं। तुलसी की भाषा की सबसे बड़ी विशेषता यह है कि उसके अन्दर लोक के हृदय को आकर्षित करने की शक्ति विद्यमान है। तुलसी के सामने एक अपढ़ जनता थी, जिसे अपना सब कुछ देने के लिए तुलसी लोकभाषा का चुनाव कर उस पीड़ित दुखित निराश हृदय जनता को एक उदात्त मूल्यों से विरंचित काव्य की थाती रामचरित का गुणगान सौंपते हैं। यही कारण है कि भाषा पर इनका अधिकार अद्वितीय है, जिसके मूल में शब्दों की अकूत सम्पदा कार्यरत है।

तुलसी की भाषा में विभिन्न प्रान्तों की बोलियों तथा विभाषाओं में प्रयुक्त कई शब्दों का प्रयोग भारतीय राष्ट्रीय एकता को संचारित करता है। तुलसी के यहाँ राजस्थानी के दारू, नारि, महाको, माठ, मनुहारि, सारा, वारिफेर आदि शब्द मिलते है। बंगला के सकाल थालों जैसे शब्द भी दिखायी पड़ता है। बुन्देली भाषा के पनवार, कीबी, डारबी, पालवी, खेरा, ढोर आदि शब्द मिलते हैं। मराठी के फोकट मूकिए, मौजी, आदि शब्द का भी प्रयोग है। भोजपुरी के जहवाँ, तहवाँ, सरल, दीहल, राउर, अकनि, चोख, परवान, ससुर, निहोरी, गौड़ी, भूख गाँठ, अहर, आदि शब्दों का प्रयोग तुलसी ने किया है।

कुछ प्रमुख बोलियों के उदाहरण–

(1) बुन्देलखण्डी – ए दारिका, परिचारिका करि पालिबीं करूना नई (मानस 1/326 छन्द)

(2) भोजपुरी – राम कहतु चलु राम कहतु चलु– (विनय पत्रिका, 108)

(3) ब्रज भाषा– अब ब्रजवास महरि किमि कीवो– (श्रीकृष्ण गीतावली 9)

(3) अवधी – रूप सलोनि तँबोलिनि बीरा हाथहि हो (रामलला नहछू–6)

(4) बंगला – मधुकर कहहु कहन जादि पारो (श्रीकृष्ण गीतावली पद 34)

तुलसी संवेदनशील कवि हैं और भारतीय सांस्कृतिक एकता के समर्थक हैं यही कारण है तुलसी के राम जहाँ एक ओर रघुपति, रघुराज हैं,

कृपानिधान है वहीं साहेब (कवितावली लंका 40) सिरताजु (कवि 3/6), साहि (कवि 7/100), गरीब नेवाज (कवि 7/11) भी। तुलसी केवल भक्त या साधक नहीं अपितु गुलाम (विनय पत्रिका 72) और चाकर भी हैं। तुलसी उस परम्परा के कवि हैं जिन्होंने जनवादी संस्कृति को धर्म के विकृत रूप से बचाने की पहल की। तुलसी जैसे शास्त्रज्ञ विद्वान के यहाँ अरबी–फारसी के शब्दों की बड़ी संख्या है, यह संख्या सूर के यहाँ और भी अधिक है। डॉ0 देवकीनन्दन श्रीवास्तव तुलसीदास की भाषा में रामनरेश त्रिपाठी का उल्लेख करते हैं जिन्होंने कहा था कि तुलसीदास ने अपनी रचनाओं में इतने अधिक अरबी–फारसी के शब्दों का प्रयोग किया है जितना शायद हिन्दी के किसी पुराने और नये कवि ने नहीं किया है।''[145] तुलसी ने शब्दों के साथ कोई भेदभाव नहीं किया अपितु तुलसी तो यह मानते थे कि कोई भी भाषा अपवित्र कैसे हो सकती है? तुलसी जब अरबी–फारसी शब्दों का प्रयोग करते हैं तो उसमें जीवन के सारे रंगों को शामिल करते हैं। इसीलिए तुलसी के यहाँ राजदरबार में प्रयुक्त होने वाले शब्द भी, व्यवसायों में भी प्रयुक्त होने वाले शब्द, वाद्यों में भी प्रयुक्त होने वाले विदेशी शब्द तुलसी के यहाँ दिखायी पड़ जाते हैं। तुलसी काव्य में प्रयुक्त प्रमुख अरबी शब्द जो मुस्लिम आस्थाओं को व्यक्त करते हैं।

अरबी– राजी (कृ0गी0 61) जिसका हिन्दी में अर्थ प्रसन्न रहना या सन्तुष्ट रहना है जो मूल रूप से राजी शब्द से बना है।

दीन (कविता उ0 146) ईश्वरवादी धर्म परलोक मूल अरबी शब्द दीन ही है।

गरीबी मिसकीनता (विप्र0 262) जिसका अर्थ है गरीबी

कसम– (गीतावली 5/39) शपथ।

इसके अतिरिक्त फारसी भाषा में ग्रहीत शब्द भी तुलसी के यहाँ हैं।

बागबान–माली–बागबान (कवि 5/31)

बकसीस–परितोषिक बखशिश (कवि ल 10)

बकसत दान देते हैं–बख्श (गीता 1/43)

अरबी फारसी के कुछ प्रमुख उदाहरण–

अरबी – साहिबी सरोषु दुनिदिन दिन दारदि (कवितावली 7/173)

फारसी – जनु दीन दुवारे दादि न पावत काहे (विनय – 44)

ध्वनि अनुकरणात्मक शब्द : ध्वनि अनुकरणमूलक शब्दों के प्रयोग से उनकी भाषा में व्यावहारिकता तथा चित्रात्मकता बढ़ती है जैसे रूनझुन,

हिनहिनाहि, हिकरि–हिकरि, चरफराहि, धहरातु, धुरधुरात फुकरत, कसमसति जैसे ध्वनि अनुकरण मूल शब्द उनकी भाषा में व्यंजकता बढ़ाते हैं।

तुलसी की शब्द सम्पदा काफी समृद्धि है। एक अच्छा कवि वही होता है, जो जनता के मानस को समझने की चेष्टा करे। उसकी समस्याओं को अंगीकार कर, उसे दूर करने की कोशिश करे। तुलसी यही करते हैं वह भ्रमित जनता के सामने एक आदर्श उपस्थित करते हैं जिसमें भाषाओं का विशेष महत्व है। तुलसी के प्रसिद्ध अंग्रेज समीक्षक ग्रीब्ज के शब्दों में तुलसी की कविता में काव्य के सभी तत्वों का ऐसा तथा गुणों का ऐसा सुन्दर विनियोग है कि उनकी रचनाओं में किसी भी काव्यतत्व का अतिरेक नहीं है। जहाँ तक तुलसी की कविता की शक्ति का सम्बन्ध है वह रामचरित के शक्तिशील सौन्दर्य जनित व्यापक स्वरूप को अपनाने में इतनी प्रभावशाली सिद्ध हुई कि "उत्तरापथ के हिन्दुओं, राजा, रंक, धनी, निर्धन, मूर्ख, पंडित, सबके कंठों में सब दिन के लिए बस गई।"[146]

मुहावरे एवं लोकोक्तियाँ : लोकोक्तियाँ तथा मुहावरे भाषा की समृद्धि तो है ही, अभिव्यक्ति पक्ष के महत्वपूर्ण कारक भी हैं। ये सशक्त तथा स्पष्ट बिंब विधान के लिए सहायक होते हैं। तुलसी सामर्थ्यवान कवि है और जानते हैं कि सामान्यजनों तक अपनी कविता को पहुँचाने के लिए प्रेषणीयता के गुण की आवश्यकता है और यह प्रेषणीयता तब तक सम्भव नहीं जब तक कवि उस धरातल पर उतरकर खुद न सोचने लगे, तुलसी यही करते है। तुलसी ने तो बिम्बों का प्रयोग भी मुहावरों एवं लोकोक्तियों के माध्यम से कर दिया है। तुलसी की भाषा में वह टकसाली सौन्दर्य भी विद्यमान है जो उन्होंने ब्रज और अवध क्षेत्र से ली है। जिसमे मुहावरे और लोकोक्तियों की कलात्मकता देखने को मिलती है। यह भाषा का वह स्वरूप है जिसमें जनभाषा की सशक्त अभिव्यक्ति होती है।

मुहावरे क्या है? जिसका सीधा सा उत्तर होगा, मुहावरे लाक्षणिक प्रयोगों के रूढ़िगत उदाहरण हैं। दूसरे शब्दों में कहें तो मुहावरे शब्दों का एक समूह होता है जिसका मुख्य अर्थ प्रस्तुत प्रसंग में बाधित रहता है किन्तु उस मुख्य अर्थ से सम्बद्ध एक प्रसंगों का प्रति पाद्य अर्थ सहज ही जगमगाने लगता है। जो प्रस्तुत अर्थ को अधिक संप्रेष्य, संवेध एवं सप्राण बना देता है।[147] विनय पत्रिका, रामचरितमानस, कवितावली, राम लला नहछू में मुहावरों का प्रयोग दृष्टव्य है।

तुलसी की कविता में मुहावरे का सटीक प्रयोग है। मुहावरे जब तक किसी भाषा का आश्रय नहीं प्राप्त कर लेते उनमें वह प्राणवत्ता नहीं आ पाती, जिसकी अपेक्षा जनता को काव्य से रहती है। तुलसी भाषा मर्मज्ञ है और तुलसी अपनी कविता के मुहावरों को जनता की माँग के अनुसार रखते हैं।

(1) अब केहि लाज कृपानिधान परसत पनवारो फारो (विनय– 94)

(2) आरत दीन अनाथन को रघुनाथ करैं निज हाथ की छाहैं (कवि उ. 11)

(3) ऐसेहूँ थल बामता, बड़ि बाम विधि की वानि (गी.उ.– 62)

(4) कहत हित अपमान मैं कियो, होत हिय सोइ सालु
रोष सेष छमि सुधि करत कबहूँ ललित लछिमन लालु (गी.सुं.–3)

विनय पत्रिका का एक प्रमुख मुहावरा है– **तौं क्यों कटत सुकृत नखते मोपे, विपुल बुन्द अध बनके'** (96/4), जहाँ नाखून से जंगल काटना नामक मुहावरे को सादृश्यमूलक अलंकार के रूप में प्रयोग किया है। यहाँ भाषा का सौन्दर्य चमक उठा है।

(1) धालेसि सबु जगु बारह बाटा (रा.म. द्वि.सो.–212)

(2) ठढी ग्वालि ओरहने के मिस आई बेकामहिं (कृ.गी.–5)

विनय पत्रिका में लगभग 250 के आस–पास मुहावरों का प्रयोग हुआ है, जो यह बताता है कि तुलसी मुहावरों के प्रयोग में कितने सिद्धहस्त थे।

लोकोक्ति – लोकोक्ति लोक तथा उक्ति शब्द से मिलकर बना है। प्रमाणिक हिन्दी शब्दकोश में लोकोक्ति को लोक में प्रचलित ऐसा बंधा हुआ चमत्कारपूर्ण वाक्य जिसमें कोई अनुभव या तथ्य की बात संक्षेप में कही गई हो। तुलसी ने लोकोक्तियों का प्रयोग खूब किया है।

(1) कुपथ माँग रूज व्याकुल रोगी वैद न देह सुनहु मुनि जोगी (मा.प्र.सो.दो.133)

(2) काह न पावक जरि सके का न समुद्र समाई
का न करै अबला प्रबल, केहि जग काल न खाई (दो. 267)

(3) काहे को कहत बचन सवाँरि (कृ.गी. पद 53)

(4) अचल सुता मन अचल बयारि कि डोलइ (पा.मं. 65)

(5) अंजन कहाँ आँखि जेहि फूटै बहुतक कहौ कहाँ लौं (वि.प.–174)

(6) गाड़ी के स्वान की नाई माया मोह की बड़ाई
छिनहि तजत, छिन भजत बहोरि हौं (वि.प.–258)

शब्द रूप : तत्सम तद्भव देशज, अरबी–फारसी, मुहावरे लोकोक्तियां (सूर) : भाषा किसी साहित्य की समृद्धि उसकी लोकप्रियता, उसके आचार व्यवहार को प्रदर्शित करती है। भाषा में जितनी मधुरता रहती है उतना ही उस लोकजीवन में मिठास। भाषा जितनी विविध रहती है उतना ही वह समाज जाति की दृष्टि से समृद्ध रहता है। जहाँ भाषा रूढ़ हो जाती है, नये शब्दों को स्वीकार नहीं करती वह धीरे–धीरे मृतप्राय होती जाती है, यह पहचान है भाषा के स्वस्थ या बीमार होने की। भक्ति के कवियों ने भाषा के इस महत्व को बहुत पहले ही समझ लिया था। इसलिए उनके काव्य में किसी भी भाषा के प्रति दुराग्रह नहीं है जिसके कारण उस साहित्य की समृद्धि अन्य कालों की अपेक्षा ज्यादा प्रकट होती है। यहाँ भाषा के प्रति प्रेम है भाषा से दुराग्रह नहीं, जैसा कि केशव कहते है– 'भाषा बोलि न जानिये जिनके कुल के दास' वाली हीनता भी यहाँ नहीं है। सूर हो या तुलसी, सब ने लोक भाषा में अपनी अभिव्यक्ति की है।

सर्वप्रथम सूर की भाषा पर बात करना ज्यादा आवश्यक है। सूर की भाषा पर विद्वानों ने बहुत कुछ कहा है। डॉ0 परमानन्द सूर की भाषा के सन्दर्भ में कहते हैं कि सूर की काव्य भाषा का एक संघटनात्मक सौन्दर्य मूल्य है और फिर एक अन्तःसंघटनात्मक काव्य मूल्य है। इस काव्य भाषा में प्रेम दर्शन, सौन्दर्य–दर्शन और रहस्य–दर्शन का एक अपूर्व रासायनिक संयोजन है। यहाँ कविता यदि एक ओर ऐन्द्रियता से संवेदित है तो दूसरी ओर वैचारिक कल्पना और आध्यात्मिक अनुभवों से सजीव।

सूर जब भाषा का चुनाव करते हैं तो एक छोटा सा शब्द भी अपनी प्राणवत्ता पा जाता है। बिम्ब अपने आप उभर उठते हैं। शब्द अपने आप विशिष्ट हो जाते हैं। यह सूर की भाषायी सजगता है। एक उदाहरण अक्सर लोगों के सामने से गुजरता है जहाँ देशज भाषा का सौन्दर्य अपनी पूरी प्राणवत्ता के साथ सजीव हो उठता है–

संग लरिकिनी चलि इत आवति, दिन–थोरी, अति छवि तन–गोरी
सूर स्याम देखती ही रीझें, नैन–नैन मिलि परी ठगौरी[148]

यहाँ प्रयुक्त दो शब्द लरिकिनी और ठगौरी, बरबस ही मन को मुग्ध कर देता है और उस समूह का भान होने लगता है जहाँ श्री राधा अपने सखियों के साथ खड़ी चुहल कर रही हैं। समर्थ कवियों की श्रेणी में सूरदास का नाम अग्रगण्य है। ब्रजभाषा के भण्डार की वृद्धि के साथ–साथ सूर की भाषा में न केवल गुजराती, राजस्थानी, पंजाबी, अवधी आदि देशी

भाषाओं को अपने काव्य की सीमा रेखा में न केवल शामिल किया, अपितु विदेशी भाषाएँ यथा अरबी, फारसी के शब्दों को भी निःसंकोच रूप से सूर ने अपनाया।

भाषा के दो आधार हैं– एक तो उसका वैज्ञानिक विश्लेषण, दूसरा सांस्कृतिक विश्लेषण जिसे सामान्यतः शाब्दी संरचना तथा शाब्दी अभिव्यंजना कहते हैं।

सूर ने अपनी रचना में संस्कृत के महत्व को समझा था, अतः उनके काव्य में संस्कृत के शब्द भरपूर मिलते हैं। एक राष्ट्र की भाषा का जब निर्माण होता है तो उसमें न जाने कितनी भाषायें, उपभाषायें, बोलियाँ, उपबोलियाँ समाहित हो जाती हैं, जो किसी भाषा को समृद्ध बनाती हैं। सूर ने शब्दों के विभिन्न रूपों को अपनी काव्य रचना में स्थान दिया है जिसे अपनी सुविधा के अनुरूप हम संस्कृत के तत्सम शब्द, पालि, प्राकृत और अपभ्रंश के शब्द, विभिन्न उपबोलियों के शब्द, विभिन्न भाषाओं के शब्द, विदेशी भाषाओं के शब्द तथा देशज शब्दों में बाँट सकते हैं। संस्कृत के तत्सम शब्द का प्रयोग सूर जिस कौशल से करते हैं, जहाँ वह भाषा को भावों के अनुकूल बनाने के लिए लाते हैं। श्रीमती स्नेहलता प्रकाश तो यह मानती हैं कि सूर ने अपनी रचनाओं में संस्कृत के लगभग अस्सी प्रतिशत शब्दों का प्रयोग किया है।[149] सूर ने तत्सम शब्दों का प्रयोग अधिकांशतः सिद्धान्त निरूपण के साथ अलंकृत शैली के लिए किया है। तत्सम भाषा की समृद्धि करता है। वह पाठकों के भावों को भी प्रकट करने में सहायक है। डॉ0 प्रेम नारायण टंडन ने तत्सम शब्द के सन्दर्भ में कहा है कि "जिस सरस और भावपूर्ण पद योजना का सम्पूर्ण अर्थ साधारण पाठक के लिए, शब्दार्थ जान लेने पर बोधगम्य नहीं होता, परन्तु व्युत्पन्नमति, कलामर्मज्ञ, सहृदय पाठक ही जिसके पूर्ण रसास्वादन में सफल होते हैं, स्थूल रूप से उसी को वस्तुतः साहित्यिक और सार्थक तत्समता प्रधान समझना चाहिए।"[150] सूर तत्सम शब्दों के प्रयोग से भाषा में गम्भीरता लाते हैं–

कनक मनिमय जटित कुंडल जोति जगमग करनि
मित्र मोचन मनहुँ आए तरल गति द्वै तरनि
कुटिल कुंतल, मधुप मिलि मनु कियौ चाहत लरनि
बदन कांति बिलोकि सोभा सकै सूर न बरनि[151]

सूर सागर का एक और पद है जहाँ संस्कृत के तत्सम शब्दों की झड़ी लगी है। यह एक पद ऐसा लगता है कि किसी शास्त्रीय पंडितों के पंडित

ने लिखा हो आनन्दनिधि, नन्दबाल, बिसाल, बापिका, मराल, मदन, ललित, अरून, ससांक, दीपक, खग, कंज, रसाल, भ्रम जैसे शब्द मिल जाते हैं।[152] जहाँ सूर रूपकों, उत्प्रेक्षाओं का प्रयोग करते हैं वहाँ भी तत्सम शब्द का प्रयोग अधिक करते हैं। इसी तरह जब प्राकृतिक दृश्यों का निरूपण करते हैं तो भी तत्सम शब्दों का प्रयोग करने से नहीं चूकते। मानवीय भावों, पकवानों, मानवीय अंगों के निरूपण में भी सूर के तत्सम शब्दों के प्रयोग को देखा जा सकता है– सूर की सभी रचनाओं में तत्सम शब्दों का प्रयोग हुआ है। सूर भाषा के प्रति सचेत कवि हैं– इसीलिए भाषा के अर्थ गौरव एवं शब्द सम्पदा को प्रभावी बनाने के लिए वह उसे सुव्यवस्थित एवं समृद्ध करने की पहल करते हैं। इतना ही नहीं सूर–दैनन्दिनी में ऐसे शब्दों को शामिल करते हैं जिनका नाम भी लोकमानस ने विरले ही सुना हुआ होगा।

मनु पय–निधि सुर मथत फेन कटि दयो दिखायी चन्द
(सू.सा. 10/203)

पारिवारिक नियमों एवं सम्बंधों की गरिमा को भी सूर तत्सम शब्दों के माध्यम से प्रकट करते हैं–

राखी लाज समाज माहिं जब नाथ, नाथ द्रौपदी पुकारी
तीन लोक के ताप निवारन सूर स्याम सेवक सुखकारी[152]

मानवीय हाथ भाव से सम्बन्धित शब्द–

राजा निरखि प्रफुल्लित भयौ मानौ मृतक बहुरि जिय लहयौ
(सू.सा. 9/2)

शरीर के तत्वों और अंगों से–

कटि किंकिनि वर हार ग्रीव दर रुचिर बाहु भूषन पहिराए
सुभग चिबुक, द्विज–अधर नासिका, स्रवन कपोल मोहिं सुठि भाए
(सू.सा. 10/104)

सूर ने संस्कृत के तत्सम शब्दों का भरपूर प्रयोग किया है। प्रत्येक शब्द को अपने भाव अपनी प्रकृति के अनुरूप ढालने की चेष्टा की है और इस प्रक्रिया में सूर सफल भी रहे। मृतप्राय होती भाषा को सूर के यहाँ संजीवनी ही प्राप्त हुई।

तद्भव : तद्भव शब्दों का निर्माण जनभाषा की मूल प्रकृति के अनुरूप और स्वाभाविक तरीके से होता है। तद्भव शब्द भाषा में माधुर्य और लचीलापन लाते हैं इनके प्रयोग से भाषा में मार्दव का गुण स्वतः ही आ जाता है। तद्भव शब्दों से आशय उन शब्दों से है जो मूलतः तो

संस्कृत के थे किन्तु काल भेद के प्रभाव से पाली, अपभ्रंश आदि भाषाओं से परिवर्तित होते हुए जनसामान्य की भाषा हिन्दी तक पहुँच गये थे। मनमोहन गौतम ने सूर के तद्भव प्रयोग पर कहा है कि "इन शब्दों के प्रयोग से भाषा में बोली का सहज रूप निखरा है, किन्तु इसका अधिक प्रयोग भाषा को असाहित्यिक बना देता है।[153] यह बात सत्य भी है, इसका अत्यधिक प्रयोग आडम्बर की वृद्धि भी करता है, जिसके कारण एक अरुचि विकसित होती है। सूर इस तथ्य से भली–भाँति परिचित थे। अतः सूर ने तद्भव शब्दों के प्रयोग में सावधानी बरती है एक उदाहरण है–

यह न होई जैसौं माखन चोरी
तब वह मुख पहिचानि, मानि सुख, देती जान, हानि हुति थोरि
तब तिनि दिननि कुमार, कान्ह तुम हमहुँ हुतीं अपनैं जिय भोरी
तुम ब्रजराज बड़े के ढोटा, गोरस कारन कानि न तोरी
अब भए कुसल किसोर कान्ह तुम, हौ भइ सजग समान किसोरी
जात कहाँ बलि बाँह छुड़ाए, मूसे मनसंपति सब मोरी
नखसिख लौं चित चोर सकल अँग, चीन्हें पर कत करत मरोरी
इक सुनि सूर हरयौ मेरौ सरबस, औ उलटी डोलति सँग डोरी[154]

यह कुछ संस्कृत के तत्सम शब्दों को छोड़ दें तो बाकी सारे, शब्द या तो अर्द्धतत्सम शब्द हैं, शेष तद्भव। इसके अतिरिक्त सूर अंगुठा (10/62), अंध्यारी (505), अकारप (लहरी 3–38) अखारा (9/4), आंगन, अंकवारी, दधि, जुवा, पंखी आदि तद्भव शब्दों का प्रयोग बड़ी ही कुशलता एवं चतुराई से करते हैं और यह शब्द देखने पर लोकभाषा की सीधी अभिव्यक्त करते हैं।

देशज शब्द : सूरदास ने देशी भाषा के महत्व को समझ लिया था। वह जानते थे कि भारतीय भाषाएँ भारतीय व्यवस्था में अगर स्थान नही पायेंगी तो वह मृत हो जायेगी। फारसी अभिजात्य वर्ग की भाषा बन चुकी थी। राजदरबारों, सरकारी कामकाज की भाषा जहाँ देशी भाषा को कोई अस्तित्व नहीं था। यदि देशी भाषायें या शब्द न हो, तो उस भाषा में न तो लावण्यता का संचार होता है और न ही मधुरता का। अतः सूर ने अपने सूरसागर में लोक में प्रचलित मुहावरों, लोकोक्तियों एवं ठेठ शब्दों का प्रयोग किया है। सूर द्वारा प्रयुक्त किये हुए कुछ देशज शब्दों के उदाहरण दृष्टव्य है खुटिला (1042), घैया (463), झाम (1402), ठादर (949), ढाढिन (13–37), इत्यादि शब्द। देशज शब्दो में अनुकरणात्मक शब्द भी आते हैं,

सूर के यहाँ इनका प्रयोग देशज शब्दों से अधिक है। जिसका कारण यह है कि यह आसानी से बनते हैं और जनसामान्य में प्रचलित हो जाते हैं। कुछ विशेष अनुकरणात्मक शब्दों पर ध्यान आसानी से चला जाता है। जैसे अरबराना (10–115), किलकारना (1–319), गटकना (2609), गरनाना (944), जगमगाना (10/106), ठुमकना (10/126), डबडबाना (2036), फटकाना (1418) इत्यादि शब्द।

अन्य भाषाओं का प्रयोग– इहाँ का प्रयोग 11–192, 1–286, 1–320, उहाँ शब्द का प्रयोग (1/289) इन पदों में हुआ है।

1. अवधी– इहाँ उहाँ– यहाँ वहाँ बनियाँ (1/284)

2. राजस्थानी– पूरबली–पूर्वकालीन, पहली विभीषण को लंका दीन्हीं

3. गुजराती–बियौ– द्वितीय– दूसरा काके सरन जाउँ जदुनन्दन नाहिन और वियौ

यह आश्चर्य की बात है कि सूर ने शायद ही कभी मथुरा से बाहर यात्रा की हो, किन्तु उसके बावजूद उनकी भाषा में जो विविध भाषाओं और उपबोलियों का जो घालमेल है वह उनकी ग्रहणशीलता और शब्दों के प्रति झुकाव को व्यक्त करता है।

इसके अतिरिक्त सूर के यहाँ पाली प्राकृत अपभ्रंश शब्द भी दिखायी पड़ते हैं। यह बड़े आश्चर्य की बात है प्राकृत जो ब्रजभाषा के प्रभाव से विलुप्ति के कगार पर पहुँच चुकी थी, सूर के यहाँ मिलती है। पुष्प का पुहुप, सागर का साअर, सायर जैसे शब्द सूर के यहाँ पाये जाते हैं, असवार उज्जल, ऊसर, केहरि, आदि शब्द जो प्राकृत एवं पालि के हैं, सूर के यहाँ प्रश्रय पाते हैं।

विदेशी शब्द : सूर ने जब काव्य रचना प्रारम्भ की उस समय भारत में मुस्लिम शासकों का साम्राज्य पूर्णतः भारत में स्थापित हो चुका था और अरबी फारसी भाषायें अपने गौरव के शिखर पर पहुँच चुकी थी। जहाँ दरबार की भाषा फारसी थी और शासकों के धर्मग्रन्थों की भाषा अरबी– इस परिवेश को देखते हुए F.E. Keay महोदय ने कहा था– Although the religious language of Mohamnadans was Arbic, the literary language of the court was Persian, The language possessed, large literature, which has already developed a highly artistic character before the Muhammadan power was established in india. Many

Hindus who were connected with the court came to learn this language, and when Urdu literature developed it was of ashioned after persion models- (A History of Hindi literature, F.E. Keay, Page 35- Published in 1920)

इस व्यक्त से यह प्रमाणित हो जाता है कि भारतीयों को सरकारी कामकाज के लिए इस भाषा को सीखना ही पड़ा था। जब कोई भाषा किसी {ोत्र विशेष में व्याप्त होती है तो वह बड़ी आसानी से वहाँ के परिवेश में घुल–मिल जाती है। सूर ने भी इन भाषाओं के शब्दों का प्रयोग अपने काव्य में ब्रज के प्रकृति के अनुरूप किया है, ठीक वैसे ही जैसे मुस्लिम लेखकों ने भारतीय भाषाओं के शब्दों का प्रयोग किया है। सूर भाषा चाहे कोई भी हो उससे दुराव नहीं रखते हैं। एक सच्चा कवि या लेखक वही होता है जो भाषा के महत्व को समझे, सूर का एक पद है जिसमें अरबी–फारसी के शब्द भरे पड़े हैं।

हरि हौं ऐसौ अमल कमायौ
साबिक जमा हुती जो जोरी, मिन जालिक तल ल्यायौ
वासिल बाकी स्याहा मुजलिम, सब अधर्म की बाकी
चित्रगुप्त सु होत मुस्तौफी, सरन गहूँ मैं काकी
मोहरिल पांच साथ कर दीठो, तिनकी बड़ी विपरीत
जिम्मे उनके माँगै, यह तौ बड़ी अनीति
पाँच–पचीस साथ अगवानी, सब मिलि काज बिगारे
सुनी तगीरी, बिसरि गई सुधि, मो तजि भए नियारे
बढ़ौ तुम्हारे बरामद हूँ कौ लिखि कीनौं है साफ[155]

यहाँ अरबी फारसी शब्दों का मुक्त हस्त से प्रयोग हुआ है– अमल (कम), साबिक (पुरानी), जमा (पूंजी), मिनजालिक (व्यय किये जाने वाला धन या उसका खाता), आसिल (वसूल और बाकी रकम), स्याहा (सियाहा–आय व्यय का बही), रोजनामचा सरकारी खजाने का रजिस्ट्रर, मुजलिम (जमा दर्ज), मुस्तौफी (आय–व्यय परीक्षक–आडिटर), मोहरिल (मुंशी या लेखक), तगीरो (तबादला), बरामद (आमदनी), दस्तक (मालगुजारी वसूल करने का परवाना)।

सूर जब भाषा का प्रयोग करते हैं तो वह यह नहीं देखते कि वह अपनी है या विदेशी। मनमोहन गौतम ने इसे देखते हुए लिखा भी हैं कि "उन्हें तो शब्द का वह रूप प्रिय था जो उनकी ब्रज माधुरी में खप सकता हो। इसलिए उन्होंने फारसी और अरबी शब्दों के ऊपर भी अपनी छैनी

चलाई और उन्हें कांट–छांट कर ऐसा सरल और मृदु बना दिया कि ब्रज के शब्दों के बीच प्रयुक्त अरबी और फारसी शब्दों की पहचान भी कठिन हो जाती है– उदाहरण के लिए फारसी शब्द अंदेशा है सूर ने इसे अन्देस करके लिखा है।"[156]

सूर निर्गुन ब्रह्म उर धरि तजहु सकल अन्देस (3424)

उदाहरण के तौर पर सूर काव्य में प्रयुक्त अरबी–फारसी के शब्दों को यहाँ रख रही हूँ–

अरबी : अबीर (2391), अमीन (1/64), कलई (3186), मुजरा (4188), मुहर्रिर (985), सतर (537), कागद (1/197), कसाई (1/304), गरीब (1/19), तलफ (2728)।

फारसी के शब्द : अचार (2321), कमान (1/64), दस्तक (1/143), दलाली (1/310), मेहमान (3516), दामनगीर (1/334)। खानाजाद (320), जहर (3070), दगाबाज (1/64), परगना (10/329)

तुर्की के शब्द : कुमैत कुमेत (10/6)

वास्तव में सूर की भाषा में विदेशीपन की झलक नहीं दिखायी पड़ती। सूर इन भाषाओं के प्रयोग को असंगत नहीं समझते थे। इसीलिए सूर के यहाँ भारत में प्रचलित सभी प्रमुख भाषाओं विशेषकर हिन्दी भाषी क्षेत्रों के देखने को बहुतायत में मिलते हैं। सूर ने इन सभी भाषाओं के प्रयोग के द्वारा ब्रजभाषा को वह स्थान दिलाया, जो इसके पूर्व किसी भी कवि ने नहीं किया था, तथा भाषा की मधुरता को बचाये रखा। नाभादास ने सूर की भाषा के लिए यूँ ही नहीं कहा था।

उक्ति ओज अनुप्रास बरन, अस्थिति अति भारी
बचन प्रीति निरबाह अर्थ, अद्भुत तुकधारी
प्रतिबिंबित दिवि दिष्टि, ह्रदय हरिलीला भासी
जनम करम गुन, रूप, सर्व रसना परकासी
विमल बुद्धि गुन और की, जो वह गुन स्रवनन करै
सूर कवित्व सुनि कौन कवि, जो नहि सिर चालन करै।"

मुहावरे एवं लोकोक्तियाँ : भाषा की अर्थव्यवस्था के साधन के रूप में मुहावरे और लोकोक्तियों का विशेष स्थान है। यह भाषा में रोचकता के साथ सबलता, प्रमाणिकता, व्यंजकता तथा संलिप्तता को जहाँ उत्कर्ष देता है, वहीं उसका परिष्करण भी करता है। सूर की कविता में जो वाग्वैदग्ध्य का दुर्लभ गुण है उसको मुहावरों और कहावतों से एक निश्चित स्वरूप

प्राप्त होता है। सूर ने न केवल ब्रजभाषा में, या ब्रज क्षेत्र में व्याप्त मुहावरों का अपनी कविता में समावेश किया हो, अन्य भाषाओं के महत्त्व को नकार दिया हो, ऐसा दृष्टिगोचर भी नहीं होता, अरबी फारसी के मुहावरों को सूर ने अपनी रचना में स्थान दिया है। सूर ने मुहावरों का प्रयोग विशेष रूप से ब्रज क्षेत्रीय मुहावरों का प्रयोग कुब्जा प्रसंग, उद्धव गोपी संवाद, मुरली प्रसंग आदि में किया है। यह वह स्थान है जहाँ सूर की अभिव्यंजनात्मक क्षमता एवं वैभव प्रकट होता है। व्यंग्य और वक्रता प्रधान भाषा में सूर ने मुहावरों और लोकोक्तियों का प्रचुर प्रयोग किया है, जिसके प्रभाव से अभीष्ट अर्थ व्यंजना की सफलता सूर को प्राप्त हुई है। मुहावरों के साथ लोकोक्ति ने भी सूर की भाषा शक्ति में अभिवृद्धि करने में अत्यधिक योगदान दिया है। इसके प्रयोग से भाषा में वक्रता का समावेश होता है। इसलिए लगभग हर समृद्ध कवि अपनी भाषा को समृद्ध करने के लिए लोकोक्तियों के प्रयोग से अपने आपको मुक्त नहीं कर पाता। लोकोक्तियों का कौशल सूर से अच्छा कहाँ देखने को मिलेगा, प्रसंग छोटा है लेकिन लोकोक्ति का चमत्कार अद्भुत–

आए जोग सिखावन पाँडे
परमारथी पुराननि लादे, ज्यौं, बनजारे टाँडे
हमरे गतिपति कमल नयन को जोग सिखैं ते राँड़े
कहौ मधुप कैसे समहिंगे, हाथिनि के संग गाँड़े
कहु षटपद कैसे खैयतु हैं हाथिनि के सग माँड़े
काकी भूख गई बयारि भखि, बिना दूध घृत माँड़े
काहे कौ झाला लै मिलवत कौन चोर तुम डाँड़े
सूरदास तीनो नहि उपजत धनिया धान कुम्हाँड़े।।

यहाँ कुछ लोकोक्तियाँ जैसे एक म्यान में दो तलवार न हो सकना, हाथियों के साथ गन्ना न रखना, हवा से भूख का न मिटना, धनिया, धान और काशीफल का एक साथ उत्पन्न न होना आदि भाव सूरदास की भाषा को अन्य कवियों से अलग कर देता है। उनके काव्य में लोक की कथाएँ देशीय चमत्कारों के साथ, ब्रह्म बुद्धि वाले उद्धव का मुख बंद करने का सामर्थ्य रखती है।

मुहावरों और लोकोक्तियों में थोड़ा सा अन्तर है जिसे समझाते हुए मनमोहन गौतम ने लिखा है कि 'मुहावरे' शब्दों और क्रिया प्रयोगों के योग से बनते हैं। इनका एक विशिष्ट रूप बन जाता है जो वाक्यांश बन

कर वाक्यों में प्रयुक्त होता है। मुहावरे में पूरी बात नहीं कही जा सकती किन्तु लोकोक्ति एक विचार की पूर्ण अभिव्यक्ति होती हैं। लोकोक्ति के पीछे कोई अन्तर्कथा होती है, इसीलिए इसका नाम कहावत है।[157] ऊपर दिये गये पद में जनमानस की पीड़ा उसकी लोकोक्ति में ही प्रकट हो सकती थे, यहाँ उस ब्रह्म का तिरस्कार है, जिसका सीधे साधे मानस में कोई स्थान नहीं, जहाँ पहले से ही प्रेम व्याप्त हो वहाँ किसी और की क्या बिसात।

मुहावरे के प्रयोग से भाषा में एक सजीवता और सशक्तता आती है। रचना को जनसाधारण में प्रसिद्ध करने का सबसे सस्ता और अच्छा माध्यम है, भाषा को मुहावरे से युक्त करना, क्योंकि सामान्य जनता आपसी चुहल में अधिकांशतः मुहावरे का प्रयोग करने से खुद को रोक नहीं पाती। मुहावरों में जहाँ व्यंग्य और विनोद की प्रवृत्ति दिखायी पड़ती है, वहीं लेखक की समाज के साथ सहभागिता भी। सूर ब्रज के समाज को अपने अन्दर आत्मसात किये हुए है। सूर के तीनों ग्रन्थों में मुहावरों का सफल प्रयोग हुआ है। ज्यादातर मुहावरे या तो सूरसागर के विनय के पद और पौराणिक कथाओं में मिलते हैं अथवा श्रीकृष्ण के ब्रजलीला और दशम स्कन्ध, उसमें भी दशमस्कन्ध में ही ज्यादातर मुहावरों का प्रयोग देखने को प्राप्त होता है, जिसका सीधा सा कारण यही है कि इस प्रसंग में सूर ने जनता की पीड़ा उसकी मनोदशा उसके भाव को उकेरा है।

सूर के काव्य में प्रयुक्त प्रमुख मुहावरे और लोकोक्तियाँ का उदाहरण नीचे दिया जा रहा है।

मुहावरे–

(1) अब न परत मोकूँ कल छिनहूँ चित मैं अति अकुलाई– सारावली (874)

(2) बालक ब्रह्मौ सिंधु में हमरो सो नित प्रति चित लाग्यौ– सारावली (539)

(3) जो तुम राजनीति सब जानत बहुत बनावत बात– सारावली (884)

(4) जसुमति माय धाय उर लीन्हों राई लोन उतारौ– सारावली (457)

(5) का सतरात अली बतरावत उतने नाच नचावै– साहित्य लहरी (84)

(6) मोहिं आन वृषभान बबा की मैया मंत्र न लैहै– साहित्य लहरी (10)

(7) आजु कल्हि दिन चारि पाँच मैं लंका होति पराई– सूर सागर (9/117)

(8) टेढ़ी चाल, पाग सिर टेढ़ी, टेढैं– टेढैं धायो – सूर सागर (1/301)

(9) दाउँ अबके परयौ पूरौ, कुमति पिछली हारि – सूर सागर (1/309)

(10) दधि–माखन गाँठी दै राखति, करत फिरत सुत चोरी– सूर सागर (10/324)

(11) जाहु धरहिं तुमकौन्ह मैं चीन्ही– तुम्हरी जाति–जानि मैं लीन्हीं– सू.सा.(10/799)

(12) पांच की सात लगायौ, झूठी झूठी कै बनायौ– सूर सागर (10/1734)

(13) मथुरा हूँ तै गाएं सखी री, अब हरि कारे कोसनि– सूर सागर (10/4258)

(14) स्वारथ मनि लेत रति करि कै, बोलत हाँजी हाँजी– सूर सागर (10/2257)

(15) सूर स्याम अति करत अचगरी, कैसेहुँ काह हाथ न आवै– सूर सागर (10/1433)

सूर ने इनका प्रयोग सयास नहीं किया है, बल्कि यह अनायास ही उनकी कविता में शामिल हो गये हैं, जिसके कारण अर्थव्यंजना में भी वृद्धि हुई है तथा स्वाभाविक सौन्दर्य की भी। यह मुहावरे सिर्फ एक काल की सीमा में नहीं टिकते बल्कि यह अतिक्रमण करते हैं आने वाले हर काल का और अपनी महत्ता प्रकट कर देते हैं।

कहावत–

(1) सूरदास प्रभु आग चचोरत, छाँड़ि ऊख कौ मूँढ़– सूर सागर (10/3733)

(2) इत की भई न उत की सजनी, भ्रमत भ्रमत मैं भई अनाथ– सूर सागर (10/2317)

(3) कुटिल कुटिल मिलि चलै एक हवै– सूर सागर (10/1279)

(4) छोटैं मुँह बड़ बात कहत, अबहीं मरि जैहे– सूर सागर (10/589)

(5) करियै कहा, लाज मरियै, जब अपनी जाँघ उघारो– सूर सागर (1/173)

(6) बोवत बबुर, दाख फल चाहत, जोवत है फल लागे – सूर सागर (1/61)

(7) सूधे होत न स्वान पूँछ–ज्यौं पचि पचि बैद मरे– सूर सागर (10/3730)

इस तरह सूर की कविता में चाहे मुहावरे हों अथवा लोकोक्तियाँ ये दोनों ही भाषा में प्राणवत्ता डालते हैं। सूर की भाषा में पद शैली का सौन्दर्य दिखता है। प्रत्येक परिस्थिति में उनकी भाषा भाव के अनुसार मधुर ओजपूर्ण, प्रसाद गुणयुक्त, अनुपातपूर्ण, सरस तथा भावपूर्ण हो जाती है। सूर अपने मुहावरे के द्वारा जमाने से व्याप्त ग्रामीण जीवन प्रवाह को अनुभव के साथ जोड़कर जीवन्त एवं अभिव्यक्त कर देते हैं। बलराम तिवारी ने इनके मुहावरे और लोकोक्तियों के लिए कहा– "सूर इनकी मदद से जटिल भावों को सुलझाकर रखते हैं, कथन में पैनापन लाते हैं तथा ब्रज के सामाजिक जीवन की विभिन्न क्रियाओं–प्रतिक्रियाओं को उद्घाटित करते हैं। उनकी गोपियाँ जब व्यंग्य करती है या उपालम्भ की मनोदशा में होती हैं– तब मुहावरे एवं लोकोक्ति का प्रयोग बढ़ जाता है।"[158]

इस प्रकार सूर ने अलंकार योजना और मुहावरों को विषयानुरूप विशिष्ट स्थलों में ही प्रयुक्त किया है। सूर ने अपने सामाजिक अनुभवों को सूक्ष्म पर्यवेक्षक शक्ति का सर्वत्र प्रदर्शन कराया है।

रवीन्द्रनाथ ठाकुर ने महाकाव्यों के सम्बन्ध में लिखा है– 'दूसरी श्रेणी के कवि वे है जिनकी रचना में अन्तस्तल से एक सारा देश, एक सारा युग अपने हृदय को और अपनी अभिज्ञता को प्रकट करके उस रचना को सदा के लिए समादरणीय सामग्री बना देता है। इस दूसरी श्रेणी के कवि ही महाकवि कहे जाते हैं सारे देशों और सारी जातियों की सरस्वती इनका आश्रय लेती है।[159] तुलसी और सूर महाकवि हैं। इन्होने अपनी रचनाओं के माध्यम से अपनी सारी मान्यताओं, भाषा विषयक आस्थाओं को बिना किसी संकोच के अपनी पूर्ण प्रतिबद्धता के साथ प्रकट कर दिया है। इन दोनों ही कवियों या भक्तों ने पौराणिक शैली को अपने काव्य का उपजीव्य बनाया और अपनी कविता में चाहे वह भाषा हो, भाव हो, अलंकार

हो, को बिना किसी हिचक के माध्यम से पूर्ण ईमानदारी के साथ प्रस्तुत किया। इसलिए सूर और तुलसी जब लोक भाषा में अपनी आस्थाओं को व्यक्त करते है तो उसकी मार्मिकता, उसकी प्रांसगिकता बढ़ जाती है। छोटे–छोटे संचारी भावों को व्यंजना से मार्मिकता का सृजन करने में दोनों ही कुशल हैं। दोनों ही कवि मानव अंतःकरण की सूक्ष्म से सूक्ष्म वृत्तियों तक पहुँचे हैं। चाहे काव्य का बहिरंग पक्ष हो या अंतरंग दोनों ही अपने पदों से एक नया संसार रच देते हैं। इसलिए तुलसी सूर दोनों के यहाँ अलंकारों को उचित प्रयोग हुआ है अतिरंजना कहीं भी नहीं है।

सन्दर्भ ग्रन्थ-सूची

1. युगेश्वर (संपा.)– तुलसी दास के ग्यारह गन्थ, प्र0 भाग, दोहा–572, पृ. 512
2. रामचरितमानस– गीता प्रेस, बालकाण्ड, 1/7, पृ. 2
3. हजारी प्रसाद द्विवेदी– हिन्दी साहित्य उद्‌भव और विकास, पृ. 64
4. रामचरितमानस– तुलसीदास, 1/8/4, पृ. 12
5. वही, 1/8/8 पृ., 12
6. वही, 1/8/11 पृ., 13
7. बाबू शिवनन्दन सहाय– गोस्वामी तुलसीदास, पृ. 122
8. रामचन्द्र शुक्ल– हिन्दी साहित्य का इतिहास, पृ. 72
9. रामस्वरूप चतुर्वेदी –मध्यकालीन हिन्दी काव्य भाषा, पृ. 88
10. तुलसीदास के ग्यारह ग्रन्थ, प्रथम भाग दोहा–572, पृ. 512
11. रामस्वरूप चतुर्वेदी –मध्यकालीन हिन्दी काव्य भाषा, पृ. 88
12. वही, पृ. 88
13. देवकीनन्दन श्रीवास्तव– तुलसीदास की भाषा, पृ. 345
14. डॉ0 पारसनाथ तिवारी– कबीर वाणी सुधा, पृ. 102
15. तुलसीदास– रामचरितमानस 1/8/9, पृ. 13
16. मिश्र बन्धु– हिन्दी नवरत्न, पृ. 176
17. रामचन्द्र शुक्ल– तुलसीदास, पृ. 135
18. डॉ0 देवकी नन्दन श्रीवास्तव– तुलसीदास की भाषा, पृ. 233
19. युगेश्वर– तुलसीदास के ग्यारह ग्रन्थ प्र0 भाग, पद–106, पृ. 429
20. युगेश्वर– तुलसीदास के ग्यारह ग्रंथ द्वि0 भाग, पद–28, पृ. 296
21. युगेश्वर– तुलसीदास के ग्यारह ग्रन्थ प्र0 भाग, पद–108, पृ. 430
22. युगेश्वर– तुलसीदास के ग्यारह ग्रन्थ द्वि0 भाग, पद–117, पृ. 149
23. डॉ0 देवकी नन्दन श्रीवास्तव– तुलसीदास की भाषा, पृ. 237
24. युगेश्वर– तुलसीदास के ग्यारह ग्रन्थ द्वि0 भाग, 36/3, पृ. 249
25. युगेश्वर– तुलसीदास के ग्यारह ग्रन्थ प्र0 भाग, पद–5/21, पृ. 46

26. युगेश्वर– तुलसीदास के ग्यारह ग्रन्थ प्र0 भाग, पद–7/17, पृ. 85
27. युगेश्वर– तुलसीदास के ग्यारह ग्रन्थ द्वि0 भाग, पद–47, पृ. 255
28. युगेश्वर– तुलसीदास के ग्यारह ग्रन्थ द्वि0 भाग, पद–43/2, पृ. 253
29. युगेश्वर– तुलसीदास के ग्यारह ग्रन्थ द्वि0 भाग, पद–32, पृ. 246
30. युगेश्वर– तुलसीदास के ग्यारह ग्रन्थ प्र0 भाग, पद–7/21, पृ. 88
31. युगेश्वर– तुलसीदास के ग्यारह ग्रन्थ द्वि0 भाग, पद–53, पृ. 259
32. रमेश कुन्तल मेघ– मिथक से आधुनिकता तक, पृ. 86
33. सूरदास– सूरसागर, नागिरी प्रचारिणी सभा, प्र0 भाग 1/1, पृ. 1
34. सूरदास– सूरसागर, नागिरी प्रचारिणी सभा, प्र0 भाग 1/4, पृ. 1
35. प्रेम नारायण टण्डन– सूर की भाषा, पृ. 85
36. सूरदास– सूरसागर, नागिरी प्रचारिणी सभा, प्र0 भाग 10/212, पृ. 269
37. सूरदास– सूरसागर, नागिरी प्रचारिणी सभा, प्र0 भाग 1/241, पृ. 65
38. प्रेम नारायण टण्डन– सूर की भाषा, पृ. 30
39. दीनदयाल गुप्त– अष्टछाप (वल्लभ सम्प्रदाय), प्र0भाग, पृ. 7
40. धीरेन्द्र वर्मा– ब्रज भाषा व्याकरण, पृ. 11
41. प्रो0 मुंशीराम शर्मा सोम– सूर सौरभ, द्वि0 भाग, पृ. 2
42. सूरदास– सूरसागर, प्र0 भाग, 10/594, पृ. 378
43. द्वारिका दास पारिख– प्रभुदयाल मीतल– सूर्य निर्णय, पृ. 313
44. रामचरितमानस, 1/10/4, पृ. 15
45. वही, पृ. 12
46. वही, पृ. 13
47. युगेश्वर– तुलसीदास के ग्यारह ग्रन्थ द्वि0 भाग, पद–2, पृ. 266
48. रामचरितमानस, 1/36, पृ. 40
49. डॉ0 भगीरथ मिश्र– हिन्दी काव्यशास्त्र, पृ. 70
50. डॉ0 भगीरथ मिश्र– हिन्दी काव्यशास्त्र, पृ. 70
51. तुलसीदास– रामचरितमानस 2/146, पृ. 422
52. तुलसीदास– रामचरितमानस 2/40, पृ. 339
53. तुलसीदास– रामचरितमानस 2/33, पृ. 333–334
54. चन्द्रबली पाण्डेय–तुलसीदास, पृ. 264
55. योगेश्वर– तुलसीदास के ग्यारह ग्रन्थ प्र0 भाग, पद–7/51, पृ. 73
56. तुलसीदास रामचरितमानस, 1/232, पृ. 198
57. युगेश्वर– तुलसीदास के ग्यारह ग्रन्थ प्र0 भाग, पद–1/13, पृ. 10
58. तुलसीदास– रामचरितमानस, 2/229/6, पृ. 488
59. तुलसीदास– रामचरितमानस, 2/252/2–3, पृ. 216
60. तुलसादास– रामचरितमानस, 1/38/9, पृ. 43
61. तुलसीदास– रामचरितमानस, 1/229/2, पृ. 196
62. युगेश्वर– तुलसीदास के ग्यारह ग्रन्थ द्वि0 भाग, पद–1, पृ. 1

63. तुलसीदास– रामचरितमानस, 2 / 155 / 2, पृ. 429
64. तुलसीदास– रामचरितमानस, 2 / 66 / 8, पृ. 360
65. डॉ0 विश्वम्भर नाथ उपाध्याय– सूर का भ्रमर गीत, पृ. 182
66. सूरदास– नागिरी प्रचारिणी सभा, प्र0 भाग 10 / 91, पृ. 238
67. सूरदास– नागिरी प्रचारिणी सभा, प्र0 भाग 10 / 115, पृ. 244
68. डॉ0 रामस्वरूप आर्य– सूर साहित्य सन्दर्भ, पृ. 243
69. सूरदास– सूरसागर प्र0भाग 1 / 168, पृ. 46
70. सूरदास– सूरसागर प्र0भाग 10 / 29, पृ. 220
71. सूरदास– सूरसागर प्र0भाग 10 / 153, पृ. 42
72. सूरदास– सूरसागर प्र0भाग 10 / 628, पृ. 387
73. सूरदास– सूरसागर प्र0भाग 10 / 108, पृ. 242
74. सूरदास– सूरसागर द्वि0 भाग 10 / 3876, पृ. 466–467
75 ब्रजेश्वर वर्मा– सूर मीमांसा, पृ. 267
76. तुलसीदास– रामचरितमानस 1 / 232, पृ. 198
77. धनवन्ती दाधीच– रामचरितमानस के सौन्दर्य विधान में छन्दों की भूमिका, पृ. 199
78. रामचन्द्र तिवारी– तुलसीदास, पृ. 68
79. तुलसीदास– रामचरितमानस 7 / 129, पृ. 963
80. नन्दकिशोर नवल– तुलसीदास, पृ. 74
81. तुलसीदास– रामचरितमानस 1 / 95, पृ. 88
82. युगेश्वर– तुलसीदास के ग्यारह ग्रन्थ, 5 / 5, पृ. 31
83. युगेश्वर– तुलसीदास के ग्यारह ग्रन्थ, 2 / 1, पृ. 15
84. संपा0 इन्द्रजीत पाण्डेय– तुलसीदास चिन्तन अनुचिन्तन, पृ. 95
85. युगेश्वर– तुलसीदास के ग्यारह ग्रन्थ, पद–5, पृ. 287
86. नन्दकिशोर नवल– तुलसीदास, पृ. 23
87. तुलसीदास– रामचरितमानस 3 / 19, पृ. 592–593
88. तुलसीदास– रामचरितमानस 7 / 107, पृ. 931
89. तुलसीदास– रामचरितमानस 6 / 110, पृ. 815
90. मुंशीराम शर्मा सोम– सूर्य सौरभ द्वि0 भाग, पृ. 7
91. संपा0– डॉ0 रामस्वरूप आर्य– सूर साहित्य सन्दर्भ, पृ. 290
92. सूरदास– सूरसागर, प्र0 भाग, पद 10 / 182, पृ. 535
93. संपा0– डॉ0 रामस्वरूप आर्य– सूर साहित्य सन्दर्भ, पृ. 296
94. सूरदास– सूरसागर, द्वि0 भाग, पद 7 / 2, पृ. 135
95. सूरदास– सूरसागर, प्र0 भाग, पद 7 / 2, पृ. 135
96. सूरदास– सूरसागर, प्र0 भाग, पद 7 / 2, पृ. 135
97. सूरदास– सूरसागर, प्र0 भाग, पद 7 / 2, पृ. 135
98. सूरदास– सूरसागर, प्र0 भाग, पद 10 / 2863, पृ. 235
99. तुलसीदास– रामचरितमानस, 3 / 2 / 3, पृ. 568

100. माता प्रसाद गुप्त– तुलसीदास एक समालोचनात्मक अध्ययन, पृ. 103
101. युगेश्वर– तुलसीदास के ग्यारह ग्रन्थ, द्वि0 भाग, 5/37, पृ. 307
102. युगेश्वर– तुलसीदास के ग्यारह ग्रन्थ, प्र0 भाग, 86, पृ. 311
103. युगेश्वर– तुलसीदास के ग्यारह ग्रन्थ, प्र0 भाग, 7/31, पृ. 404
104. युगेश्वर– तुलसीदास के ग्यारह ग्रन्थ, प्र0 भाग, 1/30, पृ. 199
105. युगेश्वर– तुलसीदास के ग्यारह ग्रन्थ, प्र0 भाग, 1/3, पृ. 6
106. युगेश्वर– तुलसीदास के ग्यारह ग्रन्थ, प्र0 भाग, 1/11, पृ. 5
107. संपा0 श्रीनारायण चतुर्वेदी– तुलसीदास, पृ. 17
108. हजारीप्रसाद द्विवेदी– सूर साहित्य, पृ. 117
109. रमेश कुन्तल मेघ– क्योंकि समय एक शब्द है, पृ. 439
110. मुंशीराम शर्मा सोम– सूर सौरभ, द्वि0 भाग, पृ. 5
111. सूरदास– सूरसागर, द्वि0 भाग, 10/3004 पृ. 283
112. डॉ0 विद्या रानी– सूर साहित्य के विविध परिपेक्ष्य, पृ. 41
113. डॉ0 चन्द्रभान रावत– सूर साहित्य का नव मूल्यांकन, पृ. 451
114. सूरदास– सूरसागर, प्र0 भाग पद 10/172, पृ. 258–259
115. डॉ0 रामधन शास्त्री– कूटकाव्य एक अध्ययन, पृ. 160
116. तुलसीदास– रामचरितमानस 1/36, पृ. 40
117. संपा0– सुधाकर पाण्डेय– रामचरितमानस साहित्यिक मूल्यांकन, पृ. 42
118. युगेश्वर– तुलसीदास के ग्यारह ग्रन्थ, प्र0 भाग, 1/18, पृ. 13
119. तुलसीदास– रामचरितमानस 1/271, पृ. 231
120. रामचन्द्र शुक्ल– गोस्वामी तुलसीदास, पृ. 106–107
121. तुलसीदास– रामचरितमानस 1/14, पृ. 318
122. युगेश्वर– तुलसीदास के ग्यारह ग्रन्थ, प्र0 भाग, 2/6, पृ. 18
123. तुलसीदास– रामचरितमानस 2/99/3, पृ. 385
124. तुलसीदास– रामचरितमानस 2/116, पृ. 399
125. तुलसीदास– रामचरितमानस 2/117, पृ. 400
126. तुलसीदास– रामचरितमानस 5/19, पृ. 724–728
127. डॉ0 हीरालाल दीक्षित– आचार्य केशवदास, पृ. 174
128. सूरदास– सूरसागर, प्र0 भाग, 1/238, पृ. 64
129. सूरदास– सूरसागर, प्र0 भाग, 1/243, पृ. 65
130. सूरदास– सूरसागर, प्र0 भाग, 7/2, पृ. 137
131. सूरदास– सूरसागर, प्र0 भाग, 9/69, पृ. 172
132. सूरदास– सूरसागर, प्र0 भाग, 9/77, पृ. 175
133. सूरदास– सूरसागर, प्र0 भाग, 10/703, पृ. 405
134. सूरदास– सूरसागर, प्र0 भाग, 10/703, पृ. 405
135. सूरदास– सूरसागर, द्वि0 भाग, 10/2139, पृ. 619
136. रामचन्द्र शुक्ल– सूरदास, पृ. 137

137. रामचन्द्र शुक्ल– सूरदास, पृ. 139
138. शैलेश जैदी– तुलसी काव्य की अरबी फारसी शब्दावली एवं सांस्कृतिक अध्ययन, पृ. 17
139. तुलसीदास– रामचरितमानस, 3/1, पृ. 567
140. तुलसीदास– रामचरितमानस, 7/107, पृ. 931
141. युगेश्वर– तुलसीदास के ग्यारह ग्रन्थ, द्वि0 भाग, पद 27, पृ. 29
142. देवकीनन्दन श्रीवास्तव– तुलसीदास की भाषा, पृ. 203
143. हजारी प्रसाद द्विवेदी– हिन्दी साहित्य की भूमिका, पृ. 25
144. संपा0 राममूर्ति त्रिपाठी– तुलसी, पृ. 189
145. देवकीनन्दन श्रीवास्तव– तुलसीदास की भाषा, पृ. 206
146. डॉ0 रामलाल सिंह– तुलसी काव्य दर्शन, पृ. 184
147. संपा0 रविनन्दन सिंह– तुलसी साहित्य अभिव्यक्ति के विविध स्वर, पृ. 503
148. सूरदास– सूरसागर प्र0 भाग, 10/672, पृ. 397
149. डॉ0 रामस्वरूप आर्य– सूर साहित्य सन्दर्भ, पृ. 330
150. प्रेमनारायण टण्डन– सूर की भाषा, पृ. 94
151. सूरदास– सूरसागर प्र0 भाग, 10/351, पृ. 303
152. सूरदास– सूरसागर प्र0 भाग, 10/205, पृ. 268
153. मनमोहन गौतम– सूर की काव्यकला, पृ. 229
154. सूरदास– सूरसागर द्वि0 भाग, 10/1931, पृ. 39
155. सूरदास– सूरसागर प्र0 भाग, 10/143, पृ. 39
156. मनमोहन गौतम– सूर की काव्यकला, पृ. 231
157. मनमोहन गौतम– सूर की काव्यकला, पृ. 235
158. बलराम तिवारी– सूर की काव्यकला, पृ. 110
159. शंभूनाथ सिंह– रामचरितमानस साहित्यिक मूल्यांकन, पृ. 50

सन्दर्भ ग्रन्थ-सूची

आधार ग्रन्थ

1. अनु0 कपिलदेव द्विवेदी : उत्तररामचरितम्, प्रकाशक रामनारायन लाल विजय कुमार, प्रकाशक तथा पुस्तक विक्रेता, 2 कटरा रोड, इलाहाबाद संस्करण, 2002
2. संपा0 तारिणीश झा : नीतिशतकम, प्रकाशक रामनारायन लाल विजय कुमार, प्रकाशक तथा पुस्तक विक्रेता, 2 कटरा रोड, इलाहाबाद संस्करण, 2017
3. तुलसीदास : विनयपत्रिका, गीताप्रेस गोरखपुर, संवत् 2055, संस्करण 49वां, प्रकाशक गोविन्द भवन कार्यालय, गीताप्रेस गोरखपुर–273005
4. संपा0 नन्ददुलारे वाजपेयी : सूरसागर (प्रथम खण्ड), काशी नागरी प्रचारिणी सभा, वाराणसी पंचम संस्करण, सं0 2035 वि0
5. संपा0 नन्ददुलारे वाजपेयी : सूरसागर (द्वितीय खण्ड), काशी नागरी प्रचारिणी सभा, वाराणसी नवीन संस्करण, सं0 2058 वि0
6. संपा0 मनमोहन गौतम : सूरसारावली, प्रथम संस्करण, 1970, प्रकाशक रीगल बुक डिपो, नई सड़क, दिल्ली–6
7. महर्षि वाल्मीकि : श्रीमदावाल्मीकीय रामायण प्रथम खण्ड, संस्करण 2064, 32वां, पुनर्मुद्रण प्रकाशक एवं मुद्रक गीताप्रेस गोरखपुर, गोविन्द भवन कार्यालय, गोरखपुर–273005
8. संपा0 योगेश्वर : तुलसीदास के ग्यारह ग्रन्थ (प्रथम भाग), प्रकाश साहित्य भण्डार, 50 चाहचन्द्र, इलाहाबाद प्रथम संस्करण, 2001

9. संपा0 योगेश्वर : तुलसीदास के ग्यारह ग्रन्थ (द्वितीय भाग), प्रकाश साहित्य भण्डार, 50 चाहचन्द्र, इलाहाबाद प्रथम संस्करण, 2001
10. अनु0 रामनारायण दत्त शास्त्री, पाण्डेय राम : महाभारत पंचम खण्ड (शान्तिपर्व) संस्करण सं0 2072, 15वां पुनर्मुद्रण प्रकाशक एवं मुद्रक गीताप्रेस गोरखपुर–273005
11. संपा0 विजयानन्द त्रिपाठी : मालविकाग्निमित्रम् (नाटक) प्रथम संस्करण, 1925, प्रकाशक बी0एल0 पावगी द्वारा हित चिंतक प्रेस, रामघाट बनारस द्वारा मुद्रित
12. वेदव्यास प्रणीत : श्रीमद्भागवतपुराण : प्रथम खण्ड, संस्करण 2066, 66वां पुनर्मुद्रण प्रकाशक एवं मुद्रक गीताप्रेस गोरखपुर–273005
13. वेदव्यास प्रणीत : श्रीमद्भागवतपुराण, द्वितीय खण्ड, संस्करण 2066, 66वां पुनर्मुद्रण प्रकाशक एवं मुद्रक गीताप्रेस गोरखपुर–273005
14. अनु0 श्री सीताराम शरण भगवान प्रसाद : भक्तमाल, प्रकाशक तेज कुमार प्रेस, बुक डिपो, लखनऊ, संस्करण तीसरी बार, 1951
15. टीकाकार हनुमान प्रसाद पोद्दार : श्रीरामचरितमानस, संस्करण 2069, 18वां पुनर्मुद्रण प्रकाश एवं मुद्रक गीताप्रेस गोरखपुर–273005

सहायक सन्दर्भ ग्रन्थ-सूची

1. आद्या प्रसाद त्रिपाठी : सूर साहित्य में लोक संस्कृति, सन् 1967, प्रकाशक मौलिचन्द शर्मा, सचिव, प्रथम शासन निकाय, हिन्दी साहित्य सम्मेलन प्रयाग
2. आशीर्वादी लाल श्रीवास्तव : मुगल कालीन भारत, संस्करण 1984, प्रकाशक शिवलाल अग्रवाल एण्ड कम्पनी, अस्पताल रोड आगरा–3
3. संपा0 इन्द्रजीत पाण्डेय : तुलसीदास चिन्तन और अनुचिंतन, प्रकाशक सेठ सूरजमल जालान पुस्तकालय, 186, चित्तरंजन एवेन्यू, कलकत्ता–700007 संस्करण सं0 2037 वि0
4. ई0 बार्कर : प्रिंसिपल ऑफ पोलिटिकल एण्ड सोशल थ्योरी, ऑक्सफोर्ड लन्दन प्रेस, 1952, पृ. 137
5. ईश्वरी प्रसाद : मध्यकालीन भारत का संक्षिप्त इतिहास संस्करण जुलाई 2011, प्रकाशक श्रीमती प्रेमकुमारी शर्मा, निर्देशक ईश्वरी प्रसाद इतिहास संस्थान कैम्प कार्यालय : 12, ए0पी0 सेन रोड, लखनऊ

6. उदयभानु सिंह : तुलसी, संस्करण 1965, प्रकाशक ओम प्रकाश, राधाकृष्ण प्रकाशन 4–14, रूपनगर दिल्ली
7. उदयभानु सिंह : तुलसी काव्य मीमांसा, दूसरा संस्करण दूसरी आवृत्ति 2011, राधाकृष्ण प्रकाशन प्राइवेट लिमिटेड 7/13 अंसारी मार्ग दरियागंज, नई दिल्ली–110002
8. डॉ0 ए0के0 मित्तल : भारत का राजनैतिक एवं सांस्कृतिक इतिहास, संस्करण 1999, साहित्य भवन पब्लिकेशन, आगरा हॉस्पिटल रोड–282003, मुद्रक–भवन प्रिंटर्स, आगरा
9. ए0डी0 आर्शीवादम एवं कृष्णकान्त मिश्रा : राजनीति विज्ञान, संशोधित एवं परिवर्धित संस्करण 2000, एस चन्द्र एण्ड कम्पनी लि0 7361, रामनगर, नई दिल्ली–110055
10. एल0पी0 शर्मा : मध्यकालीन भारत, प्रकाशक लक्ष्मी नारायण, आगरा–3
11. एस0आर0 शर्मा : अनुवादक सत्यनारायण दूबे, भारत में मुस्लिम शासन का इतिहास संस्करण 1937 प्रकाशक लक्ष्मीनारायण अग्रवाल, प्रकाशक एवं पुस्तक विक्रेता हॉस्पिटल रोड आगरा
12. एस0एल0 नागोरी : मध्यकालीन भारत, प्रथम संस्करण 1996, श्री सरस्वती सदन, पुस्तक प्रकाशक एवं विक्रेता ए–1/32, सफदरगंज, इक्लेव, नई दिल्ली–110029
13. एस0 सत्यमूर्ति : प्रजा के अधिकार, संस्करण प्रथम, 1979, प्रकाशक हिन्दी साहित्य कार्यालय 51/52, बड़तल्ला स्ट्रीट, कलकत्ता
14. अनुवाद किशोरी लाल गुप्त : हिन्दी साहित्य का प्रथम इतिहास द्वितीय संस्करण 1961, प्रकाशक ओम प्रकाश बेरी, हिन्दी प्रचारक पुस्तकालय, पो0 बक्स नं0 70, वाराणसी–1
15. कुसुम राय : हिन्दी साहित्य का वस्तुनिष्ठ इतिहास, प्रथम संस्करण, 2008 विश्वविद्यालय प्रकाशन चौक वाराणसी–221001
16. अनु0 कृपाल चन्द यादव : मुगल साम्राज्य का केन्द्रीय ढांचा, प्रथम संस्करण 1997, ैठछ 81.86684. 13.1, भारतीय इतिहास अनुसंधान परिषद, ग्रन्थ शिल्पी (इंडिया प्राइवेट लिमिटेड, दरियागंज, नई दिल्ली–110002)
17. कृष्णदत्त पालिवाल : भक्तिकाव्य से साक्षात्कार, पहला संस्करण 2007, भारतीय ज्ञानपीठ 18 इंस्टीट्यूशनल एरिया, लोदी रोड, नई दिल्ली–110003, विकास कम्प्यूटर एंड प्रिंटर्स, दिल्ली–110032

18. कृष्णदत्त पालिवाल : मध्ययुगीन हिन्दी महाकाव्यों में नायक, भारतीय ज्ञानपीठ 18, इंस्टीट्यूशनल एरिया, लोदी रोड, नई दिल्ली–110003
19. सं0 कृष्णदत्त पालिवाल : साहित्य संस्कृति और समाज परिवर्तन की प्रक्रिया, सस्ता साहित्य मण्डल, प्रकाशक, एक 77, पहली मंजिल कनॉट सर्कस, नई दिल्ली–110001 संस्करण 2010
20. के0 दामोदरन : भारतीय चिंतन परम्परा, पिपुल्स पब्लिशिंग हाउस, संस्करण 2011
21. के0एल0 खुराना : मध्यकालीन भारतीय संस्कृति, प्रथम संस्करण 1980, प्रकाशक लक्ष्मी नारायण अग्रवाल, अस्पताल मार्ग आगरा–3
22. गजानन माधव मुक्तिबोध भारत : इतिहास और संस्कृति, संस्करण 2009, राजकमल प्रकाशन प्रा0लि0 1बी, नेताजी सुभाष मार्ग, नई दिल्ली–110002
23. गंगादत्त तिवारी : पाश्चात्य राजनीतिक चिंतन का इतिहास, द्वितीय संस्करण परिवर्द्धित एवं संशोधित संस्करण, प्रकाशक मीनाक्षी बेगम ब्रिज मेरठ–4, अंसारी रोड, दरियागंज, नई दिल्ली
24. गुरुदत्त : प्रजातांत्रिक समाजवाद, राजपाल एण्ड सन्स, कश्मीरी गेट दिल्ली, प्रथम संस्करण (1978)
25. गोपेश्वर सिंह : भक्ति आंदोलन के सामाजिक आधार, संस्करण 2007, भारतीय प्रकाशन संस्थान 24/4855, अंसारी रोड दरियागंज 1पी, दिल्ली–1100321
26. घनश्याम दत्त शर्मा : मध्यकालीन भारतीय सामाजिक, आर्थिक एवं राजनीतिक संस्थाएँ, द्वितीय संस्करण 1990, राजस्थान हिन्दी ग्रन्थ अकादमी 26/2, विद्यालय मार्ग तिलकनगर, जयपुर 302004
27. चन्दबली पाण्डेय : तुलसीदास, संस्करण संवत 2014, प्रकाशन नागरी प्रचारिणी सभा काशी
28. चन्द्रभान रावत : सूर साहित्य का नव मूल्यांकन, कुंज बिहारी लाल पंचौरी एम0 काम0 जवाहर पुस्तकालय असकुण्डा बाजार मथुरा (उ0प्र0), ओम प्रकाश अग्रवाल अंजता फाइन आर्ट प्रिन्टर्स हनुमान गली मथुरा (यू0पी0)
29. जे0सी0 जौहरी : तुलनात्मक राजनीति, द्वितीय संस्करण 1986, प्रकाशक स्टर्लिंग पब्लिशर्स प्रा0 लि0 नई दिल्ली, बंगलौर

30. सम्पादक द्वारका प्रसाद मीतल : सूरदास, संस्करण प्रथम 1978, सेतु प्रकाशन, झाँसी, 186 तलैया, झाँसी
31. द्वारिका दास पारिख, प्रभुदयाल मीतल : सूर निर्णय, द्वितीय संस्करण सं0 2008 प्रकाशक अग्रवाल प्रेस मथुरा
32. डॉ0 दीनदयाल गुप्त : अष्टछाप और वल्लभ सम्प्रदाय भाग–1 प्रथम संस्करण सं0 2004, प्रकाशक हिन्दी साहित्य सम्मेलन प्रयाग
33. स्व0 दीनदयाल गुप्त, सम्पादक डॉ0 देवेन्द्रनाथ शर्मा : हिन्दी साहित्य का वृहत इतिहास (पंचम भाग), काशीनागरी प्रचारिणी सभा, काशी, संस्करण प्रथम 2031 वि0
34. देवकीनन्दन श्रीवास्तव : तुलसीदास की भाषा, संस्करण सं0 2014 प्रकाशक लखनऊ विश्वविद्यालय
35. अनुवादक देशराज गोपाल : लोकतंत्र 80 प्रश्न और उत्तर, पहला संस्करण 1996 सातवीं आवृत्ति प्रकाशक, राष्ट्रीय पुस्तक न्यास, भारत नेहरू भवन, 5 इंस्टीट्यूशनल एरिया, फेज–प्प्, बसंत कुंज नई दिल्ली–110070 द्वारा प्रकाशित ष्टैछ 978.81.237.1772.2
36. डॉ0 धनवन्ती दाधीच : रामचरितमानस के सौन्दर्य विधान में छन्दों की भूमिका, प्रकाशक अजय प्रकाशन चौड़ा रास्ता जयपुर संस्करण 2004, लेजर टाईप सैटिंग मुकेश कम्प्यूटर्स, जयपुर मुद्रक शीतल ऑफसेट प्रिन्टर्स, जयपुर
37. धीरेन्द्र वर्मा : ब्रजभाषा व्याकरण, राम नारायण लाल पब्लिशर और बुकसेलर इलाहाबाद, 1937, संस्करण प्रथम
38. नगेन्द्र : हिन्दी साहित्य का इतिहास, छियालिसवाँ पुर्नमुद्रण संस्करण 2014, मयूर पेपर बैंक नोयडा, निशा इण्टरप्राइजेज, साहिबाबाद
39. नन्दकिशोर नवल : तुलसीदास, पहला छात्र संस्करण 2013, प्रकाशक राजकमल प्रकाशन प्रा0लि0 1–बी, नेताजी सुभाष मार्ग नई दिल्ली–11002
40. नन्द दुलारे बाजपेयी : महाकवि सूरदास, तीसरी आवृत्ति 2003 प्रकाशक राजकमल प्रकाशन प्रा0लि0 1–बी, नेताजी सुभाष मार्ग नई दिल्ली–11002
41. नामवर सिंह : दूसरी परम्परा की खोज, संस्करण 2008, राजकमल प्रकाशन प्रा0लि0 वी0के0 ऑफसेट नवीन शाहदरा दिल्ली–110032

42. संपा0 श्री नारायण चतुर्वेदी : तुलसीदास, प्रथम संस्करण 1985, प्रभात प्रकाशन चावड़ी बाजार दिल्ली–6
43. नीहार रंजन राय : भारतीय कला का अध्ययन, प्रथम संस्करण 1978, एस जीवसानी द्वारा मैंकमिलन कम्पनी ऑफ इंडिया लिमिटेड के लिए प्रकाशित
44. डॉ0 परमात्मा शरण : तुलनात्मक शासन और राजनीति, संस्करण 1977 प्रकाशक मीनाक्षी प्रकाशन, मेरठ, नई दिल्ली
45. परमानन्द श्रीवास्तव : सूरदास, मूल्यांकन–पुर्नमूल्यांकन, संस्करण, 2000 प्रकाशक अभिव्यक्ति प्रकाशन बी 3/1, गोविन्दपुर कालोनी, इलाहाबाद–211004
46. पारसनाथ त्रिपाठी : कबीर वाणी सुधा, अष्टम संस्करण, 2003, राणा प्रकाशन, 40ए, मोतीलाल नेहरू रोड, इलाहाबाद–211002
47. पुखराज जैन : राजनीतिक चिन्तन का इतिहास, साहित्य भवन आगरा, 1984
48. डा0 प्रभुदत्त शर्मा : तुलनात्मक राजनीतिक संस्थाएँ, प्रकाश कॉलेज बुक डिपो, जयपुर
49. प्रभुदयाल मीतल : अष्टछाप परिचय, ओ प्रकाशनालय बनारस संस्करण 1949
50. प्रभुदयाल मीतल : ब्रज के धर्म सम्प्रदायों का इतिहास, प्रथम संस्करण 1968 नेशनल पब्लिशिंग हाउस, दिल्ली–6
51. प्रेमनरायण टण्डन : सूर की भाषा, हिन्दी साहित्य भण्डार, गंगा प्रसाद रोड, लखनऊ नवभारत प्रेस लखनऊ
52. प्रेमशंकर : कृष्ण काव्य और सूर, संस्करण प्रथम, स्मृति प्रकाशन 124 शहराराबाग, इलाहाबाद, स्टार प्रिन्टर्स, 287 दरियाबाद, इलाहाबाद
53. प्रेमशंकर : भक्तिकाव्य का समाज दर्शन, द्वितीय संस्करण 2007, वाणी प्रकाशन 21–ए, दरियागंज नई दिल्ली 110002, स्वास्तिक ऑफसेट, शाहदरा दिल्ली–110032 द्वारा मुद्रित
54. लईक अहमद : मध्यकालीन भारतीय संस्कृति, संस्करण 2011 शारदा पुस्तक भवन, यूनिवर्सिटी रोड, इलाहाबाद–211002, श्री मारूती प्रिन्टर्स, इलाहाबाद

55. बच्चन सिंह : हिन्दी साहित्य का दूसरा इतिहास, संशोधित परिवद्धित संस्करण 2006 चौथी आवृत्ति 2012, राधाकृष्ण प्रकाशन प्राइवेट लिमिटेड, दरियागंज, नई दिल्ली
56. बलदेव उपाध्याय : भारतीय दर्शन, काशी, शा0 म0 1966
57. बलदेव प्रसाद मिश्रा : भारतीय संस्कृति को गोस्वामी तुलसीदास का योगदान, पब्लिकेशन By Government of India
58. बलराम तिवारी : सूर की काव्यकला, पुनः मुद्रण–2010, अभिव्यक्ति प्रकाशन बी–31 गोबिन्दपुर कालोनी, इलाहाबाद–211004
59. बी0एन0 लुणिया : अकबर महान, द्वितीय संस्करण 1984, प्रकाशन लक्ष्मीनारायण अग्रवाल आगरा–3 मुद्रक जैनसम्स प्रिन्टर्स 4/45 तकिया वजीरशाह, सेठ गली आगरा 3
60. बी0एन0 लुणिया : मध्ययुगीन भारत का राजनीतिक एवं सांस्कृतिक इतिहास, इन्दौर कमल प्रकाशन संस्करण 1982
61. ब्रजेश्वर वर्मा : सूरदास (जीवन और काव्य का अध्ययन), तृतीय संस्करण 1959, हिन्दी परिषद विश्वविद्यालय प्रयाग महादेव प्रसाद आजाद प्रेस प्रयाग
62. भगवत शरण उपाध्याय : भारतीय कला की भूमिका, 2007 तृतीय संस्करण पीपुल्स पब्लिशिंग हाउस (प्रा0) लिमिटेड
63. भगवत शरण उपाध्याय : भारतीय समाज का ऐतिहासिक विश्लेषण, संस्करण 2005 आकृति प्रकाशन सी–5, एस–2 ईस्ट ज्योति नगर दुर्गापुरी चौक शाहदरा, दिल्ली 93 त्रिवेणी ऑफसेट शाहदरा, दिल्ली
64. संपा0 डॉ0 भगवत स्वरूप मिश्रा, विश्वम्भर अरूण : सूर की साहित्य साधना, संस्करण 1969 शिवलाल अग्रवाल एण्ड कम्पनी, पुस्तक प्रकाशन एवं विक्रेता आगरा–3
65. भगवान सिंह : तुलसी और गाँधी, प्रथम संस्करण 2015, सामयिक प्रकाशन 3320–21, जतवारा नेताजी सुभाष मार्ग दरियागंज नई दिल्ली–110002 वि0ने0 ऑफसेट दिल्ली
66. डॉ0 भगीरथ मिश्रा : तुलसी रसायन, द्वितीय संस्करण इलाहाबाद साहित्य भवन लिमिटेड 1958
67. डॉ0 भगीरथ मिश्रा : हिन्दी काव्यशास्त्र, गोरखपुर विश्वविद्यालय, प्रकाशन 1957

68. मदन गोपाल गुप्ता : मध्यकालीन हिन्दी काव्य में भारतीय संस्कृति, प्रथम संस्करण 1998, प्रकाशक नेशनल पब्लिशिंग हाउस, चन्द्रलोक जवाहरनगर दिल्ली, भारत मुद्रणालय दिल्ली–32
69. मनमोहन गौतम : सूर की काव्य कला, द्वितीय संशोधित संस्करण, भारतीय साहित्य मन्दिर, एस0 चन्द्र एण्ड कम्पनी नई दिल्ली द्वारा प्रकाशित एवं ऐवरेस्ट प्रेस चमेलियन रोड दिल्ली–6
70. डॉ0 मलिक मोहम्मद : आलवार भक्तों का तमिल प्रबंधम और हिन्दी कृष्ण काव्य, संस्करण प्रथम 1964, प्रकाशक विनोद पुस्तक मन्दिर रोड आगरा मण्डल कैलास प्रिंटिंग प्रेस, डॉ0 रांगेय राघव मार्ग
71. माता प्रसाद गुप्त : तुलसीदास प्रथम संस्करण 1935 प्रकाशक एवम् मुद्रक विवेक कार्यालय प्रयाग
72. माता प्रसाद गुप्त : तुलसीदास एक समालोचनात्मक अध्ययन, संस्करण 1953 हिन्दी परिषद, प्रयाग विश्वविद्यालय, प्रयाग
73. मिश्र बन्धु : हिन्दी नवरत्न, तृतीय संस्करण, गंगा पुस्तक माला कार्यालय, अमीनाबाद पार्क लखनऊ।
74. डॉ0 मीरा श्रीवास्तव : मध्ययुगीन हिन्दी भक्ति धारा और चैतन्य सम्प्रदाय, प्रथम संस्करण हिन्दुस्तानी एकेडमी इलाहाबाद, पी0के0 8, आर्ट प्रेस, इलाहाबाद
75. मुंशीराम शर्मा 'सोम' : भारतीय साधना और सूर साहित्य, संवत 2010, प्रकाशक आचार्य शुक्ल साधना सदन 19/44, पटकापुर, कानपुर
76. मुंशीराम शर्मा : सूर सौरभ प्रथम भाग, प्रकाशन काल जुलाई 1990, प्रकाशक ग्रन्थम रामबाग कानपुर–12
77. मुंशीराम शर्मा 'सोम' : सूर सौरभ द्वितीय भाग, द्वितीय संस्करण संवत 2002 प्रकाशक आचार्य शुक्ल साधना मन्दिर पटलापुर कानपुर
78. मैनेजर पाण्डेय : भक्ति आंदोलन और सूरदास का काव्य, वाणी प्रकाशन 4695, 21–ए, दरियागंज, नई दिल्ली–110002, आवृत्ति 2011
79. मैनेजर पाण्डेय : साहित्य के समाजशास्त्र की भूमिका, प्रथम संस्करण 1989, हरियाणा साहित्य अकादमी, चण्डीगढ़, शान्ति मुद्रणालय विश्वासनगर दिल्ली–32

80. मैनेजर पाण्डेय : भारतीय साहित्य के निर्माता : सूरदास, प्रथम संस्करण 2008, पुर्नमुद्रण 2010, साहित्य अकादमी मुख्य कार्यालय, रवीन्द्र भवन, 35 फीरोजशाह मार्ग, नई दिल्ली–110001
81. डॉ0 रतिभान सिंह नाहर : भक्ति आंदोलन का अध्ययन प्रथम संस्करण, प्रकाशक किताब महल प्राइवेट लिमिटेड प्रेस कटरा, इलाहाबाद
82. रमेश कुंतल मेघ : आधुनिकता बोध और आधुनिकीकरण, अमर प्रकाशन प्रा0 लिमिटेड, प्रथम संस्करण 1966
83. रमेश कुंतल : एक समय शब्द है, संस्करण 2007, लोकभारती प्रकाशन, इलाहाबाद
84. रमेश कुंतल मेघ : तुलसी आधुनिक वातायन से, दूसरा संस्करण 1973 प्रकाशक भारतीय ज्ञानपीठ बी/45–47, कॅनॉट प्लेस, नई दिल्ली
85. रमेश कुंतल मेघ : मिथक से आधुनिकता तक, अमर प्रकाशन प्रा0 लिमिटेड प्रथम संस्करण 1966
86. रमेश कुंतल मेघ : समाज संस्कृति तथा समाज विज्ञान में समेकित साहित्य, प्रथम संस्करण 2016, अमन प्रकाशन 104ए/80सी, रामबाग कानपुर–208021 साध्वी ऑफसेट, यशोदा नगर, कानपुर
87. डॉ0 रामकुमार वर्मा : हिन्दी साहित्य का आलोचनात्मक इतिहास, चतुर्थ संस्करण 1958, प्रकाशक राम नारायण लाल, प्रकाशक तथा पुस्तक विक्रेता
88. रामकृष्ण गोपाल भण्डारकर : वैष्णव, शैव और अन्य धार्मिक मत अनुवादक महेश्वरी प्रसाद, भारतीय विद्या प्रकाशन वाराणसी, पोस्ट बाक्स 108, कचौड़ी गली, वाराणसी प्रथम संस्करण 1967
89. रामचन्द्र तिवारी : तुलसीदास संस्करण प्रथम 2009, वाणी प्रकाशक 21 पी, दरियागंज, नई दिल्ली–110002
90. रामचन्द्र शुक्ल : चिन्तामणि 'मंजूषा सहित (पहला भाग) ग्यारहवां संस्करण 2011, लोकभारती प्रकाशन पहली मंजिल दरबारी बिल्डिंग महात्मा गाँधी मार्ग, इलाहाबाद
91. रामचन्द्र शुक्ल : तुलसीदास, संस्करण 2006, जयभारती प्रकाशन 267 बी, माया प्रेस रोड, इलाहाबाद–211003 द्वारा प्रकाशित
92. रामचन्द्र शुक्ल : सूरदास अनु प्रकाशन 958, धर्माणी मार्केट की गली, चौड़ा रास्ता जयपुर 81–88099–39–2 संस्करण 2005

93. रामचन्द्र शुक्ल : हिन्दी साहित्य का इतिहास, संस्करण 2007, प्रयाग पुस्तक भवन 21, यूनिवर्सिटी रोड, इलाहाबाद, आरती प्रेस, इलाहाबाद
94. रामचन्द्र शुक्ल : हिन्दी साहित्य का इतिहास, कमल प्रकाशन, नयी दिल्ली
95. रामजी सिंह : समाज दर्शन के मूल तत्व, मध्य प्रदेश हिन्दी ग्रन्थ अकादमी भोपाल, 1983
96. रामधन शास्त्री : कूट काव्य एक अध्ययन, संस्करण प्रथम, 1963, प्रकाशक नेशनल पब्लिशिंग हाउस, 26ए, चन्द्रलोक, जवाहर नगर, दिल्ली
97. रामधारी सिंह 'दिनकर' : संस्कृति के चार अध्याय, तीसरा संस्करण 2010 लोकभारती प्रकाशन पहली मंजिल, दरबारी बिल्डिंग, महात्मा गाँधी मार्ग, इलाहाबाद–2001, इण्डियन प्रेस प्रा0लि0, इलाहाबाद–211001
98. डा0 रामनाथ – मध्यकालीन भारतीय कलाएँ और उनका विकास, जयपुर राजस्थान हिन्दी ग्रन्थ अकादमी, संस्करण, 1973
99. डॉ0 रामनरेश त्रिपाठी : तुलसी और उनका काव्य, संस्करण तृतीय संस्करण 1958, प्रकाशक राजपाल एण्ड सन्स, दिल्ली
100. डॉ0 राममूर्ति त्रिपाठी : आगम और तुलसी, प्रथम संस्करण 1977, प्रकाशक द मैकमिलन कंपनी ऑफ इंडिया लिमिटेड, नई दिल्ली
101. संपा0 डॉ0 राममूर्ति त्रिपाठी : तुलसी, प्रथम संस्करण 1976, लोकभारती प्रकाशन 15ए, महात्मा गाँधी मार्ग, इलाहाबाद–1, द्वारा प्रकाशित
102. डॉ0 राममूर्ति त्रिपाठी : सूर विमर्श : आगमिक चिन्तन के आलोक में, प्रथम संस्करण 1984, प्रकाशक साहित्य भवन (प्रा0) लिमिटेड के0पी0 कक्कड़ रोड, इलाहाबाद
103. श्री राम मल्होत्रा : साहित्य का समाजशास्त्र मान्यता और स्थापना, प्रतिस्थान चौखम्बा, विश्वभारती चौक, चित्रा सिनेमा के सामने वाराणसी द्वितीय संस्करण 1980
104. डॉ0 रामरतन भटनागर : मध्ययुगीन वैष्णव संस्कृति और तुलसीदास, संस्करण प्रथम 1962, प्रकाशक हिन्दी साहित्य संसार दिल्ली–6 ब्रांच खजान्ची रोड, पटना–4

105. डॉ0 रामरतन भटनाकर : सूरदास नवमूल्यांकन, प्रथम संस्करण, 1970, प्रकाशक सागर बुक स्टोर, सागर

106. रामरतन भटनागर एवं वाचस्पति त्रिपाठी : सूर साहित्य की भूमिका, संस्करण द्वितीय 1945 प्रकाशक राम नारायण लाल पब्लिशर और बुक सेन्टर, इलाहाबाद

107. रामलाल सिंह : तुलसी काव्य दर्शन, प्रथम संस्करण–1972, लोकभारती प्रकाशन, 15ए, महात्मा गाँधी मार्ग, इलाहाबाद

108. रामविलास शर्मा : परम्परा का मूल्यांकन, संस्करण 2011, राजकमल प्रकाशन प्राइवेट लिमिटेड 1बी, नेताजी सुभाष मार्ग, नई दिल्ली–110002

109. डॉ0 रामविलास शर्मा : साहित्य स्थायी मूल्य और मूल्यांकन, राजकमल प्रकाशन दिल्ली, राजपाल एण्ड संन्स–1962

110. रामस्वरूप चतुर्वेदी : भक्ति काव्य यात्रा, प्रथम संस्करण लोकभारती प्रकाशन पहली मंजिल दरबारी बिल्डिंग महात्मा गाँधी मार्ग, इलाहाबाद–211002, इण्डियन प्रेस प्राइवेट लिमिटेड

111. रामस्वरूप चतुर्वेदी : मध्यकालीन हिन्दी काव्य भाषा, संस्करण 2010, लोकभारती प्रकाशन दरबारी बिल्डिंग, महात्मा गाँधी मार्ग, इलाहाबाद इण्डियन प्रेस प्राइवेट लिमिटेड, इलाहाबाद–211002

112. संपा0 डॉ0 रामस्वरूप आर्य, डॉ0 भगवत शरण अग्रवाल : सूर सन्दर्भ समीक्षा, संस्करण 1976, सूर पंचशती समारोह समिति बिजनौर (यू0पी0) न्यू इंडिया प्रिंटिंग प्रेस, खुरजा (उ0प्र0)

113. डॉ0 राजाराम रस्तोगी : तुलसीदास जीवनी और विचारधारा, संस्करण प्रथम प्रकाशक अनुसंधान प्रकाशन 872259, आचार्यनगर, कानपुर

114. रामानन्द तोष्णीवाल : तुलसी साहित्य का पुर्नमूल्यांकन, प्रकाशन वर्ष 2015, अन्नपूर्णा प्रकाशन कानपुर मधुर प्रिन्टर्स, किदवई नगर, कानपुर

115. डॉ0 रामानन्द तोष्णीवाल : रामचरितमानस में मानवेत्तर प्राणी सृष्टि के चित्रण का उद्देश्य, संस्करण प्रथम अन्नपूर्णा प्रकाशन 127/1100 डब्लू–1 साकेत नगर कानपुर–208014 अजीत ऑफसेट, रामबाग, कानपुर

116. राधाकृष्णन : ईस्टर्न रिलीजन एण्ड वेस्टर्न थॉट, ऑक्सफोर्ड यूनिवर्सिटी प्रेस, 2002

117. संपादक रविनन्दन सिंह : तुलसी साहित्य अभिव्यक्ति के विविध स्वर, संस्करण प्रथम, हिन्दुस्तानी एकेडमी 12पी कमला नेहरू रोड, इलाहाबाद–211001

118. राजीव कुमार श्रीवास्तव : मध्यकालीन भारतीय समाज एवं संस्कृति, संस्करण 2011, प्रकाशक यूनिवर्सिटी पब्लिकेशन 22/4735, प्रकाशदीप बिल्डिंग, अंसारी रोड, दरियागंज, नई दिल्ली–110002

119. राहुल सांकृत्यायन : मानव समाज, पेपर बैक संस्करण 2012 लोकभारती प्रकाशन पहली मंजिल दरबारी बिल्डिंग, महात्मा गाँधी मार्ग, इलाहाबाद–211001,इण्डियन प्रेस प्राइवेट लिमिटेड, इलाहाबाद–211002

120. वामन शिवराम आप्टे : संस्कृत हिन्दी कोश, चौखम्बा विद्याभवन, चौखम्बा पब्लिशिंग हाउस 4697/2, भू–तल (ग्राउण्ड फ्लोर गली नं0 25–ए, अंसारी रोड, दरियागंज, नई दिल्ली–110002

121. विद्यारानी : सूर साहित्य के विविध परिप्रेक्ष्य, 2015, जवाहर पुस्तकालय, सदर बाजार, मथुरा (उ0प्र0) 281001, गुनमाला प्रिन्टर्स, दिल्ली

122. डा0 विपिन बिहारी सिन्हा : दिल्ली सल्तनत, प्रकाशक श्रीमती एस0 चौधरी ज्ञानदा प्रकाशन (पी0डी0) 24, दरियागंज, नई दिल्ली–110002

123. विश्वम्भर दयाल गुप्ता : कविता का समाजशास्त्र संस्करण 2010, गोविन्द पचौरी जवाहर पुस्तकालय सदर बाजार मथुरा रुचि प्रिन्टर्स, दिल्ली–110032

124. डा0 विशम्भरनाथ उपाध्याय : सूर का भ्रमरगीत एक अन्वेषण, विनोद पुस्तक मन्दिर हॉस्पिटल रोड आगरा, राजकिशोर अग्रवाल, कैलाश प्रिंटिंग प्रेस बाग मुजफ्फरखाँ, आगरा

125. विश्वम्भरनाथ प्रसाद तिवारी : तुलसीदास द्वितीय संस्करण 2009, लोकभारती प्रकाशन, पहली मंजिल दरबारी बिल्डिंग महात्मा गाँधी मार्ग इलाहाबाद–1, अर्जुन प्रेस, इलाहाबाद–211001

126. विश्वनाथ प्रसाद त्रिपाठी : तुलसीदास, तीसरा संस्करण, द्वितीय आवृत्ति, 2011 राधाकृष्ण प्रकाशन प्राइवेट लिमिटेड

7/3सी, अंसारी मार्ग, दरियागंज, नई दिल्ली–110002, वी0के ऑफसेट नवीन शाहदरा, दिल्ली–110032

127. विष्णुकान्त शास्त्री : तुलसी के हिम हेरि, संस्करण 2002, लोकभारती प्रकाशन 15ए, महात्मा गाँधी मार्ग, इलाहाबाद–211001, इण्डियन प्रेस प्राइवेट लिमिटेड, इलाहाबाद

128. वी0एन0 फिलिप : मध्यकालीन हिन्दी भक्ति साहित्य की प्रासंगिकता, जवाहर पुस्तकालय, सदर बाजार मथुरा (उ0प्र0) 281001, संस्करण सन् 2000 ई0 रुचिता प्रिंटर्स, दिल्ली–110032

129. वीरेन्द्र मोहन : कबीर और जायसी मानव मूल्य, कोणार्क प्रकाशन दिल्ली, 1984

130. वीरेन्द्र मोहन : तुलसी और सूर मानव मूल्य, संस्करण प्रथम 1996, प्रकाशक भारत भारती प्रकाशन 1, बाई का बाग, इलाहाबाद–211003

131. डॉ0 वीरेन्द्र शर्मा : राजनीति विज्ञान के सिद्धान्त, संस्करण द्वितीय 1993, प्रकाशन श्री पब्लिशिंग हाउस 10149 कटरा, छज्जू पंडित मॉडल बस्ती, नई दिल्ली–110005

132. श्याम सुन्दर दास : गोस्वामी तुलसीदास, तृतीय संस्करण 2011, हिन्दुस्तानी अकादमी 12डी, कमला नेहरू रोड इलाहाबाद–211001 एकेडमी प्रेस दरियागंज, इलाहाबाद

133. शिवकुमार मिश्रा : भक्ति आन्दोलन और भक्ति काव्य, द्वितीय संस्करण 2012, लोकभारती प्रकाशन 1, मंजिल, दरबारी बिल्डिंग महात्मा गाँधी मार्ग, इलाहाबाद–211001, इण्डियन प्रेस प्राइवेट लिमिटेड, इलाहाबाद

134. डॉ0 शिवकुमार मिश्र : भक्ति काव्य और लोकजीवन, संस्करण 1893, वाणी प्रकाशन, दिल्ली

135. शिवनन्दन सहाय : गोस्वामी तुलसीदास, द्वितीय संस्करण 1961, बिहार राष्ट्रभाषा परिषद, पटना

136. शंभूनाथ पाण्डेय : सूर की काव्यकला, संस्करण प्रथम 1962, प्रकाशक प्रतापचन्द्र जैसवाल, सरस्वती संवाद, मोती कटरा, आगरा

137. शिवसिंह सेंगर कृत शिव सिंह सरोज, सम्पादक डॉ0 किशोरी लालगुप्त संस्करण प्रथम, हिन्दी साहित्य सम्मेलन प्रयाग, सम्मेलन मुद्रणालय, 1970, प्रयाग

138. शैलेश जैदी : तुलसी काव्य की अरबी फारसी शब्दावली एवं सांस्कृतिक अध्ययन, प्रकाशक एस0 अली ज़ाफर, यूनिवर्सिटी पब्लिशिंग हाउस नायाब, सिविल लाईन्स 25, अलीगढ़ संस्करण प्रथम, 1976
139. डॉ0 सत्येन्द्र : ब्रज साहित्य का इतिहास, प्रथम संस्करण, संवत 2024 वि0, प्रकाशक भारती भंडार लीडर प्रेस, इलाहाबाद
140. डॉ0 सत्येन्द्र : मध्ययुगीन हिन्दी साहित्य का लोकतात्विक अध्ययन, विनोद पुस्तक मन्दिर, आगरा, संस्करण 1964
141. सत्यकेतु विद्यालंकार : भारतीय संस्कृति और उसका इतिहास, तृतीय संस्करण 1960, सरस्वती सदन मंसूरी, उत्तर प्रदेश
142. डॉ0 सन्तराम वैश्य : सूर की सांस्कृतिक चेतना और उनका युग बोध, प्रथम संस्करण 1992 वी0के0 तनेजा क्लासिकल पब्लिशिंग कंपनी–28, शॉपिंग सेन्टर करमपुरा नई दिल्ली–110015, प्रेम प्रिंटर्स द्वारा शान प्रिंटर्स, शाहदरा, दिल्ली–110032
143. सच्चिदानन्द सिंह : लोकतंत्र की चुनौतियाँ, प्रथम संस्करण 2005, वाणी प्रकाशन, 4695, 21ए दरियागंज, नई दिल्ली–110002
144. सी0एल0 वेपर : राजदर्शन का स्वाध्ययन, प्रथम आवृत्ति 1963 अनुवादक राधेलाल वार्ष्णेय, प्रकाशक किताब महल, (होलसेल डिवीजन) प्राइवेट लिमिटेड, रजिस्टर्ड ऑफिस : 56ए, जीरो रोड, इलाहाबाद
145. सी0बी0 गेना : तुलनात्मक राजनीति एवं राजनीतिक संस्थाएँ, संस्करण द्वितीय 1994, विकास पब्लिशिंग हाउस प्रा0लि0 576, मस्जिद रोड, जगतपुरा, नई दिल्ली–110014
146. सं0 सुधाकर पाण्डेय : रामचरितमानस साहित्यिक मूल्यांकन, राधाकृष्ण प्रकाशन, अंसारी रोड, दरियागंज, दिल्ली–6 प्रथम संस्करण, 1972
147. सुभाष शर्मा : संस्कृति और समाज, प्रथम संस्करण 2013, भारतीय ज्ञानपीठ 18, इंस्टीट्यूशनल एरिया लोदी, विकास कम्प्यूटर्स एण्ड रिसर्च, दिल्ली
148. डॉ0 सुमन शर्मा : मध्यकालीन भक्ति आंदोलन का सामाजिक विवेचन, प्रथम संस्करण 1974, प्रकाशक विश्वविद्यालय प्रकाशन चौक वाराणसी सड़क, महाराष्ट्र प्रेस के 67 / 124, ईश्वरांगी

149. सैयिद अतहर अब्बास रिजवी : मुगलकालीन भारत बाबर संस्करण 1960 प्रकाशक हिस्ट्री डिपार्टमेंट, अलीगढ़ मुस्लिम यूनिवर्सिटी अलीगढ़
150. सोहन शर्मा : भाषा संस्कृति और समाज, संस्करण प्रथम 1995 प्रकाशक अभिकथन पब्लिकेशन दिल्ली
151. हजारी प्रसाद द्विवेदी : अशोक के फूल, 28वां संस्करण 2007, प्रकाशक लोकभारती प्रकाशन, दरबारी बिल्डिंग महात्मा गाँधी मार्ग, इलाहाबाद–211001
152. हजारी प्रसाद द्विवेदी : सूर साहित्य, तीसरा संस्करण चौथी आवृत्ति 2015, राजकमल प्रकाशन, 1बी नेताजी सुभाष मार्ग दरियागंज, नई दिल्ली–110002
153. हजारी प्रसाद द्विवेदी : हिन्दी साहित्य उद्‌भव और विकास, राजकमल प्रकाशन तेरहवीं आवृत्ति 2014, राजकमल प्रकाशन प्रा0लि0 1बी, नेताजी सुभाष मार्ग, दरियागंज, नई दिल्ली–110002
154. हरगुलाल : मध्ययुगीन कृष्ण काव्य में सामाजिक जीवन की अभिव्यक्ति, भारतीय साहित्य मन्दिर फव्वारा, दिल्ली द्वारा हिन्दी अनुसंधान परिषद, दिल्ली वि0वि0, संस्करण 1967
155. हरवंश लाल शर्मा : सूरदास, द्वितीय आवृत्ति 1969, प्रकाशक ओम प्रकाश राधाकृष्ण प्रकाशन 2 अंसारी रोड, दरियागंज, दिल्ली–6
156. हरवंश लाल शर्मा : सूर और उनका साहित्य, पंचम संस्करण 2000, भारत प्रकाशन मन्दिर सुभाष रोड अलीगढ़–202001, आदर्श प्रेस, अलीगढ़
157. हरिकृष्ण अवस्थी : तुलसीदास, परिवेश प्रेरणा प्रतिफलन संस्करण संवत 2032 प्रकाशक नागरी प्रचारिणी सभा, वाराणसी
158. हरिश्चन्द मिश्र : भक्तिकालीन कृष्ण काव्य और मानव मूल्य, संस्करण 2005, स्वराज प्रकाशन, नई दिल्ली
159. हीरा लाल दीक्षित, आचार्य केशवदास : विश्वविद्यालय प्रकाशन, लखनऊ संस्करण, वि0सं0 2011
160. डॉ0 त्रिभुवन सिंह (सम्पादक) : सूर सन्दर्भ और समीक्षा, तुलसी शोध संस्थान काशी हिन्दू विश्वविद्यालय, वाराणसी–221005, रत्ना प्रिंटिंग प्रेस वर्क्स, बी–21/42ए, कामाच्छा, वाराणसी

सहायक पत्र-पत्रिकाएँ

1. सम्पादक–डॉ0 जगदीश गुप्त, सहायक सम्पादक डॉ0 रामजी पाण्डेय : लोकतंत्र विशेषांक, हिन्दुस्तानी एकेडमी, इलाहाबाद, जनवरी–जून 1991, भाग–52, अंक–22

❑❑